THE

EVERYTHING

GIANT BOOK OF WORD SEARCHES

VOLUME 12

Dear Reader,

This book should keep you busy for a while! I think that's a good thing because word search puzzles are a pleasant way to spend some quality time. They provide a nice mental workout that can turn into a healthy habit. I like word search puzzles because they are challenging yet never overwhelming. You will leave feeling refreshed, not frustrated.

Creating this book has kept me really busy. There are more than 300 word search puzzles here! It was a blast dreaming up a theme for each one. I cover all sorts of diverse topics, with puzzle titles such as *Athletic Shoes*, *North Dakota*, *Mariachi Music*, and *Sleight of Hand* to name just a few. Each grid is stuffed with loads of relevant words for you to find.

Thanks for spending time with this book. It's here whenever you need a relaxing change from the real world. I wish you many enjoyable and rewarding hours in these pages.

Charles Timmerman

T0057820

Welcome to the EVERYTHING® Series!

These handy, accessible books give you all you need to tackle a difficult project, gain a new hobby, comprehend a fascinating topic, prepare for an exam, or even brush up on something you learned back in school but have since forgotten.

You can choose to read an Everything® book from cover to cover or just pick out the information you want from our four useful boxes: e-questions, e-facts, e-alerts, and e-ssentials. We give you everything you need to know on the subject, but throw in a lot of fun stuff along the way, too.

We now have more than 400 Everything® books in print, spanning such wide-ranging categories as weddings, pregnancy, cooking, music instruction, foreign language, crafts, pets, New Age, and so much more. When you're done reading them all, you can finally say you know Everything®!

PUBLISHER Karen Cooper

MANAGING EDITOR, EVERYTHING® SERIES Lisa Laing

COPY CHIEF Casey Ebert

ASSISTANT PRODUCTION EDITOR Jo-Anne Duhamel

ACQUISITIONS EDITOR Lisa Laing

EVERYTHING® SERIES COVER DESIGNER Erin Alexander

Visit the entire Everything® series at www.everything.com

THE EVERYTHING® GIANT BOOK OF WORD SEARCHES

VOLUME 12

More than 300 puzzles for hours of word search fun!

Charles Timmerman

Founder of Funster.com

Adams Media

New York London Toronto Sydney New Delhi

Dedicated to my family.

Adams Media
An Imprint of Simon & Schuster, Inc.
100 Technology Center Drive
Stoughton, MA 02072

Copyright © 2017 by Simon & Schuster, Inc.

All rights reserved, including the right to reproduce this book or portions thereof in any form whatsoever. For information address Adams Media Subsidiary Rights Department, 1230 Avenue of the Americas, New York, NY 10020.

An Everything® Series Book.
Everything® and everything.com® are registered trademarks of Simon & Schuster, Inc.

First Adams Media trade paperback edition MAY 2017

ADAMS MEDIA and colophon are trademarks of Simon and Schuster.

For information about special discounts for bulk purchases, please contact Simon & Schuster Special Sales at 1-866-506-1949 or business@simonandschuster.com.

The Simon & Schuster Speakers Bureau can bring authors to your live event. For more information or to book an event contact the Simon & Schuster Speakers Bureau at 1-866-248-3049 or visit our website at www.simonspeakers.com.

Interior design by Heather McKiel

Manufactured in the United States of America

8 2024

ISBN 978-1-5072-0258-6

Many of the designations used by manufacturers and sellers to distinguish their products are claimed as trademarks. Where those designations appear in this book and Simon & Schuster, Inc., was aware of a trademark claim, the designations have been printed with initial capital letters.

Contents

Introduction / 9

Puzzles / 11

Answers / 329

Acknowledgments

I would like to thank each and every one of the more than half a million people who have visited my website, Funster.com, to play word games and puzzles. You have shown me how much fun puzzles can be and how addictive they can become!

It is a pleasure to acknowledge the folks at Adams Media who made this book possible. I particularly want to thank my editor, Lisa Laing, for so skillfully managing the many projects we have worked on together.

Introduction

The puzzles in this book are in the traditional word search format. Words in the list are hidden in the puzzle in any direction: up, down, forward, backward, or diagonal. The words are always found in a straight line, and letters are never skipped. Words can overlap. For example, the two letters at the end of the word "MAST" could be used as the start of the word "STERN." Only uppercase letters are used, and any spaces in an entry are removed. For example, "TROPICAL FISH" would be found in the puzzle as "TROPICALFISH." Apostrophes and hyphens are also omitted in the puzzles. Draw a circle around each word you find. Then cross the word off the list so you will always know which words remain to be found.

A favorite strategy is to look for the first letter in a word, then see if the second letter is one of the neighboring letters, and so on until the word is found. Or instead of searching for the first letter in a word, it is sometimes easier to look for letters that stand out, like *Q*, *U*, *X*, and *Z*. Double letters in a word will also stand out and be easier to find. Another strategy is to simply scan each row, column, and diagonal looking for any words.

PUZZLES

Creative Scrapbooking

O	L	Y	K	C	V	G	M	K	F	M	Q	H	F	C	O	B	M	R	B
F	E	A	J	W	F	P	O	E	B	E	W	O	P	R	H	T	F	K	S
H	Y	L	I	M	A	F	K	M	R	M	P	G	L	I	T	T	E	R	T
D	Z	O	A	C	E	O	O	B	A	O	E	K	F	M	R	T	G	F	N
V	A	N	D	Y	O	L	G	E	D	R	V	M	V	Y	A	K	A	L	E
V	K	P	O	B	O	S	N	L	S	Y	I	J	E	R	R	R	E	A	V
J	H	O	B	B	Y	U	I	L	M	L	T	P	O	N	C	T	L	D	E
Z	I	R	H	I	B	P	T	I	Y	J	A	C	R	O	T	X	F	K	S
K	Z	C	W	A	B	I	I	S	Z	R	E	I	N	E	G	O	A	C	T
X	S	P	Y	R	Z	C	R	H	T	D	R	W	R	S	C	S	S	A	A
T	C	W	Q	X	S	T	W	M	Y	I	C	S	Y	E	P	O	Q	H	M
A	I	V	E	G	Y	U	R	E	P	A	P	A	P	E	T	J	R	Z	P
U	S	L	A	G	P	R	I	N	T	E	D	M	E	D	I	A	H	D	S
W	S	T	R	C	C	E	T	T	M	H	O	K	R	N	O	R	M	T	R
E	O	V	E	N	A	S	F	S	T	P	R	E	S	E	R	V	E	G	E
S	R	X	D	G	W	T	H	R	U	U	Y	J	O	U	R	N	A	L	D
W	S	G	N	I	P	P	I	L	C	D	C	B	N	N	C	I	D	U	R
U	R	E	I	S	H	B	M	O	N	X	N	P	A	I	P	A	G	E	O
R	H	N	B	E	S	E	H	C	N	U	P	I	L	B	Y	F	B	C	B
G	A	F	E	D	S	H	A	P	E	S	F	S	J	Z	J	O	T	I	V

ART
BABY
BINDER
BIRTHDAYS
BOOK
BORDERS
BRADS
CLIPPINGS
CRAFT
CREATIVE
CROP
CUT
DECORATE
DESIGN
EMBELLISHMENTS
EVENTS
FAMILY
FUN
GLITTER
GLUE
HOBBY
INDUSTRY
JOURNAL
KEEPSAKE
LAYOUTS
LETTERS
MATERIALS
MEMENTOS
MEMORY
PAGE
PAPER
PERSONAL
PICTURES
PRESERVE
PRINTED MEDIA
PUNCHES
RECORD
RIBBON
SCISSORS
SHAPES
SOCIAL
STAMPS
STENCILS
VACATIONS
WRITING

Solution on page 330

Prince William

B F I R S T C H I L D W K K W J N R P F
A R Q W H D Q N O R E C I F F O R T T T
C Y Y D Y I O G N I N I A R T E E V C O
C P I L I H P S D I O L B A T D U K E L
T O B L G L O Z F N I P A P A R A Z Z I
Q L E A C M E D A L S A O C I V B V Z P
I O N B L S A R F K S C A M B R I D G E
T R I T B M O D G N I K D E T I N U N N
O K R O R R O Y O L M I L I T A R Y I A
S U E O B A R R E Z M H E S A N A I D I
B Z H F C T F H A L O U I S E T O N D R
M R T N S A O C Q L C D Y W A L E S E A
Z B A E N M O T O R C Y C L I S T C W T
B U C K I N G H A M P A L A C E I I N I
Y N N V S T A N D R E W S T R O P S T N
A O I I A O X R S T N E M T N I O P P A
P D N B F R E H T A F T X F L Y I N G M
J N M O E O T W L H S A E S R E V O N U
F O W X S D R A W A U F P M Z U Q U I H
W L T Q F C I M D E G R E E R I Q O L W

ANCESTRY
APPOINTMENTS
ARMS
ARTHUR
AWARDS
BALMORAL CASTLE
BUCKINGHAM PALACE
CADET
CAMBRIDGE
CATHERINE
COMMISSIONED
DEGREE
DIANA
DUKE
ETON
FATHER
FIRST CHILD
FLYING
FOOTBALL
HELICOPTER
HUMANITARIAN
LONDON
LOUIS
MEDALS
MILITARY
MOTORCYCLIST
OFFICER
OVERSEAS
PAPARAZZI
PHILIP
PILOT
POLO
RAFC
SARF
SON
SPORTS
ST ANDREWS
TABLOIDS
TITLES
TRAINING
UNIFORM
UNITED KINGDOM
WALES
WEDDING
WOMBAT

Solution on page 330

Professors

U J I D I G A G T Z A H D R D G E B S E
W I K E C N S T N E D U T S E Z Z I U Q
R S Q G N I R O T N E M M O A W C V I X
E M T R X Y E T A U D A R G N U O Y N L
A A X E E D K R O T C U R T S N I P E L
S X C E G U R A M H O M E W O R K D G I
O E K Z D T O I D E M G N I T E E M N N
N R L L E S W X K D T T T N E L A T O T
W U H A L L O W E D H A L L S X E I B E
X N V P W Z C P N S R S R M K L T C T N
E E F I O S E C C T K W E O L U E A E I
F T D C N D E H S I U G N I T S I D R C
K E I N K Z O I L S E N G I I C U Q U I
H A P I I O N L T L U E T T O C O X T D
W C L R L I I A L I N S R S A O P D C E
I H O P M E F O A C N E S T C U Q Z E M
S E M D P F C B E I P A O X X N Q Y L I
D R A V R A H X I X K R M M A S T E R S
O N S P R I N C E T O N V U R E D P E N
M G J F W X O N Z A D M R L H L C W T P

ADMINISTRATION
ASSOCIATE
COLLEGE
COUNSEL
COWORKERS
DEAN
DEGREE
DIPLOMAS
DISTINGUISHED
DOCTORATE
EDUCATOR
EXAMS
EXPERTISE
GENIUS
GRADUATE
HALLOWED HALLS
HARVARD
HOMEWORK
HUMANITIES
INSTITUTION
INSTRUCTOR
INTELLIGENCE
IVY
KNOWLEDGE
LAW
LECTURE
MASTERS
MEDICINE
MEETING
MENTORING
POWER
PRINCETON
PRINCIPAL
QUIZZES
REASON
RED PEN
SCHOOL
SKILL
STAFF
STUDENTS
STUDYING
TALENT
TEACHER
TENURE
WISDOM

Solution on page 330

Coney Island

N H Y W Z Z Y L B K V W I D J W N F G Z
T T E X P T E K R B O A R D W A L K J V
U Q Y Z I S N A H N E W Y O R K H C F P
M L P C U X M E A Y T I N U M M O C I N
U M T O M D S E M R P D A C L A T J U U
S V R N N A C Y O N E I X R S E E J F F
I A Z A E O E S V R I A E T C B L J O T
C E L E C M E R W B O A E R E A Y O H O
N N N Z T R P H C A Z R T A E D D U H U
M H G O C N E O P E R Q C R Y T N E T R
S U I S T E E P L E C H A S E D A A H I
Z W I S L H S P M E J I H B E T C W S S
A Y I R T E G N T U V G A R L I N N U T
A F G M A O D I Z U B E B O P C O E N S
D F F G M U R I R Y N O D O O K T R D P
F A A T G E Q I R B L E D K E E T D K P
J T M A T T R A C T I O N L P T O L I E
E O O B S V O V E G X H X Y P S C I D O
U M U D W F V A C A T I O N E R O H S N
Y U S Y O V W N L I X I N S K X E C K V

AQUARIUM
ARCADE
ATTRACTION
BEACH
BOARDWALK
BRIGHTON
BROOKLYN
BUMPER CAR
CAROUSEL
CHILDREN
CITY
COASTER
COMMUNITY
COTTON CANDY
DEVELOPMENT
ENTERTAINMENT
FAMOUS
FOOD
FUN
HISTORIC
HOTEL
ICE CREAM
KIDS
LANDMARK
MUSIC
NEPTUNE
NEW YORK
OCEAN
PEOPLE
PIER
RESORT
RIDE
SAND
SEA GATE
SHORE
STEEPLECHASE
SUN
SWIMMER
TAFFY
THUNDERBOLT
TICKETS
TOURISTS
VACATION
WATER
WONDER WHEEL

Solution on page 330

2016 in Review

A	M	A	B	O	P	O	L	I	T	I	C	S	W	E	N	E	K	A	F
N	O	T	L	I	M	A	H	F	U	H	T	N	E	L	U	B	R	U	T
N	L	B	H	X	E	C	A	P	S	I	M	O	N	E	B	I	L	E	S
U	S	R	E	I	L	A	V	A	C	S	C	I	P	M	Y	L	O	A	L
W	T	E	T	T	S	D	A	V	I	D	B	O	W	I	E	S	J	I	Y
E	Y	X	H	F	H	I	L	E	A	P	Y	E	A	R	F	U	S	D	B
S	U	I	C	I	D	E	S	Q	U	A	D	Y	H	E	I	T	T	E	R
T	Q	T	O	D	O	E	R	U	O	V	R	O	S	G	N	H	R	M	E
W	V	S	L	E	C	H	N	E	S	F	U	P	P	A	D	N	A	L	F
O	I	L	N	L	T	A	I	V	V	S	L	M	P	C	I	A	N	A	U
R	L	R	A	C	O	R	T	P	E	E	U	A	V	E	N	S	G	I	G
L	A	I	Y	A	R	A	P	W	H	R	N	O	S	K	G	D	E	C	E
D	D	G	R	S	S	M	V	P	T	O	B	A	B	U	D	E	R	O	E
H	A	E	Q	T	T	B	L	D	I	L	N	R	N	L	O	A	T	S	S
I	M	R	A	R	R	E	L	R	Z	D	S	E	O	T	R	D	H	R	Y
L	M	O	B	O	A	A	A	L	E	P	P	O	O	N	Y	P	I	U	E
L	A	M	U	H	N	S	U	R	I	V	A	K	I	Z	C	O	N	S	K
A	H	L	C	O	G	U	S	E	L	E	C	T	I	O	N	O	G	S	R
R	U	I	D	H	E	C	N	E	L	O	I	V	N	U	G	L	S	I	U
Y	M	G	L	E	M	O	N	A	D	E	Z	O	O	T	O	P	I	A	T

ALEPPO
BERNIE SANDERS
BREXIT
CAVALIERS
CUBA
DAVID BOWIE
DEADPOOL
DENVER BRONCOS
DOCTOR STRANGE
DONALD TRUMP
FAKE NEWS
FIDEL CASTRO
FINDING DORY
FULLER HOUSE
GILMORE GIRLS
GUN VIOLENCE
HAMILTON
HARAMBE
HILLARY
IPHONE
LEAP YEAR
LEMONADE
LUKE CAGE
MICHAEL PHELPS
MUHAMMAD ALI
OBAMA
OLYMPICS
POLITICS
REFUGEES
RIO
RUSSIA
RYAN LOCHTE
SIMONE BILES
SOCIAL MEDIA
SPACEX
STRANGER THINGS
SUICIDE SQUAD
THE REVENANT
THIS IS US
TURBULENT
TURKEY
US ELECTION
WESTWORLD
ZIKA VIRUS
ZOOTOPIA

Solution on page 330

Youthful

V S I S B N Q G O N H M D P M Z B F R H
W G C G D D G U N J G N I H G U A L C N
W Z N N R E O Y X U M G B A S I E E I I
G N Y I A J P O S U O R U T N E V D A W
Q R B Y P W P E H Q J Y T E E G I G G R
T O O D M O K S N D V E X L E A T L G Q
P S Y U R C L W W D L P T O T R I I H T
M D S T P R U E A E E I Y O F E S N N Y
A I A S I F N R V R S N H H Y D I G V H
C K C G U U Z I I E D U T C D N U C E T
P P T N E C S E L O D A O S I U Q H D J
R E I T W I N J G N U I G I S Q N I R Y
B E V M O C U N Z U N S L E C X I L E T
G R E N E V I T A N I G A M I O M D A R
L S U S E H Z R O T N E M V P S C R M E
U S H N T R B C G X B M O O L B V E E B
A A I O P R E E N E R G E T I C K N R U
O L L C Y N O N O I T A R E N E G M S P
E C A N C F I P D I S C O V E R Y S U B
M M F E A R L E S S T U B B O R N U F Z

ACTIVE
ADOLESCENT
ADVENTUROUS
AWKWARD AGE
BLOOM
BOYS
BUSY
CAMP
CHILDHOOD
CHILDREN
CLASS
CLOTHING
CURIOUS
DEPENDENT
DEVELOPING
DISCIPLINE
DISCOVERY
DREAMERS
ENERGETIC
FEARLESS
FLEDGLING
FUN
GENERATION
GIRLS
GROUP
IMAGINATIVE
INEXPERIENCE
INNOCENCE
INQUISITIVE
JUVENILE
KIDS
LAUGHING
MENTOR
MUSIC
PEERS
PRECOCIOUS
PUBERTY
SCHOOL
SPORTS
STUBBORN
STUDYING
TEENS
TELEVISION
UNDERAGE
YOUNG

Solution on page 330

Athletic Shoes

W	U	V	H	J	Q	E	M	H	S	S	W	Q	J	H	F	Z	Y	T	K
J	P	X	A	E	Q	N	L	Y	H	S	P	A	J	F	F	D	V	V	S
S	K	O	O	R	B	P	R	O	M	O	T	E	N	D	O	R	S	E	D
L	D	N	S	H	O	E	S	G	S	L	L	A	B	T	E	K	S	A	B
P	N	E	W	B	A	L	A	N	C	E	D	M	H	H	U	L	J	O	B
D	L	A	C	E	S	B	Y	F	S	R	O	T	C	E	L	L	O	C	G
E	U	L	A	U	S	A	C	A	O	R	H	N	T	G	E	A	M	C	P
V	U	Q	T	I	L	N	V	J	T	F	E	E	S	R	E	V	N	O	C
I	J	M	U	R	G	O	R	N	Y	K	O	N	Y	D	S	A	M	U	P
S	E	I	T	I	V	I	T	C	A	C	C	O	N	S	N	A	R	R	I
N	N	V	Q	S	A	H	U	R	D	C	S	U	T	U	U	A	F	T	U
E	T	E	N	N	I	S	E	S	Y	R	T	P	H	W	R	J	R	S	M
P	X	R	A	T	T	A	V	C	R	D	R	T	E	C	E	L	B	B	P
X	M	E	A	K	V	F	G	I	E	N	O	H	T	A	R	A	M	U	P
E	F	H	R	C	E	E	X	S	V	I	P	I	I	A	D	C	R	F	D
L	K	T	U	C	K	R	I	A	E	K	S	S	C	E	K	I	N	I	E
K	F	A	B	O	I	G	S	D	A	A	C	C	E	N	T	S	D	L	A
N	B	E	B	J	N	S	R	E	G	G	O	J	F	B	R	Y	S	A	L
A	A	L	E	S	S	D	E	K	T	B	L	N	H	I	P	H	O	P	S
U	N	E	R	F	G	Z	I	I	I	M	V	N	R	E	P	P	U	H	J

ACCENTS
ACTIVITIES
ADIDAS
AIR JORDAN
ANKLE
ASICS
BASKETBALL
BRANDS
BROOKS
CANVAS
CASUAL
CHUCK TAYLOR
COLLECTORS
CONVERSE
COURTS
DEALS
DESIGNS
ENDORSED
EVERYDAY
EXERCISE
EXPENSIVE
FASHIONABLE
FILA
FOOTWEAR
HIP HOP
JOGGERS
KEDS
LACES
LEATHER
MARATHON
NEW BALANCE
NIKE
PHYSICAL
PROMOTE
PUMAS
RUBBER
RUNNERS
SHOES
SNEAKERS
SOLE
SPORTS
SYNTHETIC
TENNIS
TRACK
UPPER

Solution on page 331

Caught in a Storm

O U P W W Q D P H G R D K G K Y E N B N
G N U Q F C G T D B U D K F E L I D W G
S S X G D L O C T N K I H N R R P V S N
E N E H Q I B A T M O S P H E R E G J O
V E S P D G C L I M A T E F T M T V W R
H I L O V H W C I T S U G F S E E T E T
M E O Z Z T I A X Z F R I E A T M X T S
R L S L Z N N G U N Z B V O S E P F I Q
F W D D E I D C H I N A M Q I O E K C U
V N A U R N R Y S P W N R L D R R K M A
R I M T O G T D E I R C O D U O A T V L
D A A W Q L N A T U R E T S H L T I D L
Q K G G T Y P H O O N S S C T O U V Z D
K C E I N N K N D O A E T S H G R E T Y
R E L C N I Q A L C R A C A U Y E E O K
Z K C F I G N C E P W T E N N R P L R S
P B L B S G Y R W R O Q F D D O E A N A
X Z N D E C O O A T N O R F E N D G A M
T W R R N F L I J W S G E D R T S U D Y
I H J B L E N P R E C I P I T A T I O N

ATMOSPHERE
BLIZZARD
CLIMATE
COLD
CYCLONE
DAMAGE
DANGER
DARK
DISASTER
DISTURBANCE
DRIZZLE
DUST
FLOOD
FORECAST
FRONT
GALE
GUST
HIGH PRESSURE
ICE
KATRINA
LIGHTNING
LOUD
LOW PRESSURE
METEOROLOGY
NATURE
PERFECT STORM
PRECIPITATION
RAGING
RAIN
SAND
SEVERE
SKY
SNOW
SQUALL
STRONG
TEMPERATURE
THUNDER
TORNADO
TYPHOON
VIOLENT
WARNING
WATCH
WAVES
WET
WIND

Solution on page 331

Shipped

T	D	J	P	W	S	B	E	N	X	Y	M	K	C	U	R	T	O	N	Q
N	B	K	J	D	J	R	B	U	Z	X	C	V	X	R	G	O	G	U	E
L	U	P	D	B	O	X	H	M	L	A	U	N	D	R	Y	I	U	M	S
S	F	P	M	T	M	W	T	Q	B	U	S	I	N	E	S	S	X	T	G
U	S	P	S	Z	C	A	Y	Q	W	L	S	S	Z	H	F	M	C	N	E
L	N	V	E	Z	K	E	Y	V	H	T	M	G	E	J	W	U	I	F	C
I	O	S	M	P	L	V	R	I	R	S	C	G	R	L	D	K	L	A	W
S	B	G	A	C	K	L	A	I	C	R	E	M	M	O	C	O	R	D	E
Z	Q	A	I	C	Y	Y	B	H	D	O	R	E	R	A	W	I	R	D	C
S	V	T	L	S	S	U	E	X	X	L	N	P	P	E	Y	E	H	R	I
Q	L	H	G	G	T	D	C	Y	N	I	C	T	R	R	I	O	E	E	O
U	Q	G	H	I	U	I	N	O	L	O	S	S	E	R	P	X	E	S	V
H	B	I	O	L	D	T	C	R	N	A	K	V	U	N	G	T	G	S	N
J	F	N	E	R	Q	Y	I	S	P	R	I	O	R	I	T	Y	A	D	I
T	L	R	R	E	I	A	U	O	O	L	C	C	G	D	X	S	K	A	I
T	A	E	E	V	Y	M	Q	W	E	A	R	G	E	Y	N	P	C	O	I
S	O	V	U	I	E	K	T	D	O	T	J	Q	J	P	L	I	A	R	J
X	D	O	O	R	G	E	J	T	Z	S	G	O	O	D	S	H	P	N	W
F	F	K	S	D	N	H	S	T	I	O	Y	L	V	Z	T	S	E	A	K
M	C	R	G	W	P	Q	T	M	T	P	O	M	G	N	O	A	Z	V	E

ADDRESS
AIRLINE
BOX
BUSINESS
CAR
COMMERCIAL
CONSUMER
CONTENTS
COURIER
DELIVERY
DIRECT
DISTRIBUTION
DOOR
DRIVER
EXPRESS
FLOWERS
FREIGHT
GOODS
INVOICE
LAUNDRY
LOGISTICS
MAIL
NETWORK
OVERNIGHT
PACKAGE
PACKING
POSTAL
PRIORITY
PRODUCTS
RAIL
ROADS
ROUTE
SCHEDULE
SEA
SHIP
SIGN
SPECIAL
STORE
TRUCK
UPS
USPS
VAN
VEHICLES

Solution on page 331

Minions

N	J	Y	C	J	S	V	Q	V	J	X	A	U	C	S	T	E	D	S	G
G	O	K	T	W	Q	A	T	J	Q	G	T	S	A	M	V	L	E	N	C
O	D	C	O	Y	M	R	N	L	W	C	N	V	V	R	R	R	S	O	L
H	C	D	I	Q	A	R	N	A	W	O	L	L	E	Y	U	A	P	I	N
H	I	L	M	U	S	V	U	J	N	Z	U	S	D	T	C	C	I	L	A
L	D	T	T	P	T	O	M	S	E	A	G	Q	A	N	H	H	C	L	X
Q	E	S	W	J	E	T	E	U	P	R	B	E	V	O	T	F	A	I	H
V	M	D	B	B	R	N	R	Z	B	J	R	D	E	E	I	E	B	B	Q
Z	O	E	P	H	S	O	O	E	O	C	U	Y	B	L	S	O	L	F	G
S	C	P	L	I	E	Y	U	O	B	A	K	A	M	O	X	H	E	R	M
E	M	P	C	O	E	N	S	X	N	R	Z	M	P	P	P	C	M	U	Y
J	S	A	Y	P	D	R	C	E	I	I	O	R	L	A	Y	A	E	I	P
Y	L	N	L	W	P	I	R	H	L	T	U	N	P	N	M	M	G	T	T
N	L	D	I	L	H	S	O	E	M	P	O	V	E	R	A	L	L	S	B
C	G	I	F	A	I	D	N	U	C	E	N	T	U	R	I	E	S	X	K
W	I	K	R	R	L	E	V	R	S	O	N	M	U	D	S	E	Y	E	E
O	R	P	H	S	E	L	G	G	O	G	F	Y	S	A	V	B	V	F	L
F	H	C	H	U	S	E	I	V	O	M	E	F	B	V	B	I	Z	T	H
O	L	B	Q	J	F	M	H	V	M	M	I	N	I	O	N	E	S	E	O
F	Y	F	P	B	J	O	R	G	E	G	A	U	G	N	A	L	M	N	I

BANANAS
BILLIONS
BOB
CARL
CAVE
CENTURIES
CHRIS RENAUD
COMEDIC
CREATURES
DAVE
DESPICABLE ME
EL MACHO
EYES
FILM
FRUITS
GOGGLES
GRU
HENCHMEN
JERRY
JORGE
KEVIN
KIDNAPPED
LANGUAGE
MASTERS
MELODIOUS
MINIONESE
MOVIES
NAPOLEON
NONSENSICAL
NORBERT
NUMEROUS
OVERALLS
PAUL
PHIL
PIERRE COFFIN
PURPOSE
QUEEN ELIZABETH II
SERVE
SMALL
STUART
TIM
TOM
VILLAINS
YELLOW

Solution on page 331

Global Positioning System

W L V J Z F N Q X Q B X L U F P L E H S
M P H O N E E P L A C E F X C J U X G C
F A F O U N D O H L L A Q O S Y F P N T
G T P S I N N U T I D G O N E Y E E I W
I O W P O G O U T A K R O L T G S N K S
E D J A I V R I S I D I E P I O U S C A
C S A T Y N I P T I T C N V L L L I A F
I E U S Z M G E N A T A T G L O E V R E
V D E R H P A A T R R P L W E N M E T T
E I G C V B T R O U A E R A T H I D R Y
D U N B A E O N K F N A T I A C L D A X
K G I E S P I A W I M I F A S E I I V G
Z R H S S C S L R N N I O E L T T R E A
T F C N S A G A L D C G C N G I A E L R
S L A N G I S T S A C D A O R B R C H M
E R C P O S I T I O N I N G C Z Y T G I
T B O H N A I L I V I C L O C A T I O N
U R E T U P M O C W P R E C I S I O N X
O Y G P S H C R A E S U R V E Y I N G L
R Q N H N E W H A F W C O M P A S S Q Z

AREA
BROADCAST SIGNALS
CIVILIAN
COMPASS
COMPUTER
COORDINATES
DASHBOARD
DEVICE
DIRECTIONS
ELECTRONICS
EXPENSIVE
FIND
FOUND
GARMIN
GEOCACHING
GPS
GUIDE
HELPFUL
HIKING
LATITUDE
LOCATION
LONGITUDE
MAPPING
MILITARY
PHONE
PLACE
POSITIONING
PRECISION
ROUTE
SAFETY
SATELLITES
SCIENTIFIC
SEARCH
SOVIET UNION
SPACE
SURVEILLANCE
SURVEYING
TECHNOLOGY
TRACKING
TRANSPORTATION
TRAVEL
TRILATERATION
TURN
USEFUL
WAYMARKING

Solution on page 331

Crocodiles

G T T H X U M X A P L E M X M D Q G C N
D Z L T G G X N Y M I T O X W P A A T Q
J O S E L I N W C T I M H D V N U F M W
E A X O Y E Y O E Q O W T J E I T J I G
T O G D A N G E R E V I R Y R E T A W Z
C N C M F R T L E T T J S E K A L I A T
X M W V Q H B I G R S N W C G P H I O C
H R Y R O A N T O H O O A T P S D U M Z
I Y C R O C N P C U G T L N U F M I W S
C W A I Z I I E T A T U B B I S B B C T
R D W Q K C M R B A A C M G P M W W A Q
T X L S S G W D O F I A C I R F A E S W
P S X T S D N A L T E W G R E E N L B A
N T E L L A W O A P S G H I D E I G Q O
A W E E H N R U G E R I G P A L I N D V
R I K B N I Q H O O U T H S T V D U S S
G K S I D A H H U G P R S E O I E J C J
M F K A Z X S G Q N A I L A R T S U A F
Q B F Q M U H A W R T V N G F P T W L C
J I U J V Q M M V M Z Y L T Q F E I E M

AFRICA
AMBUSH
ANIMAL
AQUATIC
ASIA
ATTACK
AUSTRALIA
BELTS
BIG
CROC
DANGER
EAT
EGGS
FAST
FLORIDA
GREEN
HANDBAG
HIDE
HUNT
JAW
JUNGLE
LAKES
MUD
NILE
PREDATOR
PREHISTORIC
PURSE
REPTILE
RIVER
ROUGH
SCALE
SHOES
SKIN
SMILE
SNOUT
STRONG
SWIM
TAIL
TEETH
TROPICS
WALLET
WATER
WETLANDS
ZOO

Solution on page 331

Katy Perry

I	R	Y	F	D	G	V	W	C	M	N	A	C	I	R	E	M	A	H	S
K	O	E	C	L	V	I	L	A	R	T	I	S	T	R	Y	J	E	T	A
Y	M	E	O	Q	H	D	J	P	M	N	D	F	N	A	L	B	U	M	W
X	P	B	N	B	W	E	Q	I	U	Q	E	A	S	O	M	D	F	J	A
N	A	O	T	D	U	O	Z	T	S	N	M	C	T	W	I	T	T	E	R
L	T	C	R	F	R	S	R	O	I	P	L	T	N	O	D	L	X	L	D
G	X	J	A	H	W	U	I	L	C	H	A	R	I	T	A	B	L	E	S
L	E	J	C	R	T	I	S	N	D	W	I	E	A	O	R	L	G	I	I
N	R	K	T	E	E	N	K	S	E	T	C	S	Y	K	K	N	Y	C	M
M	E	K	A	E	T	E	A	I	E	S	O	S	Z	R	H	C	T	A	S
S	T	M	O	W	C	T	R	L	S	L	S	U	O	R	O	H	L	I	G
J	I	V	F	Y	A	I	E	H	I	S	L	W	R	O	R	U	R	N	O
Q	R	N	E	O	N	E	O	F	T	H	E	B	O	Y	S	D	R	R	S
S	W	O	G	C	T	T	D	V	R	R	P	D	R	M	E	S	U	O	P
K	G	T	R	E	N	R	B	I	I	U	C	O	A	A	A	O	L	F	E
H	N	E	R	C	R	A	A	F	W	F	M	Y	Q	G	N	N	V	I	L
D	O	I	O	A	P	Z	D	P	Y	O	C	S	I	D	I	D	X	L	A
C	S	L	X	R	O	C	K	T	E	E	N	A	G	E	D	R	E	A	M
E	D	H	I	N	P	R	O	P	S	U	P	E	R	B	O	W	L	C	E
T	D	E	F	Y	I	G	U	X	E	W	A	O	D	U	N	I	C	E	F

ACTRESS
ALBUM
AMERICAN
ARTISTRY
AWARDS
BUSINESSWOMAN
CALIFORNIA
CAPITOL
CAREER
CHARITABLE
CONTRACT
DANCE
DARK HORSE
DISCO
FEMALE
FIREWORK
GLOBAL
GOSPEL
HOT N COLD
HUDSON
I KISSED A GIRL
MILLIONS
MTV
MUSIC
ONE OF THE BOYS
PART OF ME
PHILANTHROPY
POP
RISE
ROAR
ROCK
RUSSELL BRAND
SINGER
SMURFETTE
SOCIAL MEDIA
SONGWRITER
STUDIO
SUPER BOWL
TEENAGE DREAM
TWITTER
UNICEF
VIDEOS
VOICE
WIDE AWAKE
WORLD TOUR

Solution on page 332

Historic Autos

D E S I G N O I S S I M S N A R T N T B
T G J S S I S T E A M P O W E R E D V H
E S E Z W E T N A C I R E M A Z S T T S
L O E R J O S E P H C U G N O T B R R E
O O Y I M A F U E L G A S D L O O F N G
R M L I B A E Y R U D P S L C P Z G S A
V I N T E R N A L C O M B U S T I O N T
E N C G R B E Y B R H Z N N G N J A R N
H D Z A O E Z V T N B R A K E S P O L I
C U H S A D W A D M O R V S M A T G W V
F S E O D I T O Z N T I G J J O O S H W
F T N L S I N C P N A N T C M R D S E J
R R R I O R Y V A E E N E C L I O E E W
E Y Y N L G O M E R S B I T U A B L L T
L E F E A G U Q P N R R L D A D S E S T
S O O P U H V W N T T I O R R P O S G R
Y T R A V E L N Z C G I A H A E A R I U
R U D O L F D I E S E L O G N K F O P C
H T E C H N O L O G Y Z K N E P L H K K
C A S T U D E B A K E R N K Y N A D E S

AMERICAN
BRAKES
CARRIAGE
CHEVROLET
CHRYSLER
CLASSIC
DESIGN
DURYEA
ELECTRIC MOTOR
ENGINES
FERDINAND VERBIEST
FUEL GAS
GASOLINE
GERMANY
HENRY FORD
HORSELESS
HORSEPOWER
HUMAN TRANSPORT
INDUSTRY
INTERNAL COMBUSTION
INVENTION
JAPAN
JOSEPH CUGNOT
KARL BENZ
MODEL T
OIL
OLDS
PATENT
PRODUCTION
ROADS
RUDOLF DIESEL
SEDAN
STEAM POWERED
STUDEBAKER
TECHNOLOGY
TRANSMISSION
TRANSPORTATION
TRAVEL
TRUCKS
VAN
VINTAGE
WHEELS

Solution on page 332

Yearbooks

N U G O A L S B U L C J D R A J Q H G O
N B N O P E C S I N I M E R X Y O U T H
S M F S R E H C A E T T L C Y E D X H D
K E A E E G N Y B L S I U O T N U R G I
E M K N D X A W B N C R S V M R E Q I K
E O D I I S M N A Z E I P E O U G U L B
P R R L C T E P I S H P A R G O T O H P
S I O E T A S G G Z V S C A N J X T G M
A E C M I H N G A C A K E I G O N E I O
K S E I O I N E R P G T M N E K A S H S
E E R T N H Q U C A C H I E V E M E N T
A G R G S P P F M D D M T O R S H R H L
T E I O T X F O D A O U J W N J S U C I
R S J I I T C W S C S T A Z S S E T O K
Q T G B A C A D E M I C E T M S R A L E
M R O V R Y M M X W M L O S I N F N L L
J O U I T N O I T I B M A T L O Z G E Y
K P R B R H K J W F L Y O D E U N I G N
C S T P O S T N E D U T S E G A S S E M
K P E O P L E M E H T G P D A C W T Q R

ACADEMIC
ACHIEVEMENT
AMBITION
ANECDOTES
BOOK
CLASS
CLUBS
COLLEGE
COVER
FRESHMAN
GOALS
GRADUATION
HIGHLIGHT
HOMECOMING
JOKES
JOURNEY
KEEPSAKE
MASCOT
MEMORIES
MESSAGES
MOST LIKELY
NAMES
ORGANIZATIONS
PAGES
PEOPLE
PHOTOGRAPHS
PORTRAITS
PREDICTIONS
PROM
QUOTES
RECORD
REMINISCE
SIGNATURES
SIGNING
SMILE
SNAPSHOT
SOPHOMORE
SPIRIT
SPORTS
STUDENTS
TEACHERS
THEME
TIME CAPSULE
TIMELINE
YOUTH

Solution on page 332

Astronomy

H A G U Y H A J T P Q D T V H Z S X S M
D R T B U E N G O U Y K U W S E K E B L
Z E C L V L I U L R N U H R P C T S U N
N M N H T I R P S A B I G B A N G B O B
D A S T R O N A U T T I V R C E N O D R
J C C Q T S G M A E A M T E E I M C O N
Q P A I T P H S D P C R O U R C O C U R
P C N S C H T W L O V K R S R S V A P F
U O T B T E A A S T R A H C P L E R W G
M M H R R R N M J T L J R O G H M E K X
D E G O F E O A B L A C K H O L E E J K
E T I C T S L P E L K W L G D E N R O E
R D N E P U T T H E R G R A V I T Y E P
A Q S L B L S E B Y R O T A V R E S B O
R K K E G R O Q U A S A R U U C G Y K C
F R N S E A V T P G N I Z Y L A N A Z S
N O I T A L L E T S N O C I R O T A T E
I S N I U I G A Z I N G P S H T A P P L
T I R A L O S I X A N S R O E T E M V E
V J R L J W W K S Y E G K T M U R N R T

ANALYZING
ASTEROID
ASTRONAUT
ASTROPHYSICS
ATMOSPHERE
AXIS
BIG BANG
BLACK HOLE
CAMERA
CAREER
CELESTIAL
CHART
COMET
CONSTELLATION
COSMOS
ECLIPSE
GALAXY
GAZING
GRAVITY
HELIOSPHERE
INFRARED
INTERSTELLAR
MAP
METEORS
MONITOR
MOON
MOVEMENT
NEBULA
NIGHT
OBSERVATORY
ORBIT
PATHS
PLANET
PLOTTING
QUASAR
ROTATE
SCIENCE
SOLAR
SPACE
STAR
SUN
TELESCOPE
TRACK
UNIVERSE
WHITE DWARF

Solution on page 332

Film Festivals

L H E Q W B Z W Q V S L G B R Y C L F Z
I O T N O R O T H E A T E R T L R I P C
F Y A I I S I I R T Y G N I N E E R C S
L T R D U N V T N S E I R T N E O P A E
G A E I V O M E E D I B E G I D H S X N
W X J I L M M H V R E R W N U C R O E N
W P L N V I T V I L S P B C C O K C P A
R B R T R N F V E N U E E P S A N E T C
O Q E E U A M C W J U R R N U A S P T S
T K P R S T Z A I K O E O D D T C N R S
C X A N L E R S N U M P I N Q E E O I D
E D C A J I N G G I S E U O P P N I B W
R Z T T K A N T E Q N S P D M R E T E O
I K O I F A R R A C C O L A D E S O C R
D K R O Y W E N E T G O P R R V E M A C
T Q M N K R E L T S I H W O A I W O T N
O D R A W A H X R D V O B L M E O R T B
P U B L I C V A U P R B N O A W H P E D
I T Y S F F T T V U L A I C E P S P N M
W U G X G S S U M M E R E O D S D D D D

ACCOLADES
ACTOR
ATTEND
AUDIENCE
AWARD
BERLIN
CANNES
CELEBRITY
COLORADO
CROWDS
DIRECTOR
DRAMA
ENTRIES
EXPERIMENTAL
FANS
GENRE
INDEPENDENT
INTERNATIONAL
MOVIE
NEW YORK
NOMINATE
PREMIERE
PRESENTATION
PREVIEW
PRODUCER
PROMOTION
PUBLIC
RATE
SCENE
SCREENING
SHOW
SPECIAL
SPONSORS
STARS
STUDIO
SUMMER
SUNDANCE
THEATER
TICKETS
TORONTO
TRIBECA
VENUE
VIEWING
WHISTLER
WRITERS

Solution on page 332

Good Fences

J W Y L Y N I V S U K I M N M P F H F C
J L I R C S Y O N K J O D O I E J W U P
T E L C A T S B O E O G E D X S I E M O
U N Y X V R F W J S D I G Q D R A U G R
T D I L I A O E Y T I R U C E S J T Q Z
S W S A R P G P Y T E F A S C T C Z W R
P L O M P D P M M I P N R G O I S I O A
V W J W E L N P R E D A T O R S N B O I
A W Y P D H O U S E T I C T A B H R D V
H L W O P L G C O G V L S P T G A F K G
Q J E U T A X V K R L E S F I S K T L L
F H R D P B R L I A R E P E V B E P Y F
Y G N L L N K B W W R U N N E K T T R Y
R S Q K N E C Z B T N P S C C N R L A G
S P F E L O I O A O I L L I N K B F C G
E O J Q A D R F R J A T P N O C P J Y M
M S D M V D B I R M T S Y G I O T E E K
S T O N E P B T I G N S J L L A T S T M
D L K R P W U N E S O L C E T I H W V I
Z W M Q G F A T R B C D N M Z Y N C U O

ANIMALS
BARRIER
BORDER
BRICK
CHAIN
CLOSE
CONTAIN
DECORATIVE
DOG
EDGE
FARM
FENCING
FIELD
GARDEN
GATE
GUARD
HOUSE
IRON
JUMP
LINK
LOCK
MESH
NEIGHBOR
OBSTACLE
PAINT
PET
PICKET
POLE
POST
PREDATORS
PRIVACY
RAIL
RESTRICT
SAFETY
SECURITY
STONE
SURROUND
TALL
TEMPORARY
TRESPASS
VINYL
WALL
WHITE
WIRE
WOOD

Solution on page 332

Hear the Sound

O	N	Z	B	E	B	T	T	I	V	Y	P	N	I	G	H	Y	Z	V	P
C	O	M	M	U	N	I	C	A	T	I	O	N	A	N	S	C	Z	U	L
S	L	F	Z	E	N	Z	A	J	R	I	S	N	M	I	E	P	T	V	W
B	E	Z	W	R	O	C	Q	F	T	T	B	A	R	R	I	E	R	I	P
X	V	D	Y	A	I	M	X	A	R	E	R	U	S	S	E	R	P	B	P
O	E	R	E	T	S	Y	L	U	T	M	T	Y	D	Z	P	C	T	R	C
N	L	V	H	C	E	L	M	I	C	R	O	P	H	O	N	E	V	A	R
G	E	V	A	W	I	E	P	W	A	L	A	R	M	T	S	P	B	T	A
U	P	T	P	C	N	B	S	I	N	G	I	N	G	E	E	T	V	I	S
Z	S	T	S	T	L	O	E	M	U	L	O	V	S	I	N	I	K	O	H
R	G	O	R	I	N	C	V	L	L	M	D	S	N	V	S	O	U	N	F
L	T	N	H	A	L	P	A	M	P	L	I	T	U	D	E	N	F	P	C
E	T	H	I	P	N	P	H	W	K	L	E	O	Q	C	D	R	C	I	K
J	H	P	U	K	A	S	V	Y	E	N	N	W	H	T	E	I	S	Y	E
V	D	T	M	N	L	L	M	N	S	H	O	O	R	Q	T	U	G	E	W
S	E	N	Z	V	D	A	C	I	K	I	T	A	U	A	M	N	T	L	G
O	M	Q	S	Y	F	E	T	V	T	R	C	E	T	B	O	W	N	L	T
A	B	G	J	W	W	Y	R	I	A	K	N	S	J	S	O	A	V	I	X
C	W	W	G	D	F	Z	Y	E	A	C	T	W	I	L	B	O	J	N	D
V	G	W	D	W	K	R	X	I	Y	L	Z	N	I	Y	A	R	V	G	P

AIR
ALARM
AMPLITUDE
BARRIER
BOOM
BUZZ
CLAP
COMMUNICATION
CRASH
DECIBEL
DIN
EAR
ECHO
FREQUENCY
INSTRUMENT
INTENSITY
LEVEL
LISTEN
LOW
MICROPHONE
MUSIC
NOISE
OSCILLATION
PERCEPTION
PHYSICS
PIANO
PITCH
PRESSURE
RING
SENSE
SILENCE
SINGING
SONG
SOUNDTRACK
STATIC
STEREO
TALKING
THUNDER
TONE
TRANSMIT
TRANSVERSE
VIBRATION
VOLUME
WAVE
YELLING

Solution on page 333

Lovely Lighthouses

W E S Z A W N T T Z I K I W T G C T L N
G Q D B X T O W E R S C W A S H O A L S
U E R G N A E C O H E A L S E U A F D W
J C F Q N T R U R A Y L E J R V S N E L
M U L O D I G F E Z D N A I O P T L O L
J X S M A H N R H A K V S C I S L E O A
L X S G S T H N T R J T Y R K R I V M N
E I Y E N Y R A A D S L A Y M O N C J G
D G A B N I F D E C I L B A C R E C W I
U S A A U L N N W N S H I P W R E C K S
I P R K K G I R D T A N D M C I E P E H
Y M F O C A S R A B E M X R M M S W S O
S A F M T E I I B W B W H R O T A T E R
K L R P B C R A T K Y A Z C O C Z I A I
C Y A O A S E W T T E V S R T F K L S Z
N C L L B W G L E H H E M T F A U S I O
G Z A S L R N F F B G S P I A C W Y D N
J N R X L I A P R E N I L E R O H S E G
X R M I W S D H D J R C N I R J B N F N
R J A W U E G A K Z B E C N A T S I D B

ALARM
ALERT
BAD WEATHER
BOATS
CAPTAIN
CIRCULAR
CLIFF
COASTLINE
CREW
CYLINDRICAL
DANGER
DARKNESS
DISTANCE
FOG
HARBOR
HAZARD
HORIZON
KEEPER
LAMPS
LENS
MAINE
MIRRORS
NIGHT
OCEAN
REFLECTORS
ROCKS
ROTATE
ROUGH SEAS
SAFETY
SCANNING
SEASIDE
SHIPWRECKS
SHOALS
SHORELINE
SIGNAL
SKY
SPIRAL STAIRS
STORMS
TALL
TOURISTS
TOWERS
WARNING
WATCHMAN
WAVES
WRECKAGE

Solution on page 333

Rubber on the Road

C J D N V U G L B Y G G O M O C R M X W
I Z Q G S Q M N F S V V L E S I P W B N
J A X F Q M C E I N A X M A D D A E R T
X O L R Z O D Q X W R B P W T E Q A E U
N M C I T E H T N Y S E T A T O R R S R
V R R K G W D E J M S K C A R T U B O X
X A U T E N J U Z R U R B Y P T J A C K
T O B L R B M R O K A S L I C K D R W G
E Q B W H I T E W A L L X N K L X I H Z
O D E G H D W S N T B O U L E E E C E O
U T R O P S N A R T R P L C P W O L E J
B A X O R W O N S N W A N L R S C M L G
C O V D I S R Y R L W A V C O I P F T Z
O T U Y M V I O A E L A E E H O C A K G
H S A E O T W I D A P L B E L A L D R E
J X S A V A R I B F M L V V P F N O R E
W N P R E S S U R E A M A V W U O G W B
P L J V Y S I P C C Z N I C O V M G E U
N F I R E M Z M K K D Z C R E A V P G T
O V G Y S Y E Z X B V R C O H E F K X S

AIR
ALIGNMENT
BALANCE
BIKE
BLACK
CAR
CHANGE
CIRCULAR
FIX
FLAT
GOODYEAR
GROOVE
IRON
JACK
MOVE
PRESSURE
PUMP
PUNCTURE
RECYCLE
REPLACE
RIM
ROAD
ROTATE
ROUND
RUBBER
SIDEWALL
SIZE
SLICK
SNOW
SPARE
SWING
SYNTHETIC
TRACKS
TRANSPORT
TRAVEL
TREAD
TRUCK
TUBE
VAN
VEHICLE
WEAR BAR
WHEEL
WHITEWALL
WORN

Solution on page 333

Rockabilly Music

P E C H O U T P G G D D B G L T Z R F L
R M E O I V E G E Q N R M J A T L E U K
U O N S E O U N G U E G R E E E Y G Z M
H W E C S J R H O V G C B A J A A N G F
Z Y R C Y E L S E R P A N Y Q G N I U M
W H U O N T N R E T S E W A A C I S U M
L L O R D E B N Y S R N M I D A I K F S
V N D N N G U A E T N A M T R O P C V I
I N A M K M N L Y T J O H N N Y C A S H
U Q P Q E Y I R F D D F N Y E A D B U P
N B M L X S T M K N U P R L R B A P B M
Y S O S T N E O N A I Z A L O S W A C E
R D P I U A D A N B X H P O Q F M L U M
Y E I O M F S F M K L E G H S S F S L U
H L C R H Y T H M L R I N Y Y I M R T B
Q Y V O I D A R I K E S O D P S V U U L
L T L S R Y T B I O W E S D J M A L R A
J S M V D D E N C I C U G U I T A R E D
C F S X F B S T N Y L L I B L L I H Z J
F I A K N L D G J V R B G Q X N M Q V M

ALBUM
BAND
BASS
BEAT
BILL HALEY
BLUES
BOOGIE
BUDDY HOLLY
CARL PERKINS
COUNTRY
DANCE
DRUMS
ECHO
ELVIS
FANS
FUSION
GENRE
GUITAR
HILLBILLY
HONKY TONK
INFLUENCE
JEANS
JOHNNY CASH
MELODY
MEMPHIS
MUSIC
POMPADOUR
PORTMANTEAU
PRESLEY
PUNK
RADIO
RECORDS
REVERB
RHYTHM
ROLL
SINGER
SLAPBACK
SONG
SOUND
STYLE
SUBCULTURE
SWING
TENNESSEE
UNITED STATES
WESTERN

Solution on page 333

Living in a Castle

J D L Y M D Z A Y M A O X X L D B O C G
S L Q G H K R N O T X M Y T L A Y O R Z
M T Y P T C E E M A N S I O N F W N E W
R N N E J I R N G A L F H T R N E D S W
A E O E C S K A O E E G L Y G L V A T U
B I H E M N L R N T N T P E A W C W S R
E C E L G E I G O O S C H T D B L K W T
P N L Q G D L R R O M T Y G B A I M O A
L A G R O R I T P S T R N E I N T O R O
W R D N T A S R T V I F O A G N D I D M
S L J E H G C B B A O L B X V E K Q C J
V O W E I D I L F R B A L U S R Y R O P
N R Z U C U N D T A L V E U Y S E U E R
N W D Q T K D R T L L E M O C O S S D Q
B F U N Q E E H E L A I E L C T T C U M
G D N A M S R A R I H D N M I A R R C N
V K G T S O E W R V Q E I N T N W O R C
A E E E N D L F U A U M G E E O Z B P O
F K O E Y U L H T A I U U P S I X E Z Q
B P N O I T A C I F I T R O F W L O L N

ANCIENT
ARMS
BANNERS
BATTLEMENTS
BRIDGE
CINDERELLA
CITADEL
CREST
CROWN
DONJON
DUKES
DUNGEON
ESTATE
FAIRY TALE
FEAST
FLAG
FORTIFICATION
FORTRESS
GARDENS
GOTHIC
HALL
JOUSTING
KING
KNIGHT
LADIES
MANSION
MEDIEVAL
MOAT
MONARCHY
NOBLEMEN
PORTCULLIS
PRINCE
QUEEN
REGENCY
ROBE
ROYALTY
SERVANTS
STONE
STRONGHOLD
SWORD
THRONE
TIARA
TURRET
VILLA
WALL

Solution on page 333

The Girl with the Dragon Tattoo

F Q F Y A D B B D X P Y W L D I S Q B H
R E R E L L I R H T E J I N A E G R N M
C Y A C C O L A D E S B A Y M N I R Y M
E M W C I E L C Y M E L L I A D R R K G
R X A N N U I B Z L S I R E G A E U O B
Y T R A V L O T I I M C W E E T M T O A
H X D B E C N A R A E P P A S I D L B J
T P S U S M A O F O K R X Y K N I P I X
L S L S T S I F S I F E M A F A K H F F
A E E E I H R L L S T M E C N E L O I V
E N V V G A E L L M R L O S M Z I T C A
W I O I A R E M O E B A W C X W L O T N
D Z N D T R E V J L N E L H S U U G I G
J A I E I I I D O G D N A G A I S R O E
O G W N O E C M R I S C I S E Y D A N R
E A G C N T K U S U K I S U H I S P O M
J M M E S V Z H S E M A I W M K T H S H
M T Z E I N T E R N A T I O N A L S I S
R L I S B E T H S A L A N D E R T W R K
T A T T O O T V Q S R L Q V Q Z U A P C

ABUSE
ACCOLADES
ANITA
ASSAULT
AWARDS
BILLIONAIRE
BOOK
BRIDGE
CAT
CLUE
CRIMES
DAMAGES
DISAPPEARANCE
DISCOMFORT
EVIDENCE
FAMILY
FICTION
FILM
HACKER
HARRIET
INTERNATIONAL
INVESTIGATION
ISLAND
JOURNAL
KILLER
LEVITICUS
LIBEL
LISBETH SALANDER
MAGAZINE
MIKAEL BLOMKVIST
MILLENNIUM
MOVIE
MURDER
MYSTERY
NOVEL
PHOTOGRAPHS
PRISON
STIEG LARSSON
SWEDISH
TATTOO
THRILLER
VANGER
VIOLENCE
WEALTHY

Solution on page 333

Journeys

I H S E L N E K Y C S Q L V Q O Z V E Z
A U G N I G D O L T H H F E U X E M X X
Z J P A A N U M S O G V A X A L E R G J
L K R Y L I W Z T U S L R E D R O B B A
Z T O X A P T E H R A H G I J G N O N M
O V R E N P L E G V V N I D N F K C A P
F J Y L G O N O I T I D E P X E J J Y L
H C R Q U H I R S K U P R L X I V L S A
M P T V A S R T K U A B M P W H I U M N
E O N D G A C E A R S C E P N T T G O E
W R U O E U R O T N U R I R O N I G W S
M V O F I T I U N S I R M S V E N A V I
C L C S L T R R T E T T K W X N E G P U
F G I B E E A O N T C R S U X I R E A R
H N N K U I M C E C A R R E N T A L S C
E O N I L S E Z A M S X D P D N R B S G
C U S W K S F D D V E R I R P O Y K P V
J S A T U L M N I W S S D R A C T S O P
L Y R T E Y A W B U S O Z C U L T U R E
M G N I Y L F W Z F G A V Z B F E D T Z

ARRIVAL
BORDER
BUS
CAR RENTAL
CONTINENT
COUNTRY
CRUISE
CUISINE
CULTURE
CUSTOMS
DEPARTURE
DESTINATION
EXPEDITION
EXPERIENCES
FLYING
GUIDE
HOSTEL
HOTEL
ITINERARY
JUNKET
LANDMARKS
LANGUAGE
LEARN
LODGING
LUGGAGE
PACK
PASSPORT
PLANE
POSTCARDS
RAILWAY
RELAX
SHIP
SHOPPING
SIGHTS
SOUVENIR
SUBWAY
SUITCASES
TAXI
TOUR
TRAIN
TREKKING
TRIP
VACATION
VOYAGE
WALKING

Solution on page 334

The Media

L S U N H Y Q V R S C B P T C K S M G W
X Z C L A I R O T I D E R T O T Z L F V
K S R I A F F A Z C I A E C N E I D U A
V R E H T A E W T I N T S R F E Q E X N
T E L E V I S I O N V Z S N L H A N O S
T D D E V E L O P M E N T E I S H I B P
O N E X R L Y O V K S M T W C D T Z J O
E A E L G N A R P E T H M S T A C A O R
B L P D L P E N L E I U L O L O C G U T
Z S C H N O G E O C G E T U C R A A R S
P X O I O O C Y S I A R C Y Q B P M N T
S O L N W T P A A D T R G L W A T E A U
R D U F R S O S L W I A K K E I I V L D
K I M O I A O G E C V C N E I D O I I I
Z G N R T C C U R R E N T E V E N T S O
Y I I M E D P R R A R X R W R M S C M I
C T S E R A K R L C P O D Q E S S E H D
G A T D N O I T I D E H C J T S E J N A
B L Y T I R G E T N I S Y U N A P B D R
R E M L A B O L G J T M L Y I M U O W Z

AFFAIRS
ANGLE
AUDIENCE
BEAT
BROADCAST
BROADSHEET
CAPTIONS
CIRCULATION
COLUMNIST
COMMENTARY
CONFLICT
CORRESPONDENT
CURRENT EVENTS
DEVELOPMENT
DIGITAL
EDITION
EDITORIAL
ELECTRONIC
ETHICS
GLOBAL
INFORMED
INTEGRITY
INTERVIEW
INVESTIGATIVE
JOURNALISM
LEAD
LOCAL
MAGAZINE
MASS MEDIA
NATIONAL
NEWS
OBJECTIVE
PHOTOGRAPHY
POLITICS
PRESS
PRINT
RADIO
SLANDER
SOURCES
SPORTS
STUDIO
TELEVISION
WEATHER
WEEKLY
WRITER

Solution on page 334

History Texts

Z	A	D	Q	M	G	A	I	I	L	B	Y	T	A	E	R	T	D	Q	X
P	O	I	E	B	K	R	S	I	P	Z	S	D	P	E	O	P	L	E	Q
E	R	U	L	I	A	F	N	V	I	R	S	O	V	Y	V	E	W	T	N
Q	L	E	M	W	J	C	T	N	A	K	R	O	C	I	Y	M	R	A	T
T	S	C	H	O	O	L	D	E	O	U	L	U	Y	I	E	S	V	T	L
E	H	S	F	I	H	U	Y	O	E	U	G	R	R	C	E	Y	M	S	S
S	G	P	U	M	S	V	B	P	T	G	E	P	O	L	I	T	I	C	S
B	Y	X	P	T	K	T	Z	I	D	C	S	N	M	E	J	O	Y	T	E
A	H	B	R	H	X	N	O	E	O	Z	O	D	L	R	O	W	U	A	R
T	P	I	F	E	C	N	R	R	M	M	C	W	T	I	J	D	Y	N	G
T	A	G	T	V	A	R	D	E	I	R	C	N	V	P	Y	W	P	O	O
L	R	Y	A	E	A	A	U	C	L	C	E	R	K	M	M	C	V	I	R
E	G	J	X	N	E	R	S	H	F	I	H	B	Y	E	G	I	N	T	P
I	O	J	S	T	O	P	E	I	C	I	G	R	D	A	A	V	E	A	Q
T	I	M	T	S	A	P	T	N	A	N	G	I	O	M	E	I	E	N	W
B	B	Y	X	M	O	B	A	F	I	Q	E	H	O	N	H	L	U	V	K
Q	T	T	S	N	G	W	D	K	S	V	W	O	T	N	I	G	Q	J	J
R	Y	W	I	N	N	O	I	T	A	R	G	I	M	I	D	C	R	B	N
S	X	H	J	E	R	U	T	L	U	C	O	N	O	I	N	U	L	S	M
D	S	K	U	J	X	D	Z	N	X	N	P	V	T	G	T	G	G	E	Z

ANCIENT
ARMY
ASIA
BATTLE
BIOGRAPHY
CHRONICLE
CHURCH
CIVIL
CULTURE
DATE
ECONOMICS
EMPIRE
ERA
EUROPE
EVENTS
FAILURE
FIGHTING
INDUSTRIAL
INVENTION
KING
LAW
MAPS
MEDIEVAL
MIGRATION
NATION
NAVY
PAST
PEOPLE
POLITICS
PREHISTORIC
PROGRESS
QUEEN
RECORD
RELIGION
REVOLUTION
SCHOOL
SOCIETY
STATE
STUDY
TEXTBOOK
TREATY
UNION
WAR
WORLD
YEARS

Solution on page 334

Honeymoons

K K K H E L J G H M Q X J I S S N N I K
L R L U O T R A V E L O V E G G W Y N F
C B U S U O R V O Y A G E L P U O C M E
V Y X B R M B D Q Q W W Z V S J A P P O
G E U A O C E L E B R A T I O N D A A L
T P R N O R J N E W L Y W E D S V R M O
R S Y D M O O R G T H G I L F Y E A S Q
I V I Z S S E N R E H T E G O T N D M L
P L F L E E J S B D V L R B H N T I W Z
R M I A R S D W B R I D E G D E U S X K
I U E V V R K E D G K N U J L M R E N P
V P V I I N E E H G G A N A J E E D Q V
A O R R C E P T R S L B C E D T L U P I
T O S R E A T H A T I I W E R I A T K D
E L B A R O M E M L P R D I O C X I C J
S U I T E H Z A I O O U E J F X I L U S
C R U I S E I R R U L C O H X E N O E T
O R R O M A N T I C Q H O M C U G S Q Q
E E Z P K D U S E Y P P A H F C T V I Q
T K Z D N A L S I N O I T A C A V Y N Y

ADVENTURE
ARRIVAL
BRIDE
CANDLELIGHT
CELEBRATION
CHERISHED
CHOCOLATE
COUPLE
CRUISE
DEPARTURE
DINNER
EXCITEMENT
FLIGHT
FUN
GROOM
HAPPY
HARMONY
HUSBAND
ISLAND
JOY
LAUGHTER
LOVE
LUXURY
MEMORABLE
NEWLYWEDS
PARADISE
POOL
PRIVATE
QUIET
RELAXING
ROMANTIC
ROOM SERVICE
ROSES
SECLUDED
SOLITUDE
SUITE
SWEETHEARTS
TOGETHERNESS
TRAVEL
TREK
TRIP
TROPICAL
VACATION
VOYAGE
WIFE

Solution on page 334

Bring a Lunch

K K V N S P Z D T M S M J O O W L C S D
L U R O U E F H E R U E O E A T Q T W P
U X S O I N G R E D I E N T S S N R M U
S S S P F P A N K U S R E V O T F E L K
X Z Q S E Q B F A W H R K M V P L S B M
K X P U Z Q F X T R B F R A E O S S W A
D P K O I A W R S O O E L M G R O E S H
G E U I K S A G T I H U K X E T G D U C
A A V C D V H T C T E L S N T I J K H I
H R S I E S L E W K Z E I A A O A I X W
M T M L F E P N D Q I A E P B N P L H D
I C M E S A F W F K T L L K L S P O L N
Q U R D C N V F O N M U P I E D L J O A
G E M K A G A O O R N N P N S E E O O S
R O L P R A C C R C K C Y S S L D W H K
A G P I T I Y A H I A H Y O L L O B C D
P W A V O D U B D U T M M Y E G C B S E
E W E R N F O X T U T E N S I L S A T U
S E H A Z X F C Q E C A R R O T S Q Q J
C E C I U J B H E A L T H Y U M M Y W D

APPLE
BAG
BENTO
CANDY
CARROTS
CARTON
CHEAP
CHIPS
COFFEE CUP
CONTAINERS
COOKIES
DELICIOUS
DESSERT
FAVORITE
FORK
GRAPES
HAM
HEALTHY
ICE PACK
INGREDIENTS
JELLY
JUICE
KIDS
LEFTOVERS
LUNCHBOX
LUNCHMEAT
NAPKINS
NOODLES
ORANGES
PEAR
PORTIONS
SANDWICH
SCHOOL
SOUP
SPOON
SQUISHED
THERMOS
TRAVEL MUG
UTENSILS
VALUE
VEGETABLES
WATER BOTTLES
WHOLESOME
WORK
YUMMY

Solution on page 334

Animal Doctor

X X E A T S M Y B G E V R L E P I X Y H
P S W G E I F E A T H E R S T U I V H D
I T R L M L J D D P W T Y H D I U K W D
A T O O E U B D C K S E E V W H U H G U
Q K O M D A C A Q U A R I U M V W U L X
B R Z T I F S M T T M I G G R I G T A S
G F L N C Y M H E O S N O Z F U R E T T
K E S A I F Y E M A Y A M D I A H C I F
P R P T N J T E R R T R M N S Z D H P F
E A I S E H T S E N A I E O H K J N S O
E G H I B E L G M Z B A U S C I J I O J
H S C S R R R F E A P N C E Y I K C H O
S A O S L U O V R I D E S O N G A I D C
U P R A S A V K G S J L A T N E D A T I
O M C N N A I M E O W I N G N L R N X N
M M I I E N E I N N K M E S S E N L L I
F A M C G S P N C P C M S I M N I I U L
M A X T A P S N Y J I W R R T N Q T T C
L S N E U T E R N R S H O T S E N Z A T
Z Z Y P H K Z G T A A W H C Z K P O R P

ANESTHESIA
ANIMAL
AQUARIUM
ASSISTANT
BARKING
BROKEN
CAT
CLINIC
COW
DENTAL
DIAGNOSE
EMERGENCY
EXAM
FEATHERS
FUR
GOAT
GROOM
GUINEA PIG
HARNESS
HORSE
HOSPITAL
ILLNESS
KENNEL
LEASH
MEDICINE
MEOWING
MICROCHIPS
NEUTER
PATIENTS
PET
PUPPIES
SHEEP
SHOTS
SICK
SPAY
SURGERY
TABLE
TECHNICIAN
TEETH
THERMOMETER
TRIM
ULTRASOUNDS
VETERINARIAN
WORMER
ZOO

Solution on page 334

Fun Times

G N I K O O B P A R C S N A C K S R E W
G N V H S G I J G D A N C I N G F E D Y
H T I A N K A L P T C Y W Y P Z E U E R
T U V V O B Q M P L Q G P L C Z G N M Y
S S E D I L S R E T A W N T M L N I Q E
U R B N T G I G N S I N G I N G I O S S
A O S E A N S R E V O P E E L S K N T T
L O K K C I R K W E P J W E Y W O R G P
X D T E A K C O N C E R T S T V O K Q J
G T M E V A I H Y A B T X P E P C B Z J
Q U R W P B N O A Q H P U K S U F P M G
L O B A U J C L L A B T O O F T M A E R
Y I R K V I I I P E D A N J E T I S I V
D K Z E X E P D K T R I X E D N N N I R
S B W B I S L A T A E G N I M M I W S P
C D Y U S V L Y K L T W V N P Y G D E U
A R R E C C O S V K R E H T E G O T Q Z
W R H P A H N M D C J G K N Q R L J J Z
J C I T M K V T Q V O J P I R T F C N L
D O B L P U S J Y K L V F N H C H A S E

BAKING
BOWLING
CAMP
CHASE
CHESS
CONCERTS
COOKING
CYCLING
DANCING
DINE OUT
DINNER
EAT
ENJOYMENT
FAIR
FOOTBALL
GAME
HIKE
HOLIDAYS
KARAOKE
LAKE
MINI GOLF
MOVIE
OUTDOORS
PARKS
PICNIC
PLAY
PUZZLE
REUNION
SCRAPBOOKING
SINGING
SLEEPOVERS
SNACKS
SOCCER
SPORTS
SWIMMING
TALK
THANKSGIVING
TOGETHER
TRAVEL
TRIP
VACATION
VISIT
WATERSLIDES
WEEKEND

Solution on page 335

Nursing Homes

C H W J E P H U S R I C Y L R E D L E C
O R I C V D S S G G N A A S R O I N E S
O Z A O E S E C I V R E S L S H A X S O
K P C F N N L M E D N U R S E G C K W C
S M C K T N Z F E R H U Z A I N I H S I
U O G I S S Z Y R N U L L Y L E D H M A
I N F X A H U A H N T T F T R B E A D L
U I R F I C P G C Y H I I I E G M V R Q
V T D Y R O T A L U B M A N D A N I E Q
R O T A R T S I N I M D A U R V S N S S
G R L M T E G F V S L A E M O U W S S D
I N Q U G Y T N O I S S I M D A F U I K
C K I N N D P I M U T E R O O M S R N X
F C I H I T E A R X Y I R C E N S A G J
F G D C T R E L R E C R E A T I O N F W
A X L R T A D E B E M S K S C O A C M E
T W M U I I B E R A H E N I C I D E M B
S T I H N V S H Q S S T N E D I S E R F
N X J C K V T I H B G I O T A L K U M L
N C Z I X E B G V U T R D O C T O R S I

ACTIVITIES
ADMINISTRATOR
ADMISSION
AGING
AMBULATORY
BATHING
BED
CALENDAR
CARE
CHURCH
COMMUNITY
COOKS
CRAFTS
DEMENTIA
DISABLED
DOCTORS
DRESSING
ELDERLY
EVENTS
FITNESS
FURNITURE
HEALTH
INSURANCE
KNITTING
MEALS
MEDICAID
MEDICINE
MONITOR
NURSE
ORDERLIES
PUZZLES
RECREATION
RESIDENTS
RETIREMENT
ROOM
SAFE
SENIORS
SERVICES
SOCIAL
SPACE
STAFF
TALK
THERAPY
VISIT
VOLUNTEERS

Solution on page 335

Invitation Received

V T I N E F N R L O X H X X L S E F T T
A I N M R T Y O I O G M E W W M W L N O
B M V E S U A N M Y X N F J B H L O A N
M E I R V A C V T M G Y M O J J F U W L
K C T U P E W R I R U Q S F L L J R N I
M O E L R Y A E A R E S E R V A T I O N
O S E L X P L V D R P X I K T H Z S I E
S P O P E O E L X D E N K T G B U H T O
R O N J O B O R A Q I E E I R B L L A C
C R P A R L R W S I H N N T L I O F U R
D E C L I N E A E O D G G C A N P H D E
M P Q E O L B V T A N R W N O D H L A S
D A A A C A T S N I D A O F A U B W R P
S P J O P S H C N E O I L C S C R Q G O
S C M T E O E E T O T N D I R E C A E N
I E I U W P P N T A S K Z I Z M W E G S
L S Q E M O I A C E S U O H N E P O P E
M E R A E R H O L I D A Y E D N D O Z T
R F T N P P L C L Q Z G R F Q T E X V C
R S F C H Z U O D I B G L T P M O R P E

ACCEPT
ASK
ATTENDANCE
BAPTISM
CALL
CELEBRATION
CORDIALLY
DATE
DECLINE
DINNER
EMBOSS
ENCOURAGE
ENGRAVE
ENVELOPE
EVENT
FLOURISH
FOIL
FONT
GRADUATION
HOLIDAY
INDUCEMENT
INVITE
LOCATION
LURE
ONLINE
OPEN HOUSE
OPENING NIGHT
PAPER
PARTY
PERSONALIZED
PRINTED
PRIVATE
PROMPT
PROPOSAL
REQUEST
RESERVATION
RESPONSE
RSVP
SHOWER
STAMP
SUMMON
TIME
WANT
WEDDING
WELCOME

Solution on page 335

Very Manly

F K A Z J H Z B W E F X R V O A L F L M
Y R O F E T M D V Y M L S T A M I N A A
P R I N G X A Y X C R B E F U P O S E E
H F G S X O K N F O O V E X F P C O F D
H H E L Y J W Y B X I N T L R U U L F I
U G B L X R K A B T O O F O L D B I A R
I A N B A C I S C R U P V I A I U D C P
E A Q V O M R A E G F I N R D D S S R O
M Y K C Y A R T H R D E I U E E E H D W
T Z E G H T S N M E C N A R U D N E S E
N B T Y T O A T R E G P R O T E C T O R
G H A A T H L E T I C I S M U S C L E V
V B R S M U G C G G T N B S K N T K L S
G I E T H G O I F N N E A E E N G X I S
N T G R M Q C O N C E I T G A L W B R E
B U G O C A R R S P T L J I O R R R I N
I R A P R C C E T H O P L K D R D A V T
T T X S E O K H G E P A A A U E R G E I
J S E N E R U I O V V P I T H T I A J F
Q Y O Q T Q F S B E T E P M O C K W C V

ARROGANCE
ATHLETICISM
ATTRACTIVE
BEARD
BOAST
BRAG
BUFF
CHALLENGE
COCKY
COMPETE
CONCEIT
CONFIDENT
DARING
EMBELLISH
ENDURANCE
EXAGGERATE
FEARLESS
FIGHT
FITNESS
FLEX
FORCE
GYM
HAIRY
HEROIC
MACHO
MALE
MANLY
MASCULINE
MUSCLE
POSE
POTENT
POWER
PRIDE
PROTECTOR
PROVIDER
SMUG
SOLID
SPORTS
STAMINA
STRUT
TESTOSTERONE
TOUGH
VALIANT
VIGOROUS
VIRILE

Solution on page 335

Mayors

Q	R	R	E	W	O	P	O	L	I	T	I	C	I	A	N	V	R	N	T
L	V	T	T	X	S	V	E	L	E	C	T	E	D	F	G	E	E	W	S
O	F	F	I	C	E	Y	T	I	N	U	M	M	O	C	I	B	P	Y	E
C	V	W	N	R	I	T	U	F	N	H	I	E	S	C	A	H	R	M	A
A	K	M	S	A	C	D	O	K	O	N	V	E	S	G	P	J	E	A	T
L	Q	E	O	Z	I	A	P	V	I	I	C	N	N	O	M	L	S	N	Q
J	E	E	F	Y	L	E	C	S	T	N	W	Q	O	A	A	O	E	A	H
R	Y	T	I	R	O	H	T	U	A	O	O	S	I	W	C	B	N	G	Z
G	Y	I	T	H	P	R	C	N	T	G	U	J	S	R	M	L	T	E	T
U	Q	N	I	A	A	E	I	L	N	P	O	Z	I	U	S	A	Q	R	Y
I	T	G	Y	T	X	D	X	T	E	R	M	V	C	T	V	R	S	L	A
D	V	S	I	E	R	B	S	R	M	G	U	N	E	A	Y	O	P	A	H
A	Y	O	Y	O	R	E	V	L	E	Q	I	E	D	R	R	Y	E	P	B
N	N	Z	F	E	Q	I	M	I	L	C	G	S	A	C	N	A	A	I	U
C	F	Q	D	N	S	I	X	L	P	R	H	T	L	U	Y	M	K	C	D
E	T	A	D	I	D	N	A	C	M	N	E	A	Q	A	S	F	E	I	G
Q	E	C	O	U	N	C	I	L	I	R	T	A	I	E	T	E	R	N	E
L	J	N	E	G	D	I	R	E	C	T	O	R	O	R	X	I	J	U	T
N	T	Y	S	E	H	C	E	E	P	S	J	N	L	U	L	H	O	M	J
I	V	H	O	B	O	S	S	E	X	A	T	E	W	B	R	C	Q	N	Y

ADMINISTRATION
AUTHORITY
BOSS
BUDGET
BUREAUCRAT
CAMPAIGN
CANDIDATE
CHAIR
CHIEF
COMMUNITY
COUNCIL
DECISIONS
DIRECTOR
ELECTED
EXECUTIVE
GOVERNMENT
GUIDANCE
HEAD
IMPLEMENTATION
INCUMBENT
LAWS
LEADER
LEGISLATION
LOCAL
MANAGER
MAYORAL
MEETINGS
MONEY
MUNICIPAL
OFFICE
ORDINANCES
OVERSEER
POLICIES
POLITICIAN
POWER
REPRESENT
SEAT
SECRETARY
SPEAKER
SPEECHES
SUPERVISION
TAXES
TERM
TOWN
VOTE

Solution on page 335

Neighborhood Parks

S U M C F X I F H A X X C A U S F L F K
R L O X N D G O P O C K E T M D V V M D
I X R O K W Z U I S E I T I V I T C A Y
K A U S W F D N C C E G X O U K J E S H
S Z R F S K F T N E R D L I H C S N E Z
S T A U P X D A I E C A L P A T H S R S
J Q L N O X N I C Z E S U O H B U L C B
R M A D R E A N T I W Y R E C L N W A L
I D N I T X L H D I L Q T O O Y J D O M
L Z O N S P U B L I C I L N O R S T Q Y
U Z I G K E Z D M M C O T I E D I R L B
T A T H S R L A K S O I K Y G M T O B B
M A A E Z I F X C P M C K R S H U U E A
I D E Y F E Y B E O M X E S W E T N O Q
L R R E N N I F N H U E D N Z E C I O Q
T I C S O C I A L L N R O T T H W A N M
S A E T Y E B Q F E I F T V E E I A P G
N Z R C L R X W R B T A F S S O R W E S
M O L D U U J Y J W Y S E N I O R S N A
K E S L L I R G D W Z R L S T S P G F Y

ACRES
ACTIVITIES
AESTHETIC
BENCHES
BICYCLE
BIRDS
CENTERS
CHILDREN
CLUBHOUSE
COMMUNITY
COURTS
DOGS
EXPERIENCE
FACILITY
FAMILY
FIELDS
FOUNTAIN
FUNDING
GREENERY
GRILLS
KIDS
KIOSK
LAND
LAWN
LIGHTING
LOT
MAINTENANCE
MONUMENT
OUTDOORS
PATHS
PICNIC
PLACE
POCKET
POOL
PUBLIC
RECREATIONAL
RURAL
SENIORS
SIT
SOCIAL
SPACES
SPORTS
TREES
URBAN
WILDLIFE

Solution on page 335

Punk Rock

S R B I X Q X N H Z Z A G K D H B F Y D
E O X T K H Y V E N H T R M H X S P W S
A I T S T Y L E B S G N I C R E I P C J
F N A G Q O U N D E R G R O U N D J N A
Z L Q H Z Y F K F Z D V X T F X V W N H
H R L R N M H N R U Z T N E L O I V E V
U A P E O S T S O O T T A T K L C V T M
P O Y H I C U L O D Y C R Z D M I P T T
Y T A T H I O K C T N W I I K T O O O Z
N W I A S R Y O C E H O E S A A U L R G
K R Z E A Y O S R O H E L N U H S I Y N
B A S L F L F O L T R Y R A E M R T N I
K K A N A R C H Y O U E B A S S K I N M
L E B E R D A O H A T I G E M O M C H A
K K B V R J T S N L D S R A U O R A O E
S S R A T I U G A C Z N I D R O N L J R
T G H W N E L T T A E S E P D A H E F C
L N Q W O D V A N G E R J E X A G N S S
L O I E D N S U B C U L T U R E C N A D
B S E N G L A N D R X M O S H G S V O K

ALTERNATIVE
ANARCHY
ANGER
BANDS
BASS
BRITISH
CONCERTS
COOL
DANCE
DRUMS
EMO
ENGLAND
FASHION
GARAGE ROCK
GENRE
GREEN DAY
GUITARS
HAIR
HARDCORE
JOHNNY ROTTEN
LEATHER
LONDON
LOUD
LYRICS
MOHAWK
MOSH
NEW WAVE
NEW YORK
PIERCINGS
POLITICAL
REBEL
ROCK MUSIC
SCREAMING
SEATTLE
SEX PISTOLS
SID VICIOUS
SONGS
STYLE
SUBCULTURE
TATTOOS
THE RAMONES
UNDERGROUND
VIOLENT
WILD
YOUTHFUL

Solution on page 336

Nice People

Q L C N O H V B Q L T Q H C E R A H S V
U A A W E L C O M E L B A I L E R G K L
X I R J G N F X W M B E V V S V N L W O
I C I T S I M I T P O E F I N I A G B V
G O N S Z X L Q E A I P N L T T N T L I
W S G S U P P O R T I V E E P I I F W N
Y J A P Y O A J F H Q E E E V S C K U G
Y L F K S W E R U E A R L I J O K E C N
C T F H U Z L E G T G P G B N P L I G I
O S E E O P B C A I R R P V A T T E E O
F E C L I B A I I C F U E Y J E P S N G
D N T T C Z I N S T H R S C H L K M I T
N O I N A P M O C G S L K T E C Z I A U
M H O E R L A P J A A I A H W P P L L O
S R N G G Q C V T I N P U L W O T E Q W
K L A U G H N I D D M J O R K V R I V C
V F T W W L O R B Y P O L I T E E T V W
H D E T A N O I S S A P M O C L V E H E
H Y S I N C E R E B E L B A F F A S S Y
V U L H Y M A Q M J L L N F M J W N P L

AFFABLE
AFFECTIONATE
ALTRUISTIC
AMIABLE
BENEVOLENT
CARING
CIVIL
COMPANION
COMPASSIONATE
CONVERSATION
CORDIAL
EMPATHETIC
FUN
GENIAL
GENTLE
GIVING
GOOD
GRACIOUS
GREETINGS
HAPPY
HELP
HONEST
JOKE
KIND
LAUGH
LIKEABLE
LOVING
NICE
OPTIMISTIC
OUTGOING
POLITE
POSITIVE
RECEPTIVE
RELIABLE
SHARE
SINCERE
SMILE
SOCIAL
SUPPORTIVE
SYMPATHETIC
TALK
TRUSTWORTHY
WARM
WAVE
WELCOME

Solution on page 336

Birds

N E Y S M K I H R S O N E E X H W E A P
R O B L Q N E V A R O R O D N O C D J P
Q X E R P R X L G P U W A C A M O N P E
I V H U O T W X O T F T L C L V H I I O
M P C N R B P E L I C A N Q E A G L E F
D E V U E L I U P A R T C U W E F U N I
R I X I K U V W R E N O T K O G K I L D
Y G O S C E Y S K I W I K N E O B V A L
F T W S E B T A S B S H D X A O F A B S
V H O T P I O Z J O N T J R R S L L R W
A R O A D R U N N E R U O P A E A W B I
I U K R O D C W K T U T I R U C M E C X
J S C L O G A C O C C L A V K V I N H W
Z H U I W E N R V S O S B B D A N L I P
H D C N N N R B L K T C I R L J G A C Y
H P L G R A T E E K A R A P N A O R K L
R L I D P R K K S E D Z I E T U R K E Y
P Q V J I C V V A G Z E Q C P Z C P N I
I J K D F N L I A U Q Y W J H U M E C C
F W B B Q W U R B S I F W E D G A V X Q

ALBATROSS
BLACKBIRD
BLUE JAY
BLUEBIRD
BUZZARD
CARDINAL
CHICKEN
CONDOR
CRANE
CUCKOO
DOVE
DUCK
EAGLE
EMU
FALCON
FINCH
FLAMINGO
GOOSE
GULL
HAWK
HERON
KIWI
LARK
MACAW
ORIOLE
OSTRICH
OWL
PARAKEET
PARROT
PEACOCK
PELICAN
PHEASANT
PIGEON
QUAIL
RAVEN
ROADRUNNER
ROBIN
STARLING
STORK
THRUSH
TOUCAN
TURKEY
VULTURE
WOODPECKER
WREN

Solution on page 336

Going Steady

W W S S I V I S I T R K D O R R R H E Y
Q E O P D E T G S K W E V I U M Q U T Q
X C H A R M X S Q E J I N Y U L G D I B
M X F R S E T C O K N G Y T W I L C U I
T O R K T F N C L T L I P P R O P O S E
N L I A I S O N E U R B D T H A M U R C
H S H G F M R N I T S I N A A R P P U K
A U M R P E T S X D U I L T E Y I L P Z
R E L A T I O N S H I P V F R R D E X S
M P N T O H G O A T N E M E G A G N E M
O Y E N W R E I T K B O Y F R I E N D I
N L S V A P T T N E M T I M M O C H F T
Y X S U L B H C K V T P J T E E W S P T
D H F E K U E E M C U C H O C O L A T E
A U D N E I R F L R I G X E X E S Q I N
T G C N W D N F L O W E R S V S N B M Z
E S O E R Y E A T T R A C T I O N N V I
E H L K I S S W Y M E S C O R T L L O B
P B K L A T S M N Y Z V N I S O W A E C
O W B R P Y B D Y S O C Q A W L V U Q Q

AFFECTIONS
ATTRACTION
BOYFRIEND
CHARM
CHOCOLATE
COMMITMENT
COMPANY
CONNECTION
COUPLE
DATE
DINNER
ENGAGEMENT
ESCORT
EXCLUSIVE
FLIRT
FLOWERS
GIFTS
GIRLFRIEND
HARMONY
HEART
HOLD
HUGS
INTENTIONS
INTRIGUE
KISS
LETTER
LIAISON
LOVE
PAIR
PARTNER
PASSION
PHONE
PLEDGE
PROPOSE
PURSUIT
READINESS
RELATIONSHIP
RING
SMITTEN
SPARK
SWEET
TALK
TOGETHERNESS
VISIT
WALK

Solution on page 336

First-Aid Kit

B I E Y I Q V X N X A X F W R A P X H N
W A E N C B N X Y V L O H O C L A Z I S
F A K R O W Y C N E G R E M E A Q G E P
B B M X L S G N I P M A C H R T S P V L
U W J W L M I A N T I S E P T I C R O I
G B B R E E F T P G O B B A S P I R I N
C E J E C L F Q R V N I V K B S S K B T
P W K Q T L J T E O G I B H N O S W B S
H D K H I I O T N C C Z D I J H O E I T
O O H J O N T H E R M O M E T E R I Q E
G O M T N G O B G M K E R E E N S T W R
C L W E L S S I V N E P B D N L A E L I
V B O D Y A R S N S I D S Q Y I B C M L
O K U V T L E P A T E V I S E H D A L E
S R N N E T Z H C L M G A C O Z E O K Q
W R D L F S E L X Z I E A S A R E F I L
A C S F A M E Z U A G N N D C T C A R E
B U R N S A W B L A N K E T N C I D M E
S T D C N S T L A V I V R U S A J O E X
N M I K D K R O N Y S O X C S D B P N R

ADHESIVE TAPE
ALCOHOL
ANTIBIOTIC
ANTISEPTIC
ASPIRIN
BANDAGES
BLANKET
BLEEDING
BLOOD
BOX
BURNS
CAMPING
CARE
CLEAN
COLLECTION
CREAM
CUT
EMERGENCY
GAUZE
GLOVES
HEALTH
HELP
HOME
HOSPITAL
HYDROCORTISONE
IODINE
LIFE
MASK
MEDICATION
OINTMENTS
RED CROSS
SAFETY
SALINE
SAVING
SCISSORS
SMELLING SALTS
SPLINTS
STERILE
SURVIVAL
SWABS
THERMOMETER
TWEEZERS
WORK
WOUNDS
WRAP

Solution on page 336

Rainforests

M V E F Y O Y D F C D K A E K D W K G K
D L Y U F Y B S D R I B Q N M Y H M V L
Y K S L E L E G A I L O F H T T C A E W
O T O D A A U S F J V W T E W S N D O U
J R I W R T V L D B D E S O T E E A U I
A Q L B T A E A T U Y U R V Y R G G G Z
G M O P H P Z M W T E G S S U O Y A A R
U O E S I O K I P T R Q L H I F X S U T
A N C I I F T N L E B A U L R T O C M J
R K Q K S Y U A D R R I I A E U Y A T T
S E W W C N J N S F A A X N T A B R N I
P Y P D N U U U G L Z Y T H A O E S E E
E S Y T N I N A V I I R A E W E R W M C
C P V G I O C F S E L M K A M A Z O N O
I F L C O L C O N S E R V A T I O N O S
E E W S I L E M E R G E N T L A Y E R Y
S Z N M U P O S I T S W I O P C L B I S
P O A K W Q O C A N O P Y B S E N I V T
M T E F U Q A R E H D E R E G N A D N E
E Q Q Z P W B D T J X M E D I C I N E M

AMAZON
ANIMALS
ANTS
BIRDS
BRAZIL
BUTTERFLIES
CANOPY
CLIMATE
CONSERVATION
DENSE
DIVERSITY
EARTH
ECOLOGY
ECOSYSTEM
EMERGENT LAYER
ENDANGERED
ENVIRONMENT
EQUATOR
FAUNA
FLORA
FOLIAGE
FOREST
FUNGI
HOT
JAGUARS
JUNGLE
LIZARD
MADAGASCAR
MEDICINE
MONKEYS
MONSOON
OXYGEN
RAIN
REPTILES
SHRUBS
SOIL
SOUTH AMERICA
SPECIES
TEMPERATE
TREE
TROPIC
UNDERGROWTH
VINES
WATER
WET

Solution on page 336

Tennis Fan

B A R E I F I L A U Q F O R E H A N D V
J L U F C T N S E R E K C E B S I R O B
M J E M A G J R S T Q S D R O P S H O T
M A O P R P T T O A R Y U E L T R J N E
V I T N V Z E J A D G H I D K E O K G R
R C P C E J P T I N L A M E U V L I R Q
C E R X H D T G E M D A E F R D A M E X
I K F B S L L P K S M R V R J Q N C B O
H G B E A T O I N C A Y Z E D C D L D M
R R C Z R S R N T F H M C G R N G I E A
K E C E U E R O A L G X P O L R A J N C
X C H C H U E E K O L J M R N Z R S A F
J E A N T I L I E E V I A Q A N R T F S
W I I E R N T D R C Z E B I Y S O E E G
U V R I A K P B O B B Y R I G G S R T U
D E G D U B N O D O V E R H E A D S S D
S R A U X I A I I L Q U C R A C A Y E Y
H L H A P R I L D N L T O U S N I A A T
N P A S C O S I L E T C K E E O D L C P
Z U G M O E G S M A S H M F R D C P S T

ACE
ANDRE AGASSI
ARTHUR ASHE
AUDIENCE
BALL
BILL TILDEN
BOBBY RIGGS
BORIS BECKER
CARVE
CHAIR
CLAY
DEUCE
DINK
DON BUDGE
DROP SHOT
FOREHAND
GAME
HIT
JIMMY CONNORS
KIM CLIJSTERS
LET
LOB
MATCH
OVERHAND
OVERHEAD
PETE SAMPRAS
PLAY
POINT
QUALIFIER
RAFAEL NADAL
RECEIVER
REFEREE
RETURN
ROD LAVER
ROGER FEDERER
ROLAND GARROS
SCORE
SET
SLAM
SLICE
SMASH
SPIN
STEFAN EDBERG
STROKE
US OPEN

Solution on page 337

Habits: Good and Bad

N L R P P B U R P I N G I Z N F L F A P
E E E J O E S N Y T E I X N A A L J E X
R A G M S N T D A I L Y C M U O U B N F
V R U A I E Z A M W G N I T S U G S I D
O N L N T F I T N Z A L I S U N R S T X
U E A N I I T G Q I I R I L B U N E U P
S D R E V C V N C A T N E Y C T O Y O T
M U X R I I N I R V G S C O O R I L R H
O C P S T A R W T C J N A I N I T D E F
K G C C Y L J E N Y E O T R S T I E G R
I Y H T L A E H P D E I N D C I D T P R
N C B R E A K C N E E T E R I O A A G B
G O X W X M B E Y R T C L I O N R E I S
A K N R E T T A P P K I Y N U B T P S F
O F F O R G A N I Z E D T K S M D E O I
L P R A C T I C E R I D S I D O P R C D
T W R C I T A M O T U A E N O F O C I G
G R O S S E C O R P W M F G G N I T A E
H Y G I E N E D J B R O I V A H E B L T
G S L J F P U N C T U A L A U T I B A H

ADDICTIONS
ANXIETY
AUTOMATIC
BEHAVIOR
BENEFICIAL
BREAK
BURPING
CHEWING
DAILY
DISGUSTING
DRINKING
EATING
EXERCISE
FAMILIAR
FIDGET
FLOSSING
GOOD
GROSS
HABITUAL
HEALTHY
HYGIENE
LEARNED
LIFESTYLE
MANNERS
NEGATIVITY
NERVOUS
NUTRITION
ORGANIZE
PATTERN
POSITIVITY
PRACTICE
PROCESS
PROCRASTINATE
PUNCTUAL
REGULAR
REPEATEDLY
REPETITION
RITUAL
ROUTINE
SMOKING
SOCIAL
SUBCONSCIOUS
TENDENCY
TRADITION
UNAWARE

Solution on page 337

Sleight of Hand

Y	E	I	R	P	D	F	G	S	R	E	G	N	I	F	E	S	O	L	C
X	F	O	O	R	K	P	F	N	T	F	V	Y	R	L	R	L	P	Q	R
F	D	S	P	E	N	R	P	P	I	S	T	I	G	A	U	Y	B	U	C
D	N	A	E	S	C	A	R	D	S	N	I	F	G	C	T	A	E	A	C
Z	W	S	V	T	E	C	D	W	A	X	N	T	C	I	S	J	Q	P	T
F	G	W	A	I	S	T	A	G	E	V	O	U	R	G	E	Y	E	Z	F
Y	F	I	D	D	D	I	Z	F	T	C	I	E	C	A	G	K	T	D	V
T	V	T	D	I	F	C	F	J	G	H	T	D	M	M	B	C	A	L	Z
R	G	C	N	G	Q	E	O	N	Q	X	A	J	B	L	T	I	L	E	I
X	N	H	A	I	C	P	I	P	E	P	N	W	U	L	Y	R	U	G	P
I	I	I	N	T	G	H	S	D	P	O	I	E	D	I	A	Q	P	E	P
V	T	N	A	A	C	N	C	Y	I	E	D	R	D	K	J	I	I	R	T
H	A	G	D	T	N	O	I	T	C	E	R	I	D	S	I	M	N	D	I
A	E	M	I	I	R	I	P	M	P	H	O	F	S	R	G	O	A	E	K
N	H	D	V	O	T	E	V	A	R	A	O	U	I	N	V	G	M	M	Q
J	C	X	F	N	C	R	T	R	L	O	C	L	I	E	I	R	W	A	R
L	D	S	T	E	A	L	I	N	G	M	F	M	O	H	L	O	Y	I	X
V	J	G	D	E	V	I	E	C	E	D	I	R	V	G	Q	D	C	N	A
T	M	V	G	E	Q	U	I	C	K	T	D	N	E	W	Y	Z	Z	A	Z
W	Z	F	R	G	U	B	A	L	L	S	D	V	G	P	F	X	Z	G	I

ARTISTS
BALLS
CARDS
CHEATING
CLOSE
COINS
COORDINATION
CUNNING
CUPS
DAN AND DAVE
DAVID BLAINE
DAVID COPPERFIELD
DECEIVE
DECEPTION
DEXTERITY
DITCHING
EFFECT
ENTERTAIN
FINGERS
GESTURE
LEGERDEMAIN
MAGICAL
MANIPULATE
MISDIRECTION
PALMING
PERFORMING
PRACTICE
PRESTIDIGITATION
PSYCHOLOGY
QUICK
RICKY JAY
ROPE
SKILL
STAGE
STEALING
SWITCHING
TABLE
TIMING
TRICKS

Solution on page 337

Pitch a Tent

P K H S A H X V B D N N O L Y N I U F P
U V O H T N P R A T N L P U P T C W B R
O M F U N O I T C E T O R P T L R X E U
F O F C U N C D K F B K I H O D G V F V
W S G A B G N I P E E L S T P K O S O F
S F Y B M U N K A O D R H U A C S O O G
A H L T O I T M C A R X O A C E S D R P
Y P A R T Y L Q K Z S T B P N R R G P S
E W G D N N Y Y I A M S A R E S I C R P
G P E M E R G E N C Y A E B U S E C E T
K I K Q I O C R G F L D U M L H G G T R
B I E F U T A F I L L G M R B E S T A A
O R P J O I M E A I S E L O P L T J W V
J K S E T U P M W T R K R O L T Y H S E
Z G H B M Q S M N Q J S U L C E F F D L
D S N Y S S I E E B R T A F G R A U W Q
K P M I A O T D Y N S Y O V Q S B O N X
Y Q Z U K M E O P I T C H I N G R Z F E
I E V C Z I Y M D Z D J Q O V A I Z S T
S O W E A T H E R J O J O T Q Q C M L U

ASSEMBLY
BACKPACKING
BUGS
CAMPSITE
CANVAS
CIRCUS
CLOTH
COTS
COVER
DOME
EMERGENCY
EQUIPMENT
FABRIC
FAMILY
FLOOR
FUN
GROUND
HIKING
MOSQUITO
NYLON
OUTDOORS
OUTSIDE
PARTY
PEGS
PITCHING
POLES
PORTABLE
PROTECTION
PUP
RECREATION
ROPES
SETUP
SHADE
SHELTERS
SIZES
SLEEPING BAGS
SMALL
SUMMER
TARP
TENT
TRAVEL
WATERPROOF
WEATHER
WILDERNESS

Solution on page 337

Movie Projectors

E T H R E A D B R E K C I L F T E H S L
Z E W M P O S E R D E V I C E Z M K M D
S G I V U O F P W I I C T H T I R A G N
D J D S X L U G L G V M L P S A C C O U
Y B E Z E I T D I I G V A H D H M I Z O
E R A C S B I I S T C E R X I Y T R E S
Z R T A L H E U P A U E G N X A N T O J
J O Z U V D A M R L R V E O N M E C M F
R O B D S L L O O P E E R I J E M E S L
O K C I N P W N J H H X M T M D N L H B
T U V E E E S Q E F Q U T A O I I E O E
A F N N L N Q B C W L E R T C A A O W G
R T E C A S U U T L K F M N N A T V V S
E G M E C H A N I C A L Z E A H R D B Y
P N Y D I I Y K O P I M B S R E E L R D
O Q T C T L N R N F M M P E R U T C I P
I F H G P W P E U O N E J R A R N O G D
J Q G N O S A Z M N A N N P X M E R H M
E Q J Z T E A B G A N O I T C A N D T U
N T N G B U L E D G K A V T O U W X I J

ACTION
AUDIENCE
BEAM
BOOTH
BRIGHT
BULB
CAMERA
CINEMA
CORD
DARK
DEVICE
DIGITAL
DOUSER
ELECTRIC
ENTERTAINMENT
EQUIPMENT
FILM
FLICKER
FORMAT
FRAME
HOME
ILLUMINATION
IMAX
LAMP
LARGE
LENS
LOOP
MACHINE
MECHANICAL
MEDIA
MULTIPLEX
OPERATOR
OPTICAL
PICTURE
PRESENTATION
PROJECTION
REEL
REFLECTOR
SHOW
SOUND
SPLICE
SPROCKET
THREAD
VISUAL
WIDE

Solution on page 337

Domiciles

Y	W	Q	F	W	R	O	F	P	Z	L	F	Q	Z	K	T	W	Y	E	Y
Y	I	X	L	H	S	L	L	A	W	G	N	I	G	D	O	L	M	H	E
L	N	M	O	R	T	G	A	G	E	Y	A	W	L	L	A	H	G	C	B
I	D	V	O	E	N	Z	T	W	R	C	D	O	M	N	Y	H	N	B	G
M	O	O	R	D	E	O	S	D	G	O	H	V	O	N	G	E	I	F	A
A	W	B	O	G	M	X	D	Y	O	E	O	I	M	O	D	U	L	A	R
F	S	N	Y	H	T	O	C	R	S	C	T	M	J	I	U	G	L	S	A
I	V	K	C	I	R	B	C	U	Y	A	N	R	S	T	P	T	E	H	G
R	C	I	T	T	A	O	O	I	D	P	E	E	H	A	L	O	W	E	E
E	F	L	E	Y	P	H	B	N	B	S	R	N	R	D	E	W	D	L	B
P	U	E	F	R	A	E	U	H	A	G	T	C	N	O	X	N	F	T	Y
L	R	R	L	R	E	O	P	E	G	N	H	F	L	M	A	H	Q	E	C
A	E	O	J	N	F	A	L	D	E	I	M	D	B	M	C	O	R	R	U
C	L	C	T	E	E	K	L	M	T	V	E	U	M	O	F	U	Q	S	D
E	I	E	R	E	K	H	E	E	U	I	I	N	T	C	T	S	S	O	Q
S	A	D	A	D	C	S	C	H	S	L	Z	T	A	C	A	E	T	B	L
S	R	U	B	H	A	T	M	T	D	T	A	L	U	A	R	B	V	U	F
W	T	L	O	B	U	Y	I	I	I	G	A	R	V	D	U	N	I	T	H
U	M	G	D	R	E	W	N	O	E	K	T	T	D	O	O	W	Q	N	A
C	P	E	E	L	S	G	V	O	N	S	H	A	E	F	I	N	T	G	A

ABODE
ACCOMMODATION
ADDRESS
APARTMENTS
ARCHITECTURE
ATTIC
BASEMENT
BRICK
BUILDING
CABIN
COTTAGE
DECOR
DOOR
DUPLEX
DWELLING
FAMILY
FIREPLACE
FLAT
FLOOR
FOUNDATION
GARAGE
HALLWAY
HOUSEHOLD
HUTS
KITCHEN
LEASE
LIVING SPACE
LODGING
MODULAR
MORTGAGE
NEIGHBORHOOD
PROTECTION
REAL ESTATE
RENT
RESIDENCE
ROOMS
SHELTER
SLEEP
STRUCTURE
TOWNHOUSE
TRAILER
UNIT
WALLS
WINDOWS
WOOD

Solution on page 337

Build a Factory

V B J Q P X B H C B W K F I G P N W W P
S E I L P P U S R E D R O C S T O O B E
C Y M A N A G E M E N T E K R A M R E R
I H S D D E C U D O R P M T R U C K S S
T K E T Y D E Z I L A I C E P S H F M O
O N V A E R U T C A F U N A M J N O G N
B I M D T M A C H I N E C H A O K R Q N
O B A S F C A L M E F F I C I E N C Y E
R O Y Z I Y V T S P L A N T S A M E X L
U T E R L R A W I L W L A T M A T S U A
N E B E K T E U V C A V A E T N O M S T
I A D S R S M M E L O C R B E R O A H I
F M E O O U P J U N K O I M O Z L T I P
O W N U F D L M N S F A P M M R S E P A
R O I R K N O I G G N I S S E C O R P C
M R F C E I Y L J B U O Z P N H M I I I
S K E E I L E L F Q A T C B P O C A N M
F K R S A C E S E I R U J N I L I L G N
W Y L B M E S S A I W A R E H O U S E T
Y S M I F H G K D X V H R I K G H P E U

ASSEMBLY
BOOTS
CAPITAL
CHEMICALS
CONSUMERISM
DIRT
EFFICIENCY
EMPLOYEES
EQUIPMENT
FABRICATION
FOREMAN
FORKLIFT
HEAT
INDUSTRY
INJURIES
INNOVATION
LABOR
MACHINE
MANAGEMENT
MANUFACTURE
MARKET
MATERIALS
MILLS
NOISE
ORDERS
PERSONNEL
PLANT
PROCESSING
PRODUCED
PULP
RAW
REFINED
RESOURCES
ROBOTICS
SHIPPING
SMOKESTACKS
SPECIALIZED
SUPPLIES
SYSTEMATIC
TEAMWORK
TOOLS
TRUCKS
UNIFORMS
WAREHOUSE
WORKFORCE

Solution on page 338

A Collection of Little Things

E B A P D H H O X P D C R S X E F M S T
A T V F J V B H A V K T A P E M I D O B
T N E H I T H G G K C F Z I L Q L O T P
J X S H J W Y C S M M I I L O G E F S E
L Q G M X N G F P C Q V O C P G N E L R
D O A T M C K J D G E U M R D I R D E I
H D R B U N N Y E O S L I E A U E P N W
R Y D X F Z B I S E E D L P T E K O E N
M V D L W Z C E U T N A L A N I A R G H
I V D R H I S T M Q T O I P T Y H D C D
O U G N I R R A E E E N M T R S N N F U
I I M U Y B L N P K I S E L K N I R P S
J Y O K B N U G G M C N T Y Q N I O C T
L Q T B E Y G R T I E I E R E T S M A H
A V H G P E D U G N G L R W E L B B E P
T M X T X E J A X N S G B C Q S A I Q E
U Q P J O I I R L O M O R M I M U S Y N
F Y D C Y O S M H W R E G D I M S O H N
F D I D B U T T O N E C U T C H V G M Y
E S X S R H T J J J G J E Y M O T A W O

ANT
ATOM
BIRD
BUNNY
BUTTON
CELL
COIN
CRICKET
DIME
DROP
DUST
EARRING
EGG
EYELASH
GENE
GERMS
GNAT
GRAIN
GRUB
HAMSTER
INCH
KERNEL
KITTEN
LADYBUG
LOUSE
MILLIMETER
MINIATURES
MINNOW
MITE
MOTH
MOUSE
NEEDLE
NEWBORN
PAPERCLIP
PEBBLE
PENNY
PETAL
SEED
SEQUIN
SHREW
SMIDGE
SPRINKLES
TADPOLE
THIMBLE
TOOTH

Solution on page 338

Buying on the Internet

R Z Y C L A F D M A W W T E T U U Z Q B
L S H E L A U T R I V X C O H V V Y N V
L I F O S O E G R A H C L I E N T E L E
Q P A N L K T Z P A R O Q D Q Y U G G L
Y X S T R I O H G H Q S I T E J S A L E
N D T A E D D O E V I T I T E P M O C C
Q R M I B R B A B S R R C H E C K O U T
A A U S A F C U Y D E A G F F K P G N R
Z C P T T M R C Y B V N L H I R B E E O
R O D N E V E T W Z I S U E O R I D F N
A L J S P R D I L L L A E M O N R J T I
R S D D U E I O D Y E C O W E O Q R N C
A T E N R E T N I M D T S V E G R V A O
Y C S U C M A A O F I I N Y R P E L H M
A U L F H H G H I O N O T Y O N T R C M
E D U E A Z W O N G C N U Y T C U E R E
O O P R S H I P P I N G I O S P P L E R
Z R M L E U G U C S S E R D D A M L M C
O P I B Q W C B J B B Y U G W Y O E I E
Y W X B A N E S P Z G L T N U O C S I D

ADDRESS
AUCTION
BOOKS
BROWSING
BUY
CARD
CHARGE
CHECKOUT
CLIENTELE
CLOTHES
COMMERCE
COMPETITIVE
COMPUTER
CONVENIENT
COST
CREDIT
DELIVER
DISCOUNT
ELECTRONIC
FAST
HANDLING
HOLIDAY
HOME
IMPULSE
INTERNET
INVENTORY
MARKET
MERCHANT
ORDER
PAY
PRODUCTS
PROMOTION
PURCHASE
REBATE
REFUND
RETAIL
RETURN
SALE
SELLER
SHIPPING
SITE
STORE
TRANSACTION
VENDOR
VIRTUAL

Solution on page 338

Formal Debates

U P X C F A C T S A F U T V G J H S N M
R O K P O D I U M C E C I L S B U M I A
F O E C S D B P U B L I C I G O L D Q W
B D T E O S C O N T R O V E R S Y A G T
N K L I T E V I T A M R O F N I S S U E
O U O A N T Q I N P A N S W E R S S Q A
R G N I N O S A E R R B N T R E X E Q M
D C T H W N M T M H K G A A V S T R I O
E H C C C N I T E R N I T I T A O T D I
R X O J L T A T E I T I T N R T U I U K
Q Q N V I L O P R O O C A E Z N R O Z O
U B T V K R O O G N E P B D F E N N A R
E O E I I S C E A P I I I A R N A B D R
S S N C I S N L S C L S L U E O M T I W
T G T T F B I R I E C L T S T P E M S B
I K I O P Z E T D U A C A R M P N I P E
O O O M E P R U S C U C H E W O T O U U
N R N S N A D S Y R P M D P A E D I T G
P O T T P O L I T I C A L A T T U B E R
Y G E T A R T S T H G U O H T N I O P A

ANSWERS
ARGUE
ASSERTION
CASE
COMPETITIVE
CONTENTION
CONTROVERSY
DELIBERATE
DISAGREEMENT
DISCUSS
DISPUTE
FACTS
FALLACY
INFORMATIVE
ISSUE
JUDGE
LOGIC
MONITOR
NEGOTIATE
NOTES
OPPONENT
ORDER
PARTICIPANTS
PERSPECTIVE
PERSUADE
PODIUM
POINT
POLITICAL
POSITION
PROOF
PUBLIC
QUESTION
RATIONALIZE
REASONING
REBUTTAL
RHETORIC
RULES
SCORING
STRATEGY
STRUCTURE
SUBSTANCE
TALKING
TEAM
THOUGHTS
TOURNAMENT

Solution on page 338

See Mexico

E R U T L U C N U A M A R I A C H I T U
R D G R E D R O B Z R S D I M A R Y P E
M Z N P E B V I M A U G J S T R O S E R
L E V A R T P T J H E N S N A C I X E M
V G F Y R B T A T Q L I Y A Q H Z D L H
G S H H L G L R C A O T O U R I S M R M
P Z T H N A O G C I M H X W G T G T E F
R M E V D E C I O H F G E O M E O W O I
Y G Q A O C P M R Z E I N P E C L O A H
W P U C C O B M T O S F C T X T D V P F
D G I A R A Q I A A T L H O I U E M J Y
H Y L T F X P G M Z I L I R C R N A P M
U S A I B A J U A T V U L T O E E Y Y O
M V I O U C A I L E A B A I C C A A S S
C C D N R A B K E C L J D L I C G N O O
K N A T A C U Y S S O Q A L T O L S U C
G Y J N E P C G B E A N S A Y S E D T A
N U I M C Z S W A O J N R I G P K C H T
T U L J L U M R Z E A W L D S Q P P I C
N O K F D B N R A P B H Y A I T W R E R

ACAPULCO
ARCHITECTURE
AZTECS
BAJA
BEANS
BORDER
BULLFIGHTING
CANCUN
CULTURE
ENCHILADAS
FESTIVAL
FOOD
GOLDEN EAGLE
GUADALAJARA
GULF
HOT
IMMIGRATION
MARIACHI
MAYANS
MEXICANS
MEXICO CITY
MOLE
OAXACA
OLMEC
PACIFIC OCEAN
PESOS
PYRAMIDS
RESORTS
RICE
RIO GRANDE
SOCCER
SOUTH
SPANISH
TACOS
TAMALES
TEQUILA
TORTILLA
TOURISM
TRAVEL
TROPICAL
VACATION
YUCATAN

Solution on page 338

Ponds

X U B R Y F B X V L B F Y V R S D E E R
A U C E M M J A L J O W J S T R E A M E
S C P P I F P U J H D O E W B F V S C T
E I S C G K M V A H S L P E O R R Y O A
K N U N A J U L J K D L N T A O C X M W
Q T S C R L J Z C D H A I L T G Y Z H H
C N D L M X T O U O R H T A D P O L E B
T B C H V W R P B C R S Q N T B D E I E
F I R B T T I E L T R U T D E T R K B L
E E A Q F F O B T L S O Z E W K A X I H
A K V S N I H K N T C G T L K S G C R U
A L O X E E E A N K O L A A N A O M D C
Q H O W R C A L G A E R R A G N N F S X
P G A O I E C M D S U R K E G I F P S O
B B N Z N O M I D T I E S F V M L I L Q
O U F I D S L N A A S T U I V A Y L I W
I G G A R D E N M C R N M S S L E A A A
E P O S R P W O V C L I D H W S W B N D
I T Q C W M S W N Q O W C O I G E E S E
O V C K U S J V A O L F L S M T W M T W

ALGAE
ALLIGATOR
ANIMALS
BEAVER
BEETLES
BIRDS
BOAT
BUGS
CATTAILS
CRANE
DAM
DRAGONFLY
FARM
FIELD
FISH
FROG
GARDEN
GEESE
HERON
ICE
LARVAE
LILY
LOONS
MINNOW
MUSKRAT
NATURAL
OTTER
POOL
PUDDLE
REEDS
ROCKS
SHALLOW
SNAILS
SNAKES
SPLASH
SPRING
STREAM
SWIM
TADPOLE
TOAD
TURTLE
WADE
WATER
WETLAND
WINTER

Solution on page 338

Running for Office

O E P A H Y H V U G W A U I K Y M D X F
P G N I G N I L S D U M Y C R Y P O L L
I R O D E T I B D N U O S A T A A N G P
W A I E S S E R G N O C M I V D J O H B
S S S M E Z U P M C L I R O X V V R O F
W S I V G W E R A R R O T A N E S S U I
A R C O A E V O Q P J E A A R R N E S E
U O E N S C A M P A I G N N C T V E E V
V O D A S L B O M L J Q M C S I W T C O
Z T Y C E A A T Y X S E P M T S L A N Y
V S E I M R L I D E N X C A S E X B E G
T R D L Y E L O C T K A T Y I M Z E U I
N E I B T D O N U R N N C O V E N D L P
E E L U R E T S H D E O O R I N E Z F U
D T S P A F S X I S R M I D T T Z E N N
I N D E P E N D E N T N M T C S I U I D
S U N R S L A R E B I L W O A N T C O I
E L A U R T P O T N E B M U C N I C P T
R O L P E E V I T A V R E S N O C P D Z
P V E S R H E T O R I C A U C U S P S K

ACTIVISTS
ADVERTISEMENTS
BALLOT
CAMPAIGN
CANDIDATES
CAUCUS
CITIZEN
COMMERCIALS
CONGRESS
CONSERVATIVE
DEBATE
DECISION
DONKEY
DONORS
FEDERAL
GOVERNMENT
GRASSROOTS
HOUSE
INCUMBENT
INDEPENDENT
INFLUENCE
LANDSLIDE
LIBERAL
MAJORITY
MAYOR
MEDIA
MESSAGE
MUDSLINGING
NATION
PARTY
POLL
PRESIDENT
PRIMARY
PROMOTIONS
PUBLICATIONS
PUNDIT
REPRESENTATIVE
REPUBLICAN
RHETORIC
RUN
SENATOR
SOUND BITE
SPIN
VOLUNTEERS
VOTE

Solution on page 339

Parades

C V H D A C R O B A T S M U R D Q B L D
D U K E R G U I T T E F N O C S H A T S
M H V N T U F W O I D R A U G R O L O C
B A T O N S C I R C U S F K N E S L E L
W G R A N D M A R S H A L Y I C P O A N
X H S C U E T D D E T X M A V N E O P D
F F S G H I F R P H E U M D I A C N F R
E C N C N I A O V O I N S L G D T S F L
S Z A G H W N X H L S E G A S Q A T V F
T U I O A I O G E I G C F I K U T R C A
I D C R E E L H B D H K L R N E O E M G
V R I S P F S D U A T R O O A E R E U Q
A N T C K D A J R Y N E A M H N S T C H
L V I E L M N A O E L D T E T O J J X L
D Q L T A O C A F X N A S M D H R F O L
B Z O U W T W S R A C E C I L O P S S M
G A P O E S X N S G A L F S H L I N E U
H H P R O C E S S I O N F I T R O O P S
G A S R O S N O P S R O D N E V N I K I
A B E G D S T N W G W U A G D F Y S I C

ACROBATS
AWARDS
BALLOONS
BATONS
CHARACTERS
CHILDREN
CIRCUS
CLOWNS
COLOR GUARD
CONFETTI
DANCERS
DIGNITARIES
DRUMS
FESTIVAL
FIRE ENGINES
FLAGS
FLOATS
GRAND MARSHAL
GRAND PRIZE
HATS
HELIUM
HOLIDAY
HORSES
JUDGES
LEADER
LINE
MARCHING BANDS
MEMORIAL DAY
MUSIC
POLICE CARS
POLITICIANS
PONIES
PROCESSION
QUEEN
ROUTE
SING
SPECTATORS
SPONSORS
STREET
THANKSGIVING
TROOPS
VENDORS
WALK
WAVE

Solution on page 339

Going to the Dance

P F S R B I C I R K N E S I F T S B H H
L L O Q C S L D D D O I S K F E L Q R P
Y O A I L N D Q V L V S C A S L C S N X
M O J R A U I N Q N S D N O M A I D Q R
A R Q L U K F G E O S C O S R V M D Q V
E Z D W Y G L E H I Y H I O L S I D T F
C T E K X J U O C T R B L P O G A I I N
N L I L Y T R A P A M F L H N T Y G C C
A A K Q J X B Q N T R C I I E K S F E O
D W E S U H G O D I A G T S R G A L R N
Q Q T L K E O S A V T A O T N M E C A S
Z I T U B K T S P N R L C I X B H L E O
M V Q P X M N T P I A P R C R E L F A C
X G D Y C E E I E M I T E A S E F K T I
O S V I N T D S R A S V T T R R J V N A
S G S R N U F O N D F I R E T H G U A L
D U N I G N F O I E O A D D N A B D G R
M X U A M F E X O N D N O I S N A M E I
O Q G H T P G R R D I T J G M D X O L W
L D H C N U P C A C P Q W M G X J B E T

BAND
CELEBRATION
CHAIR
CINDERELLA
CORSAGE
COTILLION
DANCE
DAPPER
DATE
DIAMONDS
DIGNITARIES
DINNER
DRINK
EAT
ELEGANT
ENSEMBLE
ETIQUETTE
FANCY
FLOOR
FOOD
FORMAL
FRIENDS
GRACEFUL
INAUGURAL
INVITATION
LAUGHTER
MANSION
MASKS
MUSIC
NIGHT
ORCHESTRA
PARTY
PIANO
POLKA
PUNCH
QUINTET
ROOM
SOCIAL
SOPHISTICATED
STRINGS
TANGO
TUXEDO
TWIRL
VALET
WALTZ

Solution on page 339

Use Some Logic

A J E L S H E L C M L W L A N O I T A R
A B J A J P H O S J L A M R O F V F O B
W X L I S X A W I D C U D W W O N K R N
I X O P I U E S C I S Y H P A T E M E V
P S B W S P D L T U C C A U S E J F L B
R E M M Y I S Y P N E U R T R M C F P S
O E Y E L S L D E M O B I G Q D A K I L
O R S A A A E T C N O I S U L C N O C J
F O V E N B S L Z L V C T N T I Y P N L
U X M A A I Y D U T S F O P H Q H R I E
C Q T T S R N G S R T Z T T M P P E R M
S N E N C W C F O C L H L N R U O M P L
Z S O L I E I H E L I A E A A X S I P G
T C E S S P R L V R O T C O I E O S L B
O M D N A M L R Q S E T N I R Q L E A J
T O E L M E T H O D I N N A R Y I O T N
M S L K T J R P W C E W C O M I H K O G
A M W N R E L I A B L E F E W E P T R B
T A I K C M J L S O U N D N E S S M L W
H M V H H F U N D E I N D U C T I V E S

ANALYSIS
ANALYTICAL
ARISTOTLE
ASSUMPTION
BOOLEAN
CAUSE
COMPLEX
CONCLUSION
CONSISTENCY
CORRECT
DEBATE
EMPIRICAL
FACT
FORMAL
GREEK
INDUCTIVE
INFERENCE
INTELLECT
KNOW
MATH
METAPHYSICS
METHOD
ONTOLOGY
PHILOSOPHY
PLATO
PRACTICAL
PREMISE
PRINCIPLE
PROOF
RATIONAL
REASON
RELIABLE
RESEARCH
RULES
SEMANTICS
SENSE
SOUNDNESS
STUDY
SYMBOL
TEST
THEORY
THINK
TRUE
VALID
WISDOM

Solution on page 339

Georgia

T S A O C O L U M B U S N I A T N U O M
S B K T Y C O B B V D E G D I R E U L B
R D N O K A S A P P A L A C H I A N C S
E D A I R P O R T S V R T E V I S I C O
V E T A U G U S T A I A N C N N V I Y Y
I L H D S J T W Y V D H A U E I P E L B
R I A E K A H S N A P C L H L M L G A E
E V N E W G E K A N E Y T W Y L L R R A
T E D R A R A E B N R A A L O A S O E N
R R E O H I S C L A D R O W D O A E C S
A A A S F C T J A H U Y J Y G Q K G R N
C N L W R U E Z O D E A S L S O M G E O
Y C K E E L R T T H C K E P R P A N A C
M E M L N T N Z A K N T N E R O C I T L
M K L L R U S U E I H S H U H I O K I A
I Z A F U R I T G O G C C I C V N I O F
J F T S T E S H R T Z R X R A K E G N I
H I R H D Y T P R O X R O L E V P U S U
S N A C E P E U A R F C U E P E G C V F
C J M Z T N O M D E I P W L G S K R A P

AGRICULTURE
AIRPORT
ALBANY
APPALACHIAN
ATHENS
ATLANTA
AUGUSTA
BLUE RIDGE
CHEROKEE
CIVIL WAR
CNN
COAST
COLUMBUS
DAVID PERDUE
DEER
DELIVERANCE
FALCONS
FORT STEWART
GEORGIA TECH
GLADYS KNIGHT
HAWKS
JIMMY CARTER
JOHNS CREEK
KING GEORGE II
MACON
MARTA
MOUNTAINS
NATHAN DEAL
OGLETHORPE
OLYMPICS
PARKS
PEACH
PECANS
PIEDMONT
RAY CHARLES
RECREATION
RIVERS
ROSWELL
SANDY SPRINGS
SAVANNAH
SOUTHEASTERN
SOYBEANS
TED TURNER
TY COBB
YELLOW JACKETS

Solution on page 339

See a Lawyer

R H L S V S U S B G I W N A S X J U L R
V C C T M T S C K T E Q Y A T S H U B T
L G U R R C N E D E F E N D R E U G R A
H H S A A L B E N F E Z O J E U C E S Y
E U T T C E U B Y T L V M P P B P N E X
E I O E C S S Q E R I G I R X R R R N A
M P D G U T I E N I T W T O E R O I T M
K O Y Y S X N E R A I N S S C T T M E U
T L T T E I E A O L G M E E I C J R N F
T I M I D I S Y T N A N T C T O Z B C Q
Y C X J O N S T T S T O I U S U C O E A
A S I U T N N I A A I L R T U R N L E L
V E Y D E O O L T E O S X O J T I Q Z B
F T B G R C V I Z S N E S R R F T C I I
J T E E M E O B T X H C C A X H L U R L
Y L N Z S N V A M C I S C R I M I N A L
G E C E T C D I Z H E T N T O L U O T I
T O H J T E F L T E L J S T H V G U O N
J O M E S A C E B U D C B A G X I O N G
Y H P L A E P P A P E R W O R K T D E S

ACCUSED
APPEAL
ARGUE
ASSISTANT
ATTORNEY
BENCH
BILLING
BRIEF
BUSINESS
CASE
CONTRACT
COURT
CRIMINAL
CUSTODY
DEFEND
DIVORCE
ETHICS
EXPERTS
FILE
GUILT
INNOCENCE
JUDGE
JURY
JUSTICE
LIABILITY
LITIGATION
MOTION
NOTARIZE
OBJECTION
PAPERWORK
PATENT
PROSECUTOR
REPRESENTATION
RESEARCH
SENTENCE
SETTLE
SOLICITOR
STRATEGY
SUE
TERMS
TESTIMONY
TRIAL
TYPE
VERDICT
WITNESS

Solution on page 339

Smartphones

F K V M X G T N Q B E M R D N O I R G K
N O I T A C I N U M M O C T Z P I U N O
S S E L E R I W E M L E R J H O M T Y N
Y K O L Z F V Z S I B M S O J V W K K O
F P I S B R W M T J N E N M O B I L E I
G S T N D A C M C U G E R E K A E P S D
J S S N O T T U B A B S V P L R H U W E
U Y A N S W E R S O E R E N A T Y E O Q
I E R Y M A Y S O T U O J M O D N T R W
G S X P I A E K T P N S T O A C A Y B C
C I E V D M W I D A E S T M N G P B D Z
M H M R E U N P N R M E C R C T M A T V
B K A O V G Z D U T U C A A L L O G L I
W C I T S I R T R L E O R L L L C I G B
F V L C D O C O B I N R T A N A A G F R
N R I S I I P E A C N P N W T M C C T A
B S U D P S Q O J M V G O E Q S A T H T
F C A S E P U I F D I D C S T O R A G E
Y O Y A V O A M D S Z N A L P L D P N X
K K G P G D Q F O R Z T G C B Z S G F T

ALARM
ANDROID
ANSWER
APPS
BLUETOOTH
BROWSE
BUTTONS
CALL
CARD
CASE
CHAT
COMMUNICATION
COMPANY
CONTRACT
CONVENIENT
DOWNLOAD
EMAIL
GAMES
GIGABYTE
GPS
INTERNET
MENU
MESSAGES
MOBILE
MUSIC
NUMBER PAD
PHONE BOOK
PICTURES
PLAN
PORTABLE
PROCESSOR
RING
ROAMING
SERVICE
SETTINGS
SIGNAL
SKIN
SMALL
SPEAKER
STORAGE
SURF
TEXT
VIBRATE
VIDEO
WIRELESS

Solution on page 340

Drawer Contents

N R Y N X F A B D D A V B S T Y N C A A
P L N N D B U I P B S L F L M B D R J B
N Z S K W X A A H O A P J S A E H M O O
H U O R P P J T B S N B K L O N Z O T J
L C C D E A T L H V T F Y D T E K C A J
U C K R M T O D P I L L O W C A S E S H
X X S A I U A I T A N R E C I H R P T B
N F S W S L T E S S A G U B M P A G U F
D F O E R E I H W N E F S Y R L E W E J
W M V R M F L N T S F V P U B S W S L T
S O P S K I X V E L K X O M I E R R D R
U N W O G T H G I N S O R L V T E E R I
X E A H S S T N A P S E D A G X D X I H
Q Y T E N L K E F Y P R H R S H N O G S
V K K H J S E C M E S S G T H S U B F H
G U R A T K V W N U R V U Y O T T E P E
H A U H G R N S O E F O O A E L I N K E
R I G T P C L U T T E R C K S R C E E T
D I Y L H P U F J R D Y E S B R A S S S
T M O W S C A R V E S A P P J W J V A N

AFTERSHAVE
BABY WIPES
BATHING SUIT
BELTS
BLANKET
BLOUSE
BOOK
BOXERS
BRAS
BRIEFS
CLOTHES
CLUTTER
COUGH DROPS
CUFFLINKS
DEODORANT
DIAPERS
DRAWERS
FLASHLIGHT
GIRDLE
GLOVES
ITEMS
JACKET
JEANS
JEWELRY
JUNK
LINENS
MESS
MONEY
NIGHTGOWN
PAJAMAS
PANTS
PENS
PERFUME
PET TOY
PILLOWCASES
SCARVES
SHEETS
SHIRT
SHOES
SOCKS
SWEATER
TIES
TIGHTS
TOWELS
UNDERWEAR

Solution on page 340

Tour of the Capitals

A C T K Y A N E L E H U A E N U J X Y G
N L O Y T I C N O S R E F F E J W P N S
L F B N I Y A X W A S H I N G T O N U V
P H E A C H T R A L E I G H R U B B W T
A A N A N O B I E T L G R I C H M O N D
T R L M O Y R M C L S H U K S U P X T K
N T O C S I N D I A N A P O L I S X A C
A F C H R V S M W K M G N O R E O M L R
L O N A A S Y P C E T O C T N N D O L A
T R I R C R P O R C S R H K A G O N A M
A D L L E N R N O I N T O A W F V T H S
N E G E L E O I R T N P P F L O E G A I
N S D S L S V T S Y N G H A K K R O S B
A M A T I I I S S B M E F O U N O M S T
P O T O V O D U L O U Q M I E L A E E R
O I S N H B E A H R B R O A E N V R E E
L N U J S G N I S N A L G H R L I Y F N
I E G T A S C H E Y E N N E L C D X W T
S S U R N R E V N E D N O S K C A J H O
F U A I P M Y L O U F T X M A D I S O N

ALBANY
ANNAPOLIS
ATLANTA
AUGUSTA
AUSTIN
BATON ROUGE
BISMARCK
BOISE
BOSTON
CARSON CITY
CHARLESTON
CHEYENNE
COLUMBUS
CONCORD
DENVER
DES MOINES
DOVER
FRANKFORT
HARRISBURG
HARTFORD
HELENA
INDIANAPOLIS
JACKSON
JEFFERSON CITY
JUNEAU
LANSING
LINCOLN
LITTLE ROCK
MADISON
MONTGOMERY
NASHVILLE
OKLAHOMA CITY
OLYMPIA
PHOENIX
PROVIDENCE
RALEIGH
RICHMOND
SACRAMENTO
SALT LAKE CITY
SANTA FE
SPRINGFIELD
ST PAUL
TALLAHASSEE
TRENTON
WASHINGTON

Solution on page 340

Learn a Language

K J U N U N G H L P I T A L I A N G I S
W D P E O Y S I G E R M A N A I S R E P
P G Q T E I S E B R J A T U R K I S H T
P F W Z L T S C P A B A C A D P Y N N H
H G W G E E J R R M J Y D T S K A E P S
R C N N N W E S E M A N T E I V C C P L
A E N A V Q Z G P M A C U C N C B X A W
S B P E G W Y N O M M P T P A D E R F A
E A A E R T Q I S W R I O X I Y N S R D
J Y Y W A F G D I Q W T R A H V G Z I J
V R H M M D M N T R P Z L J E K A K K E
U A I I M F L A I U Q O L L O C L D A C
A L P H A B E T O G G D R C Z G I S A T
N U M B R C I S N U N O I T A N O T N I
N B I M G N R R E N E E A A U D R U S V
I A B R G L L E I U A M L W L G D D A E
D C I B A R A D N O S S E L D E U Y C R
N O I T A I C N U N O R P O A B C E R B
I V I U O D R U S S I A N U T H S T S K
H N X G U O X Z E S E N O T N A C X M E

ACCENT
ADJECTIVE
AFRIKAANS
ALPHABET
ARABIC
BENGALI
CANTONESE
CHALLENGING
COLLOQUIAL
DIALECT
DIALOGUE
ENGLISH
FRENCH
GERMAN
GRAMMAR
HINDI
IMMERSION
INTONATION
ITALIAN
JAPANESE
LATIN
LESSON
LISTEN
MANDARIN
NOUN
PERSIAN
PHRASE
PORTUGUESE
PRACTICE
PREPOSITION
PRONUNCIATION
PUNJABI
RUSSIAN
SIGN
SPEAK
STUDY
TAMIL
TURKISH
TUTOR
UNDERSTANDING
URDU
VERB
VIETNAMESE
VOCABULARY
WRITING

Solution on page 340

At the Stadium

N E N C Q M N A U O V Q F P B J G G L K
K Z A G M S U Z S Y G J Q O Y K E B Q H
Q E C N J P R N D M M D E V O T E E S U
U G H I N Q A O K R Y B M G R D S R T M
D B O L I F A I D T I G A E P Q O F S B
N P S I S F M H U N T N G U L T D U A R
O V D A T A N S T S E R K C A B A S I E
U P T R R R M U A C U V F T Z Y K S S L
O W A G G E S C N B S P C S G E I C U L
H P O R U R M E M T A E U R T G Z Y H A
D R M V E A I A N L P I E B N A L D T L
P O A H R D H E C S C N A S W R N L N O
R E S C U P R E T Z E L S N D U V D E C
S U C A W A Q R A G L S R E W O L L O F
T R O P P U S Y E L L Q N R O C P O P I
E I T E E X B T M E G A P H O N E C U H
P T R D B K E H N Z H Q S D N E I R F D
S Q J I T W W I F A I C O J V B O O S L
Y Y W R P S Y U N V H L N A T P P W L F
F N R P X S L N B R T C W O D F C D B D

AUDIENCE
BACKRESTS
BASKETBALL
BOOS
CAMERAS
CHANTS
CHEER
CLAP
COLA
CROWD
CUSHION
DEVOTEES
DRINK
EAT
ENCOURAGE
ENERGY
ENTHUSIASTS
FANS
FOLLOWERS
FOOD
FRIENDS
GAME
HAMBURGER
LOUD
MASCOT
MEGAPHONE
NACHOS
PARENTS
POPCORN
PRETZELS
PRIDE
PROGRAM
RAILING
SIGNS
SODA
SPECTATORS
SPIRIT
STAND
STEPS
SUPPORT
UMBRELLA
USHERS
VENDORS
WAVE
YELL

Solution on page 340

Magazines

N S M H W N Y N D S E P I C E R H N J L
D S W A D S O O E I D E J O U R N A L M
R I A E S I C G J S F R G L A N C E Q O
U F G O N T G Y O S N U Q U L S N N N N
S C L I O R H E S U F S T M T M O O O T
P G P R T S A E S E E E E N U W I I I H
O O B O S A C T A T I T E S W S T T H L
R T A T I R L T C D M T F A N A C A S Y
T D R I T I U S G U N A I O M L I X A F
S I E D N R H U K O R T I R L S F A F D
K T V E E D A B C T I T O L B W I L W N
I F O S D B E S I N C F S M S E Y E O S
M Q C R A N E C G E N U H N U I L R S P
V I B M I G L R S I R M C I I V R E K F
J B V L A E O I B O O K S T O R E U C D
S N N P S O S P U R C H A S E E T I V A
V O L U M E U T U C U R R E N T R U I F
E A D V E R T I S E M E N T K N A N A X
B A Z F S O T O H P A S A E D I U L V R
P W R I T T E N L B J P U M S W Q M H E

ADVERTISEMENT
ARTICLES
BOOKSTORE
CELEBRITIES
COLUMNS
CONTENTS
COVER
CURRENT
DENTIST
DIGEST
DIGITAL
DOCTOR
EDITOR
FASHION
FEATURES
FICTION
GLANCE
GLOSSY
IDEAS
INFORMATION
INSTRUCT
INTERVIEWS
ISSUE
JOURNAL
MAIL
MASTHEAD
MONTHLY
NEWS
ONLINE
OPINION
PAGES
PERUSE
PHOTOS
PURCHASE
QUARTERLY
RECIPES
RELAXATION
SECTIONS
SKIM
SPORTS
STORIES
SUBSCRIPTION
VOLUME
WAITING ROOM
WRITTEN

Solution on page 340

Fun Run

N	A	J	M	T	N	T	E	S	N	E	A	K	E	R	S	T	A	R	T
D	N	A	G	X	T	K	Q	B	E	Z	T	X	G	W	J	H	C	W	K
H	D	M	F	S	H	Y	D	R	A	T	E	N	Y	R	S	W	E	A	T
R	P	O	O	I	I	E	U	P	J	R	I	R	A	C	E	C	I	Q	S
L	O	J	L	V	U	D	M	K	C	N	Y	T	I	S	N	E	T	N	I
K	W	L	P	F	S	V	J	I	N	T	E	R	V	A	L	S	H	L	W
N	S	E	B	P	E	H	S	U	T	Z	C	T	R	A	I	N	G	C	V
E	P	L	K	F	L	E	R	O	Q	J	D	U	K	B	D	N	D	Y	S
L	P	R	R	L	M	F	T	V	Z	M	D	Y	H	S	O	O	H	X	W
W	F	L	O	Q	G	U	N	Z	D	N	H	T	P	I	N	N	X	T	F
L	V	W	E	A	T	E	S	O	E	T	A	R	T	R	A	E	H	Z	D
D	U	E	Q	G	D	T	T	C	U	K	I	I	H	X	T	G	F	K	I
K	N	R	L	I	S	S	R	E	L	N	T	S	C	B	I	N	T	T	T
K	Q	E	R	K	U	E	E	O	T	E	I	T	T	X	O	E	W	B	S
G	R	T	L	E	N	Y	C	L	P	N	S	O	E	H	N	L	M	T	R
K	S	A	J	N	C	A	W	M	I	P	O	G	R	N	E	L	E	V	I
R	O	W	I	O	U	O	O	F	Y	M	U	Y	T	I	R	A	H	C	H
G	Q	W	K	S	S	C	R	A	M	P	S	S	S	E	D	H	L	G	T
H	S	P	E	E	D	D	C	D	E	C	A	P	S	Y	R	C	T	T	O
H	J	E	V	W	X	Z	O	A	W	F	R	T	G	W	S	F	S	J	H

ANKLE
CAUSE
CHALLENGE
CHARITY
CHEER
COMPETITION
CRAMPS
DONATION
ENDURANCE
EXERCISE
FAST
FEET
FINISH
GOAL
HEALTH
HEART RATE
HILLS
HOT
HYDRATE
INTENSITY
INTERVALS
KNEE
LEGS
MILES
MUSCLES
PACE
RACE
RECORD
REST
ROAD
RUNNING
SNEAKERS
SPEED
SPRINT
START
STEADY
STRETCH
STRIDE
SUPPORT
SWEAT
THIRST
TIME
TRAIN
WATER
WINNER

Solution on page 341

Give and Take

B P Y P P Y A O N C D B Y R E Y W A L P
H A G G L E K P V N I X U T E C I R P P
L R D S P D U R U P V T O S L K R U A P
E T A R E D O M C P O I C H I U C W Z K
T I E D E V I S S E R G G A C N S I A I
A E R T M A I X K K C O V A N L E N D L
B S D C A S E T T L E K C C O E J S O K
E V L O S I L N N C A C I E C N G I S C
D Z S N T W D P V E O T K Y E L R A P P
O L S C I Y A E Q M C N R N R D T B E R
E O X I P I Y P M A U N C D D I I S E O
W L P L U P Y O T I C S I E U O I N U P
S V B I L S D A Y O L C Q S S M X S G O
N G N A A A E R I A U T W U O S M M R S
U C Q T T N E M E G N A R R A R I R A A
M M T E E F R D C K L E P A E B E O V L
W U S E N P E J J L G M R T D F B F N L
N C R O V A F W Y D O T S U C E O L F S
V G C A D L E V U C N S P L A C A T E O
A N O S A E R J Z P R E E E X W I F I R

ACCOMMODATE
AGGRESSIVE
AGREE
ARGUE
ARRANGEMENT
BUSINESS
CLOSE
COMPROMISE
CONCESSIONS
CONCILIATE
CONFER
CONSULT
CUSTODY
DEAL
DEBATE
DICKER
DIVORCE
ENACT
FORMS
HAGGLE
INCENTIVES
JUDGE
LAWSUIT
LAWYER
MEDIATE
MODERATE
OFFER
PARLEY
PARTIES
PLACATE
PRICE
PROCEEDINGS
PROPOSAL
REASON
RECONCILE
REFEREE
SETTLE
SIGN
SQUABBLE
STIPULATE
SWAP
TABLE
TACTIC
TERMS
TRADE

Solution on page 341

Snapchat

S	O	F	T	W	A	R	E	V	A	N	S	P	I	E	G	E	L	B	E
Y	Z	W	T	B	D	G	K	W	C	I	R	X	C	N	N	K	O	V	F
V	P	D	E	H	C	N	U	A	L	Y	C	E	I	N	G	B	S	J	Y
G	X	S	T	J	G	I	A	S	R	E	H	T	O	R	B	T	A	R	F
S	R	W	N	M	S	G	I	R	T	P	A	I	O	Y	O	D	A	E	E
T	H	E	E	E	C	A	D	V	B	C	T	W	M	C	V	R	L	G	Y
A	Y	B	T	M	L	S	E	V	I	C	T	U	K	E	O	I	A	G	B
N	S	S	N	U	M	S	M	N	A	H	R	N	R	P	B	M	C	I	G
F	E	I	O	S	P	E	U	R	O	P	J	T	M	O	I	E	M	E	X
O	R	T	C	I	I	M	E	T	H	I	I	E	M	Q	L	P	I	B	I
R	U	E	W	C	M	T	O	Y	N	S	T	Y	H	E	E	F	I	R	C
D	T	T	V	O	N	W	M	C	I	O	B	D	B	R	L	X	B	O	L
P	C	A	C	I	R	S	X	N	F	X	N	R	M	E	D	W	U	W	S
R	I	H	S	B	E	K	G	O	W	I	I	A	S	O	S	K	S	N	N
O	P	C	H	T	V	T	S	Y	S	T	N	E	V	E	E	V	I	L	Z
J	Q	I	A	A	S	Z	A	I	Y	E	N	I	L	N	O	R	N	V	Y
E	O	L	R	B	C	Y	Y	V	N	M	D	I	S	C	O	V	E	R	G
C	V	B	I	L	O	K	Y	T	I	L	O	V	I	R	F	E	S	I	J
T	B	U	N	E	A	O	E	L	H	R	G	P	F	A	D	C	S	Q	G
U	W	P	G	T	H	T	E	D	P	P	P	A	I	Y	F	W	V	Q	Z

ADVERTISING
APP
BOBBY MURPHY
BRAND
BUSINESS
CELEBRITY
CHAT
COMMUNICATING
COMPUTER
CONTENT
DISCOVER
EVAN SPIEGEL
FRAT BROTHERS
FRIVOLITY
GROWTH
HACKED
HOT
IMAGE
IMPERMANENT
INTERACTION
IPO
LAUNCHED
LENS
LIVE EVENTS
MEDIA
MESSAGING
MOBILE
MUSIC
NETWORKS
ONLINE
PICABOO
PICTURES
PRIVATE
PROJECT
PUBLIC
REGGIE BROWN
SELFIE
SHARING
SOFTWARE
STANFORD
STOCK
TABLET
TEMPORARY
WEBSITE

Solution on page 341

Stained Glass Art

O P E D E Z I L Y T S U O N I M U L A P
E Z I H O I E S A V M C O L W E A F F E
X X S H Y N C Q D H O O G A O R Y D N J
T F D P A V C S E B O B G V D X P M A L
F N I P F Y H A C U T A Q E N G M O O Q
Z V A R C R T C O I H L H I I F R S T Q
V G M I R E T G R P N T X D W N Y Q S I
T E O S T P O P A U A T T E A L N U M V
O W N M W P R I T C H L R M A N A E E J
M A D S Z O Y W I O C C E I E N F G M L
X P S R R C R G V K J N R S C L F Y O J
Z W D K Z V S I E F T O B W C A I T R A
R F P A I N T E D A T G E O M E T R I C
R D D W V L T V L C A D E S I G N E A E
M X N T Y U L H I G A B S T R A C T L Q
G U H E U Q A P O L G K C C H I P S F Z
W T B M L X M R E D L O S K A E R B Z F
X B L P U B G A D V F W G S E P A H S K
A A H L Z K D C V C O L O R H Z H I C S
B A F E M A R F Z I F M K Z Q X W O C Y

ABBEY
ABSTRACT
ART
BLEND
BREAK
CATHEDRAL
CHIP
CHURCH
COBALT
COLOR
COPPER
CUT
DECORATIVE
DESIGN
DIAMOND
EGYPTIAN
FLUX
FRAME
GEOMETRIC
GOGGLES
HEAT
INTRICATE
LAMP
LEAD
LUMINOUS
MEDIEVAL
MEMORIAL
MOSAIC
MOSQUE
OPALESCENT
OPAQUE
ORNAMENTAL
PAINTED
PANEL
PICTORIAL
PRISMS
SHAPES
SKILL
SMOOTH
SOLDER
STYLIZED
TEMPLE
TIFFANY
VASE
WINDOW

Solution on page 341

Microwave It

J B I S B S B Y N X Z E L N H V C Y D Y
V E P V T W E E E P Q E I Q U G E J S T
H J C B C U H Z Y T S S G H C K N A R Y
Y D L Z U C R G I U A E H I H E E I S L
W C S S T R O N O V E L T W E R R U D D
Y H L I V C O R T P P U P C A E G K O C
A K K Y Z I A P N A T C H Y T V Y C O N
N N W Q G C P P Z I B E S N N N E O F C
Q R E A W O G R M A R L U P O P U L A R
S F O Z T N L E N O R O E I Q U I C K S
P P A C O T S O O O C M T N B I K Y I E
Z O D S P R S D N S G A G J A E H H L O
M M R Q T O F C O H I G Q N J T A B X T
O X R U L L P Z N D C N N Q I A A Q H A
J N M A P P L I A N C E L E C T R I C T
X W E R W A I R L V W T T L R O T P Q O
A M M E M N O T T U B R I O O R B E K P
L T Q O D E F R O S T O P I M H Z E S B
O D R Z W L X N X W B N R E D O M B L M
V F B T I M V I Q Y K N I O K X F Q D L

APPLIANCE
BEEP
BELL
BOIL
BUTTON
CAROUSEL
CLOCK
COMPACT
CONTROL PANEL
COUNTER
DEFROST
DING
DOOR
EASY
ELECTRIC
ENERGY
FAST
FOOD
FROZEN
HEAT
KITCHEN
LIGHT
MAGNETRON
MEAL
MODERN
MOLECULES
NUKE
PLATE
POPCORN
POPULAR
PORTABLE
POTATOES
QUICK
RADIATION
RAYS
ROTATE
SETTING
SQUARE
TECHNOLOGY
TIME
TURNTABLE
WARM
WATTS
WAVE
ZAP

Solution on page 341

Big Flood

S	D	S	T	Y	G	M	N	G	K	R	U	H	N	W	X	G	Z	B	L
T	P	I	P	E	S	C	J	C	I	H	P	O	R	T	S	A	T	A	C
K	V	Q	V	W	I	Q	S	H	R	L	I	S	L	S	O	M	N	A	U
K	P	G	E	E	T	U	B	L	A	T	S	A	O	C	W	D	M	P	R
P	W	P	D	W	R	P	K	I	A	S	Z	N	R	O	A	D	V	S	N
Z	I	E	Z	G	U	S	N	T	Q	W	N	D	T	O	R	N	A	D	O
F	X	N	E	K	U	T	I	D	E	J	O	B	N	A	X	R	O	D	C
G	V	A	Y	Y	A	P	W	O	L	F	O	A	O	M	E	W	A	V	E
I	L	C	O	J	I	T	F	P	N	K	S	G	C	T	J	R	Q	S	A
D	X	I	X	C	C	A	R	A	D	N	N	O	A	H	Z	B	H	G	N
N	P	R	E	V	E	N	T	I	O	N	O	W	H	Z	M	R	O	T	S
S	Y	R	E	G	T	B	S	W	N	P	M	N	H	C	J	N	I	A	R
I	P	U	L	H	R	A	M	D	P	A	D	D	L	I	U	B	E	R	T
I	F	H	U	I	S	E	D	Q	B	R	E	A	C	H	P	U	M	P	O
N	X	D	D	T	L	S	M	M	J	S	E	M	E	H	C	S	E	R	B
E	A	G	E	T	M	D	T	B	T	Z	V	M	B	S	E	K	I	D	F
I	E	R	N	T	N	E	R	R	U	C	E	B	E	M	A	V	S	B	L
S	N	X	T	L	Z	E	O	I	E	S	L	R	O	L	E	R	K	I	K
Z	I	S	M	H	I	Y	C	Y	Q	A	M	H	V	R	C	F	K	E	R
M	K	N	L	I	Q	N	X	L	F	R	M	O	I	R	V	F	P	I	W

ARK
BOAT
BREACH
BRIDGES
CATASTROPHIC
COASTAL
CONTROL
CURRENT
DAM
DESTROY
DIKES
DISASTER
DIVERSION
FLOW
HOMES
HURRICANE
KATRINA
LAKE
LAND
LEVEE
MONSOON
NOAH
OCEAN
PIPES
PLAIN
PRECIPITATION
PREVENTION
PUMP
RAIN
REBUILD
RESCUE
RISK
RIVER
ROAD
SANDBAG
SNOWMELT
STORM
STREAM
SUBMERGE
SURGE
THREAT
TIDE
TORNADO
WATER
WAVE

Solution on page 341

Remembering John Glenn

C J D F E M B O S U E M F W Q R B G L M
H O L D P S R A T S Z P D A W A R D S E
W C M X D H J Z H A L L O F F A M E S Y
B A N B T U L C F H G G Y E A R T H E C
N L C U A T H I S T O R I C S V A S N A
L A E I A T F S P R E S B Y T E R I A N
Q N S K R L V Q T V T C A I E W C U T D
I M R A Y E C R O F R I A T L C O G E I
B S O I I E M C P L A T D U E K M N C D
B O N M S R S A C Y I U D A V R E I A A
I G O J V I M H X K N A C N I D D T P T
F O H M D I N E W S I N M O S K N S S E
N M Q I I I A R D N N O H R I H F I V K
J A T S O L V O C A G R T T O V K D A C
N T M S W E I G H T L E S S N F O W M O
G E M I N I A T W Y V A N A O I I J D R
X N I O P Y T C A B D V E T E R A N O A
G Q L N X G O O Y R U C R E M S P H U F
Y M E M O I R M D S Y P I L O T I B R O
B U P J Q E W T S A X R Z W Q O Z N S O

AERONAUTICS
AIR FORCE
AIR MEDAL
AMERICA
ASTRONAUT
AVIATOR
AWARDS
CANDIDATE
COMBAT
DEMOCRAT
DISCOVERY
DISTINGUISHED
EARTH
FIRST
FLYING
GEMINI
HALL OF FAME
HERO
HISTORIC
HONORS
LAUNCH
MAN
MEMOIR
MERCURY
MILITARY
MISSION
MOON
NASA
NAVY
NEWS
OHIO
ORBIT
PILOT
PRESBYTERIAN
ROCKET
SENATE
SHUTTLE
SKY
SPACE
STARS
TELEVISION
TRAINING
UNIFORM
VETERAN
WEIGHTLESS

Solution on page 342

Stunning

E H Y F K I C H A L L E N G E L G Q V Z
X I G U E L E C T R I F Y I N G K K K M
P X G N I P P I R G C E R U T N E V D A
L A N O I T A S N E S K C G E I A J D R
O C M J E M O T I O N G I N R K C A Z V
S I F A S T L C V X H B T I T A T T X E
I T P T Z A D E X H I L A R A T I N G L
O S R E Z I E T H A W A M I I H V E N O
N A O R E G N A D W C S A P N T E C I U
V T V R S I E G N D R T R S I A K I T S
X N O I T A R O L P X E D N N E E F I D
Z A C F L A G N I V O M V I G R C I C J
C F A Y N O I T I T E P M O C B O N X O
R R T I M S Z S T I M U L A T I N G E N
V A I N G N I U G I R T N I R B Q A E W
R N V G T G N I R R I T S T R I U M P H
G T E A A Y G F I E R C E M O S E W A T
M I N T E N S E R F A B U L O U S P E B
H C X G R Y I A D R T W R I V E T I N G
J L U S G S D X Y J W L Y R O T C I V O

ACTIVE
ADVENTURE
AMAZING
AWESOME
BLAST
BREATHTAKING
CHALLENGE
COMPETITION
CONQUEST
DANGER
DARE
DRAMATIC
ELECTRIFYING
EMOTION
ENERGIZING
ENTERTAINING
EXCITING
EXHILARATING
EXPLORATION
EXPLOSION
FABULOUS
FANTASTIC
FAST
FIERCE
FRANTIC
FUN
GREAT
GRIPPING
INSPIRING
INTENSE
INTRIGUING
MAGNIFICENT
MARVELOUS
MOVING
OVERWHELMING
PROVOCATIVE
RIVETING
SCARY
SENSATIONAL
STIMULATING
STIRRING
TERRIFYING
TRIUMPH
VICTORY
ZEST

Solution on page 342

Wearing Contacts

A L Y L I A D H T R J W F R T V M S W Z
U T Z A Y I C U I D Y N O E N I L A S R
Q D F A R S I G H T E D A M Z S N B N I
L R N B T P T S I O M F I O C I E T A G
S A Y N E H U C D L R W G V S O G D E I
E H E C M E E L B A E M R E P N R Y L D
U S R L O R P R E S C R I P T I O N C H
Y F A A T I A W P T H G I N R E V O E U
I Y C C P C R N M S I T A M G I T S A A
P T A O O A E A E D E T H G I S R A E N
V R C F N L H X E Z C O A N Y L K E E W
D E O I B T T S P E N H O L F T F O S R
J S L B B E I L F E Z I T I N A S O Y F
E N O B N L A N O I T I D A R T L R D N
A I R D A S I Q U C M V D N O U C X U M
B L E T T S F O E O J F I T T I N G O X
B D D I I G U R S M U L T I F O C A L X
I R C D R Y R E L B A S O P S I D P C G
L I M P R O V E R W U N O V E L T Y H D
N P V T C I T E M S O C I S N Q Y M E E

ASTIGMATISM
BIFOCAL
CARE
CASE
CLEAN
CLOUDY
COLORED
CONTINUOUS
CORNEA
CORRECTION
COSMETIC
DAILY
DISINFECTANT
DISPOSABLE
DRY
EXTENDED
FARSIGHTED
FITTING
HARD
HYBRID
IMPROVE
INSERT
MOIST
MULTIFOCAL
NEARSIGHTED
NOVELTY
OPTOMETRY
OVERNIGHT
PERMEABLE
PLASTIC
PRESCRIPTION
REMOVE
REUSABLE
RIGID
SALINE
SANITIZE
SOFT
SOLUTION
SPHERICAL
THERAPEUTIC
TINTED
TRADITIONAL
VISION
WEAR
WEEKLY

Solution on page 342

Magnificent Italian Food

A	P	S	A	T	T	A	B	A	I	C	W	C	B	L	M	O	W	V	F
L	I	Z	M	Q	F	O	P	A	S	T	A	I	R	A	M	A	L	A	C
S	A	N	J	O	T	T	O	S	I	R	U	P	C	P	R	E	P	B	K
U	D	S	O	A	D	R	I	G	A	T	O	N	I	A	Z	Z	I	P	Q
U	I	E	A	L	L	E	X	B	Y	C	F	E	N	C	P	T	I	C	W
A	N	G	C	L	L	L	R	B	F	P	H	O	C	T	O	R	I	T	I
I	A	S	A	E	A	E	E	F	U	I	B	X	N	B	R	L	E	L	I
P	B	T	G	N	S	M	N	R	L	R	C	I	R	D	R	C	L	S	P
L	L	N	N	A	H	F	I	N	A	A	I	U	S	A	U	E	M	O	E
E	A	A	O	Z	N	M	C	C	A	Z	S	D	G	C	C	T	T	F	N
O	S	L	C	N	A	I	C	F	Y	C	Z	H	D	I	O	S	A	M	N
P	A	P	C	A	S	N	U	F	H	F	D	O	M	A	E	T	O	E	E
A	G	G	H	P	E	E	T	E	J	U	G	R	M	P	E	A	T	N	C
A	N	G	I	S	M	S	T	O	R	T	E	L	L	I	N	I	A	I	U
T	A	E	E	P	R	T	E	C	A	V	B	J	N	R	I	C	L	U	A
D	O	E	M	Y	A	R	F	A	R	F	A	L	L	E	W	C	E	G	S
M	H	M	W	Z	P	O	T	T	U	I	C	S	O	R	P	A	G	N	C
C	Q	M	A	R	I	N	A	R	A	E	N	O	Z	L	A	C	M	I	Z
M	R	W	I	T	T	E	H	G	A	P	S	H	R	O	S	O	Q	L	J
Q	A	R	E	V	O	M	X	W	K	G	L	B	O	P	R	F	O	U	J

ALFREDO
BISCOTTI
BRESAOLA
BRUSCHETTA
BURIDDA
CALAMARI
CALZONE
CANNELLONI
CAPICOLLO
CAPRESE
CARBONARA
CHEESE
CIABATTA
EGGPLANT
FARFALLE
FETTUCCINE
FOCACCIA
FONDUTA
GARLIC
GELATO
GNOCCHI
LASAGNA
LINGUINE
MARINARA
MINESTRONE
MOZZARELLA
ORZO
PANZANELLA
PARMESAN
PASTA
PENNE
PESTO
PIADINA
PIZZA
PROSCIUTTO
RIGATONI
RISOTTO
SALAMI
SAUCE
SPAGHETTI
TOMATO
TORTELLINI
VERMICELLI
WINE
ZITI

Solution on page 342

Interesting Talk

V L X M C O C P E R S U A D E B R L Z O
I N I N E X O Z Q B C N R L I F Z E E E
S P O O C L I Y E L I K O N B R T C L V
U H G I I L P T S A Y C F E I A N T E Z
A Z E T A O A E L R U L O T V F E U W Y
L U I C D B R P A T U R N I R Y M R M A
S C O I E U X L I E A E T C E T N E D P
S V U D T E U O N T V O A K K I I F N K
U M P S E B N C O E M D L E A R A O O O
C A E T A T E R M K H E K T E B T H I T
S G L C C O A B E W C E R A P E R P T Z
I C O A H A Z R R N E G A T S L E L C V
D V Q P Y S U O E N A R O P M E T X E T
K P U T R T J I C B H C R U H C N W L Z
W R E I Q C D D E Z I N A G R O E N F M
S E N V Q U Q V D W P L A T F O R M N J
L S C A A L X C I R O T E H R T O P I C
M E E T I N G K I N T R O D U C E O G H
D N F E S U A L P P A A P L G P S L M A
S T S E U G N W L S Y P N V X U M E R T

APPLAUSE
AUDIENCE
CAPTIVATE
CELEBRITY
CEREMONIAL
CHAT
CHURCH
DEBATE
DELIBERATE
DICTION
DISCUSS
ELOCUTION
ELOQUENCE
ENTERTAINMENT
EVENT
EXPLAIN
EXTEMPORANEOUS
GESTURES
GUESTS
INFLECTION
INFLUENCE
INTRODUCE
LECTURE
MEETING
MOTIVATE
NOTES
ORATOR
ORGANIZED
PERSUADE
PLATFORM
PODIUM
POLITICS
PREPARE
PRESENT
RHETORIC
SPEAKER
STAGE
TALK
TEACH
TICKET
TOAST
TOPIC
VISUALS
VOCABULARY
VOCALIZE

Solution on page 342

Corporate

H P E H T E M P L O Y E E S Z L M S P A
L I Q I K S R E T R A U Q D A E H P H S
D H U E C I F F O N S S E N I S U B B Z
R S N H C R Z K S S H W O T S E V N I K
P R O M A P O M N A M I W Z H C N A R B
P E L E P R A O R L T F N T R N T O T P
U N H R I E I E A A E S E N O A W C A M
O T I G T T S A N V U A R E S N J Z E H
R R Z E A N G R I B U Y D M I I H L R M
G A G R L E E T S T X A I E V F B N T E
Y P E A N T U I H I E T R G R I Y G E E
C P F D N C D O C M Q A E A E S C V R T
O S A I E I R P O P U K C N P C H U W I
M D T X A I Z C L I I E T A U A T I P N
P N E R T D N A K V T O O M S L H Q P G
A M Y Y O I N A T U Y V R E U Y Q F J B
N I C Z X P L D T I L E S C U E D A R T
Y Q W U R Z E A B C O R P O R A T I O N
E M A R K E T R C M T N E M T R A P E D
X X W O M S T O C K Q H I S Y J O M R Y

AGENDA
AUTHORITY
BRANCH
BUSINESS
CAPITAL
COMPANY
CORPORATION
CULTURE
DEPARTMENT
DIRECTORS
EMPLOYEES
ENTERPRISE
EQUITY
EXECUTIVE
FINANCE
FISCAL YEAR
GROUP
HEADQUARTERS
INCOME
INTERNATIONAL
INVEST
LEADERSHIP
MANAGEMENT
MARKET
MEETING
MERGER
OFFICE
OPERATIONS
ORGANIZATION
OWNER
PARTNERSHIP
PLAN
REPORTS
RETREAT
SHARES
STATUTE
STOCK
SUBSIDIARY
SUIT
SUPERVISOR
TAKEOVER
TEAMS
TRADE
WORK

Solution on page 342

Star Trek

Y	U	T	F	R	B	Y	X	A	L	A	G	N	W	A	G	Q	Z	P	Z
J	K	B	G	S	L	J	S	B	D	S	C	I	E	N	C	E	R	B	I
E	I	F	R	F	Y	J	N	V	R	E	G	A	Y	O	V	O	A	Y	F
Y	R	F	I	I	A	G	E	N	E	R	A	T	I	O	N	K	C	H	L
T	K	U	Q	C	D	N	O	E	K	C	O	P	S	S	O	F	T	E	D
T	C	T	T	Y	T	G	S	L	P	I	C	A	R	D	I	I	O	S	O
O	X	P	N	U	D	I	E	A	O	E	R	C	P	C	T	N	R	I	H
C	N	X	R	P	F	A	O	S	Q	N	H	G	O	R	A	A	S	H	C
S	T	E	N	A	L	P	T	N	I	E	H	N	W	R	R	L	Y	C	F
L	E	V	A	R	T	B	E	A	M	R	V	C	D	O	O	F	E	N	I
L	L	X	W	O	R	M	H	O	L	E	P	N	E	C	L	R	I	A	R
F	E	D	E	R	A	T	I	O	N	I	I	R	O	T	P	O	K	R	H
Q	V	A	I	Z	K	S	B	T	S	M	E	M	E	W	X	N	K	F	M
U	I	I	V	U	L	N	I	X	O	K	Y	N	N	T	E	T	E	B	Z
T	S	J	O	L	I	O	N	Y	C	V	U	L	C	A	N	I	R	H	F
S	I	S	M	U	N	O	I	T	A	T	R	O	P	E	L	E	T	C	U
G	O	V	C	S	G	F	R	O	D	D	E	N	B	E	R	R	Y	B	V
M	N	S	K	O	O	B	B	G	J	P	I	H	S	R	A	T	S	T	Z
S	J	U	R	E	N	T	A	H	S	E	N	O	B	E	C	A	P	S	T
U	Y	M	A	V	L	T	J	Q	W	Z	J	A	N	Q	Q	K	D	K	M

ACTORS
ADVENTURE
ALIEN
BEAM
BONES
BOOKS
BRIDGE
CAPTAIN
CONVENTIONS
DATA
EARTH
ENTERPRISE
EXPLORATION
FANS
FEDERATION
FICTION
FINAL FRONTIER
FRANCHISE
FUTURE
GALAXY
GENERATION
KIRK
KLINGON
LEONARD NIMOY
MOVIE
PICARD
PLANETS
RODDENBERRY
SCIENCE
SCOTTY
SHATNER
SHIP
SPACE
SPOCK
STARS
SULU
TECHNOLOGY
TELEPORTATION
TELEVISION
TRAVEL
TREKKIE
VOYAGER
VULCAN
WORMHOLE

Solution on page 343

HVAC

L	M	H	T	G	G	B	C	G	K	O	O	P	E	R	A	T	I	O	N
V	I	B	R	X	N	U	F	K	E	F	L	O	C	G	U	R	O	E	O
W	W	E	O	H	I	I	O	O	M	H	S	I	F	R	G	A	C	A	I
T	E	E	F	U	L	L	R	A	E	N	V	I	R	O	N	M	E	N	T
E	F	K	M	M	O	D	C	E	R	U	T	C	E	T	I	H	C	R	A
A	X	A	O	I	O	I	E	I	E	C	N	A	I	L	P	M	O	C	R
H	Q	T	C	D	C	N	D	T	N	N	R	H	C	A	D	H	A	P	E
N	S	N	S	I	G	G	S	L	A	T	I	P	S	O	H	P	Y	X	G
Y	K	I	T	T	L	H	R	X	M	C	E	G	C	S	A	C	G	O	I
J	Y	X	E	Y	G	I	Q	E	M	L	L	R	N	C	N	O	R	S	R
T	S	T	A	P	A	R	T	M	E	N	T	O	I	E	L	S	E	E	F
H	C	C	M	U	D	E	S	I	G	N	I	T	I	O	A	T	N	U	E
E	R	U	T	A	R	E	P	M	E	T	Y	C	T	Z	R	S	E	D	R
R	A	D	X	I	H	B	B	V	C	S	I	G	N	I	T	A	E	H	S
M	P	J	N	O	H	O	M	E	S	F	D	O	D	A	N	G	E	R	S
A	E	G	T	R	R	Z	P	L	F	W	W	U	U	W	E	U	O	O	L
L	R	E	I	B	W	S	P	E	R	M	I	T	S	W	C	O	J	O	L
G	L	A	I	T	N	E	D	I	S	E	R	L	T	B	M	R	V	D	E
S	Z	N	O	I	T	A	R	T	L	I	F	E	O	X	Y	G	E	N	M
F	N	B	H	Y	U	V	A	C	I	X	H	T	W	A	L	S	L	I	S

AIR
APARTMENT
ARCHITECTURE
BUILDING
CAPACITY
CENTRAL
COMFORT
COMPLIANCE
COOLING
COSTS
DANGERS
DESIGN
DUCT
DUST
EFFICIENCY
ENERGY
ENGINEERING
ENVIRONMENT
FACILITIES
FILTRATION
FORCED
HEATING
HOMES
HOSPITALS
HOTELS
HUMIDITY
INDOOR
INSPECTIONS
INTAKE
INTERIOR
METERING
OPERATION
OUTLET
OXYGEN
PERMITS
REFRIGERATION
RESIDENTIAL
ROOM
SKYSCRAPER
SMELLS
STEAM
TEMPERATURE
THERMAL
UNIT
VENT

Solution on page 343

Costumes

T H S Z L K G V W L P R A Y S P Y G P M
D N M U N E I L A W T I G E R N H B L A
L P U Q P X G Z O M B I E T N I A P V H
G Y O R X E K N Z V P N L P D H A T S D
M P T K S T R O A M I I F E E R E F E R
F L Z H C E Y M M U M B R O O M V S S I
F W D D S L Z N A M O W R E D N O W S E
Z V U M I H Y G S N O P O L I C E M A N
S J O V E T I C T U I I I G E S T A L Q
S S E R D A O M R M P G G L F S A S G I
Y D S K E L E T O N D E E P L E R K C Y
Q S S V Z Q X R N I D B R J O C I Y V A
I U I A R M Y M A N R F V H W N P C J O
F P M V A U E M U I T L I S E I Q B L T
T M W K L A R B T G A A X R R R D A C M
D O E D T E W Y O H O P W B E P O T W M
L U P U M P K I N O V P E N W M G M P X
P S D S E A L Q G S S E V O L G A A Y Y
T E E T H M O N S T E R Q M Q N I N J A
V T V H Z A R U X X D Y F B U M W V Y H

ALIEN
ANGEL
ARMY MAN
ASTRONAUT
ATHLETE
BATMAN
BEE
BROOM
CELEBRITY
DEVIL
DOG
DRESS
ELVIS
FAIRY
FIREMAN
FLAPPER
GHOST
GLASSES
GLOVES
GYPSY
HAT
MAKEUP
MASK
MERMAID
MONSTER
MOUSE
MUMMY
NINJA
NURSE
PAINT
PIRATE
POLICEMAN
PRINCESS
PUMPKIN
REFEREE
SKELETON
SUPERHERO
SUPERMAN
TEETH
TIGER
VAMPIRE
WEREWOLF
WIG
WONDER WOMAN
ZOMBIE

Solution on page 343

Make a Quilt

R M S Q N H G E E G T Y K L Q X P U Q W
B T E E H S R B X O A L P N C I A S O M
V S W V H D D C H E I R L O O M B V Z T
K J W A O P F L O S O Z C Z M U E L R W
Q Q P N N P C A Y V F C H Q F N D A F N
R E L U R T F R B J E M B R O I D E R Y
S M M W I E I K A R V R X B R I N G R S
Y F G K T L F Q B F I J P A T C H O C L
N A T Z V T V W U I T C P I E H M I D E
B R P Y I E T H R E A D O S R E S N P N
C G F D N K J O X L R N T L M S S I O A
L G I F T N C T N D O U T G O Y T P M P
I R U F A A I H H E C O N R U R U A L A
H N I A G L B C E E E I S B A W F V Y V
C M Y A E B L H A N D M A D E F F U A E
F T U S P O O A C N A T O D N Z I Z L N
T W R Q T M C R I T T J D T B J N I P W
I B L H O F K B D I I I D K I U G U S Q
X P L Y P O B U N E N T E O B F V V I A
F P F R W D T G L G R S S S R X P Z D L

AMISH
ANTIQUE
ART
BABY
BATTING
BED
BINDING
BLANKET
BLOCK
BORDER
CLOTH
COLORFUL
COMFORTER
COVER
CRAFT
CUT
DECORATIVE
DISPLAY
EMBROIDERY
FABRIC
GIFT
HANDMADE
HEIRLOOM
MEMORY
MOSAIC
MOTIF
NEEDLE
PANELS
PATCH
PIN
RULER
SCISSORS
SEW
SHAPES
SHEET
SILK
STITCH
STUFFING
TEXTILES
THREAD
TOP
TRADITION
VINTAGE
WEDDING
WOVEN

Solution on page 343

It's a Crime

T Y U W A H Y R U J R E P R I S O N J T
D P N M C L L E Y J O S T E A L I N G M
G A R O J S D S C C N V M W A R R A N T
A F V O L A P N S N A B N T J R V I N F
M M B F M E I Q E N E R R O F M I E Y C
B V T A E H F L D Z M G I E I W M B T T
L O G D T C B A Z T E N I P D S U F L R
I E I K Y T L L E M D V Q L S R A T A E
N N H O W I E L O S S V O A G N U V N S
G G G R S M O R A I I P R L G E O M E P
L N N M E R S V Y R M A A Q N T N C P A
I I I N A Y U G W O H R O B B E R Y N S
A L T P Y C W N U R Y A G N I K L A T S
B G F T P E R A D R Y C N A U R T C V D
N G I L E A B Z L E D U I U C C O U R T
R U L U I R N O I T R O T X E J T O D H
B M P A Y S I D S G O A H O M I C I D E
O S O S U O G N I I Q Q G V B E V L O M
H C H S W N F W G K D L I E R S K C A B
B A S A R R E S T V Q I F O R G E R Y X

ARREST
ARSON
ASSAULT
BAIL
BATTERY
BURGLARY
CONSPIRACY
COURT
DAMAGE
DISOBEY
DRUGS
DWI
EMBEZZLEMENT
EVASION
EXTORTION
FELONY
FIGHTING
FORGERY
GAMBLING
HARASSMENT
HOMICIDE
JAIL
KIDNAPPING
LAWYER
LITTERING
MISDEMEANOR
MURDER
NEGLIGENCE
PAROLE
PENALTY
PERJURY
PRISON
RECORD
ROBBERY
SHOPLIFTING
SMUGGLING
SPEEDING
STALKING
STEALING
TERRORISM
TRESPASS
TRUANCY
UNDERAGE
VANDALISM
WARRANT

Solution on page 343

Whale Watching

Z T W N M J B B E F I L D L I W A E S N
T Q J A L V E P E A C E F U L G U N W V
E B N I I L T G T V S K A I K L H H I B
H D V U U T B D Y T E G O C E A N E M U
C B U G P E I R I S S M N M B X W U A D
S J A C S V G N E Y P I H I D I V E V R
V P R R A I A A G A E R T C N T O U R B
E I O M N T M Z E G C A A G R R M O L J
Z E U R I A I V E T T H Z Y C J O U V A
Z B Q O Z M C O C S A V I A A R E M A C
G T N I W R N L N R C I G N I G N U L K
Z W N V D O B L E A U S L G G F R K A E
X G K A E F J H I L L C H S A L P S B T
D Q Y H E N T V T U A R K I L L E R E K
Y R R E F I G B A C R E S E V A W C A E
V G L B D T G L P O F S K C A B P M U H
Z V O Y Y I Z S G N I T H G I S A O T I
W A E R P M U J D I V I D E O G P B Y L
T G H R R E I G Z B I N R V R A P J Y C
C C S C T Z S P U O R G D G Q D V T Y J

AMAZING
BABY
BARNACLE
BEAUTY
BEHAVIOR
BELUGA
BINOCULARS
BLUE
BOAT
BREACHING
CAMERA
CRESTING
DESTINATION
DIVE
EDUCATIONAL
FEED
FERRY
GROUPS
GUIDE
HABITAT
HERD
HUMPBACK
INFORMATIVE
JACKET
JUMP
KILLER
LUNGING
MORNING
OCEAN
ORCA
PATIENCE
PEACEFUL
SEA
SIGHTINGS
SPECTACULAR
SPLASH
SPRAY
SWIM
TAIL SLAP
TOUR
VIDEO
VIEWING
WAITING
WAVES
WILDLIFE

Solution on page 343

Wireless Communication

R O U T E R I F I W I W G P O C L T X W
T J B C E N O H P T U B R O A D B A N D
D M P O G L H N A N K C O R D L E S S R
C M O M N K E O D I O R U Y U P J E Q A
S G R P A X A C T N P I O E E M T R D O
M E T U R P D E O S J P T W R Q C V G B
T E A T T Q S G L M P O W A T O E I N Y
U P B E C S E A R E O O L T M E N C L E
F O L R E W T R L T S U T M T R N E Z K
X T E C O I H E H L L A U B O M O D E M
Y P C R G A C V Y L E N T Z E B C F Y L
S A D I G T D O E N I V K E J T I G N M
E L D H R S L C T C Z F A Y L N O L A I
Y O K I S R E K A E P S W W T L D M E N
H I C J N O I T A S R E V N O C I J E F
L D R E C E I V E R T D E N T R Q T W R
D A T A R O A M I N G O H V J X C D E A
Y R E T N I R P D B G C M L A N G I S R
T X L E V A R T E L E V I S I O N S M E
X T W I J Z B I N T E R N E T M O H X D

ACCESS
BLUETOOTH
BROADBAND
BROADCAST
CELLULAR
COMMUNICATION
COMPUTER
CONNECT
CONVERSATION
CORDLESS
COVERAGE
DATA
DIGITAL
DISH
ELECTRIC
HEADSET
HOTSPOT
INFORMATION
INFRARED
INTERNET
IPAD
KEYBOARD
LAPTOP
MICROWAVE
MOBILE
MODEM
NETWORK
PHONE
PORTABLE
PRINTER
RADIO
RANGE
RECEIVER
REMOTE
ROAMING
ROUTER
SATELLITE
SERVICE
SIGNAL
SPEAKERS
TECHNOLOGY
TELECOM
TELEVISION
TRAVEL
WIFI

Solution on page 344

Lots of Money

J C S Z L A A N Y A C H T K V D B Y S S
D S L D Q Z I E L G R H S N O I S N A M
P C U O N F N T H B G O T G L D E E L Z
O I X N F O S C F E C K L L M Y G G A R
V J U A M E B A N I K T I R T A A I T M
S H R T R T S E A C C O U N T S F E I B
E F Y E C A R L B A N K E N T A F L P O
L B T R T O E V U S E L A O M U L B A U
C N O U U P M C S D P V C I M I U A C N
I F Y S Z H O F N X D K L R O W E U H T
H T N A P I B C O A S Y Z N D U N L H Y
E S R E H R G C I R D F S O X Y C A S T
V D Z R T Q O E S L T N E M T S E V N I
E N U T R O F P S L E A U U B V J I R R
G U A D O Z D G E S J H B B E C N E G U
G F S A W D N V S R S C R L A H V X R C
X Z S H Q I A R S G T E C N E L U P O E
C M E I V R B B O R E Y M R I P Y G W S
N X T A T N D L P L J Q I S H E A L T H
H B S A V O D E S T A T E S E S U O H V

ABUNDANCE
ACCOUNTS
ADVANTAGE
AFFLUENCE
ASSETS
BANK
BILLIONS
BONDS
BOUNTY
CAPITAL
COMFORTABLE
DONATE
ESTATE
FAMILY
FORTUNE
FUNDS
GENEROUS
GOLD
GROWTH
HEALTH
HELICOPTER
HOUSES
INHERIT
INTEREST
INVESTMENT
JET
LUXURY
MANSION
MILLIONS
MONEY
OPULENCE
PLENTY
POSSESSIONS
PROPERTY
SAVINGS
SECURITY
SILVER
SOCIAL
STOCKS
TRAVEL
TREASURE
VALUABLE
VEHICLES
WORTH
YACHT

Solution on page 344

Ethics

P J R Y X C R H M F F E S B N Y Q Z L H
L S C O D E S E L U R K E T H I C A L J
O A B E P S Y C H O L O G Y K L E G A Z
M E V O L C O N S C I E N C E R Y R N V
E T R U T H T B E H A V I O R T I R O N
J P F Y M U A K V T D S D J I S S T S L
O B S E T A R C O S B X N L T N K N R J
V W R D E I L P P A P L A O I H O E E C
Z J T F O C R K D R I R T F V I I M P A
J A I H R O M G V F O L S P T K X G V M
G V R T E N N C E M E F R S Q L Y D I M
U F M A L D S W G T C I E C U L T U R E
B L U E I U O D H F N U D S M K B J T L
Y A T D G C M N R C Q I N M S U R Z U I
D C N O I T C A I A X X U T S I F L E D
U I D O O G X P E S D E C I S I O N S M
T D Z X N L L H K E M N N W G V L N L Y
S E I R O E H T O P L E A S U R E S A K
V M R E S P E C T F S C I T I L O P W L
C G S S V A L U E S L Q J U S T I C E D

ACTION
APPLIED
ARISTOTLE
BAD
BEHAVIOR
BUSINESS
CODES
CONDUCT
CONSCIENCE
CULTURE
DEATH
DECISIONS
DILEMMA
ETHICAL
GOOD
HEDONISM
INTEGRITY
JUDGMENT
JUSTICE
LAW
LIFE
LOVE
MEDICAL
MORALITY
PERSONAL
PLEASURE
POLITICS
PRINCIPLES
PROFESSIONAL
PROPER
PSYCHOLOGY
QUESTIONS
REAL
RELIGION
RESPECT
RULES
SOCRATES
STANDARDS
STUDY
THEORIES
TRUTH
UNDERSTANDING
VALUES
VIRTUE

Solution on page 344

Atmospheric

P S S M F N K X H L W N E G O R T I N Y
U I P G E M N C H R I I R Q R E L O H G
S X Y L R J L G S D R F C R A E I G S X
M K L O A I D N T E M P E R A T U R E G
U O R B M N V Y R T N E E R U U L A L O
P U D A O P E N A H T E M L C G T V I Z
E T T L L H N T T E T P O L P T R I W R
J E Y W K O U R I R K V H E W M A T E S
W R W A W T S A F M E L Y R Q U V Y A D
R C A R B O N D I O X I D E M I I G T X
V Z V M O S E I C S O G R H J L O I H K
M C E I Z Y G A A P S H O P S E L O E P
S G L N O N Y T T H P T G S D H E N R W
O L E G N T X I I E H E E O U T T O U L
R D N O E H O O O R E A N T O A T S U D
J E G L S E S N N E R E Y A L E S P K N
L R T W C S P E F F E C T R C R W H F Y
A D H A N I M A L S E K T T B B P E W X
J T P A W S P M E R E H P S O P O R T W
S S E I R R O X C E R E H P S O S E M R

AIR
ANIMALS
ARGON
BREATH
CARBON DIOXIDE
CLIMATE
CLOUDS
DUST
EFFECT
EVOLUTION
EXOSPHERE
GAS
GLOBAL WARMING
GRAVITY
HELIUM
HOLE
HYDROGEN
IONOSPHERE
LAYER
LIFE
LIGHT
MESOSPHERE
METHANE
NITROGEN
OXYGEN
OZONE
PHOTOSYNTHESIS
PLANET
POLLEN
PROTECT
RADIATION
REENTRY
SKY
SOLAR
SPACE
STRATIFICATION
STRATOSPHERE
SUN
TEMPERATURE
THERMOSPHERE
TROPOSPHERE
ULTRAVIOLET
WATER
WAVELENGTH
WEATHER

Solution on page 344

Patent Protection

N L R O O S P R O T E C T C U D O R P H
C K F J S J K I N V E N T G K O X I P E
J W F Z F C N U M B E R R X J F X G R Y
C D T U Q E I C O M P A N Y F F N U O G
E K S K X J S E P B N H I N U I T G P E
L G R P P E P O N T J N Y H L C Q N E P
U G I N T E L L E C T U A L A E T J R T
F R F G N E E D H E E C E F O N V O T S
E A E D V G T E R C E S U I E P C O Y O
S W I E A W E N T P L N N M F E O L N C
U N D L Q T A R E X A F N E S S P N R M
G N C S A T A R C M R R V S A P E E O E
V A E D I D M U H I E I Z C A Q A L S M
Q K V O E I E M N V S V L O D T H G I R
I A N M S Q U G O U W T O U O R H A K F
A A A S L Y E G L J L A I R T S U D N I
L R I E A W N C O X P L L T P P N G R O
K O W K N E X O G T P L A C I M E H C U
N A U O E E F P Y V A M D R A W I N G S
C P H A N F Q Y T H Y R Y A S W P X Z M

APPLY
CHEMICAL
COMPANY
COPY
COST
COURT
CREATOR
DEVELOPMENT
DRAWINGS
DRUG
EXCLUSIVE
EXPIRE
FEE
FILE
FIRST
GOVERNMENT
GRANTED
IDEA
IMPROVEMENT
INDUSTRIAL
INFRINGE
INTELLECTUAL
INTERNATIONAL
INVENT
LAW
LEGAL
MANUFACTURE
MONOPOLY
NEW
NOVEL
NUMBER
OFFICE
PENDING
PERMISSION
PROCESS
PRODUCT
PROPERTY
PROTECT
RIGHT
SCIENCE
SECRET
SELLING
TECHNOLOGY
TRADEMARK
USEFUL

Solution on page 344

Alaska Trip

Q	S	Q	O	P	D	D	O	A	S	N	B	D	W	K	G	V	D	F	H
T	H	A	I	C	I	B	S	K	O	Y	A	A	C	T	U	N	D	R	A
M	G	Y	L	L	K	P	K	M	E	Z	W	W	E	S	V	U	H	S	H
D	C	L	I	M	A	T	E	N	M	N	O	K	U	Y	L	S	E	F	B
G	R	F	P	H	O	N	I	L	A	P	H	A	R	A	S	T	X	X	A
W	S	S	T	A	C	N	E	J	I	N	E	N	R	E	A	H	X	C	W
D	G	E	K	D	A	C	G	D	K	N	R	G	N	T	N	G	O	N	H
L	I	A	M	N	N	L	Q	R	U	E	E	R	S	M	C	I	N	R	H
O	D	N	G	P	A	A	T	J	H	S	E	D	O	U	H	N	V	T	J
C	I	M	N	C	D	B	L	T	T	D	E	U	M	E	O	D	A	C	Q
R	T	N	I	Q	A	T	R	S	L	T	N	F	I	L	R	I	L	N	W
U	A	E	T	W	U	O	T	I	I	T	W	L	K	O	A	M	D	H	M
I	R	Z	N	T	N	A	W	N	A	K	D	G	S	R	G	L	E	S	K
S	O	O	U	F	T	H	U	I	R	F	A	N	E	T	E	L	Z	T	Q
E	D	R	H	E	Y	L	N	E	W	C	O	I	B	E	V	S	I	B	U
R	R	F	M	F	I	S	H	I	N	G	R	Z	D	P	N	A	C	A	Y
F	A	I	N	U	I	T	N	E	M	N	R	E	V	O	G	M	E	R	R
Y	W	E	R	R	A	T	U	M	O	O	S	E	W	N	K	O	A	R	O
Y	E	Q	B	E	E	H	G	U	O	B	I	R	A	C	N	I	R	O	F
N	S	X	W	R	V	K	K	X	E	D	E	F	I	L	D	L	I	W	F

ANCHORAGE
BARROW
BEAR
CANADA
CARIBOU
CLIMATE
COLD
CRUISE
DENALI
ESKIMO
EXXON VALDEZ
FAIRBANKS
FISHING
FREEZING
FROZEN
GLACIERS
GOVERNMENT
HUNTING
ICE
IDITAROD
INUIT
JUNEAU
KODIAK ISLAND
LARGEST STATE
MIDNIGHT SUN
MOOSE
MOUNTAINS
NOME
NORTHERN
OIL
PETROLEUM
PIPELINE
RAIL
ROAD
SALMON
SARAH PALIN
SEWARD
SNOW
TUNDRA
UNITED STATES
WEATHER
WILDERNESS
WILDLIFE
WINTER
YUKON

Solution on page 344

Ham Radio

S S E L E R I W E Q U I P M E N T B L Y
A N T E N N A D T E C H N O L O G Y E W
E V I N D U S T R Y E S N E C I L D L H
W F L A N G I S M Y V I H K O T K M E V
S P L F J M S R E I F I L P M A R I C W
Z B E G I N N E R V W A V E M E O C T K
A A T O W E R B V O T I X Z U R P R R G
R S A T R A N S M I S S I O N C E O O C
M E S S A G E S R C A I Y I I E R P N O
I M T N E D N E P E D N I D C R A H I M
F E O T O D O H A G V M B U A R T O C P
R N V D I I O R G A N I Z A T I O N S U
E T C N D M T C R E V I E C E R R E T T
Q L M A J C S A E M U R T C E P S T W E
U B R B L W K N L S T R A N S I S T O R
E D U T I L P M A U R K U O U N Y Q Y N
N O I T A T S A L R G O R N P H A G U H
C T B R O A D C A S T E M W L W X R P L
Y Q N H O B B Y C N E G R E M E B O T V
Y P F Q F L J P R I V A T E J A C C F N

AMPLIFIERS
AMPLITUDE
ANTENNA
AUDIO
BAND
BASEMENT
BEGINNER
BROADCAST
CALL
COMMUNICATE
COMPUTER
ELECTRONICS
EMERGENCY
EQUIPMENT
FCC
FOX HUNTING
FREQUENCY
HOBBY
INDEPENDENT
INDUSTRY
LICENSE
MESSAGES
MICROPHONE
MORSE CODE
OPERATOR
ORGANIZATIONS
PRIVATE
RADIO
RECEIVER
RECREATION
REGULATIONS
SATELLITE
SIGNAL
SPECTRUM
STATION
TALK
TECHNOLOGY
TOWER
TRANSCEIVERS
TRANSISTOR
TRANSMISSION
TRANSMITTER
VOICE
WAVE
WIRELESS

Solution on page 345

Appearances

Q	N	Q	D	N	O	Y	L	Y	M	U	B	U	D	C	L	D	W	V	K
D	L	Y	E	E	T	O	D	O	G	P	N	N	B	D	U	R	H	Y	P
X	L	T	S	S	D	D	L	W	Y	L	D	I	S	T	I	N	C	T	N
I	U	J	I	L	B	W	J	P	U	E	T	N	S	S	K	J	V	T	Y
C	D	M	O	U	F	P	O	F	G	R	O	T	E	S	Q	U	E	E	M
Z	C	V	P	F	A	G	I	R	M	S	S	E	L	T	O	P	S	R	L
H	A	G	P	E	A	T	N	E	C	I	F	I	N	G	A	M	Q	P	A
Y	X	L	L	C	U	G	T	I	U	K	S	U	O	I	C	E	R	P	U
L	H	V	E	A	L	A	C	R	L	X	R	A	I	L	U	C	E	P	S
G	B	T	E	R	M	O	J	I	A	K	Y	L	T	H	G	I	S	N	U
U	G	B	L	G	T	O	U	H	Z	C	R	X	O	T	O	S	M	K	N
G	J	Q	B	I	M	T	R	D	A	G	T	A	M	F	R	M	F	P	U
P	K	R	A	D	F	J	D	O	Y	N	O	I	P	I	G	Y	E	N	R
L	U	F	R	O	L	O	C	C	U	I	Q	C	V	S	E	M	X	L	R
C	I	T	O	X	E	S	F	L	P	S	G	Y	Y	E	O	Q	C	O	Y
M	J	X	D	P	H	A	V	E	R	A	G	E	F	S	U	F	I	V	D
J	P	L	A	I	N	T	N	A	G	E	L	E	D	A	S	A	T	E	D
S	X	D	N	C	Z	G	Y	R	J	L	C	N	I	F	L	I	E	L	U
H	W	Y	Y	Y	X	X	B	F	V	P	A	N	U	B	A	R	D	Y	M
A	K	R	N	I	W	B	R	I	G	H	T	W	I	U	V	F	C	O	B

ADORABLE
ALERT
ATTRACTIVE
AVERAGE
BEAUTIFUL
BRIGHT
CLEAR
CLOUDY
COLORFUL
CROWDED
CUTE
DARK
DISTINCT
DRAB
DULL
ELEGANT
EXCITED
EXOTIC
FAIR
FANCY
FILTHY
GLAMOROUS
GORGEOUS
GRACEFUL
GROTESQUE
HANDSOME
HOMELY
LOVELY
MAGNIFICENT
MISTY
MOTIONLESS
MUDDY
PECULIAR
PLAIN
PLEASING
POISED
PRECIOUS
PRETTY
QUAINT
SHINY
SPARKLING
SPOTLESS
UGLY
UNSIGHTLY
UNUSUAL

Solution on page 345

2016 Oscar Nominees and Winners

B S I U H B W W R J N D I C A P R I O D
Y P H A J W V K L A P P D C V U K T H A
W O Y V Q S U M W D C L E E A K X E X Y
H T T E H C N A L B E T A C E R P E Q O
I L O M C Y R G S A O I R S E R O N A N
N I M A O N A S I L A M O N A F C L V E
S G H R A O E B R I D G E O F S P I E S
I H A I L P R R G C C T B B Q M B D X H
D T R A L U M Z W I U V E M S A R K M O
E D D I E R E D M A Y N E U T R I F A K
O E Y W R C Z W C V L O H R E K E A C T
U V F N E L S C U I O R T T L R L S H Q
T N Y V D U I R P K C C E D S Y A S I E
N O T S N A R C N A Y R B F N L R B N Z
J C H R I S T I A N B A L E I A S E A P
K H I B C F X A M D A M W O W N O N M J
S T A L L O N E E E Q J R D E C N D Y M
M U S T A N G X W R S T U T T E R E R M
U Z N F Q O M A R K R U F F A L O R J G
E Y R O T S R A E B Y V T V K T W N D A

A WAR
ALICIA VIKANDER
AMY
ANOMALISA
AVE MARIA
BEAR STORY
BRIDGE OF SPIES
BRIE LARSON
BRYAN CRANSTON
CAROL
CATE BLANCHETT
CHRISTIAN BALE
CINDERELLA
CREED
DAY ONE
DICAPRIO
EDDIE REDMAYNE
EX MACHINA
FASSBENDER
INSIDE OUT
JENNIFER LAWRENCE
JOY
KATE WINSLET
MAD MAX
MARK RUFFALO
MARK RYLANCE
MUSTANG
ROOM
SAOIRSE RONAN
SHOK
SON OF SAUL
SPOTLIGHT
STALLONE
STUTTERER
THEEB
TOM HARDY
TRUMBO

Solution on page 345

Parts of Life

B D Z X C E D B V G T I M C Y P P J Q Y
H F A W U B A E B B E I N G U B Y V G M
Y O O G V W D A A L H L V R A Y R B U E
U R M V N I A R I T O R P B R C Y J I N
K C X E N I P T U N H O Y O I Q F T A U
C E G R O W T H N W S G D Y E R H Z V T
M S F D I S A A Z E E E U R H P T I M E
X I O K G H T F E B R T C O H T L H R T
P F H U I O I A V E E N P T H U A U E Q
S K S F L R O M S G H N O S S T E E P Z
R U V U E T N I G I P A L I V E H Q R V
F L T L R E E L K N S T E H T P L C O B
M R C E J V B Y O N O U V P H C N E D Q
L Y T F R R I L R I I R O L J H E L U L
C A A L C Q D V G N B E L I G N O L C B
W Y A E K D L T A G E P R O C E S S E S
L S G G R B O R N L E C O S Y S T E M S
W A C U J M Q W I A V M E A N I N G Q T
Y R N B N Y U A C X L P Y T E I C O S Z
O E P D U N F X Y B Q P K U R E Z N C C

ADAPTATION
BABY
BEGINNING
BEING
BIOSPHERE
BIRTH
BLOOD
BORN
BREATH
CELLS
CONSCIOUS
CYCLE
DEATH
EARTH
EATING
ECOSYSTEM
FAMILY
FORCE
GROW
HEALTH
HISTORY
HOMEOSTASIS
INSECTS
LIVE
LONG
LOVE
MEANING
NATURE
OLD
ORGANIC
PEOPLE
PLANT
PROCESSES
PURPOSE
RELIGION
REPRODUCE
SELECTION
SHORT
SOCIETY
SOUL
SURVIVAL
THOUGHT
TIME
WATER
WORK

Solution on page 345

Engineering

D G T C B E C X E T S O Y W T R A I N S
L L C K R O W I R B M O L V J N Y Q D A
A B I O N I C S T S E T P M O D E L X V
G B T V C O F X G N T S P E K K E V I E
J X E W I T W S I U S P A Y A S C T N L
I M N R M C T L K T Y R T M M R U G O I
T K E G G Y P U E I S O E D E S I G N X
R Z G I C I G R Z D L B N A T N I R X C
D Z L T C N N H O W G L T N E C R S M M
H E A S G N I T R F R E T U P M O C E G
U G I C H O R Q E G E M P S E S A I N A
Q D R I A V U H X L N S O Y C M D S G V
E E T E Q A T E S U L L S I T L J Y N X
Z V S N G T C E T L U I N I D O D H I X
K I U C E I A E B T O A G E O U T P W M
J C D E D O F V I X H O G E T N I O A X
F E N L K N U O T C U R T S N O C M R R
F S I P L A N W E G E L L O C C I D D P
P U I V J S A M X E D T S T Y T E F A S
B L A T N E M N O R I V N E S F X C E C

APPLY
BIONICS
BUILD
CAD
CIVIL
COLLEGE
COMPUTER
CONSTRUCT
CREATE
DEGREE
DESIGN
DEVICES
DISCIPLINE
DRAWING
ENGINE
ENVIRONMENTAL
GENETIC
INDUSTRIAL
INNOVATION
INTELLIGENCE
INVENT
KNOWLEDGE
LOGIC
MAKE
MANUFACTURING
MECHANICS
MIT
MODEL
PATENT
PHYSICS
PLAN
PROBLEMS
PROFESSION
PROTOTYPE
ROAD
SAFETY
SCIENCE
SKILL
SOLUTIONS
STUDY
SYSTEMS
TEST
TOOLS
TRAINS
WORK

Solution on page 345

Retirement

H U P H Z G W D E A R K D L H O C C E E
O X A L E R N M E G N I V O M S J A L X
L E Z I I B C I N R E E T N U L O V E E
W L F T N O R I W C U M M F D F S B I R
Y L I T Z V N U N A C T I V I T I E S C
U N W O I E E A N C R P N S B S S A U I
G X H A D X R S F C T D R E S T A C R S
W R N R L U E R T O H G X E V H I H E E
Z Q A O S I E A F M F H H D O D R A W A
I G C N I E C R R P E C O C K T A I L S
R N I G D S M P Z L C N E I F A M I L Y
W I K O S C N O Z I Y S T I F E N E B G
B H M L L T H E H S A Z R O I N E S H O
M S A F E A N I P H O T O G R A P H Y I
L I Q I V F C E L E B R A T E I X G B N
M F T N A A P M M D P L A N N I N G B G
V Y I G R Y E A V U R S A I L I N G O Z
Q O M E T K P Q R F C E B K G S G B H Y
U P E U W V A C A T I O N A S V N G O Y
O R S Y T E J Y Z A Y E D I S L O O P Y

ACCOMPLISHED
ACTIVITIES
ADVENTURE
AGING
AWARD
BEACH
BENEFITS
BRUNCH
CAREER
CELEBRATE
CHESS
COCKTAILS
DOCUMENTS
DRAWING
EARLY
EASYGOING
EXERCISE
EXIT
FAMILY
FISHING
FREEDOM
GARDENING
GOLFING
GRANDCHILDREN
HOBBY
HOME
INSURANCE
INVESTMENT
LEISURE
MENTORING
MOVING
PARTY
PENSION
PHOTOGRAPHY
PLANNING
POOLSIDE
RELAX
REST
SAILING
SENIOR
TIME
TRAVEL
VACATION
VOLUNTEER
WRITING

Solution on page 345

Fitness Club

L	W	G	T	F	Y	S	I	L	L	N	C	K	Z	Q	M	K	K	A	Y
O	L	N	N	R	L	T	O	R	Q	U	Q	R	E	T	T	O	P	S	Q
C	J	I	E	J	A	E	I	N	S	T	R	E	N	G	T	H	L	M	L
K	O	X	M	S	E	I	X	V	J	R	D	Q	E	I	F	L	K	P	R
E	U	O	E	D	S	H	N	I	I	I	S	L	C	R	E	T	A	W	A
R	N	B	V	O	A	A	C	E	B	T	L	F	C	B	C	G	S	P	K
O	N	H	O	U	U	E	P	S	R	I	C	V	R	A	I	N	I	I	U
B	D	I	M	V	N	L	R	E	P	O	L	A	L	G	S	I	N	H	D
L	I	G	J	L	A	E	T	T	I	N	B	I	T	O	U	T	S	S	S
X	M	B	F	E	K	C	I	D	C	D	S	A	T	Y	M	F	T	R	T
D	N	W	E	A	H	C	R	I	U	T	K	Q	G	Y	M	I	R	E	A
Z	N	G	E	L	A	A	B	M	H	E	A	L	T	H	C	L	U	B	E
A	U	N	X	L	C	O	T	E	Q	U	I	P	M	E	N	T	C	M	W
W	S	I	R	Z	R	Y	N	H	S	S	X	X	P	I	L	A	T	E	S
R	T	L	J	E	S	I	C	R	E	X	E	R	T	I	O	N	O	M	Y
A	H	C	A	Y	C	N	O	I	E	C	N	A	M	R	O	F	R	E	P
U	G	Y	D	S	E	R	B	I	B	M	A	C	H	I	N	E	S	O	U
J	I	C	J	B	R	E	N	T	R	A	P	B	G	B	G	W	O	U	O
Q	E	D	R	I	L	L	S	C	A	L	E	W	P	I	I	L	T	F	R
C	W	E	M	P	A	D	V	D	W	Q	F	Y	A	M	X	L	N	P	G

ACTIVITY
AEROBIC
BARBELLS
BENCH
BICYCLE
BOXING
CALISTHENICS
CARDIO
CYCLING
DRILLS
ELLIPTICAL
EQUIPMENT
EXERCISE
EXERTION
FLEXIBILITY
GROUP
GYM
HEALTH CLUB
INSTRUCTORS
LIFTING
LOCKER
MACHINES
MEMBERSHIP
MIRRORS
MOVEMENT
MUSIC
NUTRITION
PARTNER
PASS
PERFORMANCE
PILATES
POOL
SAUNA
SCALE
SNEAKERS
SPOTTER
STRENGTH
STRETCH
SWEAT
SWIM
TRAINER
TREADMILL
WATER
WEIGHTS
YOGA

Solution on page 346

Newsmakers

M	P	H	A	X	R	S	V	E	L	C	I	T	R	A	N	D	O	E	H
D	I	P	N	E	Z	X	G	R	E	H	T	A	E	W	K	K	I	C	M
D	Y	N	P	G	I	A	Q	B	Y	R	E	P	A	P	S	W	E	N	L
C	F	O	V	Z	R	O	H	C	N	A	P	W	U	N	E	D	D	U	S
Q	R	I	T	E	L	E	V	I	S	I	O	N	K	R	T	H	Z	O	L
T	Z	S	V	F	S	S	U	Q	E	D	I	W	D	L	R	O	W	N	A
G	L	O	B	A	L	T	R	A	D	I	O	W	F	P	R	E	O	N	T
R	C	L	C	Y	F	Z	I	J	E	M	E	O	W	I	E	D	T	A	E
V	W	P	U	I	Z	R	R	G	N	K	F	X	L	V	S	I	L	N	C
K	E	X	R	J	O	U	R	N	A	L	I	S	T	F	E	T	S	Q	I
T	H	E	R	Z	G	M	I	U	C	T	S	A	C	D	A	O	R	B	L
O	N	J	E	B	R	T	Q	R	I	H	E	W	T	X	R	R	T	P	O
D	H	A	N	O	E	H	T	G	R	Q	E	M	N	R	C	I	Y	A	P
A	I	I	T	L	T	R	J	E	R	L	H	A	E	S	H	A	P	D	L
N	Y	S	L	R	A	B	M	N	U	O	T	G	D	R	T	L	H	D	E
R	H	U	A	G	O	I	J	T	H	C	N	I	I	L	G	R	O	K	Y
O	B	E	E	S	R	P	C	V	V	A	E	Z	C	R	I	E	O	A	U
T	A	D	V	C	T	C	M	E	D	L	V	I	C	C	Z	N	N	P	B
S	Y	Z	Q	I	Z	E	U	I	P	Q	E	J	A	P	M	D	E	C	S
U	K	Q	G	W	L	Q	R	A	J	S	P	D	R	O	B	B	E	R	Y

ACCIDENT
ANCHOR
ANNOUNCE
ARTICLE
BROADCAST
BULLETIN
COVERAGE
CRIME
CURRENT
DANGER
DISASTER
EARTHQUAKE
EDITORIAL
EMERGENCY
EVENT
EXPLOSION
FIRE
FLOOD
GLOBAL
HEADLINE
HURRICANE
IMPORTANT
INTERRUPT
INVESTIGATE
JOURNALIST
LATE
LIVE
LOCAL
NEWSPAPER
POLICE
RADIO
REPORT
RESEARCH
ROBBERY
SPECIAL
SPORTS
STORM
SUDDEN
TELEVISION
TORNADO
TRAGEDY
TYPHOON
URGENT
WEATHER
WORLDWIDE

Solution on page 346

Favorite Teachers

J M H I U K F C S U P P O R T I N G F Z
E N G A G I N G N I T A V I T O M L U E
D E R A P E R P D R O M U H I E X E L E
A D V O C A T E R E E L Y S L L W T H H
L D E Z I N A G R O T G S B H I N A R Y
M E D K T E K D K Z F A A W S E T D I M
W T U J S L N E S U P E M E G R R O A U
V N C O A B C C M M G V S I U O E M F N
U E A X I A L R O D A N E S N D S M L X
B L T W S H P C E U E R T R I A P O E N
R A E H U C P L T A R W T S B O O C X W
L T D G H A W M A A T A C H B O N C I H
R R M E T O N S R G K I G O A R S A B O
L O H I N R T E E A P E V I J J I E L N
I T E K E P S F D L W O P E N M B G E E
S N U F X P G N I R U T R U N G L H H S
T E Q S E A S N S C O M M I T T E D A T
E M J C O O E I N T E R E S T I N G K B
N R T L Z D S U O R E N E G N I R A C Z
R Y H F O X A C C R E D I T E D N I K E

ACCOMMODATE
ACCREDITED
ADVOCATE
ANIMATED
APPROACHABLE
BRIGHT
CARING
COMMITTED
COMPASSION
CONSIDERATE
CREATIVE
DISCIPLINED
EAGER
EDUCATED
ENCOURAGING
ENGAGING
ENTHUSIASTIC
FAIR
FLEXIBLE
FUN
GENEROUS
GENTLE
HONEST
HUMOR
INTERESTING
KIND
KNOWLEDGEABLE
LISTEN
MENTOR
MOTIVATING
NURTURING
OPEN
ORGANIZED
PATIENT
PREPARED
PROFESSIONAL
RESPECT
RESPONSIBLE
SMART
SUPPORTING
TALENTED
TRUST
VERBOSE
WARM
WISE

Solution on page 346

In the Country

I W L L A M S K O O R B S A F E I N H U
B D A Y Q B G N I P O R V P S I M P L E
P N H D W J N A E L C N W L I T E X E U
D O S W R N K G R K O X U F A M I L Y J
K P Q G O Q N O U I C F L Q T F T N D V
R O S A U I G T T I I I R R L T W E S S
V O Z I N O M A L T E K H O A O G M L E
L V E I D E L H U F A K W C T A K L E R
K T M F U U A A C A C E J A L C U S V C
Y J N B P M E Y I U R R T L B F A T A A
N T N O M B H S R S V J I A E N M R R X
A U P O B O N T G O R V M C V E B E T P
J K C N A N P A A N X O A E K I S E A Q
L K Z D C U O C J B U E B N A E R S M H
Z G G O K A Q K L N P L A H C D T P E A
K D N C W O C S T A Z T G L G U O S H Q
P J I K O K C A B T U O U T R I P W E X
S P W S O K I D S R H D L E P P E Z S F
N Y O X D N V P E T E G C I M F N N Q B
G H M G S K F L H D D Q T M S F N V R Z

ACRES
AGRICULTURE
BACKWOODS
BEAUTIFUL
BOONDOCKS
BROOKS
CATTLE
CHICKENS
CLEAN
COW
CRICKETS
FAMILY
FIELDS
FLOWERS
HAMMOCK
HAYSTACKS
KIDS
LAND
MEADOWS
MINING
MOUNTAINS
MOWING
NATURE
NEIGHBORS
OPEN
OUTBACK
PASTURE
PEACEFUL
PICKUP TRUCK
POND
POPULATION
PRIVATE
QUIET
ROPING
ROUNDUP
SAFE
SECLUDED
SILO
SIMPLE
SMALL
TOWN
TRACTOR
TRAVEL
TREES
VILLAGE

Solution on page 346

The Rolling Stones

F J E B R R U B Y T U E S D A Y F S E E
M R E C N A M R O F R E P J A N K O P M
S E N O J N A I R B D O O W E I N N O R
H S R Y S A S T E E L W H E E L S G C A
A I J N S M K I C Y D U D B I C N W S L
T N K O U Y C S C R I S E P L H A R R U
T G V I O W I H I O C S S S L A I I E P
E E O T M L L I S T K T D M O R C T T O
R R O C A L Y N U S T R B I R L I I N P
E S D A F I T V M I A E R C D I S N I Y
D L O F T B R A K H Y C O K N E U G E V
H R O S E L O S C Y L N W J A W M U U R
L I L I R V F I O F O O N A K A A I S O
Y G O T M N R O R Y R C S G C T G T E D
R E U A A H A N G I E J U G O T A A I Y
I M N S T I C K Y F I N G E R S Z R T L
C O G I H I A N S T E W A R T D I S X O
S S E N O J L Y R R A D R T S I N A I P
K K M I S S Y O U C I S S A L C E A S C
J P Z A C C E D S R U O T P F N U V B F

AFTERMATH
ANGIE
BAND
BILL WYMAN
BLUES
BRIAN JONES
BRITISH INVASION
BROWN SUGAR
CHARLIE WATTS
CLASSIC
CONCERTS
DARRYL JONES
DECCA
DICK TAYLOR
FAMOUS
FORTY LICKS
GUITARS
HISTORY
IAN STEWART
INTERSCOPE
KEITH RICHARDS
LIPS
LYRICS
MAGAZINE
MICK JAGGER
MISS YOU
MUSICIANS
PERFORMANCE
PIANIST
POLYDOR
POPULAR
ROCK AND ROLL
ROCK MUSIC
RONNIE WOOD
RUBY TUESDAY
SATISFACTION
SHATTERED
SINGERS
SIXTIES
SOME GIRLS
SONGWRITING
STEEL WHEELS
STICKY FINGERS
TOURS
VOODOO LOUNGE

Solution on page 346

Bossy

V N H E D I V X D G L Z K D W Y Y U T Z
L U P X U Z F H A Z O R G A N I Z E R X
W E T A V I T O M E V I T U C E X E B E
N T G G H G I W E I V R E T N I E Y L B
O A Z R N V H E E G U I A H C W T P E P
L U C H A I R P E R S O N O I I N S R R
H L R K R H D M T R O P E R L S Q E I I
G A I E R A C N D E C I S I O N S N R N
Z V T R E G A N A M W O B T E I S E G C
G E I G V S Y Y I T M I O Y D P A I H I
V G C C I N N D N V S P B E I S S I J P
R I I H E O B O C N X R N R O S E K O A
W T Z A W I I E O P R T E N A F L W B L
G S E I T T Z P M C H E A D H O N C H O
G E P R O S S F M P Y B M B N E S G T R
R R E M U E B I A S L T F X R U S O S T
U P O A R G E R N E X O F F I C E V V N
M R A N I G R E D A E L Y E E S R E V O
P O W E R U O S E L E N I E N T T R I C
Y U Z R O S I V R E P U S S R D S N S P

ASSIGN
AUTHORITY
CHAIRMAN
CHAIRPERSON
CHIEF
COMMANDER
CONTROL
CRITICIZE
DECISIONS
EMPLOYER
EVALUATE
EXECUTIVE
FIRES
GOVERN
GRUMPY
HEAD HONCHO
HIRE
IN CHARGE
INSPIRE
INTERVIEW
JOB
LEADER
LENIENT
MANAGER
MOTIVATE
OFFICE
ORGANIZER
OVERSEE
OWNER
POWER
PRESIDENT
PRESTIGE
PRINCIPAL
PROMOTION
REASONABLE
REPORT
RESPONSIBILITY
REVIEW
STRESS
SUGGESTIONS
SUPERVISOR
TOP
TYCOON
UNDERSTANDING

Solution on page 346

Chicago Cubs

S H W I L L I A M H U L B E R T P D N P
E O K I P L A Y O F F U I N U R E M O H
S D R Q A H A R R Y C A R A Y M C Q D G
E Q A T G S A N D B E R G Q P V N A D P
L R P R S H A W O N D U N S T O N B A U
T E L I M A X H D I R E T S O R B L M K
I G L B U D C B L G S E B B A R N E S C
T F A U B R H N E S R S A M M Y S O S A
V J B N R O E H I T S B E B Y E X D N P
W B S E E U A R F L Y S I F I S C X O O
N M E C H G R S Y B R L T R O K U S I T
F Z I L C H T Z E B L A E C C R T B P S
S Y B A A T B A L Y B S T G A S P E M T
Z T B R E F R P G P D O N S E R R M A R
S E U K L S E O I L Q I H A E Y T A H O
C E C O B N A S R E D I S H T R O N C H
U I M X N T K O W L S O Z Z I R F K O S
R M K A Q X W G E G N I D L A P S C B C
S H N C G G N I T T A B Y R O T S I H E
E T S P O T F O O R S B A S E M A N F J

BABY BEARS
BALLPARK
BARNES
BASEMAN
BATTING
BILLY GOAT
BLEACHER BUMS
CHAMPIONS
CLARK
CONTRACTS
CUBBIES
CURSE
DEMPSTER
DROUGHT
FIELDING
GAMES
HARRY CARAY
HEARTBREAK
HISTORY
HITS
HOME RUN
MADDON
MLB
NICKNAME
NORTH SIDERS
OUTS
PENNANT
PLAYOFF
POSTSEASON
PROFESSIONAL
RICKETTS
RIZZO
ROOFTOPS
ROSTER
SAMMY SOSA
SANDBERG
SHAWON DUNSTON
SHORTSTOP
SPALDING
STARLIN CASTRO
TITLES
TRIBUNE
WILLIAM HULBERT
WORLD SERIES
WRIGLEY FIELD

Solution on page 347

Interior Decorating

O C Z S C R D S T X B C Z R T F V H D Z
L O J P A I N T L H H H J P G Q V R K H
H L B P S L A D M W E F E C O S A K Z V
I O Z H E C Q Y J S O M X S C S R I F A
U R E O S S E Q S C B B E O P X T L S A
E S H T A E R W A E S A N I D I O E E K
I C Q O V I G L L D R C T Z R O P N R A
I H A S L R P L E D E K C U R T A I N S
A E E K F O I F J S W O C I Y M D T L T
G M R Z I S W A L L O Q N R O L I A E N
J E U N H S T B B R L G E S O Q N M N E
O N T Y B E P R D C F S A R U O I G W C
M R I S G C F I G U R I N E S R I B I C
N U N B W C N C L U C A S A T S L N N A
O G R M U A O G N L M X E S E P A R D F
C S U A T G T V G E O S T D K F M O O I
I F F I L R N C N M C W U M S I P D W A
B W N A Q S I T H K L I S O A E S A P N
Y G S M M F S K C E Y X X O B C O E N J
S S F I W C L O C K S R O R R I M U E C

ACCENTS
ACCESSORIES
ADORN
ANTIQUES
ART
BASKETS
BOWLS
CLOCKS
COLORS
COORDINATING
CURTAINS
DESIGN
DISHES
DRAPES
EMBELLISH
FABRIC
FIGURINES
FLOORING
FLOWERS
FOCAL POINT
FURNITURE
GLASS
LAMPS
MIRRORS
MOSAIC
MURALS
NURSERY
ORNAMENTS
PAINT
PHOTOS
PILLOWS
POSTERS
ROOM
RUGS
SCHEME
SCONCES
SEASONAL
SWATCHES
THEME
TIPS
TRIM
VASES
WALL
WINDOW
WREATHS

Solution on page 347

Spa Resort

T O F Y N Q D Z O Z K X C S P C H W S V
T H B D R N J E E T A I L O F X E L J L
I H E U E W S C I T E G R E N E R N Q X
B T H G L N E V L L A I C A F O B Y U I
S N R D A C J I B O K N V O B T A B L E
T T U E X S U O G E D F E L R S L J O E
F R L B A Q S T Y H N G Q V G G M F Z M
D C V A N T W A S N T E E X U E A O I N
C A U A S H M L M E J C F Y D J M N U L
C U R A T I V E T A R A L I H X E T I M
B T N E Y S R L N R H I T O C R R R N C
A P L O G U U L O T O A T E A I P M R P
D E G O C S Z O H O T S L L T J A I R S
R A P I T W C E I I P U S I G N M L L T
H C D A H I R N O R A L O Y I U P A H E
L E I L F A O N I G U N R C I O E Q E A
P H G G P D V N B K G X U I K M R S A M
S I P Y U O G M R M S R U A H C B A T H
J Y H M D N E I G Y E Y E L S W Y Z J O
D R B S Z E N P S S P I I R X O C G X Z

BATH
BENEFICIAL
CLEANSE
CLUB
CURATIVE
ENERGETIC
ENJOY
EXFOLIATE
EXHILARATE
FACIAL
GUEST
GYM
HEAT
HERBAL
HOT SPRING
LODGE
LOTION
LUXURIOUS
MANICURE
MASSAGE
MEALS
MEDITATION
MINERALS
MUD
NUTRITION
OIL
ORGANIC
PAMPER
PEACE
PEDICURE
REJUVENATE
RELAX
REST
SALTS
SAUNA
SHIATSU
SKIN
STEAM
TABLE
THERAPY
TRANQUIL
TREATMENT
WEIGHT
WHIRLPOOL
YOGA

Solution on page 347

Electronic Books

P W V S Y G D U C N G D G V S D A T A S
T W E A E K G K O O N K E C I V E D E K
B L J V T G S T K G N O H C J N Q T D W
L U B P Y T A M R O F O V C R V A A D Z
O Y P X N U H P Z N O B I E O B O I D W
L W B E O R E A Q L B N T L L L G R I O
E U W U S N M S O C O N V E N I E N T I
B C U E W A E F Z R I S T W T T T U R S
P U B L I S H A T I W F O A P E B U K R
M E M O R Y P C G T T D L A R F L T X G
Y F R E E P E M R N F E H A C I H H O V
D K L P L L B R O U I C C B P C K G I Y
F U R E E K S W A B P T A H N T I I F L
V I P A S Z I C Y W I T E Q N I N R B I
I O I P S X M R R V T L C K M O D Y H G
P H A R D W A R E E E F E H R N L P D F
A U T H O R G T R K E D O Z E A E O K N
D D I X B F E Y G T B N H S Q A M C G H
O N L I N E S F I U V Z S D I S P L A Y
C O L O R C D S K P D T E P U D X H P V

AMAZON
APPLE
AUTHOR
BATTERY
BOOK
CHAPTER
CHEAP
COLOR
CONVENIENT
COPYRIGHT
DATA
DEVICE
DIGITAL
DISPLAY
DOWNLOAD
ELECTRONIC
EPUB
FICTION
FORMAT
FREE
HARDWARE
IMAGES
INTERACTIVE
INTERNET
IPAD
KINDLE
LIBRARY
MARKETING
MEMORY
MOBILE
NOOK
NOVEL
ONLINE
PAGES
PDF
PUBLISH
PURCHASE
SCHOOL
SCREEN
SELL
SOFTWARE
SONY
TABLET
TECHNOLOGY
WIRELESS

Solution on page 347

Family Time

I P C O D K D N O I T A C A V R A X Q O
S G N I L B I S G E H H W E Y P P A H N
S L V O E H A O S U R P R I S E S C R V
M E E L I T R A D I T I O N G U N E S W
G C G V K T S Y S N C S O N E U P T O K
G I A S A Y A T K D T I I J R C N P N N
A N T E T R M S F O N D Y B E E G U E I
M C I U A A T O R U D T H B M L Z C N R
E I R T S S P Y E E N H Z E I E T O B D
S P E K E R T R W G V A C C N B L L Q E
I W H T N E M E G A G N E W I R Y P S L
E R E R L V R I R M U K O W S A P Y T T
L E R L O I R G L O V S Y C C T L I N W
A N I K V N C S N M L G E B E I O G E T
U N V J E N Q N S T F I G T O O U F R A
G I A F A A A J L W Q V G R A N D M A L
H D L U G E N E R A T I O N S B D A P K
T O R T O G E T H E R N E S S O E I D I
E C Y N F N O S T A L G I A O F D D N N
R U T O E O R R Q H S V E F X Q X Z T G

ANNIVERSARY
ANNOUNCEMENTS
BONDING
BRUNCH
CELEBRATION
CHRISTMAS
CONVERSATION
DAD
DEBATE
DINNER
DRINK
EASTER
ENGAGEMENT
FOOD
FUN
GAMES
GENERATIONS
GIFTS
GRANDMA
GREETING
HAPPY
HERITAGE
LARGE
LAUGHTER
LOUD
LOVE
MOM
NOSTALGIA
PARENTS
PICNIC
REMINISCE
REUNION
RIVALRY
SIBLINGS
SON
STORYTELLING
SUPPER
SURPRISES
TALKING
THANKSGIVING
TOGETHERNESS
TRADITION
TRAVEL
VACATION
WEDDING

Solution on page 347

Coaching

M T L L A B T O O F M I G O A L S N P C
A R X A N A L Y Z E I J E N A L P D K G
E R E C C O S X N Y H N K S I M U I P U
T R O P S R I T V E E T A V I T O M M P
H L K M E T O T L Q D K E N R N E K L K
P A A D Y R R L A U D E C R C S N E Z Z
I B A T I D S O E N S H D O I I H E M D
B E I N H Y P O P M I E M I H P A J T P
L N G L Y L E V N P O M R B C B S L X P
P C N X D A E P G A U D R V P A N N R O
Z H I S E S C T N N L S E E R S T O I F
Y P H A F S H K I I M E N L T K F I A F
E R C C E I V C L C G G I Y O E Y T O E
E E T T N S A A E Z S A L U S T D I R N
O P I I S T L R S F S R P S U B I S E S
E A P N E A Y T N W H U I T W A N O E E
J R E G A N A M U C H O C Y M L F P R K
B E F I L T T F O Y N C S R G L O O A S
H C S E J O O P C A W N I N S T R U C T
P C L R D E V E L O P E D S D N M E A H

ACTING
ANALYZE
ASSISTANT
ATHLETICS
BASKETBALL
BENCH
CAREER
COMMUNICATE
COUNSELING
DEDICATION
DEFENSE
DETERMINATION
DEVELOP
DISCIPLINE
ENCOURAGE
FINANCIAL
FOOTBALL
GOALS
HELP
HOCKEY
INFORM
INSPIRE
INSTRUCT
LEADER
LIFE
MANAGER
MEETING
MENTORING
MOTIVATE
OFFENSE
PERSONAL
PITCHING
PLAN
POSITION
PREPARE
PROFESSIONAL
RESULTS
ROLE MODEL
SOCCER
SPEECH
SPORT
SUPPORT
TEAM
TENNIS
TRACK

Solution on page 347

Roller Skating

A A H S P I V O T D S F D D M O F Q F T
G D H V Z O U X Y K A E M Z N J Y L L K
I C R E N T A L B M S N M J H U X C O L
X E O M D O S D R A W K C A B M F R E H
Z Q N O I T I T E P M O C E G P A R T Y
T P O V N U J T D O W N H I L L S N B E
B R K E L R S C R A P E D K N E E S R Q
Q Y L M I N W T E E K F I S Y M E O F F
R V A E N R R X L L X D R E N S L C Z T
B G W N E R E L L E S E K I I L N L A V
E M E T G R E T O A G C A U E S W A D P
N K D O C D S C R T O T R R G N O C W Y
I N I I X A T E R H R B S S N G D E E V
T E S L F I G U R E S K A T I N G S Y U
S E C H E L M E T R A H F O D I N E L F
D P X N W Z L N R T L T C O I T I D P O
M A I O A L E L E E H W I B L S L A P F
X D L N O L P S P E E D S O G A L L A T
E S D R C H A S S I S J U Z N O A B B N
O Y H B Z V O B L Z C R M E K C F F P P

BACKWARDS
BALANCE
BLADES
BOOTS
BRUISES
CHASSIS
COASTING
COMPETITION
DANCE
DOWNHILL
ENTERTAINMENT
EXERCISE
EXERTION
FALLING DOWN
FAST
FIGURE SKATING
FRIENDS
FUN
GAMES
GLIDING
HELMET
INLINE
JUMP
KIDS
KNEEPADS
LACES
LEATHER
MOVEMENT
MUSIC
OUTDOOR
PACE
PARTY
PIVOT
RECREATION
RENTAL
ROLLER DERBY
ROLLER HOCKEY
ROLLER SKATES
SCRAPED KNEES
SIDEWALK
SLOW
SPEED
SPIN
TURN
WHEEL

Solution on page 348

Found in the Forest

Z W G F G J N Z D Q N K N U K S K C O R
J Q P U F S S T F U C W Y F P K D M H H
O V P E E M L A T P S G N I L P A S H U
O A X E G N V A C S H O D H H E R M O V
K H R R N N B K M O E E S U B F K O W L
M T M V A I E U E I R N E H C I L O Q I
H C A B I N P D S S N N G U A L O R E O
W Q P F E F G L E H E A S N C D E H U S
E Y L F S S C E I E E H E D P L E S G A
Z T E N T N B A R K R S H E E I K U J U
F L J D L B R V M U G P C R R W B M L D
U T O H S O V E B P R K S B I L N O N E
Y Z F H P G E S F Q E E S R F U G P H P
A A X R Z A N O I R V R T U F S N O F H
V Y R V S H T U W L E I N S T C E S N I
G C I J P D W H O K B G A H W G P S C K
F A U F S V I W A B U K L R I S S U A E
S O S E C N G N A S L G P M S J A M M R
J A Q F T K S R A E B P N L F L V R O B
P F T V P O F F K P U W S D B L S P W Q

ACORNS
ANIMALS
ASPEN
BARK
BEAR
BUGS
BUSHES
CABIN
CAMPER
DARK
DEER
ELK
EVERGREEN
FERNS
FIRE
FUNGUS
HIKER
INSECTS
LEAVES
LICHEN
LOGS
MAPLE
MUSHROOMS
NEST
OPOSSUM
PATH
PINE
PLANTS
RABBIT
RANGER
ROCKS
SAPLINGS
SHADE
SHRUBS
SKUNK
SNAKE
SOIL
SPIDERS
TENT
TREES
TWIGS
UNDERBRUSH
WILDLIFE
WOLVES
WOODPECKER

Solution on page 348

Thanks for the Gift

U C C H L A I C E P S P R F P P B V L V
P F L O W E R S R D U J X Q I G E K Q G
O A T I S S U E U R Q W V V T K I E O N
Y M R Y K R S N S O C C A S I O N F X S
R I F W P E L E C T R O N I C S S B T E
L L V R N V S A C E L E B R A T I O N R
E Y I T I C D X Y V R Z N N O L B W A L
W S M D Y E O C E J M T N E G A I I G P
E T E J Z B N N H P S I I N G C R N A R
J O I H Q Z A D C O V H I F L I T S V R
S Y Y U T W S G E E C M O V I T H I A W
H X G O C O E A R X R O O W H C D G R E
A I R Y A L L S M A C T L C E A A H T D
E Q A K N F A C W T D H T A K R Y T X D
P T T N D R B E I X S U A I T P M F E I
X B I A Y R S A P P L I A N C E O U R N
V P T H O U G H T F U L R T G K N L T G
W D U T O X B Y A D I L O H I E E N K X
K K D H S C P B T A W C J D C O Y T A G
H P E R F U M E K D O N A T I O N Z B E

ANNIVERSARY
APPLIANCE
BAG
BIRTHDAY
BOW
CANDY
CELEBRATION
CERTIFICATE
CHOCOLATE
CHRISTMAS
CLOTHES
CONCERT TICKET
DONATION
ELECTRONICS
EXCHANGE
EXTRAVAGANT
FAMILY
FLOWERS
FRIEND
GENEROUS
GIFT
GRADUATION
GRATITUDE
HOLIDAY
HOUSEWARMING
INSIGHTFUL
JEWELRY
MONEY
OCCASION
PERFUME
PRACTICAL
PRESENT
PURSES
SHOWER
SOAP
SPECIAL
SURPRISE
TAG
THANK YOU
THOUGHTFUL
TISSUE
TOY
VIDEOS
WEDDING
WRAP

Solution on page 348

Urban Graffiti

P U B L I C L A L Q O C B H H X E Q D G
J F F X I Q I O M C F U R S T Y L E S N
S B P T Q W N Y U E I E U E L Z F T J I
O Z I C C A Y I N L R M B M A A N F N G
K E Y Q B V A N D A L I S M C T D U N G
S L A R U M Y I E Y P R C I T S I T R A
R Y U A S C N L R D O C N A M E S V S T
O D A W B G Y I G G L G V M N G M H E R
L U A W S B W R R U I L L E G A L D G A
O N P D B S G Y O D C V D V R S X R D I
C D O A A U U A U T E V L K L S G C I N
O C P I T M S P N S I E E O P E N I R S
O P C K S V A I D G T R B J A M I M B X
L W U L Y S A G G T S M R F I Y T A V J
I F L Z P P E H E N Y D E E N O I G Z U
T A T P Y R Y R G S A P I C T U R E S E
W Y U A K J S I P X D T K K I T W S Y K
W O R D S U S P N X K U U V N H G W O H
X P E E G E S T R E E T H R G U T M Q B
S F G G D E N P H P A T A L E N T T U A

AMERICAN
ARTISTIC
BRIDGES
BUILDINGS
CITIES
COLORS
COOL
CREATIVE
CRIME
DAMAGE
DEFACING
DESIGNS
EXPRESSION
GANGS
ILLEGAL
IMAGES
KIDS
LETTERS
MARKERS
MESSAGES
MURALS
NAMES
PAINTING
PICTURES
POLICE
POP CULTURE
PUBLIC
SIGNATURE
SPRAY PAINT
STREET
STYLES
SUBWAYS
SYMBOLS
TAGGING
TALENT
TERRITORY
TRAINS
UGLY
UNDERGROUND
URBAN
VANDALISM
WALLS
WORDS
WRITING
YOUTH

Solution on page 348

Welding

M	W	Z	G	R	N	I	T	L	D	F	P	X	F	H	C	V	M	Y	G
H	E	F	S	V	H	M	H	J	B	J	Q	N	L	N	T	O	Q	B	C
K	T	C	S	O	H	G	U	T	M	A	Y	O	A	I	N	P	Z	Q	L
M	D	A	N	G	E	R	O	U	S	V	O	I	M	G	A	R	J	E	B
L	A	I	R	E	T	A	M	X	Z	P	M	S	E	Q	D	V	R	Y	K
S	H	T	S	H	I	E	L	D	D	O	S	U	S	E	I	G	W	T	B
L	E	O	L	M	U	R	J	L	L	X	K	F	J	F	N	G	N	R	U
A	L	V	W	U	K	J	E	T	J	Y	I	S	L	I	N	E	E	A	C
T	M	R	O	Z	G	W	E	P	V	F	L	E	R	I	M	S	O	I	D
E	E	M	R	L	O	N	R	W	X	U	L	E	D	P	A	X	P	N	F
M	T	L	K	B	G	G	I	O	I	E	D	L	I	L	B	R	E	I	D
E	J	S	G	R	G	C	F	N	C	L	E	U	Z	E	O	X	A	N	F
S	N	G	Y	I	L	B	D	T	O	W	Q	R	A	T	U	U	C	G	B
T	Z	O	P	G	E	U	R	S	C	E	T	M	E	L	T	I	N	G	T
E	F	G	I	H	S	I	T	R	X	L	N	C	F	O	Z	Y	O	I	O
E	C	A	I	T	C	L	A	G	T	D	T	R	T	H	G	I	L	R	R
L	B	T	R	A	C	D	P	N	O	I	T	C	U	R	T	S	N	O	C
Z	U	Y	R	C	S	I	O	A	O	N	G	Q	E	B	A	Y	I	N	H
B	L	C	E	W	U	N	R	N	C	G	Z	N	G	C	E	T	T	Y	F
J	O	I	N	I	N	G	K	F	T	A	E	A	T	O	H	K	O	A	L

ARC WELDING
AUTO
BEAM
BRIGHT
BUILDING
BURN
CONSTRUCTION
CRAFT
DANGEROUS
ELECTRIC ARC
ENERGY
EQUIPMENT
EXPERIENCE
FIRE
FLAMES
FLUX
FRICTION
FUSION
GLOVES
GOGGLES
HEAT
HELMET
HOT
INDUSTRY
IRON
JOINING
LASER
LIGHT
MATERIAL
MELTING
METALS
MOLTEN
OXYFUEL WELDING
PROTECTION
SHIELD
SKILL
SOLDERING
STEEL
TORCH
TRAINING
WELD POOL
WORK

Solution on page 348

My Mom

O X F Z L Y B Y W Q H T H W L L I I I N
M F F R D R T C A R E C S M O M M V F O
E A K J A U D H T E L O W B V C A P E F
N M M A F R P C W E P M A T E R N A L S
D I T A K I Q S A T E E N C O U R A G E
C L P E A R U N V R R R G Y C D N I K N
K Y A D G E Q U M X O U Y N N O B L E S
V G P I U D P N A C G T S E I R O T S I
A R R U C N S D T R T N S T S R T V A T
M F O G R E R E R E B C I E W Y O J Y I
I S N P O T P R I A P D H V C O I D B V
S S T U T D L S A T N A Y I I N R A A E
Q E F R C E H T R O G U T T L G A T B E
B L B K E V W A C R B E F I R D R O H F
E F V H T O C N H O M E N U E O R O H Y
P L L C O T U D N N P Z H T Z N P E F E
M E T A R E D I S N O C T N L X T P N D
D S U E P D T N E R A P Y I D E X H U G
K U J T E L G G U N S T R O N G U N W S
Y A L U V F N T O O O E I P W S D F G D

ADORING
ANCESTOR
APRON
BABY
CARE
CHILDREN
CLEAN
CONSIDERATE
CREATOR
DEVOTED
ENCOURAGE
FAMILY
FORGIVING
FUN
GENTLE
GUIDE
HELPER
HOME
HUG
INTUITIVE
JOY
KIND
LOVE
MAMA
MATERNAL
MATRIARCH
MEND
MOM
NOBLE
PARENT
PATIENT
PROTECTOR
SELFLESS
SENSITIVE
SNUGGLE
SPECIAL
STORIES
STRONG
SUPPORT
SWEET
TEACH
TENDER
TRUSTWORTHY
UNCONDITIONAL
UNDERSTANDING

Solution on page 348

Do You Remember?

Z	V	X	T	H	I	S	T	O	R	Y	R	A	I	D	R	Y	R	R	M
A	F	D	W	O	L	D	D	F	S	O	U	V	E	N	I	R	I	S	S
Y	E	L	D	A	P	L	A	N	E	R	E	R	E	F	A	L	H	D	O
J	E	L	C	B	W	M	D	P	E	V	I	T	C	E	L	F	E	R	U
I	L	E	C	L	I	D	H	T	P	I	A	D	Y	I	W	P	S	A	R
K	I	W	T	L	S	O	R	K	L	P	R	R	T	H	Z	S	F	C	W
V	N	D	Y	W	T	O	Q	E	E	H	E	F	H	C	E	T	X	I	A
T	G	T	E	O	F	H	Q	O	A	T	Y	E	A	R	N	I	N	G	N
E	T	Z	S	A	U	D	I	P	S	Z	K	A	D	E	N	N	E	N	R
S	R	E	F	A	L	L	P	E	A	K	M	G	C	K	O	O	O	N	B
B	E	I	E	O	P	I	Y	X	N	Y	N	S	H	D	I	I	A	E	J
T	A	I	S	W	N	H	S	O	T	I	I	Y	E	N	T	T	L	W	T
W	S	Z	V	E	S	C	Q	T	D	N	S	M	I	A	I	O	P	L	D
N	U	E	S	O	D	R	E	D	I	E	W	A	R	H	D	M	E	L	O
V	R	S	I	N	M	U	E	M	T	C	H	E	L	M	A	E	O	A	M
N	E	C	O	R	Q	W	E	T	X	O	N	R	O	U	R	G	P	C	G
O	S	F	H	I	O	R	L	G	T	E	K	D	O	S	T	B	L	E	I
T	C	I	T	N	A	M	O	R	G	I	R	E	M	I	N	D	E	R	K
B	M	N	H	J	E	W	E	L	R	Y	B	N	N	C	D	P	G	B	A
I	A	S	P	T	E	H	S	M	U	B	L	A	X	M	G	G	S	X	B

AGE
ALBUMS
ANTIQUE
BITTERSWEET
CARDS
CHILDHOOD
DESIRE
DIARY
DREAMY
DWELL
EMOTION
FAMILY
FEELING
FOND
FRIENDS
GENERATION
HANDKERCHIEF
HAPPINESS
HEIRLOOM
HISTORY
IDEALISTIC
JEWELRY
LACE
MEMORIES
MOVIES
MUSIC
OLD
PAST
PEOPLE
PHOTOS
PLEASANT
RECALL
REFLECTIVE
REMINDER
REMINISCENT
RETRO
ROMANTIC
SOUVENIR
TOKEN
TRADITION
TREASURES
WEDDING DRESS
WISTFUL
YEARNING
YESTERYEAR

Solution on page 349

Just Great

E M E R P U S J U A O C J T Z L G A R B
E E L B A R I M D A Z S T S E T A E R G
D R O I R E P U S C X B H T S E N I F N
O I N C O M P A R A B L E N V N U L O I
O T S U P E R L A T I V E S A Q U B C S
G O P T I M A L Z J D O H B T P B Q E S
Y R Y U I B E V I T C N I T S I D U L A
T I E H T N E D N E C S N A R T G A B P
O O F F C N G E X C E L L E N T N L A R
P U O E E A E U G H N I U P C O I I T U
N S R X L X E C I J Y L O O I J D T O S
O T E Q E T E P I S B M B T F C N Y N K
T B M U S R R M R F H R P P I G A V Q I
C H O I C E S T P I I E B I R N T I H L
H D S S M P W A O L C N D T R I S Q S L
C J T I S X S G L X A E G P E L T Z H F
H M U T T E S I E U Q R L A T R U F Q U
C M E E L B A R I S E D Y E M E O Q W L
S H I N I N G F A B U L O U S T B O F H
O S O U T R I V P E E R L E S S S Q P S

ADMIRABLE
BANNER
BEST
BLUE RIBBON
BOSS
BRAG
BRILLIANT
CHOICEST
DESIRABLE
DISTINCTIVE
DISTINGUISHED
EXCELLENT
EXCEPTIONAL
EXEMPLARY
EXPERT
EXQUISITE
FABULOUS
FINEST
FOREMOST
GOOD
GREATEST
INCOMPARABLE
MAGNIFICENT
MERITORIOUS
NOTABLE
OPTIMAL
OUTSTANDING
PEACHY
PEERLESS
PREMIUM
PRICELESS
QUALITY
SELECT
SHINING
SKILLFUL
STERLING
SUPERIOR
SUPERLATIVE
SUPREME
SURPASSING
TERRIFIC
TIPTOP
TOPNOTCH
TRANSCENDENT
VIRTUOSO

Solution on page 349

Swimming

V J G K L H P X P D Z Q E Z H Z I Q X A
F K Z U J V T J K I W E S V U K T B Y Q
I T O V Q T A E S V I C M S J W K R E B
R G I U O Q I V L M K B Q X S S O S B Z
E P O U L D N A E C O S P A L L D G P W
V N C U S K I W S Y Y B M Z K C I K R P
I A I H N M K Z S O G J E R O Q V G Q O
R W W R W S I B O T R O P S A F E T Y O
H B Q E O P B W N Z D P S B M I L C S L
A J K I E L Y T S E E R F S K R D O T I
X X Y M C A H T N E M E V O M X D O Z F
I T A T P S L C C W P C U F W B A L H E
J Q T G C H B U T T E R F L Y C P I C G
K R T I C R P C O M P E T I T I O N A U
R R L A M X R R M V F A S I N K A G O A
C W E H O E K O R T S T V U W R L U C R
T B G C L B T R A I N I N G U A M U T D
H V S A A I L E W O T O E D N C T E H E
B T Y N O R J U X Y X N N E C P A E H J
U J P N Q R G O G G L E S W I M M E R P

ACTIVITY
ARMS
BEACH
BIKINI
BOAT
BUTTERFLY
CHLORINE
COACH
COMPETITION
COOLING
DIVE
ENDURANCE
FREESTYLE
GOGGLES
KICK
LANES
LAPS
LEGS
LESSONS
LIFEGUARD
LIMBS
MOTION
MOVEMENT
OCEAN
PADDLE
POOL
RACE
RECREATION
RELAY
RIVER
SAFETY
SEA
SINK
SPLASH
SPORT
STROKE
SWIMMER
SWIMSUIT
TEAM
TIME
TOWEL
TRAINING
WATER
WAVE
YMCA

Solution on page 349

Jennifer Lawrence

B N P A Z O J F I L M S U C C E S S B H
Y O U N G F F Z Z F K S B R O L E S Y Z
K M A I P A H U N G E R G A M E S I T X
C T U F T M D A L A I T N E U L F N I U
U G D A E E L L I V S I U O L N K T R E
T N I M E I M E D I A H E I C V S A B Q
N I T E N I O R E H G S H E U T K K E C
E T I R A C T Z E W S Y B E A U T Y L G
K C O I G M H R O L L U F R E W O P E S
G A N C E W E R S R E G N E S S A P C C
S Y F A G A R D E N P A R T Y O J R V X
H Z P N M A I V M N L F C A R E E R D S
R A A N P R E D A E L R E E H C I E F S
A R I S Q B O S C A R S P M I R T V R E
D C D R B P D F O U N D A T I O N I P R
E E P H D C H A R I T A B L E N C E B E
R K A C C O L A D E S D U O L C I W S N
D I Z Z A R A P A P P A C T R E S S S A
C L N U S H E C G F Y A O T A L E N T H
O M T L Z A Z M N Q I P L Y Y E R P I I

ACCOLADES
ACTING
ACTRESS
AMERICAN
AUDITION
AWARDS
BEAUTY
BEVERLY HILLS
CAREER
CELEBRITY
CHARITABLE
CHEERLEADER
FAME
FEMINIST
FILMS
FOUNDATION
GARDEN PARTY
HEROINE
HUNGER GAMES
ICLOUD
INFLUENTIAL
JOY
KATNISS
KENTUCKY
LIKE CRAZY
LOUISVILLE
MEDIA
MOTHER
OSCAR
PAID
PAPARAZZI
PASSENGERS
PERFORMANCE
POWERFUL
RED SPARROW
REVIEWS
ROLES
SERENA
SHRADER
STAR
SUCCESS
TALENT
TEENAGE
TOP
YOUNG

Solution on page 349

Monster Truck Show

U L P O H M U D R I V E R V Z O F A N S
W Q S J B X V A E P F H S G X B W O H S
U Q I J L S D H M I T H W P F S I T S Y
O K R O O O T X U A F K K P M T A J U V
M S A G N P Z T V G J I G K I A N E R A
L K C U R T C E O S E R D T R C R D C E
H E T R D A H C T O J N E O D L K U J H
O S E M E I V N L S F P G T M E D U O L
Z I G H C W E E T X M R R I S S T H P R
Y O S L W V G N D O G S A V N N R F U A
K N E B E V U C C I P H H E Y E O Q I L
Q E R H L T C L R E G E C K B P P M L L
B Y I O S D B R B A E G R A L L S J G Y
O Q T X D A V N O I S N E P S U S Z O H
S J Z T P P M U J W G H P R E W O P Z S
B V N F O V R S L U D C U S T O M F O H
S T F N K N L U E L Y T S E E R F D V W
T F V R C B Z Z R E C A R J A H L R J P
R N Z A E O I G E Z O S A J S I O F V W
G J U B R S L Y Y N U R C D A G Q U E Z

ARENA
AUDIENCE
BEAR FOOT
BIG
CARS
COMPETITION
CRASH
CREW
CROWD
CRUSH
CUSTOM
DONUTS
DRIVER
ENGINE
EVENTS
FANS
FREESTYLE
GRAVE DIGGER
HEAVY
HUGE
JUMP
LARGE
LIFTED
LOUD
MODIFIED
MONSTER JAM
MUD
NOISE
OBSTACLES
PICKUP
POWER
RACE
RALLY
RAMPS
SHOW
SIZE
SMASH
SPORT
STUNTS
SUPERCHARGED
SUSPENSION
TIRES
TRUCK
VEHICLE
WHEEL

Solution on page 349

Dishwashing

W F X D F F C K F B S C R X X Y P W N P
A F O K S D F F M I U D N E C J A I Y A
D U I I R I O M M T L K U A M A H F U I
E T K O E R A W R E V L I S Y I O B J S
O S W J K T B M V S C I T A M O T U A E
G X R A D Y N L A B D H K P D G G N K L
Y K O Q E G P Z B E H I A D S J I M E B
C S X T T Z C D E Q T E U N E T U Y N B
Z E I W J S L W W C X S V Q I V O Y M U
B G Y O Y O E R H W N O V Z I C I P O B
I M Z C A Z A E S X R E E Y I L A C R R
L M H D E H N D R L A C I R T C E L E O
X G L A S S L W O B I E F N C E A S Z S
T P K T I I C O O F V S R L E T S Y E C
T U A Z O D N P D V N A N Y G V R N N O
A C N N N R S M M O C E L E A S N S I U
K V O O S Y W O O K Y R H H T R F O H R
W Z M C A D A P Q W O G S E Y U P U C F
Z E H I N H S W H R B L P L A T E S A C
R P Q X C Z H F R K G F A H M T H Y M L

AUTOMATIC
BOWLS
BUBBLES
CLEAN
CONVENIENCE
CUP
DEVICE
DIRTY
DISH
DOOR
DRY
ELECTRICAL
FILL
FOOD
FORK
GLASS
GREASE
HEAT
HOT
KENMORE
KITCHEN
LIQUID
LOAD
MACHINE
MAYTAG
MECHANICAL
NOISE
PANS
PLATE
POTS
POWDER
RACK
RINSE
SANITIZE
SCOUR
SILVERWARE
SOAK
SPOONS
SPRAY
STACK
STEAM
SUDS
TIMER
UTENSILS
WASH

Solution on page 349

Making Your Own Movies

D	N	U	O	S	F	G	N	O	P	Y	N	M	U	S	I	C	C	T	L
V	D	U	B	I	R	X	V	G	K	O	S	W	W	E	O	R	B	A	F
W	Y	S	L	B	D	I	X	L	I	G	H	T	I	N	G	C	P	O	J
M	A	C	B	E	W	U	F	T	R	S	J	R	S	O	P	T	C	F	W
V	L	T	T	U	C	L	A	N	I	F	E	L	N	H	O	U	O	E	I
A	P	O	C	V	B	R	N	Z	N	D	A	D	B	P	S	O	P	P	R
W	L	O	P	H	B	M	N	O	J	T	R	S	R	D	T	T	R	N	B
Y	O	K	A	E	G	A	I	J	I	O	N	E	H	A	E	I	V	O	M
D	O	E	L	L	N	L	V	C	C	T	S	C	G	E	N	T	U	E	M
F	H	E	C	A	I	C	E	E	G	E	A	E	L	H	O	U	D	D	J
L	C	I	N	U	D	R	R	V	N	M	M	U	F	I	H	I	Y	I	M
E	S	C	S	C	D	G	S	T	I	T	E	T	D	Z	P	L	Z	V	N
S	Q	D	H	A	E	O	A	Y	M	R	I	M	E	A	O	Y	G	D	K
U	E	I	O	M	W	T	R	E	A	A	W	D	O	T	R	I	P	O	D
A	S	I	T	C	I	D	I	P	E	V	E	H	E	R	C	G	S	C	V
P	A	K	T	O	U	E	E	A	R	E	C	E	P	T	I	O	N	S	X
S	E	X	N	R	T	M	S	T	T	L	S	H	C	A	M	E	R	A	B
H	L	V	N	D	A	U	E	K	S	O	F	T	W	A	R	E	S	G	S
S	E	B	Y	E	W	P	G	N	I	M	A	R	F	I	L	M	O	O	Z
K	R	C	P	R	O	I	R	A	T	N	E	V	E	S	P	T	N	L	M

ANNIVERSARIES
AUDIO
CAMCORDER
CAMERA
CELEBRATION
CLIP
DESIGN
DOCUMENT
EDIT
EVENT
FILM
FINAL CUT
FOCUS
FOOTAGE
FRAMING
GRADUATION
HEADPHONES
LAPTOP
LIGHTING
MEMORIES
MICROPHONE
MOVIE
MUSIC
PARTIES
PAUSE
PRESENTATION
PRODUCE
RECEPTIONS
RECITALS
RECORD
RELEASE
SCHOOL PLAY
SHOT
SOCCER
SOFTWARE
SOUND
STREAMING
TAPE
TRAVEL
TRIPOD
VIDEO
WATCH
WEBCAM
WEDDING
ZOOM

Solution on page 350

Down on the Farm

H L L O S X Q B L L Z J F O L P Z A P A
F J I H M J W B O F L J S X P D F W R P
Q N G S R W X O K A P E T S Q B L H T C
F Z O E I V D Y R H P N Y R A N G E B O
B J N J Q P O M O K S I G O A T S A I M
O R E B P L A R U R C V T F E C F T A Y
A T Z U H H S E R H T O C I M T T N L F
C G I S E E D S W H E B T L U Z U O M M
Y N R K V S D B F X K K A S D R H V R H
T I B I L S G I P F R V J N E D F E A U
T L H O C N P B B D A I M V I V D R F S
H L P O O U P O U E M L K L I M I A E B
G I P D M T L O R S E P L O O W A L D A
T T D O M E S T I C A T I O N K B L V N
K H E R T F S D U S M S S D W A E S S D
P W N G X A W T I R R I G A T I O N E R
O O I A F P T O E W E P T E F J W O C Y
S D M N S I L O L A X J G O K D R N N R
P P W I A S H E E P D E X T M S N A E J
A X R C F Q G D S S V N K J N I K G F M

AGRICULTURE
ANIMALS
BEETS
BIBS
BOOTS
BOVINE
COW
CROPS
DENIM
DOMESTICATION
FALLOW
FARM
FENCES
FIELD
FRUIT
GOATS
HOMESTEAD
HORSE
HUSBANDRY
IRRIGATION
JEANS
LIVESTOCK
MANURE
MARKET
MILK
MUD
ORGANIC
OVERALLS
PIG
PLOW
POTATOES
RANGE
RURAL
SEEDS
SHEEP
SILO
SLOP
THRESH
TILLING
TRACTOR
VEGETABLES
WHEAT
WOOL
WORK
YIELD

Solution on page 350

Hot Vacations

M G P B E U E H P A L M T R E E S S R Y
T P Y E X O T I C Y X L P I P E E T C S
E J A A G N I K I H B E R M U D A O G Q
Y F W C V A D E M A U R I T I U S N Z Q
T B A H A M A S Z B I K I N I T I B N P
N M T E C G N I O G Y S A E A E D A S D
K F E S A B Q R J I T H K R E C E R E M
A P G S T E A V E T P J I S I B D B R H
A Z K S I B P N H L T C T P B C I A E K
G V T T O H E O T R A H G I U M N D N L
E K H R N V M G O I G X R B K E I O I S
D G A O A A T P N I G A A H I X N S T E
V X I S S R I X S U C U I T Q I G U Y V
B K L E J C U Y C C O B A L I C N I P I
M C A R A A S B G N I L E K R O N S E D
S O N L H K M Q A S N E E R C S N U S L
F M D U M C I A C M K V T O U R I S M A
Y M L V H K W U I W M A C D N A L S I M
P A R A D I S E L C C R I T I H A T J K
E H C Q F Y V A N U A T U Z J V B V J Q

ANTIGUA
ARUBA
BAHAMAS
BALI
BARBADOS
BEACHES
BERMUDA
BIKINI
BORA BORA
CARIBBEAN
COCONUTS
COSTA RICA
CUBA
EASYGOING
EXOTIC
GETAWAY
HAMMOCK
HIBISCUS
HIKING
HULA
ISLAND
JAMAICA
LEI
LOUNGE
MALDIVES
MAURITIUS
MEXICO
PALM TREES
PARADISE
RELAXATION
RESORTS
SEASIDE DINING
SERENITY
SIGHTSEEING
SNORKELING
ST THOMAS
SUNSCREEN
SWIMSUIT
TAHITI
THAILAND
TOURISM
TRAVEL
TROPICAL
VACATION
VANUATU

Solution on page 350

Smiling

X J F Y P V N P A K T V X S E C A R B K
A H D E S U M A S E Y E L A I C O S X J
N K V Y E F G I E P X D E R E M X J F D
K S H G J L U K R L O V E X A T G H F G
L Q O Y A B I E B O H N P N P H L M M Z
S C E D A F T N G H A R T I F I C I A L
T E H O H T U T G H E I C A M E R A N D
T S P X Y F R U N S C V O P N O R U P F
S C Z J I I A Y S E E L L P K E U H B R
I F H U L L O I Y R T A R R T E O T U O
T M L F X O O P U Z Y N V O Q T Z U H Y
N N Y O B N H T E E T L O A O F L A S H
E C N L K H C O M M U N I C A T E V G E
D V H R D I O A E P X C H H G R I N W P
Q F I E P N E C L A T T R A C T I V E U
N M D T E B E E E Y H I I B P T Y O J A
S M D N I K A I Y C I U D L E P P Y X J
O T N E M S S A R R A B M E Q L Y L C X
C F A K E U O Z N F F F R O E M Z H O K
S E F D V I S P I L E G H K R H I Q C G

AMUSED
APPROACHABLE
ARTIFICIAL
ATTRACTIVE
BEAM
BRACES
CAMERA
CHEEKS
COMMUNICATE
CONTENT
DENTIST
EMBARRASSMENT
EXPRESSION
EYES
FACE
FAKE
FEELINGS
FLASH
FLIRT
FRIENDLY
FUN
GLAD
GOOD
GREETING
GRIN
HAPPY
HUMOR
JOY
KIND
LAUGH
LIPS
LOVE
MOUTH
PEOPLE
PHOTO
PICTURE
PLAY
PLEASED
POSITIVE
PRETTY
ROMANTIC
SMIRK
SOCIAL
SPONTANEOUS
TEETH

Solution on page 350

Volunteer Work

Z F V L Y Z X R N M U E S U M P F K S H
J K T I H Y E N O E D R I V I N G Z L E
H I S B E A T O N T W H I N S G F A V L
E N E R G L E I P E N L T E S T O C O X
S D N A R R E T R A Z E A H I L U O V C
L N I R A N I C A A R I M C O O H O D B
A E O Y T F I U T N H K T T N C D M C S
L S R S I Q X R A I O C S I S A O R G S
H S S E F S E T N Q O D N K C L E T N T
O R X R Y L I S C L U N K P N H B I I C
S E B V I O G N A E L C S U T I G F R I
P T E E N F O O D B A N K O G N D E O L
I S F A G M H C A O C I R S I E E N T H
C A L L I N G M R Y S B I D R T T E U T
E S A T I S F Y I N G S R A N L O B T U
N I E V L L A N O I T A C U D E V T V O
S D P L E H A H B E W Y L T E N E R G Y
E M I T X M L A R E A O G B O B D Z X G
X K Z U O Y F Q R D V G D H X B O Q R D
S E X H O P U J D I M L E E W D A S D E

BENEFIT
BIG BROTHER
BIG SISTER
CALLING
CHARITY
CITIZEN
CLEAN
COACH
CONSTRUCTION
DAYCARE
DEVOTED
DISASTERS
DONATE
DRIVING
EDUCATIONAL
ELECTIONS
ENERGY
ERRANDS
FOOD BANK
GOODS
GRATIFYING
HELP
HOSPICE
INTERNATIONAL
KINDNESS
LIBRARY
LOCAL
MENTOR
MISSIONS
MUSEUM
PARKS
RELIEF
REWARDING
SATISFYING
SCHOOL
SCOUTS
SENIORS
SERVE
SKILLS
SOUP KITCHEN
TIME
TUTORING
VOLUNTEER
YOUTH

Solution on page 350

Purses

Q	D	F	O	N	M	U	Y	O	H	F	X	J	L	S	O	T	J	T	I
H	R	L	H	C	U	O	P	N	S	F	P	Q	N	E	M	C	W	O	O
J	R	H	P	R	I	Q	N	S	I	V	L	Y	O	C	A	A	S	T	X
J	G	L	B	H	U	P	N	E	L	Q	P	W	R	I	S	T	L	E	T
Y	U	K	J	E	O	C	G	O	Y	T	E	H	O	R	O	G	H	L	E
F	L	N	N	E	A	N	T	F	T	L	N	H	B	R	E	T	S	E	K
G	S	I	A	Y	M	U	E	E	S	T	S	O	A	I	O	B	T	Y	R
R	H	A	W	K	N	C	K	A	B	S	I	G	T	L	C	G	R	H	X
T	Y	L	U	L	X	H	C	C	S	L	E	U	C	Z	W	O	A	U	M
U	N	P	K	U	K	E	U	B	A	T	R	M	V	X	S	S	P	Z	B
H	S	U	L	B	L	C	B	N	T	P	E	F	R	S	I	H	D	H	Q
N	S	E	K	D	H	K	O	L	C	Z	K	K	E	E	I	O	R	C	S
P	S	K	N	M	S	S	U	L	H	F	S	C	C	O	H	U	N	T	N
Q	D	A	R	U	R	K	A	J	E	C	C	I	A	O	V	L	O	U	F
B	H	M	E	E	K	S	J	R	L	A	I	T	W	B	P	D	V	L	C
F	N	D	P	L	P	G	O	Z	C	C	A	S	N	E	P	E	S	C	I
G	E	C	P	S	A	V	N	A	C	O	M	P	A	C	T	R	N	E	I
B	M	Z	I	Y	G	R	R	U	B	U	V	I	C	I	R	B	A	F	T
I	O	T	Z	E	Q	R	G	R	Q	T	E	L	L	A	W	A	P	F	K
I	W	J	X	K	Y	S	D	E	H	L	C	D	E	S	I	G	N	E	R

ACCESSORY
BACKPACK
BLUSH
BUCKET
BULKY
BURBERRY
CANVAS
CARRY
CHECKS
CLASP
CLOTH
CLUTCH
COMPACT
DESIGNER
FABRIC
GUCCI
HANDLE
HERMES
KEYS
LARGE
LEATHER
LIPSTICK
LOUIS VUITTON
MAKEUP
MONEY
PENS
PERSONAL
PHONE
PLAIN
POCKET
POUCH
SATCHEL
SHOULDER BAG
SMALL
SNAP
STORAGE
STRAP
STYLISH
SUEDE
THIN
TOTE
WALLET
WOMEN
WRISTLET
ZIPPER

Solution on page 350

Human Being

S K X N B G S P V R X C O G N Z T A S G
E Y S O G G N I N O S A E R Y F K N L F
R P M I E L P O E P J Y E B O P O I A B
E V I T A E R C I H W O M A N I V M T Z
D W N A H Y E N A T S J H O T A I A R V
N L D L D E T K T R U X O O T L J L O H
E P H U P A A I G A G L M Q Y A I Z M O
G Z A P A Y P D L E N E O S E S N E S O
B R O O G M K T V A L I S V E P T A J P
C B I P E D A L A A N E A U E E E A I Z
N G P E R S O N N T N O P R F E L C C N
S M N S B L G G K S I C I O B C L U T N
Z P R I E S U L U I X O E T O H I L I R
C T E V K A O O L K N O N D A J G T R C
I L L C G N I C S Q E D S M Z R E U I D
B M I E I C I V I L I Z A T I O N R P V
N E G V S E I H A E V P R I M A T E S R
B B I N I D S M T R T H O U G H T F M C
C R O N S N E R I I M Y R L J I N I K S
G C N O G F G O L E G S U U G V B L Z D

ADAPTATION
ADVANCED
ANATOMY
ANIMAL
ARMS
BEING
BIPEDAL
BRAIN
CIVILIZATION
CONSCIOUSNESS
CREATIVE
CULTURE
EARTH
EMOTIONS
EVOLUTION
FAMILY
FEMALE
GENDER
HEAD
HOMO SAPIENS
INTELLIGENT
LANGUAGE
LEGS
LIFE
LIVING
MANKIND
MIND
MORTAL
PEOPLE
PERSON
POPULATION
PRIMATES
RATIONALITY
REASONING
RELIGION
SENSES
SKIN
SOCIETY
SOUL
SPECIES
SPEECH
SPIRIT
THINKING
THOUGHT
WOMAN

Solution on page 351

Buy a House

I R U P Q T M D O C O Q P R C E P R M B
O V F I O T D Q R J A P P R O V A L U R
F M O V I N G O N Y S P H V S G P Y N Q
P B R T M N S B C O S S P C T I E C O K
R Q L P I W Q Y A U I I H R X R R T I S
S E F S Z C U B X N M S G G A E S E T T
O M O R T G A G E O K E S N D I S K A N
X L F X V C R E D I T U N I O N S R C I
C R O T L A E R P T N E T T M Y E A O O
S T R E S S F U L A I R R N A M M M L P
S E I T I N E M A I A U J U E T O M Q R
G E E R U C E S N T T S S H L M I C P O
N Z S K T R T S I O B O E E S W Y O P P
I Z A A E A U N V G O L A S E E T A N E
T B M F H R G X U E V C R U D M X H P R
S R F K A C L O A N O E C O N T R A C T
I O I N T E R E S T H R H H E Q U I T Y
L K C T E G D U B A N O I T A V O N E R
E E R U C O R P P C Z F S E L L E R D T
H R E D N E L K T K O Y Y E S N V E J N

AMENITIES
APPRAISAL
APPROVAL
BANK
BROKER
BUDGET
BUYER
CLOSING
COMMISSION
CONTRACT
COST
CREDIT RATING
CREDIT UNIONS
DOCUMENTATION
EQUITY
FORECLOSURE
HOUSE HUNTING
INSURANCE
INTEREST
LENDER
LISTINGS
LOAN
LOCATION
MARKET
MORTGAGE
MOVING
NEGOTIATION
OBTAIN
OFFER
PAPERS
PAYMENT
POINTS
PROCURE
PROPERTY
PURCHASE
REALTOR
RENOVATION
SEARCH
SECURE
SELLER
SIGN
SQUARE FEET
STRESSFUL
TAXES
TITLE

Solution on page 351

Higher Math

S	L	R	D	D	K	V	F	U	S	S	Y	S	T	E	M	A	S	Z	K
T	G	L	A	E	F	U	A	N	U	M	E	R	A	L	S	T	C	Y	G
U	S	A	C	D	N	X	R	Y	M	Q	Y	L	T	F	F	G	I	R	F
D	D	N	I	C	I	O	B	N	D	L	O	Z	R	S	X	E	E	L	P
E	B	O	T	S	L	C	M	N	P	A	D	D	I	T	I	O	N	M	R
N	S	I	R	C	U	L	A	I	M	O	N	Y	L	O	P	M	C	A	O
T	O	T	A	Y	T	T	T	L	N	U	M	B	E	R	S	E	E	T	D
N	L	A	U	X	S	L	E	L	B	A	I	R	A	V	A	T	X	H	U
E	V	R	Q	R	U	F	F	O	S	T	T	R	A	H	C	R	P	T	C
I	E	D	E	M	P	I	Y	R	T	E	M	O	N	O	G	I	R	T	T
T	I	D	N	S	Z	G	A	R	E	X	V	C	R	C	G	C	O	N	H
O	N	I	N	E	N	U	M	C	Q	P	E	I	V	O	P	A	B	E	Z
U	T	V	D	I	H	R	N	M	U	R	Q	T	T	M	X	L	L	N	L
Q	E	I	U	T	R	E	A	D	A	E	U	E	A	A	O	S	E	O	H
P	G	D	T	R	R	O	R	E	L	S	I	M	R	L	V	H	M	P	Z
X	E	E	H	E	P	U	K	P	L	S	N	H	B	O	U	I	S	X	C
K	R	Q	F	P	G	T	W	L	M	I	T	T	E	V	B	C	R	E	J
U	S	F	F	O	R	M	U	L	A	O	I	I	G	Z	J	K	L	E	B
F	I	Y	L	R	A	E	N	I	L	N	C	R	L	T	B	J	N	A	D
D	L	I	H	P	A	R	G	V	S	S	X	A	A	K	C	I	B	U	C

ADDITION
ALGEBRA
ARITHMETIC
AXIS
CALCULATE
CHART
CHEMISTRY
COMPREHEND
CUBIC
DENOMINATOR
DERIVATIVES
DIFFERENCE
DIVIDE
EQUAL
EXPONENT
EXPRESSIONS
FIGURE OUT
FORMULA
FUNCTION
GEOMETRICAL
GRAPH
INTEGERS
LEARN
LINEAR
MATH
MULTIPLY
NUMBERS
NUMERALS
POLYNOMIAL
PROBLEMS
PRODUCT
PROPERTIES
QUARTIC
QUINTIC
QUOTIENT
RADICAL
RATIONAL
SCIENCE
SOLVE
STUDENT
SUM
SYSTEM
TRIGONOMETRY
UNDERSTAND
VARIABLE

Solution on page 351

Popular Songs

W P T F W S G N I H T D A B A D N A P K
F E I H T H I N K I N G O U T L O U D N
S A R E E A E C I P U R P L E R A I N U
E U K I C H E N H L C O L D W A T E R F
L F M E F E I B D E B T Y R R O S Z Z N
T O N M L E B L T O A E C R R B E H L W
A C O N E O K Y L A V P N E O U R E O O
E U I W S R V I P S H E T I F F I L V T
B S T O Y A S E L I H T S H L R D L E P
K T A D M G C I L T E A N C R T E O Y U
C R M E O U N C X B S C K O R I O P O U
A E R M T S E I U T E U E E U Y L H U G
L S O G S S U O L A E J J D I J R L R K
B S F A D M Y H O U S E S O R T U V S R
R E G R N T E C N A D E N O J N O J E O
E D H D A N G E R O U S W O M A N F L W
S O E E H E V O L D L O E M A S W Y F T
O U R G E V O L Y M D N E S T A R B O Y
L T E E D I S O T E D I S N E H T A E H
C K K L A T W O L L I P S T I T C H E S

BAD THINGS
BLACK BEATLES
CHEAP THRILLS
CLOSER
COLD WATER
DANGEROUS WOMAN
DRAG ME DOWN
FAKE LOVE
FOCUS
FORMATION
GOOD FOR YOU
HANDS TO MYSELF
HEATHENS
HELLO
HERE
HOTLINE BLING
JEALOUS
JUJU ON THAT BEAT
JUST LIKE FIRE
LOVE YOURSELF
MY HOUSE
ONE DANCE
PANDA
PERFECT
PIECE BY PIECE
PILLOWTALK
PURPLE RAIN
RIDE
ROSES
SAME OLD LOVE
SEND MY LOVE
SHAKE IT OFF
SIDE TO SIDE
SORRY
STARBOY
STITCHES
STRESSED OUT
SUGAR
SUMMER SIXTEEN
THE HILLS
THINKING OUT LOUD
TREAT YOU BETTER
UPTOWN FUNK
WHEN DOVES CRY
WORK

Solution on page 351

Presidential Election

U Z Z B N X Y L T S O C H O O S E O N G
G T H C E E P S N O I T A L E R E W O P
H R N B C L L O L Y R A M I R P N X A C
W O S E U A I O Q B S F D E M O C R A T
W P W S M T N E M R O F T A L P C M T Q
K P J E A N T D F Y T I R A L U P O P P
I U Q C N E R O I S K L D S M A L Q Y C
N S U N E D N E N D W I T D I L B S O H
T D A T N I O P V S A A P G A E E N F S
E P L L G S E R C O N T N B C T V E N R
G Q I I X E C Z S C G I E Y A E T O D E
R U F B N R N T E E S O E T N O I R N D
I Y I E F P E O P I M N S T V T E J O I
T T E R N E I U T B O E I T A D R N I L
Y R D T R C R R F M U O N N S F A S T S
G A U A E I E I N L N O I T S T D J C D
I P L R Z V P N B N U M A V I M I E E N
J L I I D P X G J E O T U O N R U T L A
Y Q A A G M E R U N E Y N Q G U F R E L
X S G N I T E E M W I S R E W O L L O F

ADVERTISING
AFFILIATION
BALLOT
BELIEFS
BLUE STATE
BUTTONS
CAMPAIGN
CANDIDATE
CANVASSING
CHOOSE
CONVENTION
COSTLY
DEMOCRAT
DONATIONS
EDUCATION
ELECTION
ENDORSEMENT
EXPERIENCE
FOLLOWERS
GOVERNMENT
GREEN
INTEGRITY
LANDSLIDE
LIBERTARIAN
MEETINGS
MONEY
NOMINATION
PARTY
PLATFORM
POINT
POPULARITY
POWER
PRIMARY
QUALIFIED
RALLY
RED STATE
RELATIONS
RUN
SPEECH
STANCE
SUPPORT
TOURING
TURNOUT
VICE PRESIDENT
VOTE

Solution on page 351

TV Viewing

R D U F V A P Y I F F C N W P S H R F Z
E X A A T R R Y W H M A W A R D S C T P
L M A J E T O M E R B R J T O H C U O C
A A W M P N Z Y Y D E M O C G L X T U S
X Q I Q A T T K S A N I J H R J T C I P
S U X C U R J E L W S J V E A O O T S O
M W J E R S D I R A E C G O M M C C Y R
T H G I N E T A L T P N H A M O I P N T
N C A E L Y M I Y R A T N E M U C O D S
E H I C A N D O G H T I R C D S X E I A
C S E S R N R I F U S C N P K U S Z C C
A Y A V U V I F C N I A M M R N L F A T
B R R T D M I P A A I D O D E B M E T H
E E E O E L M C L R A K E P C N O R I V
R T H P C L K V S A R S S B O R T U O D
N S T I O D L E Q O I U C A R T O O N I
Q Y A W R P I I W A S C P B D H C H U O
J M E O P R A T T M M T E L E T H O N M
P R W H E P E O S E P D M P D C R I W P
F U J S G N I T S I L A F O S R U J N W

AWARDS
CARTOON
CHAIR
CLIFFHANGER
COMEDY
COMMERCIAL
COUCH
DOCUMENTARY
DRAMA
DVR
ENTERTAINMENT
GUIDE
HOUR
INFOMERCIAL
LATE NIGHT
LISTINGS
MOVIE
MUSIC
MYSTERY
NETWORK
NEWS
OTTOMAN
PREMIUM
PROCEDURAL
PROGRAM
REALITY
RECORDED
RELAX
REMOTE
SATELLITE
SCHEDULE
SERIES
SHOW
SITCOM
SNACK
SOAP OPERA
SOFA
SPECIAL
SPORTS
SUSPENSE
SYNDICATION
TAPE
TELETHON
WATCH
WEATHER

Solution on page 351

U.S. History

L A W S E T A R E D E F N O C F L A G I
Q S U S V H N L O C N I L M A H A R B A
X Y N T O O M O A E L L I S I S L A N D
T N I O T M A U P D E M O C R A C Y I P
S I O L I A N I S E L T T A B B E T L R
T T N I N S E S U O H E T I H W C R K O
H S N A G J N I F R E E D O M X N A N H
G E O R G E W A S H I N G T O N E P A I
I D I T F F S N P O L I T I C S D A R B
R T T N R F S A E X J D N A L G N E F I
F S A O O E E P S R E L T T E S E T N T
O E R G N R R U G O L D R U S H P N I I
L F G E T S G R P I L G R I M S E O M O
L I I R I O N C G U L F W A R U D T A N
I N M O E N O H S I T I R B W H N S J S
B A M E R I C A N R E V O L U T I O N E
K M I B C O N S T I T U T I O N S B E T
J G R E A T D E P R E S S I O N B E B A
M A Y F L O W E R I I R A W D L R O W T
R O B R A H L R A E P R E S I D E N T S

ABRAHAM LINCOLN
AMERICAN REVOLUTION
BATTLES
BENJAMIN FRANKLIN
BILL OF RIGHTS
BOSTON TEA PARTY
BRITISH
CONFEDERATES
CONGRESS
CONSTITUTION
DEMOCRACY
ELLIS ISLAND
ENGLAND
FLAG
FREEDOM
FRONTIER
GEORGE WASHINGTON
GOLD RUSH
GREAT DEPRESSION
GULF WAR
IMMIGRATION
INDEPENDENCE
LAWS
LOUISIANA PURCHASE
MANIFEST DESTINY
MAYFLOWER
OREGON TRAIL
PEARL HARBOR
PILGRIMS
POLITICS
PRESIDENTS
PROHIBITION
SETTLERS
STATES
THOMAS JEFFERSON
UNION
VOTING
WESTWARD EXPANSION
WHITE HOUSE
WORLD WAR II

Solution on page 352

Delicious Cookouts

X V Q L M O T Y Z I S Y R G B R G Z W Q
E F F M U Y L M G W I L D E R N E S S W
R W N K W R I N G N L I U U B R C R E W
I T O J H C A W S R N R H C T A M E L Q
A T O O A E Q P R O P A N E H I J G B W
M T P M D U T C H O V E N B N E P R A T
I L P A T I O H F L I P A R T Y H U T O
C U B E N M U S P Y L I M A F D I B E N
T W E T F D R L I O F M V B V N B S G G
J K A E T S F X F P A P E R P L A T E S
D E R S Z M E I G R I V E S D E C C V E
M D C X U E D O S F E K D T R C H Q U G
L K A B V M D H T H C T Q G F E I C C A
Y M S O L T M E M A L F H M R P W R W S
G E T D O A J E P B T B J G Y T P E Z U
S S I H L W X K R D O O F J I L N N K A
O M R L K Y C U P I Z I P M N L F R T S
F T O X A A N G H Z K L N E G I P U O M
X W N K B D L Z T J U T S A O R N B N C
S F I R E Y C R B K C R U B A G A S K I

BACKPACKER
BARBECUE
BEAR
BOIL
BURGERS
BURNER
CAMP
CAST IRON
CORN
DUTCH OVEN
FAMILY
FIRE
FISH
FLAME
FLIP
FOIL
FOOD
FRYING
FUN
GAS
GREASE
GRILL
HIBACHI
HOT DOG
LIGHTER FLUID
MARSHMALLOWS
MATCH
MEAT
PAPER PLATES
PARTY
PATIO
PIT
POTATOES
PROPANE
ROAST
SAUSAGES
SKEWERS
SMOKE
STEAK
STOVE
SUMMER
TONGS
VEGETABLES
WILDERNESS
WOOD

Solution on page 352

Sahara Desert

W	Z	E	Q	P	C	Q	A	Q	M	J	C	Q	G	A	Z	E	L	L	E
Y	E	G	R	A	L	I	L	E	O	B	G	W	C	A	S	G	H	N	S
G	D	A	E	M	S	A	P	Q	U	U	Y	I	L	A	F	M	H	A	F
R	H	Z	H	A	N	T	T	B	N	W	R	N	N	Q	M	A	H	D	U
L	N	S	V	D	O	E	W	E	T	F	B	D	A	E	L	A	B	U	U
O	S	R	F	S	I	M	Y	S	A	N	D	S	T	O	R	M	S	S	X
C	N	O	A	D	G	P	V	H	I	U	N	V	P	A	A	D	N	K	W
A	R	C	R	A	E	E	T	W	N	C	S	H	I	U	I	G	A	O	G
M	G	C	E	M	R	R	B	E	S	D	Y	L	R	P	R	K	I	H	I
E	E	O	T	O	O	A	S	R	E	T	N	I	E	K	E	Z	T	U	C
L	K	R	A	N	C	T	D	S	I	E	T	O	V	B	G	R	P	L	B
S	R	O	W	T	E	U	E	C	U	A	D	T	I	C	L	T	Y	I	U
J	H	M	T	D	S	R	U	T	N	P	J	V	R	P	A	D	G	Z	P
H	T	A	A	M	T	E	V	I	S	W	L	P	E	B	R	R	E	A	B
E	E	R	T	Y	A	E	A	M	S	D	N	A	L	D	O	O	W	R	O
H	T	S	R	E	B	R	E	B	M	A	S	S	I	V	E	U	C	D	Z
L	W	S	S	E	E	I	W	U	B	W	Y	R	N	N	O	G	W	S	H
N	G	D	U	P	G	H	L	K	V	U	A	Y	V	A	S	H	W	D	T
P	E	W	S	D	I	I	C	T	P	G	H	Q	C	E	O	T	U	M	V
R	N	N	W	R	B	Z	N	U	O	X	E	O	L	T	H	V	K	G	C

ALGERIA
ARID
ASIA
BERBERS
BIG
CAMELS
CHAD
CHEETAH
DESERT
DROUGHT
DUST
ECOREGIONS
EGYPTIANS
GAZELLE
GOATS
HALOPHYTIC
HEAT
HOT
LANDFORM
LARGE
LIBYA
LIZARDS
MASSIVE
MAURITANIA
MOROCCO
MOUNTAINS
NIGER
NILE RIVER
NOMADS
NORTH AFRICA
PLAINS
PLATEAUS
RED SEA
SAHARA
SAND DUNES
SAND STORMS
SCORPION
SUDAN
TEMPERATURE
TIMBUKTU
TRADE
VIPER
WATER
WIND
WOODLANDS

Solution on page 352

Made of Silk

I D C Y A U E S U U U I T V X L C O Y Z
C T R C V T V T U H B L S Q S I S Q K W
G B E E R D I S F I B E R S S G Y Z T G
I N L X D A H Z K O T S G N I H T O L C
C A I Y T I L A U Q S U O I G T G C A S
W P N N M U P U F H U O S G T N H C I C
K A G M N V R S P T C L R H F H O D R A
N J E E C I Y E R O X B A T E M R R E R
M R R M Q V P A C O P J E G F E S E T F
C S I B Z P D S Z M I B W O D A T S A S
C M E S V E E M Y S Q N R W H E B S M D
D T X V D L T U R H T T E N E K H R K W
W E A V I N G Y D O A Y D V B I S P I C
Y U Y T C S P R X B W K N P O F T A M C
S R X D D H N R L Y B K U N R W C T O W
A E U C C A T E R P I L L A R S E T N J
T H J X H Y F B P F H C H I N E S E O I
I V A L U A B L E X L T A Z S O N R A N
N F M T D L B U M I E P R O T E I N B Y
A M W V L T Z M U P Z Y B C I K V T M F

BLOUSE
CATERPILLARS
CHINESE
CLOTHING
COCOONS
COMFORTABLE
DRESS
DYED
EXPENSIVE
FABRIC
FASHION
FIBERS
INSECTS
JAPAN
KIMONO
LIGHT
LINGERIE
LUXURY
MATERIAL
MULBERRY
NIGHTGOWN
PATTERN
POPULAR
PROTEIN
QUALITY
ROBE
SATIN
SCARF
SHEETS
SHIMMER
SILKWORM
SMOOTH
SOFT
SPIDER
SPINNING
STRONG
SUIT
TEXTILES
TEXTURE
THREAD
TRADE
UNDERWEAR
VALUABLE
WEAVING
WOVEN

Solution on page 352

Really Smart

L E C Y L U V N E R D I S C O V E R D S
Y H N R W T A D E T F I G J L X G E N R
Y H H O U M U T U L G Y X C C E X O I J
G W V E U C S Y T R E P X E L A S E M C
B O F H A A O W K G E Q P B K I M V M J
R B G T M U N D E R S T A N D I N G E E
A O I N S P I R A T I O N E T N H S N N
I O B R I G H T X O W Y F N A Y S T S Q
N K U I O S X X N F I D O R I G I N A L
O S B E Y F S A R P H I L O S O P H Y M
E R C S G N L E V V T B R I L L I A N T
L O R X I Q A G C C B L I M A O D B M C
B T E E D S T D A O O D P Z B H L Q E E
D N A C O W O E L U R Y E J I C T I M L
I E T N R N R L S Q D P R R L Y N H O L
W V I E P W I W R T J J S Y I S E G R E
C N V I C K P O T H G U O H T P L I Y T
G I E C S S U N I Q U E N E Y F A H G N
N Z B S G L Q K A I N S I G H T T E I I
R R R K J F R E A D I N G R A D E S Q U

ABILITY
ABLE
BOOKS
BRAIN
BRIGHT
BRILLIANT
CREATIVE
DISCOVER
EDISON
EDUCATION
EINSTEIN
EXCEPTIONAL
EXPERT
GIFTED
GRADES
HIGH IQ
HUMAN
INSIGHT
INSPIRATION
INTELLECT
INVENTOR
KNOWLEDGE
MASTER
MATH
MEMORY
MENSA
MIND
ORIGINAL
PERSON
PHILOSOPHY
PROCESSING
PRODIGY
PSYCHOLOGY
REACTION TIME
READING
REASONING
SCIENCE
SKILL
TALENT
TEST
THEORY
THOUGHT
UNDERSTANDING
UNIQUE
WISE

Solution on page 352

Amazing Amelia Earhart

A	N	P	I	O	N	E	E	R	U	E	D	E	S	M	O	I	N	E	S
S	E	A	R	C	H	I	S	B	R	E	C	O	R	D	S	H	D	N	K
U	B	C	E	N	Q	J	T	N	L	T	L	N	L	X	V	B	X	K	Y
M	M	I	M	C	X	S	A	A	U	O	O	R	E	H	K	I	P	D	R
N	D	F	W	I	O	N	V	J	F	R	N	E	O	I	R	A	N	X	A
Q	G	I	T	L	S	C	A	L	L	F	S	W	N	T	C	I	A	E	M
V	F	C	R	Y	F	S	I	C	Y	K	L	I	A	A	L	S	M	Y	V
E	F	O	A	R	Y	G	I	T	I	A	J	I	N	Y	L	N	O	C	I
E	R	C	N	E	H	Z	Y	N	N	R	V	W	D	G	A	P	W	U	M
V	Z	E	S	T	U	Z	D	D	G	A	E	A	F	N	C	I	I	Q	P
O	Q	A	A	S	C	L	I	E	C	E	L	M	G	I	I	A	A	B	D
Z	W	N	T	Y	E	S	F	N	R	H	X	T	A	C	R	F	T	R	T
Y	R	C	L	M	L	G	C	H	O	A	H	P	A	A	O	E	C	A	Q
B	U	K	A	A	E	E	D	H	S	I	E	N	E	R	T	M	H	V	Z
R	A	W	N	C	B	H	G	E	S	I	T	P	O	R	S	A	I	E	X
S	U	D	T	P	R	F	O	E	L	A	N	A	P	I	I	L	S	K	N
Q	T	S	I	N	I	M	E	F	N	W	R	A	I	A	H	E	O	J	J
Y	H	L	C	R	T	S	O	G	E	D	O	C	P	V	S	S	N	D	X
H	O	T	S	E	Y	A	I	R	P	L	A	N	E	S	A	I	A	C	Y
T	R	T	J	J	D	K	U	J	F	O	W	O	K	H	S	S	D	F	E

AIR RACING
AIRPLANE
AMERICAN
ATCHISON
ATLANTIC OCEAN
AUTHOR
AVIATION
AVIATRIX
BIPLANE
BRAVE
CELEBRITY
CRASH
DES MOINES
DISAPPEARED
EXPERIENCE
FASHION
FEMALE
FEMINIST
FIRST
FLYING CROSS
HERO
HISTORICAL
HOWLAND ISLAND
ICON
KNOWLEDGE
LADY LINDY
LEGEND
LOST
MARY
MISSING
MYSTERY
NURSING
PACIFIC OCEAN
PILOT
PIONEER
RECORDS
SCIENCE
SEARCH
SOLO FLIGHT
SPANISH FLU
TRANSATLANTIC
USA
WAR
WIFE
WOMAN

Solution on page 352

Bathroom Cabinet

T N U B L X K I N W V Q O G U N R G J V
X M X N S B D V T N E M T N I O O X I K
H A M A S C O M B G I B U P R O F E N H
C K I I C E A E T S A P H T O O T V E S
O E R L I N W L L E O S Y R U P K V H R
T U R F S I T S A W Y N J T L R A E E O
T P O I S D T E D M A E A M E H L T E E
O E R L O O I E L I I O D C S F E H L H
N A N E R I R S L B E N U R R M A U T D
A Z N I S P U C I S A D E P O E S S T M
I E D T C C L T A N E T I M E P A T O S
L I Z B I I R A Y R F G R X A R S M B R
P L K P P S D I R A Q E A C O U F E B E
O E R P I L E E P K H F C D R R Z U D Z
L G E X R L V P M T J Q L T N U E S M E
I R L O N E L Y T D I D T O A A M P S E
S I Z W F O N S X I L O G G S N B R P W
H A X N W Z X Q D E C O N G E S T A N T
R H V I T A M I N S D I C A T N A Y P G
L G F B R J R A X J R C C D A I X E D F

AFTERSHAVE
ANTACIDS
ANTISEPTIC
BANDAGES
BOTTLE
CALAMINE
CAPSULE
COLD MEDICINE
COMB
COTTON
CREAM
CUP
DECONGESTANT
DISINFECTANT
EYE DROPS
FEVER REDUCER
FLOSS
GAUZE
HAIR GEL
IBUPROFEN
IODINE
MAKEUP
MIRROR
NAIL CLIPPERS
NAIL FILE
NAIL POLISH
OINTMENT
PERFUME
PEROXIDE
PILLS
POWDER
PRESCRIPTION
RAZOR
RUST
SAFETY PIN
SCISSORS
SHELF
SPRAY
SYRUP
TABLET
THERMOMETER
TOOTHPASTE
TWEEZERS
TYLENOL
VITAMINS

Solution on page 353

Suburbs

D E P C F Y E D P O P U L A T I O N I A
H T M K D R L P I C T U R E S Q U E Z Z
E O S S X L E A S E C N E F Z O N I N G
A M U O T M L D N A Z E P N B Q W G H W
F E Y S D R Y A R D S Q I L D V O H E I
M R T T E N O P M O S C O N Y S R B C B
R U I R O S O L D P B C W H S E S O N S
F Q M I G O B C L P K A A I G U O R E Q
A F R K L Q W A C E L E P P B K U H D M
M U O S P P Y Y O T R Q D U I Q D O I L
I S F T M G T L N C U S R E I N D O S O
L L I U R R L O V I Y B C G X H G D E Z
I X N O E F R W E R A U K S N A R B R N
E C U P B F L T N N T S H A P I L M S T
S N O G A W N O I T A T S F V N V E N T
D R M M A E K T E P B I K E S M D I R K
P J C R M A E R N A Y G W Y B A A E R I
S C P O L U A R C R H A T Q N U E E L D
G S H R K E T Q E K Y I E S Q S R I R S
Q B Z S K U H E M S C H O O L S V U S D

BIKES
BLOCK
BORDER
CARPOOLS
CITY
COMMUTE
CONDOS
CONVENIENCE
COOKIE CUTTER
DREAM
DRIVEWAYS
DRIVING
FAMILIES
FENCES
FRONT LAWN
GOSSIP
HOME
HOUSES
KIDS
LANDSCAPING
MALL
NEIGHBORHOOD
OUTSKIRTS
PARKS
PICTURESQUE
PLAYGROUND
POPULATION
PROPERTY
QUAINT
QUIET
RELAXED
REMOTE
RESIDENCE
SAFE
SCHOOLS
SEDANS
SPRAWL
STATION WAGONS
STROLLERS
SUBURBANITE
SUVS
TREES
UNIFORMITY
YARDS
ZONING

Solution on page 353

Happily Married

C D L A N L V W D Y P E Y A L L I E D L
C C N I G W O V C L O N H T X H K C Z H
R H U A U O G V K I O J G N M A H N X I
U O E D B W T N E M T N E T N O C A N M
B T N R D S V R E A W X R N A U C M C T
D T H O I L U R N F Z U I T F P O O Z Y
L J L M H S E H T V S V H H R I M R X K
O Y J X A C H V H T E N T O U M P S B K
D P F E P S F I U R Y O M T U G A H D C
U E R S P H D E S U F I V N M H S A X D
U T T I I D A A I M S T I E Q D S R E H
N L R C N T R P A E P C D M E H I E X B
I I L X E Y A R S A A E E T S S O T W O
T K I D S N R S T T D F D I U R N H G X
E X A I S I N I I I I F D M O E N G D H
D H C T A M E O C V B A E M P N I U X V
Y U H G M N N A C N D S W O S T R A E H
G U E A C J T Z E V S I N C E R E L Y X
S W E E T E S D W I F E Q V S A T S Y R
D T P O D G V P K B G Q C O U P L E L H

AFFECTION
ALLIED
ANNIVERSARY
CEREMONY
CHERISH
COMMITMENT
COMMUNICATION
COMPASSION
CONNECTED
CONTENTMENT
COUPLE
CUDDLE
DEDICATED
ENTHUSIASTIC
FAMILY
FUSED
HAPPINESS
HEARTS
HONOR
HUGS
HUSBAND
JOY
KISS
LAUGHTER
LOVE
MARRIAGE
MATCH
OATH
PARTNERS
PATIENCE
PROMISE
ROMANCE
SATISFY
SHARE
SINCERELY
SPIRIT
SPOUSE
SWEET
TEAM
TREASURE
TRUST
UNITED
VOW
WEDDED
WIFE

Solution on page 353

Brush with Toothpaste

L	R	K	V	Z	A	N	B	T	N	J	A	W	H	T	P	U	Y	V	H
T	W	D	G	E	D	I	X	O	R	E	P	C	A	K	B	I	H	V	H
B	M	E	I	P	R	E	I	H	P	T	H	R	Y	T	E	G	D	D	S
A	A	K	N	E	I	T	A	C	D	L	T	S	U	L	E	B	G	E	U
T	F	K	G	T	N	S	H	T	L	A	E	H	E	Z	E	R	U	N	R
M	S	I	I	E	S	A	A	S	R	N	Q	V	V	R	M	G	M	T	B
V	T	I	V	N	E	P	G	D	S	T	A	E	O	O	F	P	H	A	K
V	K	E	I	O	G	G	X	O	B	R	K	A	O	M	N	E	C	L	C
H	R	C	T	I	J	S	D	Z	T	M	E	R	O	H	E	T	H	Q	C
P	A	F	I	T	Z	Y	O	V	B	T	H	E	N	J	E	R	I	O	X
P	D	L	S	C	N	T	F	D	S	T	U	A	G	R	K	C	L	J	O
R	A	G	I	E	J	L	H	A	A	Q	S	S	I	M	K	G	D	R	L
N	I	D	D	T	U	B	T	B	A	O	U	A	A	H	A	U	R	P	O
S	A	E	N	O	O	A	F	L	L	O	B	E	T	T	T	M	E	I	U
M	M	P	R	R	Y	S	P	C	Z	R	R	H	E	T	N	A	N	C	K
Q	G	I	O	P	E	M	I	O	A	C	L	T	E	Z	A	O	E	A	K
R	D	R	L	X	S	R	I	S	R	D	L	U	B	C	E	F	I	R	J
E	V	T	D	E	T	C	I	N	N	A	M	O	N	F	L	V	G	G	B
R	U	S	I	N	K	V	H	C	T	U	L	M	E	V	C	D	Y	W	H
U	V	R	C	L	E	M	A	N	E	Y	S	S	O	O	T	T	H	O	X

ABRASIVE
ADA
BACTERIA
BAKING SODA
BATHROOM
BREATH
BRUSH
CAP
CHILDREN
CINNAMON
CLEAN
COLGATE
CREAM
DENTAL
ENAMEL
FLUORIDE
FOAM
FRESH
GEL
GINGIVITIS
GUM
HALITOSIS
HEALTH
HYGIENE
MINT
MOUTH
ORAL
PASTE
PEROXIDE
PLAQUE
PREVENTION
PROTECTION
REMOVE
RINSE
SENSODYNE
SINK
SMILE
SQUEEZE
STRIPED
TARTAR
TASTE
TRAVEL
TRICLOSAN
TUBE
WATER

Solution on page 353

Karate

N U U X P U N C H R V P I I O C R Y B D
K H G K U C C A H G J T E K C V B D M U
S T R I K I N G R A P P L I N G K W O J
C P X H E D N A K O T O H S D S K C V Z
P D S O S M L I F U B I R E W K A D I X
L J P N J C I E C I X E M O N X R Z E K
K S T A N C E S X O G O R E O H A G S T
J K P B L F E D P W N H E T I R T O C R
W A T A K R L N P S T D T C T F E A H O
N V M L A P E K T A T T I I A R K W O P
J T C A L K O R P R R G Q T N H I W O S
C A G N A K A W A G U K A S I G D A L P
C B H C E T C L F N S J E Y D O O G S E
J M L E I F A E U Y K U Y R R M N N C E
N O S O J I H S O K A N U F O E U I O D
G C N S T N I A R T S E R J O T K T N C
G N I R R A P S O L Y M P I C S O S T G
P R A C T I C E T I M U K Z E Y J E A G
J M R F Q K I J N V G B E L T S O T C E
Z S F I B S Z H E N D I W O Q J D V T O

BALANCE
BELTS
COMBAT
CONDITIONING
CONTACT
COORDINATION
DEMONSTRATION
DOJO KUN
ED PARKER
FIGHTING
FILMS
FUNAKOSHI
GRAPPLING
HANDS
JAPAN
KARATE KID
KATA
KENPO
KICK
KIHON
KNEE
KUMITE
MARTIAL ART
MOVIES
OLYMPICS
PALM
POWER
PRACTICE
PUNCH
RANK
RESTRAINTS
ROBERT TRIAS
RYUKYU
SAKUGAWA KANGA
SCHOOLS
SHOTOKAN
SPARRING
SPEED
SPORT
STANCES
STRIKING
SYSTEM
TESTING
THROWS
WKF

Solution on page 353

Shopping Trip

V B Z Q S S R P G A X S M O O R H S A W
K M B A K M G O V A R I E T Y X E C C F
B U G R O P I H T V D A Z S T I F T U O
H B F V O L S H R A U G I W R K D E S O
G V I C B W T N W S L D E E L P O E P D
W E S F N M S A Q D R A C T I D E R C Z
Y N O E C E E I N N E O C I S S C B I G
C P X G D I T S N T R S M S Z R N A T Y
Y R B A A K N E C G Q T I L E E E G B V
K A C G T S O S W I O H B T T K I S D D
C R M G N O C X Y D N E R T R A N P L D
A O M U A I K I N D O O R S B E E E L F
C J A L S K N A B G E S R O F N V N A X
K L H T L E V E L W E A U T D S N D F T
S H O E S L M S G S T T L J C P O M A E
I R X T N A J E S E I R O S S E C C A E
E P N D H S J E N Q D E E W K A L L K N
K A X U M I R V U T N E M T R A P E D S
P M P G J D N E R D L I H C R O W D E D
B J J E A N S G L M Y X F Y T S N R N L

ACCESSORIES
ADVERTISE
AMUSEMENT
ARCADE
BAGS
BANKS
BOOKS
BOUTIQUES
BROWSING
CHILDREN
CLOTHING
COAT
CONTESTS
CONVENIENCE
CREDIT CARD
CROWDED
DEAL
DEPARTMENT
DRESSES
ELECTRONICS
ESCALATOR
FOOD
GADGETS
GROCERIES
INDOORS
JEANS
KIOSK
LEVEL
LUGGAGE
MAP
MOVIE
OUTFITS
PANTS
PEOPLE
SALE
SANTA
SHOES
SNEAKERS
SOCKS
SPEND
STORE
TEENS
TRENDY
VARIETY
WASHROOMS

Solution on page 353

Madonna Fan

N J G Y C U Z P C P A M V J B R S S R O
P C R S B E L J P A U N O L O H L D N Q
T V A O M T V J J S S W G B A M I A E L
C Y M U H O D X I F I C U R C C I E N O
N A M O W T T C W T M P E E K L C A I U
M N Y O P E U H A E C A L T A N G I L R
V I D E O I I A E N T E R T A I N E R D
V D N R Y G Q D N R B A I D H D N C E E
M A O F A H V O O R C N B C E T O S D S
S U L I E T M P I Y J X I P R P I S R S
B E B V D I S T H C O M E E R G T P O P
G F I L R E Y I S V H N P E N T N Q B P
Y T S V A S S O A D D R M E S E E K B D
A X A A O E I N F E E R R I Z A V C I Q
N R K G B M N T N N O H T R E C N O C F
P Y C O L U G T E F B R S T N T I R R A
H J H P L T E U R T A M L A I R E T A M
A Z L A I S R E V O R T N O C E R W D O
O R U R B O P S M U A P U R T S R U G U
C W T A H C I R T R V Q A O N S N A E S

ACTRESS
ADOPTION
ALBUM
ARTIST
AUTHOR
BILLBOARD
BLOND
BORDERLINE
CDS
CELEBRITY
CONCERT
CONTROVERSIAL
COSTUMES
CRUCIFIX
DANCE
DESIGNER
DICK TRACY
EIGHTIES
ENTERTAINER
ENTREPRENEUR
EVITA
FAMOUS
FASHION
GRAMMY
INDEPENDENT
ITALIAN
LACE
LOURDES
MATERIAL
MICHIGAN
MOTHER
MOVIES
MTV
MUSIC
PERFORMER
POP
REINVENTION
RICH
ROCK
SINGER
STAR
TOUR
VIDEO
VOGUE
WOMAN

Solution on page 354

Archaeology

U R X J J M H V Y S F F B K P F V Z L W
H I S T O R I C A L E V O H S G B U D O
Q Y M M U M A N A L Y S I S E V A R G F
E C R D S E R U T L U C N A M U H G X X
J T R E S E D P R E S E R V A T I O N S
D V V I V J A T A D R D N A S S C E Z E
A M U N C O V E R A L P A R N U C K G N
C L U C E R C A C S S O R M O D L Y T O
E A Q J A M X S H C T J O E I A P L U J
G N I K A T S N I A P C W N T T L B B A
A D R D W U D E T D P B A N A A N U T N
E S F M G I N B E V V N E F Z O T R E A
N C X U N T U T C W S M A O I B H I R I
O A O E I U O A T T N N L T L T C E O D
T P D S G G R M U O C M A N I S R D L N
S E T U G Z G D R I Z V D R V T A A P I
B S C M I F Y I E G A N O R I F E Y X J
B H Y I D V V N P C I M P K C T S O E I
F U V M T N T W X F E S N I A M E R A H
C Z M V E Y R E V O C E R F A C R A I Y

ANALYSIS
ANCIENT
ARCHITECTURE
ARTIFACTS
BURIED
CITY
CIVILIZATIONS
DATA
DESERT
DIGGING
DISCOVERY
DUST
EGYPT
ENVIRONMENTAL
EXCAVATION
EXPLORE
FIND
GRAVES
GROUND
HISTORICAL
HUMAN CULTURES
INDIANA JONES
INTERPRETATION
IRON AGE
LANDSCAPES
MUMMY
MUSEUM
OLD
PAINSTAKING
PRESERVATION
RECOVERY
REMAINS
RESEARCH
ROME
SAND
SCIENTISTS
SHOVEL
STONE AGE
STUDY
UNCOVER

Solution on page 354

Filled with Joy

M	H	Y	K	U	L	D	E	V	O	T	I	O	N	X	M	O	I	W	X
D	O	V	Q	D	Y	P	G	N	I	P	R	I	H	C	Z	L	M	S	O
O	V	D	X	G	R	A	D	U	A	T	I	O	N	G	E	V	D	M	R
D	M	K	E	E	A	W	E	D	D	I	N	G	O	N	M	F	D	V	O
H	R	Z	M	E	S	C	L	C	S	S	E	N	I	Z	O	C	I	P	M
G	A	M	E	S	R	N	W	O	G	R	O	W	T	H	R	I	L	L	U
N	U	R	Y	J	E	F	O	M	A	P	P	L	A	U	S	E	A	E	H
S	A	O	M	V	V	P	N	F	N	A	W	A	R	D	S	M	A	T	A
I	T	H	U	O	I	U	K	O	K	W	E	T	O	N	W	P	O	A	P
G	Y	W	T	U	N	D	E	R	S	T	A	N	D	I	N	G	S	I	P
N	N	E	O	N	N	Y	K	T	M	W	Y	B	A	B	E	E	A	C	Y
I	L	I	K	N	A	S	C	E	L	E	B	R	A	T	I	O	N	E	T
K	H	U	G	S	D	R	E	W	A	R	M	T	H	K	C	J	P	R	E
A	S	S	I	N	X	E	E	K	C	O	V	E	O	O	A	S	X	P	F
B	H	E	E	D	I	S	R	B	C	C	R	O	C	S	U	I	Z	P	A
X	A	I	B	S	N	S	A	M	U	N	C	H	R	I	S	T	M	A	S
N	R	P	G	B	R	E	E	Z	E	X	R	M	E	O	Z	S	F	Y	D
F	I	P	S	U	C	C	E	S	S	N	E	R	D	L	I	H	C	E	R
B	N	U	A	E	O	Q	S	V	I	C	T	O	R	Y	F	Q	I	R	I
G	G	P	A	R	T	Y	Q	Y	P	L	Q	P	O	M	N	Y	F	R	B

ADORATION
ANNIVERSARY
APPLAUSE
APPRECIATE
AWARDS
BABY
BAKING
BIRDS
BREEZE
CELEBRATION
CHILDREN
CHIRPING
CHRISTMAS
COCOA
COMFORT
COOKIES
COZINESS
DEVOTION
EXUBERANT
FREEDOM
FRIENDS
GAMES
GRADUATION
GROWTH
HAPPY
HARMONY
HUGS
HUMOR
KNOWLEDGE
LIFE
PARTY
PUPPIES
SAFETY
SHARING
SINGING
SUCCESS
SUMMER
THRILL
TOGETHERNESS
TOYS
UNDERSTANDING
VICTORY
WARMTH
WEDDING
WONDERMENT

Solution on page 354

Eat a Sandwich

R V X T U N A Y C H I P S A L A M I H Y
T C L W Y W H V C N A Z J L C P N K Y D
O E J B T S T T E N D E R L O I N R X C
M J K C M A H G G S O D R B N D D R S A
A I H C N U L M G L O P M A H H S I F P
T M B F G S G Y R O N R P N L C G Z W Z
O S G P W A Z X W P B O P A O N N S T D
J T E I A G N G J P I S W N X E I V S U
Z K S L K E A E D Y F C D A R R P B U D
Q A C I K D U N N J T I B B C F P F R Z
N M A E R C E C I O M U A I E U O A C G
D K F C H C I U E E R T S R U W T A R B
R T Y F A C E P N B N T P H C S N I E S
S S E R C R E T A W R O O U U P L V P C
I A K E U V S B N E S A C M H L X Y B I
R T R D O Y N M U O G U B I E C D L C D
A Q U I L B D B D I M F L D O S T E A K
N E T L U V E F E B O L E C U T T E L D
D W E S Z N C K E A Y G T E Y G R Y K I
E J I H A W Z R R F O Z N U B B U N T F

BANANA
BARBECUE
BEEF
BLT
BRATWURST
BREAD
BUN
CHIPS
CONDIMENTS
CRUST
CUCUMBER
DAGWOOD
DELI
EGG
FISH
FRENCH DIP
GRILLED
GYRO
HAM
HOAGIE
ICE CREAM
JELLY
KETCHUP
LETTUCE
LUNCH
MELT
MONTE CRISTO
MUSTARD
PANINI
PHILLY
PICKLES
PROSCIUTTO
REUBEN
SALAMI
SAUSAGE
SLIDER
SLOPPY JOE
STEAK
SUB
TENDERLOIN
TOMATO
TOPPINGS
TUNA
TURKEY
WATERCRESS

Solution on page 354

Your Job

B F W X R W Y G R O C E R O T C O D H O
Y U A Y P E L S A L E S M A N L J R L B
L K I J L B H P N K Q S U T O E M E F J
A R N L A N D S C A P E R V I A U P R M
W A E R D E S J A K I U P N T N S E B E
Y B B G N E A U H W M C A I C E I E A I
E E I T A N R I A A Q I I R U R C K B G
R R I W I N S T R U C T O R R S I O Y U
J S V T G T A K H I L T E A T E A O S E
T C O P O N E M S G L K C S S A N Z I C
E R Q R J T A Y X A A L I A N M I X T I
G N I V E T H I E B I N I P O S E D T L
S A G R B P S R C A O L R S C T L U E O
N P R I Q C N I M I O N A M E R I F R P
J A X D N W N U T R N R E T N E P R A C
A C B U E E A P R R E H G G L S C P S D
N T S I T N E I C S A P C W C S R S D K
C O F E H C E R T D E B Y E N R O T T A
Q R U V E F A R M E R T N A T S I S S A
M V W R E B M U L P R E T I R W Y E S A

ACTOR
ARTIST
ASSISTANT
ATTORNEY
BABYSITTER
BAKER
BARBER
BUILDER
CARPENTER
CHEF
CLEANER
CONSTRUCTION
DENTIST
DOCTOR
ENGINEER
FARMER
FIREMAN
GARDENER
GROCER
HISTORIAN
INSTRUCTOR
JANITOR
LANDSCAPER
LAWYER
MAIL CARRIER
MANAGER
MARKETER
MUSICIAN
NURSE
PEDIATRICIAN
PHYSICIAN
PLUMBER
POLICE
REALTOR
RECEPTIONIST
SAILOR
SALESMAN
SCIENTIST
SEAMSTRESS
TECHNICIAN
VET
WAITER
WASHER
WRITER
ZOOKEEPER

Solution on page 354

Pretty As a Picture

K O Q C Z H C M R A H C E S W W H W C X
D H D R X I C A E V O C A T I V E X A H
I I P W N E I R T A P A I N T I N G T O
V L I E P N T K O T E B D N A R G H H R
I L C X L G E E W P R I B B E A C H E S
V S O S E L H T A P N A M N G I S E D E
J B L Y A A T C S G I F C M Z M K H R S
W D O D S N S E R U T C E T I H C R A R
S J R Q A D E O I F B K T S I T X O L E
N B F R N M A W N F M L T O E V T U S V
M Q U A T D S I S L E Y I K R K E M T I
G E L I S X T S P B M E S M M I A V R R
L Z S N E H Q H I O T R A V E L A L I M
P E Y B R Y U I R Y K S E U L B R L K F
G Y Q O O R A N A S N I A T N U O M I E
Z T R W F T I G T L D P O W E D D I N G
R U N C R N N W I L H W Y N A M R E G A
F A X D G U T E O P N C R I P L A R U M
Y E N R U O J L N M D Q T T H A B L K I
U B C J S C V L L A F R E T A W A B V B

AESTHETIC
ARCHITECTURE
ATTRACTIVE
BEACHES
BEAUTY
BLUE SKY
CATHEDRALS
CHARM
COLORFUL
COUNTRY
DESIGN
ENGLAND
EVOCATIVE
FOREST
GERMANY
GRAND
HILLS
HORSES
IMAGE
INSPIRATION
JOURNEY
LAKES
LANDSCAPE
MARKET
MISTY MORNING
MOUNTAINS
MURAL
PAINTING
PICTORIAL
PLEASANT
PORCH
QUAINT
RAINBOW
RIVERS
SCENIC
SKETCH
SMALL TOWN
STRIKING
SUBLIME
TRAVEL
VIVID
WATERFALL
WEDDING
WINDING ROAD
WISHING WELL

Solution on page 354

Philosophical

L E E R M S I L A I R E T A M T Y M W Z
O M V A C T I V I S M K G Q D N S I E Y
G N S T D E T E R M I N I S M I C N J D
I L L I W E E R F D O G M A N H A R M E
C M A O C L T X G S R E L A T I V I S M
M S I N A I R A T R E B I L T L E J I S
S I F A C O T I O B E C A S M I W V X I
I L E L J I C P M I U E I M S S U F R L
L A I I N I E Y E F S R K O I M A V A A
A G L S S Z N N N K H M L R L N I W M U
I E E M S G J O T C S H T I A L M M M T
T L B M S I C I R I P M E T R O S S O C
N R P O S I T I V I S M I A U P I I D A
E L E A E S T H E T I C S D T T H N E T
T G M S I L A U D T I D N S A I C O R H
S W I C C A N C L S H I E M N M R D N E
I D E A L I S M M O H I G I C I A E I I
X B B M S I C I O T S A C P S S N H S S
E G A W E N K H X N R B Q S L M A H M M
G N M S I F I C A P I R A F A T S A R V

ABSOLUTISM
ACTIVISM
ACTUALISM
AESTHETICS
AGNOSTICISM
ANARCHISM
ANCIENT
ATHEISM
BELIEF
CHRISTIAN
CONFUCIANISM
DEISM
DETERMINISM
DOGMA
DUALISM
EMPIRICISM
ETHICS
EXISTENTIALISM
FANATICISM
FREE WILL
GREEK
HEDONISM
HINDU
IDEALISM
LEGALISM
LIBERTARIANISM
LOGIC
MARXISM
MATERIALISM
MODERNISM
NATURALISM
NEW AGE
NIHILISM
OPTIMISM
PACIFISM
POSITIVISM
PRAGMATISM
RASTAFARI
RATIONALISM
RELATIVISM
SKEPTICISM
STOICISM
TAOISM
WICCAN
ZEN

Solution on page 355

Visit San Diego

T R Y R Z J M I U V I S I T R O L L E Y
P T K L H C X N B C B N A E C O U N T Y
D O N E C O C B C H S Q T I J U A N A O
Z P E O P L E K P C P D H O C I X E M J
F U W Y I G J R R Q T I L Y O E Y Z I T
R G S Y L S E A E P S S A R R G Y K L W
F I C A E S S P O T A F S N O Y N A C N
H A R A I H C I O H A R J L N W N K B W
M G U D D U N R M M E W O P A A A X M C
E A I T S T Y A Y H D N M V D H C E L N
S O S R L K T F T R H U A T O L A N S L
A P E O V O Y A W C A C L E G O L A N D
S M M P U Y E S E T A T S D E T I N U E
Z A R R H W R T C T Y U I Z H S F G K R
T L I Q H E O H I R N P M L R A O Z Q F
Y S P C G I J O E P A S L L I H R G N H
M A E R B U N D Q D R P S I N M N B D V
J G A W A A R A R S M U E S U M I H O Y
B H W U V O N E B X D L S R T S A O C R
C I T Y B X S I U N I V E R S I T Y U R

BAY
BIOTECHNOLOGY
BORDER
CALIFORNIA
CANYONS
CHARGERS
CITY
CLIMATE
COAST
CORONADO
COUNTY
CRUISE
GASLAMP
HARBOR
HILLS
HISTORY
LARGE
LEGOLAND
MESAS
MEXICO
MILITARY
MISSION
MUSEUMS
NAVY
OCEAN
PADRES
PEOPLE
POINT LOMA
PORT
PRESIDIO
SAFARI PARK
SEAWORLD
SKYSCRAPERS
SUN
TIJUANA
TOURISM
TROLLEY
UCSD
UNITED STATES
UNIVERSITY
VACATION
VISIT
WATER
WEATHER
WEST

Solution on page 355

Mentoring

V	N	B	N	O	R	T	A	P	D	F	R	I	E	N	D	J	R	C	Q
N	B	R	U	F	W	C	R	R	U	Q	F	E	F	O	L	L	O	W	G
P	E	C	I	V	D	A	O	S	E	O	R	E	H	K	J	M	L	R	U
R	K	E	Z	C	C	O	N	S	U	L	T	A	N	T	M	L	E	E	I
O	N	K	G	T	I	G	P	K	H	C	A	O	C	U	A	T	S	U	D
G	P	B	I	A	Q	T	N	R	O	T	U	T	N	T	N	F	N	T	E
R	N	C	P	S	R	O	E	U	H	S	H	I	I	A	C	I	U	R	C
A	E	I	C	E	W	U	B	H	D	G	C	F	D	O	O	P	O	A	I
M	C	T	R	L	A	N	O	I	T	A	R	I	P	S	N	I	C	D	T
S	V	E	E	U	K	I	S	C	T	A	F	P	U	E	O	S	P	I	N
D	E	D	L	F	T	C	W	I	N	N	P	P	U	P	I	L	H	T	E
P	G	Z	Y	S	U	R	O	U	O	E	E	M	R	J	T	U	Y	I	R
E	M	Q	T	S	X	N	U	C	S	R	D	A	E	L	A	P	X	O	P
H	W	S	S	E	D	C	O	N	V	R	E	N	I	A	R	T	D	N	P
E	L	P	I	C	S	I	D	I	D	E	I	F	I	L	A	U	Q	K	A
D	L	O	M	C	R	O	S	S	E	F	O	R	P	B	P	B	Y	D	Q
D	F	N	Q	U	B	O	F	A	S	S	I	S	T	N	E	D	U	T	S
L	O	S	A	S	R	E	D	L	E	P	I	N	S	T	R	U	C	T	G
O	F	O	R	M	A	L	E	D	O	M	E	T	R	E	P	X	E	Q	G
D	I	R	E	C	T	Z	C	S	Q	A	W	W	I	F	Z	B	X	Q	R

ADVICE
APPRENTICE
ASSIST
COACH
COMMUNICATION
CONFIDANT
CONSULTANT
COUNSELOR
DIRECT
DISCIPLE
DISCUSS
ELDER
EMPATHETIC
ENCOURAGE
EXPERT
FATHER
FOLLOW
FORMAL
FRIEND
GUIDE
HEROES
INSPIRATIONAL
INSTRUCT
KNOWLEDGE
LEAD
MODEL
MOLD
NURTURING
PATRON
PEER
PRACTICE
PREPARATION
PROFESSOR
PROGRAMS
PUPIL
QUALIFIED
RELATIONSHIP
SPONSOR
STUDENT
STYLE
SUCCESSFUL
SUPERVISOR
TRADITION
TRAINER
TUTOR

Solution on page 355

Mike Pence

R A D I O N S U C E C C N G I A P M A C
O D E T C E L E N O V V A L U E S S N G
N S U L P R U S V I N A T T V S A I A X
R O B M H S I R I I T S N O H U E C I T
E E I I I C O Z R P T E E G R O P I D S
V C T T G C H I E T I A D R E H L T N U
O N C A A E H U P A E H I S V L Q I I O
G A I T M C F A R O B L S T T A I R C I
E T R T M G U C E C G O E R I A T C U G
S S T O A L N D S L H D R V E N T I A I
U I S R D E D I E S R E P T I D I E V L
D S I N E G I J N K L I E O I S A G S E
S E D E L A N U T N U L C R L O I E O R
S R Q Y T L G A A Y U N I H G I N O L J
E Y T R A P A E T G R R V B A E C P N G
R D J Y X N A C I L B U P E R R D Y I B
G X S E I S R E V O R T N O C J D W M U
N S U P P O R T E R S C H R I S T I A N
O N X T G W O H S K L A T U C X A T T L
C O L U M B U S B U D G E T R U M P F K

ABORTION
ATTORNEY
BILLS
BUDGET
CAMPAIGN
CATHOLIC
CHRISTIAN
CHURCH
COLUMBUS
CONGRESS
CONSERVATIVE
CONTROVERSIES
CRITICISM
DISTRICT
EDUCATION
ELECTED
EVANGELICAL
FUNDING
GOVERNOR
HOUSE
INDIANA
INITIATIVES
IRISH
LAW DEGREE
LEADERSHIP
LEGAL
MICHAEL RICHARD
PHI GAMMA DELTA
POLICY
RADIO
RELIGIOUS
REPRESENTATIVES
REPUBLICAN
RESISTANCE
RUNNING MATE
SUPPORTERS
SURPLUS
TALK SHOW
TAX CUT
TEA PARTY
TELEVISION
TRUMP
UNITED STATES
VALUES
VICE PRESIDENT

Solution on page 355

Police

F C O E O A B Y N J X M N G O A J R L Q
V S R E T R A U Q D A E H B P A R O L E
S K E L Q U E C K W X T N A E G R E S G
B O V C A N I N E J A X T T M G U N D D
H R I S Q T G Y O H N R A O N W T O I U
R M T C K G N A G I O T R N F J G I S J
E I C B L S D E L L S M C A S W A T P H
T T E N G A R D M K R S I E N D W A A H
S C T Z L A M A C E A Q I C P T T G T A
L I E U T E N A N T C Y T M I S J I C N
O V D G T N B W F L A R E P M D U T H D
H N F B S E E G D A B N O R L O E S E C
O Q A U S G X M O T O R O F F I C E R U
Y T I R U C E S T I S I R E N B B V P F
D L O G C T R U T R E V L O V E R N U F
Q H Z L Z O E A U R A F O R E N S I C S
R S A A S E T K T B S P S X E Y Y J W W
Y P A R D I T I C R A C E C I L O P Q T
D U T Y C W A B C I A C A D E M Y Z D R
O J Z I H A R R E S T A K E O U T I U Y

ACADEMY
ARREST
ARSON
BADGE
BATON
BURGLARY
CANINE
CITATION
COMMISSIONER
DEPARTMENT
DETECTIVE
DISPATCHER
DRAGNET
DUTY
ENFORCEMENT
FLARE
FORENSICS
GANG
GUN
HANDCUFFS
HEADQUARTERS
HOLSTER
HOMICIDE
HORSEBACK
INVESTIGATION
JUDGE
LAPD
LIEUTENANT
MACE
MOTOR OFFICER
NARCOTICS
NYPD
PAROLE
PATROLMAN
POLICE CAR
REVOLVER
SECURITY
SERGEANT
SIREN
STAKEOUT
SUSPECT
SWAT
TICKET
VICTIM
WARRANT

Solution on page 355

Beautiful People

N Y L E V O L M W L K L B B I T N X D C
F V A E T G E L F A C E E T Z E L I M S
R J F W D T L F M G A L E M O S D N A H
Q M Y F N O E C L M E Z F Q Z Y N O K O
T D M T D U M L I G E P C I H C A N E U
Z H M N T L R N A O K P A G E A N T U O
N L A R V J G N G P S V K X J V A Y P R
W X Q B O M T N G O R G E O U S R A U A
Q E N F J T I A F A B C J A L Z T H Y E
G M O B Q K U T Y I N T R I G U I N G J
S R L O I O N T W A E S O P R R S E K F
M I R R O R B R R F D O S F H S T E R Y
A E T H U Y L A J X E O A E E D I A Y Z
R S K T T E E C T L X S R C L E C I V E
T Z E T V P M T M U H U N A D T V N R R
L F E R P N I I X I L I N I B P O U H D
L R L A A Y S O O L R E R D H L P P R C
P S S E E X H N A P A B I W K U E E S S
Q D L H M B E A U T Y M A R K C S K W I
R C F O U N D A T I O N F R S S A L C C

ADORABLE
ALLURE
APPEARANCE
ARTISTIC
ATTRACTION
BEAMING
BEAUTY MARK
BEEFCAKE
BRIDE
CHIC
CLASS
CLEAN
DOLL
DRESS
ELEGANT
EYES
FACE
FAIR
FASHION
FORM
FOUNDATION
GORGEOUS
HANDSOME
HEARTTHROB
INTRIGUING
LOVELY
MAKEUP
MIRROR
MODEL
NEAT
PAGEANT
PALETTE
POSE
PRETTY
PRINCESS
PURE
RUNWAY
SCULPTED
SLEEK
SMART
SMILE
SOFT
SPOTLESS
STRIKING
UNBLEMISHED

Solution on page 355

Know Your Car

R I X O J N M P Y Q W E B B V Z H C D U
W C Q D O I R E T R A T S T E E R I N G
J D K O M R F D I F F E R E N T I A L R
L M X M U F F L E R R D E G U A G S A G
H L X E N G I N E O T E N S P L E E H W
E C S T T L E B T A E S W A U P Q F C H
A L I E P D I A R W D D R H T E U R R D
D U S R E B R O S B A K C O H S A E W A
R T S G J E T D A H I X Q O E N T E I S
E C A R L A N T R N T I F D K E B R N H
S H H E I Q T V G E G R M C M C F E D B
T E C D S E H L K N T T A O O I O D S O
F C A T R T I V I S A S D Y L L O N H A
A R N Y H G E T J I E E O T N F R I I R
H N O E H R I K L J E F E R N X N L E D
S A T T K O O L C P C R H S F R U Y L J
M K S E N O I T S U B M O C P E S C D E
A K I E N G H X T L B L R F E N D E R I
C R P D H N Z C X L T A N K D J H I W A
E A B T U V A I K X E X H A U S T N G A

ACCELERATOR
AIR FILTER
ANTENNA
ASHTRAY
BATTERY
BUCKET SEAT
CAMSHAFT
CHASSIS
CHOKE
CLUTCH
COMBUSTION
CRANKCASE
CYLINDER
DASHBOARD
DEFROSTER
DIFFERENTIAL
ENGINE
EXHAUST
FENDER
FUSE
GAS GAUGE
HEADREST
HOOD
HORN
IGNITION
LICENSE PLATE
MUFFLER
ODOMETER
OIL
PARKING LIGHT
PISTON
RADIATOR
SEAT BELT
SHOCK ABSORBER
SPEEDOMETER
STARTER
STEERING
SUNROOF
TAILLIGHT
TANK
THROTTLE
TIRE
WHEEL
WINDSHIELD

Solution on page 356

Computer Hacking

Y	K	W	S	R	M	W	Z	T	M	G	E	L	A	D	R	C	Q	W	H
K	K	H	D	G	E	V	U	H	W	P	Y	C	R	T	H	Z	C	Y	M
C	C	S	O	M	L	A	G	E	L	L	I	E	R	B	I	H	G	P	M
I	H	A	H	H	D	W	V	F	M	N	T	A	Y	E	Y	Y	H	G	A
R	O	R	J	T	J	S	O	T	O	U	C	Y	X	N	M	P	F	Y	C
T	U	C	W	I	O	S	Q	R	P	K	K	P	A	F	N	O	A	O	R
E	L	A	E	R	H	E	T	M	M	O	E	J	O	O	N	W	T	S	O
C	H	E	A	O	K	C	O	M	P	R	O	M	I	S	E	D	K	E	S
H	Y	E	K	G	E	C	S	W	T	R	G	T	R	T	E	I	L	N	T
S	R	C	N	L	Y	A	O	T	T	R	A	G	A	Z	L	S	E	O	E
F	P	I	E	A	B	C	Y	R	N	M	H	G	I	L	A	H	V	L	A
P	E	M	S	N	O	J	O	U	R	U	I	R	E	S	D	O	I	C	L
Y	X	U	S	Z	A	D	O	O	A	U	O	D	T	B	E	N	S	L	Y
R	R	H	E	E	R	I	F	R	K	H	P	C	C	R	T	E	U	P	Y
K	W	C	S	V	D	N	H	T	T	I	E	T	C	E	N	S	L	A	Y
S	O	O	N	L	I	N	E	U	V	R	E	Q	R	A	E	T	E	S	O
V	Q	H	M	E	H	Y	A	M	I	N	I	N	M	C	L	M	D	K	R
C	O	H	C	E	S	N	M	D	R	J	E	E	I	H	A	A	B	E	O
O	E	M	T	G	U	V	E	R	U	T	L	U	C	U	T	X	Y	E	O
J	R	K	H	K	M	R	O	O	S	X	N	A	B	A	E	M	R	G	D

ACCESS
ACCOUNTS
ALGORITHM
BREACH
BYPASS
CLONE
COMPROMISED
COMPUTER
COOKIE
CORRUPT
CRASH
CULTURE
DATA
DISHONEST
DOOR
ELECTRONIC
ELUSIVE
EMBED
EXPERT
GATEWAY
GEEKS
HIJACK
ILLEGAL
INFORMATION
INTERNET
KEYBOARD
MACROS
MAYHEM
ONLINE
REDIRECT
REMOTE
SKILLED
SLY
SPY
STEAL
TALENTED
TECHS
THEFT
TRACK
TRICKY
TROJAN
UNAUTHORIZED
VIRUS
WEAKNESSES
WORM

Solution on page 356

Watching ESPN

R F F J G L J H Y S T U O N A V F B H O
Q Z L S W A I A V F V O E E R A C I N G
N K P O U Z Y N U A W V G S E A G L E U
U K T C G C X D Z B E A T W V H K E T D
I C T C K D I A A N R H V E L P R N F L
A S P E W C J S T E L E V I S I O N A M
Q Z I R L B K S V X L T G V M R W A E K
F S S N O E R O R B N H S R A A T H B R
B S T E T F C O A E T G O E R S E C T N
H E S B Z E E C A S C I I T G M N F O V
Z O A M S U R S C D Y N D N O U N Q I K
C L C V N L K N S B C Y U I R S E E D Z
L O E K I O X H A I C A T O P S W X A W
Y J L V E Y I S N T O D S S N E S S R W
L Z E L N Y E T C U I N H T R N R F L K
T O T V E B X Y A Z F O A S Y E A H U L
E N I Z A G A M A T W M N L Y E N S I D
A E S L Y I E C S I S Y L A N A M M W D
M O L Y M P I C S Z G V L I L A B O L G
S V T E N N I S T R O P S J A H U B S B

ANALYSIS
ANNOUNCERS
BASEBALL
BASKETBALL
BROADCAST
CABLE
CHANNEL
COLLEGE
COVERAGE
DISNEY
EVENTS
GLOBAL
GOLF
HIGHLIGHTS
HOCKEY
INTERNATIONAL
INTERVIEWS
LIVE
MAGAZINE
MLB
MONDAY NIGHT
NBA
NCAA
NETWORK
NEWS
NFL
NHL
OLYMPICS
PLAYERS
PROFESSIONAL
PROGRAMS
RACING
RADIO
RASMUSSEN
SHOW
SOCCER
SPORTS
STATION
STUDIOS
TEAMS
TELECASTS
TELEVISION
TENNIS
VIEWERS
ZONE

Solution on page 356

Education

A N Q Y U N N Z C T D G O F N T T D E W
T I S S H Z L O E V I S N E P X E D J R
T E N S T E Z A I B F E T I I O S D F I
E H O E L N C V C T D B X C D A T Y K T
N O I C A H X H P O I C L F I N V Z N I
D M N E E H T I N K L U H O K R U K J N
A U U R H P R S X Y O X T G O S T F P G
N W G L M A R T R A O N M U F H Y S R N
C O M P U L S O R Y E H N C Y R C O I I
E D X T J C T R F M N I G S L I E S V D
N N O R D A I Y N E V A R S M A X E A A
W G R A D E S R R E S E W E A I S S T E
Q W F N D P E D R K T S D M V D N S E R
P U A F U V L S O U C A O C E A M H E G
X M I B O I I O P I C L P R O G R A M S
R N L G H T B M E A P T I L S L A C T P
P I I C Y B O N D I Q U B E N G L I S H
C Z N T A C C K D E Q X D E G R E E G Q
O Y G F I E F E D E R A L M D L N U G C
G D U E B F L T R Q U N V H M S T A T E

ACADEMICS
ART
ATTENDANCE
BOOKS
CHILDREN
CLASSES
COLLEGE
COMPULSORY
COMPUTERS
CURRICULUM
DEBT
DEGREE
DIPLOMA
DISTRICTS
ENGLISH
EXAMS
EXPENSIVE
FAILING
FEDERAL
FREE
FUNDING
GOVERNMENT
GRADES
HEALTH
HISTORY
LOANS
LOCAL
MANDATORY
MATH
PRIVATE
PROFESSOR
PROGRAMS
PUBLIC
READING
RECESS
REQUIRED
SCHOOL
SCIENCE
STATE
TEACHER
TEST
TUITION
UNIONS
UNIVERSITY
WRITING

Solution on page 356

The Earth

E O E S N A Q F E X J N S K E M Y Q Q W
U M X O O Q J M R Y O Q D J D F V D C A
E Z F U F R I V E R L S U S Q I U A A V
P R L T S N O I T A M R O F Y B F Q F D
S P W H P Q S H I V D S L T K F X M A E
O Z S P C L P R W I H O C R R O C K S Z
L M Q O V O T Q N U C L W K B C E I B F
A M S L L S N S M O R A F W R E L X H J
R O N E E D E A K O H K R O S A T G C Y
S O A R U C N H T B W E T D A N N K C E
Y N R J T S I A C Y S A V A N N A H A R
S E O S X B T A L O U T W R I U M K V Q
T G L G S E N T U Q N W N E M W T C E Z
E Y F D S Y O R E L D A N U A F A I S S
M X O U O A C O T R D T C M L T U T P W
D O F N R E T P W R O R U L S Z H I E O
W R W H S D R I B J E C G T O X M E H R
L B K Z M K L C H I Y E L L A V M S R L
Q I N L T R E S E D G S S W E F I L I D
T T C G Q K Z I V V W B Y K I F O Q A X

AIR
ANIMALS
BIRDS
CANYON
CAVES
CITIES
CLOUDS
CONTINENT
CORE
DESERT
EQUATOR
FAUNA
FISH
FLORA
FORMATIONS
HUMANS
INSECTS
LAKE
LAND
LIFE
MANTLE
MEADOW
MOON
NORTH POLE
OCEAN
ORBIT
OXYGEN
RESOURCES
RIVER
ROCKS
ROTATES
SAVANNAH
SNAKES
SOLAR SYSTEM
SOUTH POLE
TERRESTRIAL
TREES
TROPICS
TUNDRA
VALLEY
VOLCANO
WATER
WEATHER
WOODS
WORLD

Solution on page 356

Going Through Security

C Z D H N L I A J S M O V U K W T H M N
G E W N O I T A C I F I T N E D I C C M
G U A R D X Q R U F D S K A F D S M B L
Q L T P F P E F I T C E P C D M N E J T
O A G O S E N C T I H O T E U H O I M T
P W E L N L E A N Y N O N A G S I Q T W
Y L S I S R A O Q S Q P R P I L T R N B
O K N C V E R I F I C A T I O N C O W A
K G E E N T B G T Q Y M C K Z R I E M G
G J C F C L M O K N U Y O I G A R K A S
L L I E A E N I R G E E L D T O T O H P
I J L Z E S A W N D V D S E N S S I J W
B E L O N G I N G S E S E T V A E G O A
S T H G I L F H T T P R T R I A R M O N
E W C O M D P I E L C E C E C O R M O D
A Y L V A S C C F A D O C U M E N T S D
R W I L X K T C E T O R P T I M R E P O
C Z N Z E O G A T E L I Q U I D S R H B
H N E T R J D W M M F Z J X M O C T P Z
T U S F S X J Z Y P A S S A U Q N A C S

AUTHORIZATION
BAGS
BELONGINGS
BORDER
CREDENTIALS
CUSTOMS
DETAIN
DETECTOR
DOCUMENTS
DOGS
DOMESTIC
ELECTRONICS
EXAMINE
FLIGHTS
GATE
GUARD
HIDDEN
IDENTIFICATION
INSPECTION
JAIL
LAW
LICENSE
LINES
LIQUIDS
METAL
OFFICER
PASS
PATROL
PERMIT
PHOTO
POLICE
PROTECT
QUESTION
RANDOM
RESTRICTIONS
SAFE
SCAN
SCREENING
SEARCH
STAMP
TICKETS
TRAVEL
VERIFICATION
WAND
WEAPONS

Solution on page 356

Yard Work

S T B E N G S F T Y Q B U T F N S Q U L
A L D W W W N E D R A G Z S R O S E S G
N K C L I P P I N G R N Q O H E C N E F
V U A N B H G P N U N K D P V R L K V Y
S Z G O O I N W B U K I L M E M U L C M
S E T X G T I S X W R P H O T T M B I Z
D E K G N W M Q O Y A P A C O F A T S S
A G U A I P M U T D J M J T N P U R W Z
M N F C R K I T G R I L E Y I E S E E D
M I P R E C R E D A E R P S P O R D E A
S H O B T I T S T N A L P N O G G T D Z
R C E D A R C H I P S E L O N H R G E T
E L F B W B A T W K S N O I L E D N A D
L U A K S T S B C T E X D T K P S I T Z
K M C K C U C O I G S E T A G D R G E A
N S B H G Y R C O J E D D V G S E D R M
I E Z U E M I R U W V F E A Q F W E R D
R I A J P D T M H I N S E C T S O A W Q
P T G G E I T P D S F S T X K M L I A R
S G H Q N V H B R O A D L E A F F I L L

AERATE
BRICK
BROADLEAF
CEDAR CHIPS
CLIPPING
COMPOST
DANDELIONS
DECK
DROP SPREADER
EDGING
EXCAVATION
FENCE
FILL
FLOWERS
GARDEN
GATE
GRUBS
HOSE
INSECTS
MULCHING
NITROGEN
PATIO
PESTICIDE
PLANTS
POOL
PRUNING
RAIL
RAKE
ROCKS
ROSES
SEED
SHRUBS
SOD
SPRINKLERS
ST AUGUSTINE
SWING
THATCH
TIES
TRELLIS
TRENCHING
TRIMMING
WATERING
WEED EATER
WEED KILLER
WEEDING

Solution on page 357

Huge Bash

K L D G L L A B Y D N A C O H Y G G M M
I D A A I J O A A J V G C N D G V U K F
T W N T G I D O Y V I P Y W T Z S Q R L
M R C H H H A X P R R V A B Y I K H E J
M O E E T S S O C I A L I D C L N U C N
B J S R S T S T S E U G N X S B I Y E O
V J I I N F A O P B L O W O U T R T P L
O B R N O I T A R O C E D C I A D N T H
P B P G I G N F E B J T B N S N F E I U
O E R E T A E T T K S M E R J R U V O J
D P U E A S M X Z J C T E U A J E E N G
S B S E T W E S E T D V N T Q T N O R Y
E W A I I G R R L T I V E E I N I B L J
C C V N V A I O S N P R J A S T A O U N
P E A N N M T V N I N P S S A E T B N O
K K O T I E E A W I I V H U M O R P C O
V A Z Y E S R F T Z C O D R A V E P H E
H C D W O R C Y Z M W A B F E H T D E C
F P E S T R E A M E R S X P F U N U O Y
X J L B F O O D R G G U H O U S E N N Y

ANNIVERSARY
BALL
BANNER
BANQUET
BIRTHDAY
BLOWOUT
CAKE
CANDY
CATERED
CELEBRATION
CROWD
DANCE
DECORATION
DIP
DRINKS
ENTERTAIN
EVENT
FAVORS
FESTIVE
FOOD
FRATERNITY
FUN
GAMES
GATHERING
GIFTS
GRADUATION
GUESTS
HOUSE
INVITATION
LIGHTS
LUNCHEON
MUSIC
PIZZA
POOL
PRESENTS
PRETZELS
PROM
RAVE
RECEPTION
RETIREMENT
REUNION
SHOWER
SOCIAL
STREAMERS
SURPRISE

Solution on page 357

Massachusetts

J	P	S	U	G	H	T	L	A	E	W	N	O	M	M	O	C	Z	E	B
A	V	E	E	L	L	E	W	O	L	H	E	N	R	Y	K	N	O	X	L
I	S	B	N	R	A	Y	Z	K	S	P	R	I	N	G	F	I	E	L	D
Q	B	S	N	O	I	L	L	E	B	E	R	M	E	G	Z	K	M	R	S
N	H	X	N	T	N	H	R	T	E	C	A	D	R	O	C	N	O	C	E
P	A	T	R	I	O	T	S	X	N	N	W	R	L	O	A	K	L	D	A
Y	R	K	C	L	L	U	S	K	U	O	H	J	L	W	M	N	M	A	S
D	V	Q	Q	N	O	E	R	F	R	I	T	Y	K	I	B	A	Y	M	H
E	A	Q	F	D	C	G	A	I	S	E	E	S	I	U	R	N	A	N	O
N	R	N	E	I	N	C	A	T	S	R	B	T	O	K	I	T	W	A	R
N	D	K	V	K	T	O	O	N	G	M	A	E	E	B	D	U	N	H	E
E	P	R	K	U	O	R	P	T	N	T	Z	Y	H	F	G	C	E	T	V
K	E	C	R	H	Y	Y	N	N	B	Y	I	O	Z	T	E	K	F	U	N
S	G	I	I	I	M	U	L	M	E	U	L	M	C	A	P	E	C	O	D
I	N	Y	R	T	O	D	R	O	F	D	E	B	W	E	N	T	H	M	P
G	I	C	E	M	N	U	I	R	H	J	L	S	I	Q	D	T	J	Y	N
Y	H	N	D	L	L	A	B	T	E	K	S	A	B	G	A	J	V	L	R
K	S	I	S	C	I	T	L	E	C	R	R	L	W	R	D	Q	M	P	T
R	I	U	O	P	U	R	I	T	A	N	S	E	A	S	N	I	U	R	B
U	F	Q	X	L	I	B	E	R	A	L	S	M	A	D	A	I	G	J	Q

ADAMS
ATLANTIC
BASKETBALL
BIG DIG
BOSTON
BRUINS
CAMBRIDGE
CAPE COD
CELTICS
COLONIAL
COMMONWEALTH
CONCORD
ED MARKEY
ELIZABETH WARREN
FENWAY
FISHING
HARVARD
HENRY KNOX
HISTORY
HOLYOKE
KENNEDY
LIBERAL
LOGAN
LOWELL
LYNN
MANUFACTURING
MARATHON
MBTA
MIT
MOUNT GREYLOCK
NANTUCKET
NEW BEDFORD
PATRIOTS
PLYMOUTH
PURITANS
QUINCY
REBELLION
RED SOX
SALEM
SEASHORE
SERVICES
SPRINGFIELD
THE BERKSHIRES
TOURISM
WALDEN POND

Solution on page 357

Computer Games

W K J Y N T C Q B X K V F C O B I Y L S
Q K B C J D N U O S G R J R L L I K S J
Q P R S A X R E Y A L P W F V I D E O C
N P N B R C A S M N F N E E G R G U I O
M O H O V E T E G N T A L P E A J L I L
F W I I I E K I I O I O E T M V G D C M
F E H T M T S A O D S A C I R C U I T S
N R A H A E A H E N W A T Y D A N R L N
F L Z C D G S M O P R J R R E N I L N O
X V C O A A I C I A S G O N E I L H E T
A R D M P T C V H N V N N Y Y T A D E T
K A I P L O E C A H A I I K S N N B R U
E L J U N E N C P N N C C Q D T O E C B
H U M T W N A G H T V A S H N L I E S G
O P R E J I N G E N Z R E A E T T C Y N
W O H R Y H N R E P O L E V E D A I K G
L P S P A C F R G S D L A R C F C V Z D
K F H C L A T I G I D Y O O P T U E V B
Q E T N C M J U X K S C N G H B D D K G
C N Y E D A C R A H S T X C Y M E U S Z

ACTION
ANIMATION
APP
ARCADE
AUDIO
BUTTONS
CHARACTER
CIRCUITS
COMPUTER
CONSOLE
CONTROL
DESIGN
DEVELOPER
DEVICE
DIGITAL
DVD
EDUCATIONAL
ELECTRONICS
ENTERTAINMENT
GAME
HANDHELD
IMAGES
INTERFACE
JOYSTICK
MACHINE
MULTIMEDIA
NAVIGATION
ONLINE
PLAYER
PONG
POPULAR
POWER
RACING
SCORE
SCREEN
SEGA
SHOOT
SKILL
SOUND
SPEAKERS
SYSTEM
TECHNOLOGY
VIDEO
WIN

Solution on page 357

Go Downtown

I F P I T G E T S I S Y Q B K N F F I G
G O M S A N T C P C O X J U Y T I C S J
J O A A X I U I E B U H K S W Z I K B W
N V V X I K M R U B G L T Y J L Y P A G
U U R B A N M T S T A R T N B S T M R B
A C V K H O O S P W E R O U C L R E S U
N K W W U H C I E E O I P R R A A T T I
V L I A T E R D T L T I A R Y E F R N L
E V I L A A I S L A Z P E C I F F O A D
T Y Y K M S L E T C E K T L Z T I P R I
S Q U A R E Y R L R O R O R N T C O U N
J K O R G N O I S E L M C E C U Z L A G
E H B O S P A R K I N G M E T E R I T S
C T B U S T H G I L R N S E R E R T S I
L N E N E R G Y V F R R L R R T I A E G
E A A D T Z E Z Y E E P E K S C S N R N
C R E Z P A H A V T O T H E A T E R D A
T B X U V V T O N E N N D S R E V M M L
I I L L P Z G I P E D E T A L U P O P W
C V M B S H T N C S P O H S G O U X P K

ALIVE
ARTS
BARS
BUILDINGS
BUSY
CENTER
CITY
COMMERCE
COMMUTE
CULTURE
DISTRICT
ECLECTIC
ENERGY
GOVERNMENT
HONKING
HUB
INTERSECTION
LIGHTS
MAIN
METROPOLITAN
NOISE
OFFICE
PARKING METER
PEDESTRIAN
PEOPLE
POPULATED
PUBLIC
RECREATION
RESTAURANTS
RETAIL
SHOPS
SIDEWALK
SIGNAL
SKYSCRAPER
SMOG
SQUARE
STREETS
TAXI
THEATER
TRAFFIC
TRANSPORTATION
TROLLEY
URBAN
VIBRANT
WALK AROUND

Solution on page 357

Calendars

R N M Q F W S I E X E O T E N L L P V E
K K R O S T N E M T N I O P P A I Y L X
S C H E D U L E I C I T L E C C N Q C F
L Y R E B L D B T C Y V Q I T I C D E Y
L W Y E D M K N B Q A U M U Y G A B M L
N F W A F E E Y I P M O R B O R R O A K
E X S D P P Z T R H N E O U E U N C W E
A Y S H I A E I P O S O D G A T S E J E
H R E Z N G L R R E K Z Y R H I X G T W
B A N T E N I T S E S P Y N F L U N A R
T U I Q Y N S T D O T V C I N E L L E H
Q N S J T A E S A I N U P C A N A L P U
E A U A C I G C A L C A P I I U N H R W
A J B A L N H N O O N Y L M R J B R A I
N L Q Z I O S W C L V P T E O A C L E K
E G E T M L O T Z E O P C D G C L R Y Y
C X E F W Y O H N C T H Q A E N O O M W
D E C E M B E R C E Z Z A C R S L L S N
M N A B E A H W Q S V F A A G K K O D V
H P U R I B P C I M T E K C O P N F F G

ACADEMIC
APPOINTMENTS
APRIL
ASTRONOMICAL
AZTEC
BABYLONIAN
BOOKED
BUSINESS
BYZANTINE
CELTIC
COMPUTERIZED
DECEMBER
DESK
DIGITAL
EGYPTIAN
EVENTS
FEBRUARY
FISCAL
GREGORIAN
HELLENIC
HINDU
HOLOCENE
INCA
JANUARY
JUNE
LITURGICAL
LUNAR
MAY
MEETINGS
MONTH
MOON
OCTOBER
PERSONAL
PICTURES
PLAN
POCKET
PRINTABLE
SCHEDULE
SCHOOL
SEPTEMBER
SOLAR
TIME
WALL
WEEKLY
YEAR

Solution on page 357

So Silly

A M Z L R P J L O B R A J H U K E Y G J
M G T Q E K S E F R C S D E I P J O K E
F T F N U S I X Q Y U P G M H O A X E S
C L I D S O U N D S V Q K I T T E N S T
X Z E W V U S U C S E S N S W F J N N E
V R O U T E O T L M Y L E L S N U R E R
U L D X Z A L T O Y S M D M O O K N S B
S H E O M J U I W R I C P D U O F O N F
Q R N M S L D Y N M Y S O N I T F P O Y
Y Y I A I V I M S E E D J M Y R S V N B
U D A D C N C Y M I V N D K I A W O L R
A G R C I O R E P Q E U I N Q C T M C H
A K B A T C O P A R T Y J A U E K C O Y
R N E P T P U Z D F P E X R L R K L F M
F W R X I P S L A E M J G P X I Y Q A E
S G A G W H I C O K D C M X D T L S C W
V D H N S H E P A U S I W S T A K L S J
R T R I C K L P U N S R C U U S T I K S
E P I I D E A Z Q L S T N G Q U Q N E Z
O M P O R W D P D W F N H J O U Q R R U

BOOK
CARTOON
CHILDREN
CLOWNS
COMIC
COSTUMES
FACE
FOOL
FUNNY
GAGS
HAREBRAINED
HOAXES
IDEA
JESTER
JOKE
JUVENILE
KAZOO
KIDS
KITTENS
LAUGH
LUDICROUS
MADCAP
MASKS
MIMES
NONSENSE
NUTTY
PARTY
PEOPLE
POEM
PRANK
PUNS
PUPPIES
RHYME
RIDDLES
RIDICULOUS
SATIRE
SIMPLETON
SKITS
SOUNDS
STORY
TOYS
TRICK
WALK
WIGS
WITTICISM

Solution on page 358

Music Made Electronically

W	C	I	D	R	T	M	D	T	T	T	A	A	D	Q	V	T	G	Q	R
O	P	X	N	E	N	I	K	O	W	P	K	M	U	S	P	D	T	J	M
S	Z	C	L	U	G	Z	I	N	W	I	L	P	B	S	A	Y	K	A	R
R	T	U	R	I	U	D	T	E	I	N	A	Z	O	I	R	W	T	N	B
E	B	C	T	N	U	F	W	S	V	P	L	N	I	M	E	R	E	H	T
K	C	A	E	T	H	D	A	N	W	E	G	O	J	P	I	N	D	X	U
A	L	G	S	F	S	P	R	M	R	R	O	K	A	N	F	B	T	U	R
E	U	G	W	S	F	L	P	O	N	C	R	T	Z	D	I	G	G	E	K
P	B	R	F	N	R	E	D	O	M	U	I	M	Z	Y	L	T	X	O	E
S	S	V	E	S	S	P	B	G	P	S	T	S	J	M	P	I	R	T	D
X	Y	X	B	L	R	C	A	H	O	S	H	A	I	E	M	G	L	A	F
Y	A	N	E	P	E	X	P	E	R	I	M	E	N	T	A	L	T	A	G
U	J	V	T	C	C	A	U	W	B	O	S	O	S	N	D	F	E	N	Z
E	T	L	L	H	N	R	S	E	C	N	H	E	T	O	C	S	I	D	C
S	I	S	E	I	E	A	A	E	N	P	P	O	R	H	Y	T	H	M	N
S	O	M	P	C	U	T	D	H	O	C	I	S	U	M	I	U	O	D	S
P	K	U	O	S	Q	T	I	R	F	O	J	A	M	D	U	O	L	Q	K
T	T	R	N	Y	E	T	C	C	C	Y	C	N	E	U	Q	E	R	F	E
Q	D	D	B	D	S	I	Y	W	T	T	L	E	N	I	H	C	A	M	R
G	W	C	X	J	M	I	D	I	Z	C	I	R	T	C	E	L	E	Y	T

ALGORITHMS
AMBIENT
AMPLIFIER
ART
BASS
BEAT
CLUB
DANCE
DIGITAL
DISCO
DOWNLOAD
DRUMS
DUB
EDITING
EFFECTS
ELECTRIC
EXPERIMENTAL
FREQUENCY
FUN
INSTRUMENT
JAZZ
LOUD
MACHINE
MICROPHONE
MIDI
MIXER
MODERN
MOOG
MUSIC
ORGAN
PERCUSSION
POP
RAP
RECORD
RELEASE
RHYTHM
SEQUENCERS
SONG
SOUND
SPEAKERS
STUDIO
SYNTHETIC
TAPE
THEREMIN
TONE

Solution on page 358

Nurses

G K R E C O R D S U P P O R T T R A E H
Z N J P D E S K N I G O T T X Q E D N G
G S D R Y G L E E N F E F R T T A V X I
S H L O C N I B M F J I P R A C T I C E
C Q U F N O X O I U H H N D S W S C L W
I R M E E I I C C S U L P J S A N E I E
H W Y S G T E W E I N U N B E T O F N R
O V F S R A H O P O M O T G S C I L I U
Q F Q I E N F E S N I L P T S H T U C T
D E P O M I S X R T N A Z S M S S I L R
R V Y N E M L Z A A A O E U E I E D O U
W S V A S A U V T G P N I R N R U S Y N
E H J L S X R N U F C Y O T T C Q Y O S
I O E S L E E C I O S F I I A T T E N D
G T I M S M H R U Z U L R L S C M C Q N
H S N B T E T R T R A N S F U S I O N U
T L O A C R A C G N J T P R O V I D E O
M J E K Z G B A D M I N I S T E R M E R
E R A C E R U S S E R P D O O L B F D M
T R O F M O C T K H N R E C N O C O G A

ADMINISTER
ADMISSION
ADVICE
ASSESSMENT
ASSIST
ATTEND
BATHE
BLOOD PRESSURE
CARE
CHECK
CLINIC
COMFORT
CONCERN
DESK
DOSES
EMERGENCY
ENCOURAGE
EXAMINATION
FLUIDS
HEART
IMMUNIZATION
INFUSION
INJECTION
MEDICATION
NURTURE
OBSERVATION
OFFICE
PRACTICE
PROFESSIONAL
PROVIDE
QUESTIONS
RECORDS
RESPONSIBLE
ROUNDS
SHIFT
SHOTS
SPECIMENS
SUPPORT
THERAPY
TRANSFUSION
TREATMENT
TRUST
UPDATE
WATCH
WEIGHT

Solution on page 358

Blogs

W	T	V	B	X	K	I	C	T	P	B	E	T	I	S	B	E	W	N	X
P	Z	T	O	L	K	M	S	Q	F	B	C	V	O	P	E	V	B	A	A
H	A	B	A	S	O	A	T	P	Y	E	X	E	C	E	O	A	D	Q	A
A	M	T	T	M	C	G	H	P	J	S	D	E	U	O	F	O	R	U	M
D	O	O	K	D	E	E	G	B	A	I	D	E	M	P	J	H	S	C	E
J	R	P	O	P	Y	S	U	E	V	E	W	E	B	L	O	G	I	F	H
Y	E	P	I	F	I	S	O	A	R	T	I	C	L	E	S	E	W	Z	I
B	A	U	T	H	O	R	H	Z	B	L	O	G	O	S	P	H	E	R	E
P	D	Y	P	P	D	X	T	N	E	M	N	I	A	T	R	E	T	N	E
Z	E	P	G	E	T	N	A	R	M	S	I	L	A	N	R	U	O	J	Q
R	R	C	O	R	I	E	P	U	B	L	I	S	H	I	N	G	M	M	W
L	S	R	W	S	E	C	N	E	I	R	E	P	X	E	X	E	S	X	Q
V	T	Y	P	O	T	I	W	R	K	R	E	S	I	V	J	N	W	T	Y
Y	N	S	I	N	C	S	R	G	E	P	Y	T	C	S	O	B	N	S	Z
D	E	Y	C	A	S	A	I	T	Y	T	S	H	U	I	S	E	E	P	Q
K	M	L	T	L	S	L	T	A	B	T	N	N	N	P	T	O	G	H	Z
T	M	I	U	M	Q	I	I	L	O	N	L	I	N	N	M	I	G	O	W
W	O	A	R	X	W	F	N	D	A	B	P	T	O	W	M	O	L	T	O
N	C	D	E	T	H	E	G	M	R	O	S	C	I	P	O	T	C	O	L
G	H	Z	S	N	H	R	U	P	D	A	T	E	I	T	R	O	H	S	P

ARTICLES
AUTHOR
BLOGGER
BLOGOSPHERE
COMMENTS
COMMUNICATION
COMPUTER
CONTENT
DAILY
ENTERTAINMENT
EXPERIENCES
FORUM
GOSSIP
IMAGES
INTERNET
JOURNALISM
KEYBOARD
LIFE
MEDIA
NEWS
OPINIONS
PEOPLE
PERSONAL
PHOTOS
PICTURES
PODCAST
POLITICS
POSTS
PUBLISHING
RANT
READERS
SEARCH
SHORT
STORY
SUBJECT
TALK
THOUGHTS
TOPICS
TWITTER
TYPE
UPDATE
VIDEOS
WEBLOG
WEBSITE
WRITING

Solution on page 358

All Aboard the Railroad

I	C	R	O	F	I	R	E	B	O	X	W	N	R	P	L	F	O	H	T
W	J	A	A	W	L	E	S	E	I	D	B	S	W	I	T	C	H	M	U
T	X	I	R	I	W	C	O	S	N	R	A	L	S	K	C	A	R	T	A
I	P	L	E	N	L	W	O	T	N	O	L	F	R	E	F	F	U	B	J
I	B	W	L	M	L	C	B	M	L	T	L	A	R	U	R	S	B	M	Q
B	B	A	I	D	C	O	A	P	M	C	A	D	V	E	P	P	Q	X	I
V	L	Y	O	T	E	A	C	R	J	U	S	N	L	I	I	L	X	A	X
U	R	R	B	J	G	N	B	O	W	D	T	P	K	C	S	G	G	E	L
H	H	E	L	R	U	B	I	I	M	N	U	E	U	R	T	R	H	C	S
E	V	P	H	C	A	H	X	L	N	O	S	T	R	O	O	B	F	T	F
N	C	E	L	O	G	K	F	D	C	C	T	H	L	S	N	W	E	I	T
G	A	E	N	A	S	L	E	E	H	W	A	I	T	S	Q	E	R	Y	X
I	C	L	O	L	T	T	C	M	R	S	G	R	V	H	L	E	T	W	O
N	U	S	I	Z	U	F	V	I	A	H	A	D	R	E	M	L	R	W	Z
E	V	S	T	J	Q	U	O	C	T	N	W	R	B	A	M	A	S	H	C
E	T	I	C	K	E	T	S	R	S	N	A	A	N	D	C	N	N	I	Y
R	E	G	N	E	S	S	A	P	M	C	A	I	U	D	A	T	I	S	P
X	Z	N	U	D	P	I	O	G	X	S	Y	L	N	H	F	E	A	T	V
C	L	A	J	N	L	R	B	O	M	H	K	A	T	K	U	R	R	L	U
F	C	L	I	K	T	L	B	L	M	E	H	C	A	A	Z	N	T	E	F

ATLANTIC
BALLAST
BOILER
BOXCAR
BRAKEMAN
BUFFER
CABIN CAR
CABOOSE
COAL
COMMUTER
CONDUCTOR
COUPLER
CROSSHEAD
DIESEL
ENGINEER
EXPRESS
FIREBOX
FIREMAN
FLATCAR
FREIGHT
GAUGE
HANDCAR
JUNCTION
LANTERN
LIGHT RAIL
LINE
LOCOMOTIVE
PASSENGER
PISTON
PLATFORM
RAILCAR
RAILWAY
SIGNAL
SLEEPER
SPIKES
STEEL
SWITCH
THIRD RAIL
TICKETS
TRACKS
TRAINS
TRANSPORT
WHEELS
WHISTLE

Solution on page 358

Positive Attitudes

N W Q T E M O C R E V O E Y Z L Y Z K U
J I E N T Q W H W I N M D H R L O V E S
K M T E A P R S B N O O Y E C O A S E X
D A I M T H L Y M T M T I K S A T U O K
O C N E I A N N I I I D T T Y I O C G A
F C S V D P N O H V L T N Q U K R C I H
C O P E E P N U I K T E C R C L S E O V
S M I I M Y O T T E K T C O F S O S X U
K P R H Y G I B U R A Y N A E U P S E U
B L E C Q S T E Q S O T B L R X T F H U
B I N A O S A L P T E F T L C B I Q A T
K S E P K W M I K N N R A A E L M R E P
D H R S D K R E T Y O E B T I S I E B B
R M G A P A I F L F B G D N P N S Y C H
I E Y P T E F N F L E X C I T E M E N T
V N S I R P F E D P R O U D F K C E D A
E T O P F O A S L L J O S U N N Y C N X
W N R E E H C X J W Y I S Q I N O G A T
W G D N D C M O T I V A T E X R J C Q S
V I B R A N T K I N D N E S S R Y C I J

ACCEPT
ACCOMPLISHMENT
ACHIEVEMENT
AFFIRMATION
ASPIRATION
ATTAINMENT
BELIEF
BLESSED
CHEER
COACH
CONFIDENT
CONTENT
DESIRE
DRIVE
EFFORTLESS
EMBRACE
EMOTION
ENERGY
EXCITEMENT
FORTUNATE
HAPPY
HOPE
INSPIRE
JOY
KINDNESS
LAUGH
LIFE
LOVE
MEDITATE
MOTIVATE
OPTIMISM
OVERCOME
POSITIVITY
PROUD
RESPECT
SMELL ROSES
SMILE
SOLUTION
SPEAK KINDLY
SUCCESS
SUNNY
VIBRANT
VICTORY
WIN

Solution on page 358

Drive a Toyota

A F E O G K J H W A T S L N M B T C P P
N N T G N S S E V I T A V O N N I B T T
C B N A I M Y A K R N A D I K Y E N R M
G Y O E C R L A A D H E Y T I L A U Q A
D O I S I O E P C I L G J C L Y C A U U
X G T W N S M R M S F U V U O K L T B J
T X A T H Q U A U L W D H D G L O B A L
B X R Y X I T T Y T M X I O O G T G P S
Z M O T S Q G L F A C T O R Y F E X O P
I E P E Z N E H T L Z A O P B V H V P U
O J R F L X M R L V N C F N W Y F D U E
Q A O A U E I N E A E G D U A K H Z L E
F U C S N X C A V G N H I U N P N B A F
U J U I U O C T I S K D I S Z A A E R O
K H G T M I T E R C E L E C E I M J N R
V N C P H E R E D I M W O R L D W I D E
E S A L E S L P V O C T E E N E Z Z T I
T C R P L A N T T U N D R A G J X Q W G
T N A D E S N O I C S J R X Z X P G N N
V G A D H T R M S V J B F T W F T K L P

AUTO
AVALON
BRAND
CAR
COMPACT
COROLLA
CORPORATION
DEALERS
DESIGN
DRIVE
ELECTRIC
ENGINE
FACTORY
FOREIGN
GLOBAL
HIGHLANDER
HYBRID
INNOVATIVE
JAPAN
LAND CRUISER
LEXUS
LOGO
MANUFACTURER
MATRIX
MODELS
MOTOR
PARTS
PLANT
POPULAR
PRIUS
PRODUCTION
QUALITY
RELIABLE
SAFETY
SALES
SCION
SEDAN
SIENNA
SUV
TACOMA
TERCEL
TRUCK
TUNDRA
VEHICLE
WORLDWIDE

Solution on page 359

Wildfire

P C Y T J G T Y H R R K R E D N I T T S
A D E R I F H S U R B B F I Q N Z G W P
W E B T L C U A A N S T S L Z E U A M R
C K R O T B V E G E T A T I O N T A F E
X S X V J E B D N V S H I D S E C X P A
S E W H D Y R A A T G S U O R E G N A D
K F D X E A L A E M W I L D E R N E S S
E L R K K P N R G U A U V W E A T H E R
D A O P C N O D S I I G N I T I O N B A
I M U V A O I W L R C N E N H D V A L P
S E G O L I T D S N E I A D P I T M I I
Y S H L I T N E R I F T S E R O F E G D
R O T C F C E A S I U X P O I Z A R H W
T R J A O U V T K R A E N O G T S I T X
N A Z N R R E H E J V M X N C T T F N P
U N C O N T R O L L E D I T A I L L I H
O G R D I S P M O N O G R A S S L A N D
C E Q P A E W S T O A E G L H S M E G L
O B J Z B D S V W R E P S H E A T K H G
Y S A B M L M Q X S Y Z B X S W B O X G

ASHES
BRUSHFIRE
BUSH
CALIFORNIA
CAMP
CIGARETTE
COUNTRYSIDE
DAMAGE
DANGEROUS
DEATH
DESTRUCTION
DISASTER
DROUGHT
ENVIRONMENT
EXTINGUISH
FAST
FIREMAN
FLAMES
FOREST FIRE
GRASSLAND
HEAT
HELICOPTERS
HILL
IGNITION
LIGHTNING
LOSS
NATURE
ORANGE
PLANES
PREVENTION
RAGING
RAPID
SMOKEY BEAR
SPREAD
TINDER
TREES
UNCONTROLLED
VEGETATION
VOLCANO
WATER
WEATHER
WILDERNESS
WIND
WOOD

Solution on page 359

Follow the Recipe

I	O	I	R	M	P	E	R	T	X	U	R	I	X	F	A	V	M	D	I
P	I	Q	N	T	G	H	B	L	E	N	D	N	X	H	X	U	Z	X	Q
G	M	F	N	S	H	M	O	L	P	S	K	S	S	Z	B	I	J	B	N
N	U	S	C	D	T	E	O	E	N	C	E	G	U	S	N	J	F	A	E
Y	Z	B	Z	Z	I	R	L	U	N	C	H	E	V	G	B	P	H	P	Y
V	D	B	T	A	E	H	U	B	Z	S	P	E	R	V	A	X	B	Z	F
N	P	F	I	S	H	O	W	C	I	S	S	E	F	G	K	R	X	P	X
N	J	J	S	T	D	R	V	D	T	L	D	F	O	E	E	I	G	G	G
Y	G	A	C	T	U	X	E	E	R	I	G	G	L	N	P	D	S	J	C
S	C	X	D	J	I	D	G	P	E	C	O	S	Q	O	D	O	T	U	C
S	E	G	A	M	I	R	E	N	P	E	J	N	A	S	U	V	H	B	G
O	H	K	I	S	A	I	T	S	Y	E	S	O	S	I	D	R	G	C	P
B	V	R	A	W	S	S	A	L	I	R	P	I	X	N	N	A	I	L	Q
M	M	O	J	C	D	H	R	R	A	M	H	T	R	E	S	S	E	D	S
H	Y	P	M	O	N	L	I	N	E	S	M	C	H	V	E	P	W	R	X
U	M	U	D	C	I	P	A	D	B	N	B	E	E	F	G	I	S	E	B
H	F	B	B	O	U	E	N	R	R	Z	N	R	R	U	G	C	P	M	E
G	Z	K	B	O	X	S	E	A	S	O	N	I	N	G	S	E	E	E	A
W	P	X	S	K	A	H	Z	S	F	O	O	D	D	P	A	S	T	A	T
C	Z	O	Y	H	A	H	K	W	X	S	K	P	D	I	N	T	S	L	C

BAKE
BEAT
BEEF
BLEND
BOIL
BREADS
CAKES
CASSEROLE
CHEF
CHOP
COOK
CUT
DEGREES
DESSERT
DINNER
DIRECTIONS
EGGS
FISH
FLOUR
FOOD
HEAT
HERBS
IMAGES
INGREDIENTS
INSTRUCTIONS
LUNCH
MEAL
MIX
ONLINE
PASTA
PEPPER
PORK
SALT
SEASONINGS
SIDE DISH
SIMMER
SLICE
SOUP
SPICES
STEPS
STIR
SUGAR
VEGETARIAN
VENISON
WEIGHTS

Solution on page 359

Diary of a Wimpy Kid

D K E A N X P Y Y R K O R E C C O S F J
K J E F F K I N N E Y C S Z A T W J O I
T C S Q H M D A N C E E E B V Q A U M Z
B A I S B I H I N Y L T I Z A U R P D C
J O L R E H T O R B F N R L C N T A A T
W L R L D C B A U I F V E M A B S R G Y
D D W F E O C O B E E P S L T E T T S R
S R J E O N R U V T H R S Y I O S Y A A
R G A K A T S E S C G F F C O S A J D G
O O N Z G K R H K U E S I N N F L V S E
W R A I Z D L H T U R T Y L G U E H T L
L W L D W I P I H E G K N N M N H E U C
E B I W T A L E N T S H O W T S T I O N
Y B A F A R R B R G R T A U M I R M C U
L U S B O U I D C S E R R R S O E M S K
I F Y F I V U P J S O E L B D B M A Y J
A A M I N G O K I D S N E D B L M G O D
D I A R Y W A M E E M W A L L L U Q B I
J W S W E E T I E F R E G L E Y S C O J
P D S C U B B C L O O H C S J X V Y K S

ABIGAIL
ADVENTURES
BLIZZARD
BOOK
BOY SCOUTS
BROTHER
CABIN FEVER
CARTOON
DAILY
DANCE
DIARY
DOG
DRAWINGS
FILMS
FREGLEY
GAMMIE
GREG HEFFLEY
HARD LUCK
HIT
JEFF KINNEY
JOURNALS
MEEMAW
MINGO KIDS
MOM
NOTES
PARTY
PERSONAL
ROAD TRIP
RODRICK
ROWLEY
SCHOOL
SERIES
SETH SNELLA
SOCCER
SUCCESS
SUMMER
SWEETIE
TALENT SHOW
THE LAST STRAW
THE UGLY TRUTH
TROUBLES
UNCLE GARY
VACATION
WEAKLING
WEBSITE

Solution on page 359

Weddings

C O F P B S D E C D X A N S E A T I N G
I S W L Y T S T A V W G S Y L I M A F X
S S T N R C S E S P E E U O D B M E X D
U T X S L E F I R A L N F O P T J R N Z
M F P E E M R D R D O F U R S V P B E U
W I R X W U P E N O I T P E C E R I J P
P G N S E Z G A T C L C B O U Q U E T M
Y Z V I J F C O I A M F Y B L R G W T D
Y F V P S I L A H E C N A D T S R I F I
S R U C T T N O I T A T I V N I H W A L
Z I T A S T E B L S H C L O T H E S S D
M E L S E I L R V G P O I H Z G L K O S
A N T D I N G O Q N D T N Y T U D I C T
B D J Y R G W N D I A M S E D I R B E Q
F S C A P S E R I R T Y Z M Y R G F R V
Y P L A N N E R O T E G D U B M P A E A
K E M W O K Q C P I H A U Z K E O V M I
T E O Z A R E H P A R G O T O H P O O V
Z G R C O D E X U T G N I C N A D R N E
H L D M F K J R S R E W O L F I J S Y Y

BEST MAN
BOUQUET
BRIDESMAID
BUDGET
CAKE
CANDLES
CATERER
CEREMONY
CLERGY
CLOTHES
DANCING
DATE
DECORATIONS
DRESS
FAMILY
FAVORS
FIRST DANCE
FITTINGS
FLORIST
FLOWERS
FRIENDS
GIFTS
GOWN
GUESTS
HONEYMOON
INVITATION
JEWELRY
LIGHTING
MENU
MINISTER
MUSIC
OFFICIANT
PHOTOGRAPHER
PLANNER
PRIEST
RECEPTION
REGISTRY
RINGS
RSVP
SEATING
TOAST
TUXEDO
VEIL
VENUE
VOWS

Solution on page 359

Herbs and Spices

Q J H U K A G M W Y R A Y B Q G S L E V
C F Q Y Q E K L G J W U L J V H A N X J
R V M P M A L Z R U R T E E W S L U C B
Q J A T N E Z E E H F A R H V E T N I M
K T U X N Q G K N F B S V F H O P S R I
R N U N R N D D M A R O J R A M L Y E D
D H E Y I N C A Y E N N E M Y H T C M K
Y F H G L P B L P N O R F F A S I A R B
Q R Z F N Q E O J E A H O R A P N R U R
G Y R O V A S R R R R S U N S W O D T C
D T M U F H D R B T E I T L I I M A G W
G E C A C T P C E E N D L U W O A M O Y
L R O F I P A J J D R A N L R E N O E K
B S R J E R X R P P N R L A A T N M G B
G O E Y A M E A R A V E Y I I L I S A B
G U G W N I A W J A P S V L C R C U S T
D R A T S U M C D K G R N A E Z O O M D
Q Y N M G P E B E I V O I D L C F C U A
Y P O S S Y H I L I L H N K A N I S E Q
L M P R C E L E R Y E L S R A P P C Y N

AJWAIN
ALLSPICE
ANISE
BASIL
BAY LEAF
CARAWAY
CARDAMOM
CAYENNE
CELERY
CICELY
CILANTRO
CINNAMON
CLOVE
CORIANDER
CURRY
DILL
FENNEL
GINGER
HOPS
HORSERADISH
HYSSOP
JUNIPER BERRY
LAVENDER
LEMON
MACE
MARJORAM
MINT
MUSTARD
NASTURTIUM
NUTMEG
ONION
OREGANO
PAPRIKA
PARSLEY
PERILLA
RUE
SAFFRON
SAGE
SALT
SAVORY
SOUR
SWEET
TARRAGON
THYME
TURMERIC

Solution on page 359

Physics Class

P E V T D L E S C I M A N Y D A Y P P Z
I F T K A E B S C N V Y G F Z M H M I F
O S J Q N R E M Y I O M X O D C M L L S
I G P Z B I O P H Y S I C S M A X E U N
T T H N Q G S E S B T Y T K I N E T I C
A F N O I S N E M I D I H A B E H U E A
R E S E A R C H B U I Q V P C E P N T S
V C D L M E R U S A E M I I O I T A C A
R N C S C I S Y H P O E G R T R D I A G
L E Y V C T R T Y M Y J Y A I A T E M E
M I V L A H E E E C R O F F C A L S D O
T C U E S T O N P R E T U P M O C E A M
O S H V L P T O Q X Y G R E N E U E R E
Q W R T E U A U L L E T H G I L T M M T
Y N E O M L A C O U S T I C S U Q I O R
P S T R E N O U E C A L C U L U S T T Y
T J T Q T D O C U M E N T M A S S Y I A
P N A U C F H E I C D E N S I T Y K O C
M Q M E G R A V I T Y U H O N C I J N E
O Q C J N J B X S M Y Q N A W A V Z C D

ACOUSTICS
ASTROPHYSICS
BIOPHYSICS
CALCULUS
CENTRIFUGE
CLASS
COMPUTER
DATA
DECAY
DEDICATION
DENSITY
DIMENSION
DOCUMENT
DYNAMICS
EMISSION
ENERGY
EXAMS
EXPERIMENT
FORCE
GEOMETRY
GEOPHYSICS
GRAVITY
HEAT
KINETIC
LEVER
LIGHT
MASS
MATHEMATICS
MATTER
MEASURE
MOMENTUM
MOTION
QUANTUM
RATIO
RELATIVITY
RESEARCH
SCHOOL
SCIENCE
SPACE
SPEED
TEST
THEORY
TIME
TORQUE
VELOCITY

Solution on page 360

Travel Diary

U X E T I R W F K R H S U D P F T J S G
N S Y T G H Q A J E V M D E S C R I B E
J S D R A C T S O P S N O S S E L I N T
C B O Z E R E S O M D P S J F D F N A N
P K C K S V R T D R L M V L A O P F D S
L I U F T E O A O E X P E D I T I O N S
A D M G H L I C N R S C H W R E C R E E
N Y E R O V E T S E T T I X L O T M G N
S D N P U R O E L I F L I C S N U A A R
E N T J G O R Y O U D G I N E W R T D E
R G O O H U T N D L C N O V A Y E I E D
U E I I T D S M I U O I E S R T S O S L
T Y M L S Q D F Q R T T F A L D I N H I
N L U I D S E H H A K S R F V E I O G W
E C X T N B E C V D B E U C I O T A N F
V V A O U D Z R L A N R U O J D A O R Z
D I T O O F E E P I M E M O R I E S H Y
A E R S S S I R T M S T H G I L H G I H
S W I C B F J I S W I N E S O A O C B B
F S P O V G S A F A R I L G F U F X R A

ADVENTURES
AGENDA
CHRONICLE
CULTURE
DATE
DESCRIBE
DESTINATION
DIARY
DIFFICULTIES
DISCOVERY
DOCUMENT
EVENT
EXPEDITIONS
FIELD
HIGHLIGHTS
HOTELS
IMPRESSIONS
INFORMATION
INTERESTING
ITINERARY
LESSONS
LOG
MEMORIES
NARRATE
NOTES
OBSERVATIONS
PEOPLE
PICTURES
PLANS
POSTCARDS
RECORD
REFLECTIONS
REMINDERS
ROAD JOURNAL
ROUTE
SAFARI
SOUNDS
STUDY
THOUGHTS
TOUR
TRIP
VIEWS
WILDERNESS
WILDLIFE
WRITE

Solution on page 360

Hidden Treasure Chest

T X D P S A B P Z J Q I R O K F P X O R
Q P E S R N D F E T O M E R M C R E N B
T H T V P K F E C O I N S K G M O N E Y
P Z R S S E M V E Q Q T E V M L T L K O
K U X J O E A O W D N W R T D G E B Q X
S B O Z S W C R O W N S V W O D C C P P
S Z B E A C H T L R A A E B E X T A P S
J T A C Z D I G Y P B S L C N K R S A F
O K D N E G E L P G T E U S A T N H V I
S D T J T S G H E G T D S G I L S M E G
E B E P T I I D B R M A P F F S K N Q C
C F O D C R Q L C W E I A U E C E C I S
R U B I E S Y U V M F C C L R J S Z E V
E I K S A W S L E E T N E I J E C W D N
T G H N H H A R S S R C M S N T E E L C
R H D Z I J A L O T I I I O C S Z A O C
C Q L J D L E M O R N E T A R I P L G Y
G Z S V D W H O P A T S V U R I B T W V
T Y M S E U L C L R L E C P H W N H E Q
V Q A J N S P S T A S H S S Y Z C U M Y

ANTIQUES
ARTIFACTS
BEACH
BOX
CASH
CAVE
CLUES
COINS
CRIMINALS
CROWN
CURSE
DIG
EMERALDS
GEMS
GOBLET
GOLD
HIDDEN
ISLAND
JEWELS
LEGEND
LOCK
LOOT
MAP
MONEY
NECKLACES
OLD WEST
PEARL
PIRATE
PRICELESS
PRIZED
PROTECT
RELICS
REMOTE
RESERVE
RUBIES
SAND
SAPPHIRES
SECRET
SHIP
SILVER
STASH
STONES
TIME CAPSULE
TROVE
WEALTH

Solution on page 360

Electrical

U O P S M A E L V Z Q Z D R T E L T U O
C Q O B M V I A R V P A P P L I A N C E
A O X P Q N B V E N T I U C R I C C G N
B A E P E T B R O T C U D N O C U R R E
L R Q S P R F S E R V I C E T P O W E R
E J M Y E L A R I A P E R L A U C S I G
O A N R Y C I T E A K A G T N G A L V Y
N P S E V A I E I Q A E I D R W P O Z O
B S M T G C A V R O U O R F E O A O T A
Z Z P T H A B X E S N E O C T U C T K Z
G S F A S G T U K D P O N V L T I U T L
L C W B R R I I X T R A C C A A T O E O
J O X I A K L L V P N T B A Y G O K K C
C P A I T L C K R E V I R D W E R C S P
O P N D E C C E T Y N H C X E W Z A S I
X E E D E I H N O I S S E F O R P L P L
D R U B Y T I C I R T C E L E C F B L U
P V S Z A A R P Q L T B E E G N I R I W
U E R E M R O F S N A R T N E R R U C I
T U W I R E L E S S T L O V W C O V E R

ALTERNATOR
AMPERE
APPLIANCE
BATTERY
BLACKOUT
BREAKER
CABLE
CAPACITOR
CIRCUIT
CONDUCTOR
COPPER
COVER
CURRENT
DEVICES
ELECTRICITY
ENERGY
FREQUENCY
GROUND
LIGHT
LINESMAN
LOAD
MAINTENANCE
NEGATIVE
OCCUPATION
OPERATION
OUTAGE
OUTLET
PLIERS
POWER
PROFESSION
REPAIR
SCREWDRIVER
SERVICE
SKILLED
SPARK
SPLICE
SWITCH
TOOLS
TRAINED
TRANSFORMER
VOLTS
WATT
WEATHERPROOF
WIRELESS
WIRING

Solution on page 360

Selling Insurance

A A B R U W L C E F B U N U C U P I T N
H R Y R H D A L L V T S A L E S M A N U
A T R O O S T E B A C T U A R Y G X E M
Q Y L E U K N V I L E S F I L E R D M B
P E Y A P R E A T U T C L A T O T E E R
V B L T E R M R C A O H O S I J N N L E
Z T A L R H E T U T R M O N B B E T T L
Y N L Y R E L S D I P E D T U F M A T L
H E O T Y M P Y E O O E V S I S Y L E A
S Y Z I U O P O D N M T I C E N A K S A
I X Q L S H U C R N T N I C O V P U M H
N M N I T S S G I P E A U I Q E R A V E
J O R B P X I T D S R R T D F T E A R D
U R I A O O Y M S Y I A W I C Y M A T T
R T S S L D Y Y M T G U L A V Q I E M E
Y G K I I J V R Y O O G R M I E U M H Q
U A B D C L N C R S C T S M C V M O O W
X G O P Y I L B Y T N A R R A W E G T T
D E A L E R U O Z O C E E U S Y Z R U E
I D E R U S N I C A T W H Q P A S L A C

ACTUARY
AUTO
BENEFICIARY
BROKER
BUSINESS
CASUALTY
COLLISION
COMMISSION
CONTRACT
DEALER
DEDUCTIBLE
DENTAL
DISABILITY
FILE
FLOOD
GUARANTEE
HEALTH
HOME
INDEMNITY
INJURY
INSURED
LIFE
MORTGAGE
PAYMENT
POLICY
PREMIUM
PROPERTY
PROTECT
QUOTE
RATE
REPRESENTATIVE
RISK
SALESMAN
SECURITY
SELLER
SETTLEMENT
SUBROGATION
SUPPLEMENTAL
TERM
TRAVEL
UMBRELLA
VALUATION
WAIVER
WARRANTY
WHOLE

Solution on page 360

Learn to Drive

Y R R W P E P Y X Z D X Z E D C B M F Z
A S P R Q V D W Y U N N Z G O N C U T M
M S W C S U A L K X B I B N R S G D M L
H E P O T S S Y A K A K E I W P I H G U
R N S S E B Y C L A S S E S A I B G Y W
E T A R E L E C C A L A W S H N P V N R
S R G W R I K V S W R W S O Y D E E P S
P E L I I N W K K V I E W R X T T X R V
O L J S N D K O E Q N C P C I T E Q R S
N A X R G S P P E G S A V M I I V F O C
S X P A R P T M E O R Q R R U F E X A M
I I W W E O A R A K F E W S K B F S D S
B L S Q H T E E U R P T E S T G E A R H
I N A Z C F S Q K C T S Y D R I V E R C
L C R D A U T O M A T I C Q Q A M Y L T
I D C U E X H V I I R O X G R X X I L U
T S A E T P G P Q T R B R E W H E E L L
Y Q W Y M P I Y O N I R A F M H B I Z C
Q H A X D S L A U N A M O G Y Q T F H V
B G R W J B H V A M K V P R U L E S S T

ACCELERATE
ALERTNESS
AUTOMATIC
BELT
BLIND SPOT
BRAKE
BUMPER
CLASSES
CLUTCH
CONES
CROSSING
DRIVER
EXAM
EXIT RAMP
GAS
GEAR
INSTRUCTOR
KEYS
LAWS
LIGHTS
LIMITS
MANUAL
MIRROR
PARK
PASSENGER
PEDAL
PERMIT
RESPONSIBILITY
ROAD
RULES
SAFETY
SEAT
SIGNS
SPEED
STEERING
STOP
STUDY
TEACHER
TEST
TRAFFIC
TURN
VIEW
WHEEL
WIPERS
WRITTEN

Solution on page 360

Too Loud!

R E T S O O R O N D S R Y Z W T R Y R C
W G Y S R C T R A F F I C I V J B Y G G
L C I I R E O T H U N D E R Q A D T O S
R Y D N A B G N I H C R A M B F C H D X
V A L G C T I A S R E T T A H C H U R V
U W E I B J D R N T X B I M U S I C U S
S E B N U Z R D D E R S E O J U L O M M
I E I G L E K O M S E U S A N G D M D F
B R C K C X K T H S G T C A S E R M W O
Y F E S T I V A L R E K T T B F E E I B
O J D H H E P S A S H W R Q I T N R N U
B S O O G Y L X E A C E H R R O E C S E
P R X U I A R E M N C H E Q L T N I T E
N L D T N S K M V N I W O F P B G A R B
A A B I L M E K O I O H O O S P B L U L
F E N N A R G C Q R S K C I L E H S M E
D E B G N A G A K H O I R A D B F O E L
J P E O P L E S G O L A O A M A U R N J
B J Y T R A P P R E X X C N B U R S T E
B I F Z S R O B H G I E N M O T O R S K

ALARMS
ARGUE
AUCTIONEERS
BABY
BARK
BIRDS
BROOK
CAR
CHATTER
CHILDREN
COMMERCIALS
CONCERT
CONSTRUCTION
CRY
DEBATE
DECIBEL
DOG
DRUM
FAN
FESTIVAL
FIREWORKS
FREEWAY
HELICOPTER
HORN
INSTRUMENTS
JACKHAMMER
MACHINES
MARCHING BAND
MOTORS
MUSIC
NEIGHBORS
NIGHTCLUB
PARTY
PEOPLE
PHONE
RADIO
ROOSTER
SCHOOL BUS
SHOUTING
SINGING
TEENAGERS
TELEVISION
THUNDER
TRAFFIC
VACUUM

Solution on page 361

Enriching

I H D L K F N W T R G X Z G K E L E R R
N S A L Y T I S O R E N E G D C I S U M
T P K R O N R T G E R Q Q S E I P V R L
X H U Q O H V I T N T P G P U O B O O K
R X O M K E P M P R I A T I P C E Y I M
F E R U T A N U O X O R V R M V C W V V
Y E Y F G I O L S X A P U I I A E E A E
S R S A R H I A I T A L P T T S N X S R
A K K I R Y T T T G O I A U R O V T E S
S L I T J P A I I B H R H A S U M M R E
P T U H P P N N V O E T Y L W T N E U A
R S R F B A I G E N E N E Z Q E X D T Z
E O Z E P H M T E F R I E N D S H I P I
T D L Y N L R G R F F Q M F I G M T I R
O B I E D G E N C O U R A G I N G A R O
U I J F M R T H T G F Y Y O N C G T C T
Q O H H Y O E H F F A M I L Y I I E S N
I C O N F I D E N C E H O M E S S A G E
R P E X G F N E S N E V O C H E E R L M
E R S A Y I N G L U E Q K C D X L K Q Y

ART
BENEFICIAL
BOOK
CHEER
COMFORT
CONFIDENCE
DETERMINATION
EDIFYING
ENCOURAGING
ENLIGHTENING
FAITH
FAMILY
FRIENDSHIP
GENEROSITY
HAPPY
HELPFUL
HOPE
LOVE
MANTRA
MEDITATE
MENTOR
MESSAGE
MOTIVATE
MOVIE
MUSIC
NATURE
NURTURING
POSITIVE
PRAYER
QUOTE
REGENERATIVE
ROLE MODEL
SAVIOR
SAYING
SCRIPTURE
SERMON
SPIRITUAL
STIMULATING
STORY
STRENGTH
SUCCESS
SUPPORT
THOUGHT
UPHOLD
VERSE

Solution on page 361

Ski Fun

R O T C U R T S N I I K S C L D H A D J
E O U H U O E R N D Y G H Z E S O R S O
P J A A F N W S A T G A R C N S G K O S
H T I L M I K I E N I K N O K L I G E B
S V S E N I G K I R S A W I U B F P R D
J Q E T L T C I L M V P M H O P O U Y Z
J K E I R A K I I D L A O O A L P I N E
S R F A J S F T A O S T T R S J Q T T Q
A T I O X T T T W K C S K I T R W E I U
K L M O N E Y M M H H A Z N O A T K U I
S W B S N O W B O A R D I N G N T C S P
E E E S Y M I C U S K I P A N T S I W M
V A C A T I O N N N E E U R O P E T O E
O T A D C L S I T Z N S P D E D L T N N
L H L I A L E V A R T Y A E T E G F S T
G E P T R Q L D I A E R H C P J G I N G
U R E Y V C O U N G O Q L I T M O L I H
N C R I I I P X S L A L O M L I G W B C
N K I U N S T R O S E R A T V L U R A J
W D F L G L Z C K Z K F R I E N D S C T

ADVANCED
ALPINE
BUNNY HILL
CABINS
CARVING
CHAIR LIFT
CHALET
COLORADO
EQUIPMENT
EUROPE
FIREPLACE
FRIENDS
FUN
GLOVES
GOGGLES
GROUP
HATS
HOT CHOCOLATE
JACKET
LIFT TICKET
MITTENS
MONEY
MOUNTAINS
PARKA
POLES
RESERVATIONS
RESORTS
SKI BOOTS
SKI INSTRUCTOR
SKI LIFT
SKI MASK
SKI PANTS
SKIING
SLALOM
SLOPES
SNOWBOARDING
SNOWPLOW
SNOWSUIT
SUITCASES
TRAILS
TRANSPORTATION
TRAVEL
VACATION
WEATHER
WINTER

Solution on page 361

BFFs

K N V N R D R G L G Y V Z H S M C V Y W
F O Z O L X L E S I M I L A R U A O D Q
I L N I W A H M D D S J K I N D R E D E
W O F T I S M P I R R T T D F A I R U O
H E O C O M P A T I B L E R U H N E B P
W N E E A X L T D E C R I N O D G V X I
V P W F R O E H L O S E I M E F J E W D
S E J F Y S D Y M T N L E D E R M R R E
E E V A G I V P A D B B Y Z L T U O T V
N D L O A G A N S F H A P O B D Y F C O
Y B Y F L N D V S A B R E R A H S O D T
U E Q T I I B C O M P A S S I O N L E E
N C M O N F U N Y I X P S J L N A F D D
Q E N G N I T S A L R E V E E N E I N E
X S T E R C E S F Y N S A C R H F N O I
I O R T Z A H U R I Z N T E X N T K B F
T L U H D N C H P E V I T R O P P U S I
X C S E Y T T P Y C O E T C E P S E R N
O Q T R F G A R E N T R A P A I R B R U
Z B A U E H M X Z D Q C G L B G U K H A

AFFECTION
BONDED
BUDDY
CARING
CLOSE
COMFORT
COMPANION
COMPASSION
COMPATIBLE
CONFIDE
CONNECTION
DEEP
DEVOTED
EMPATHY
ETERNAL
EVERLASTING
FAMILY
FOREVER
FRIENDS
FUN
HAPPINESS
HOME
HONOR
INSEPARABLE
KINDRED
LIFE
LISTENER
LOVE
LOYAL
MATCH
PAIR
PARTNER
RELIABLE
RESPECT
SECRETS
SHARE
SIGNIFICANT
SIMILAR
SPECIAL
SUPPORTIVE
TOGETHER
TRUST
UNDERSTANDING
UNIFIED
VOWS

Solution on page 361

For Carnivores

S	Y	X	G	C	N	K	E	B	O	K	W	U	J	T	W	S	I	W	Z
E	Y	U	J	F	I	L	E	T	I	C	X	Y	S	K	A	E	T	S	D
L	B	D	L	I	E	H	B	S	Y	R	T	S	U	D	N	I	L	W	E
B	S	A	C	L	T	B	F	Y	U	R	E	N	N	I	D	R	O	O	S
W	C	X	I	O	O	A	G	H	F	R	B	M	S	D	E	E	F	C	S
F	L	P	S	S	R	L	F	E	A	W	M	I	I	N	V	C	O	N	E
K	T	E	V	M	P	N	E	N	H	M	U	P	U	R	F	I	O	F	C
L	A	M	I	N	A	B	E	D	C	C	B	G	L	O	P	P	D	V	O
K	E	E	W	K	T	K	B	D	D	Y	N	U	F	O	M	E	V	F	R
O	M	N	R	S	C	B	D	S	B	I	R	T	R	O	H	S	R	A	P
V	D	Z	A	I	A	U	N	A	L	E	T	T	S	G	D	T	E	O	I
F	E	O	H	A	A	L	U	I	V	G	E	E	O	D	E	G	T	L	N
R	R	C	S	I	R	L	O	I	N	R	N	F	Q	K	K	R	H	T	R
R	A	N	S	Y	T	R	R	B	H	I	D	I	S	H	O	I	G	A	L
A	A	N	K	M	B	P	G	O	V	E	E	I	K	A	M	L	U	E	P
L	B	R	C	N	E	X	U	O	W	W	R	Q	S	O	S	L	A	M	E
P	E	B	E	H	A	S	B	W	A	B	L	T	X	E	O	N	L	G	R
J	T	A	Y	D	E	L	T	T	A	C	O	Q	F	M	G	C	S	X	K
X	J	E	N	K	C	R	F	S	C	M	I	C	H	U	C	K	I	P	Z
I	O	N	N	O	Y	Y	D	E	H	L	N	B	S	H	A	N	K	Z	A

ANGUS
ANIMAL
BOVINES
BRISKET
BROILING
BULL
CALF
CATTLE
CHICKEN
CHUCK
COOKING
CORNED BEEF
COWS
CUISINE
DINNER
FARM
FEED
FILET
FLANK
FOOD
GRILL
GROUND BEEF
HAMBURGER
INDUSTRY
JERKY
KOBE
LEAN
MEATLOAF
PORTERHOUSE
POT ROAST
PRIME RIB
PROCESSED
PROTEIN
RANCHER
RARE
RECIPES
RED MEAT
ROAST BEEF
SHANK
SHORT RIBS
SIRLOIN
SLAUGHTER
SMOKED
STEAKS
TENDERLOIN

Solution on page 361

North Dakota

M S O Y A N K T O N O T E P H A W S U D
F A H G I E L R U B Q G R A I N S S Y X
P G I N R E T S E W D I M H E H P P B A
M L A D P E T R O L E U M K S E D O G T
N A B A D L A N D S S K K X M C R R U H
T R Y G N W O T S E M A J B Y E I C R E
H U E V R J F Q P D B X I W L C F Q Y K
L T J V I A U A N L W N W P U N T C R A
I A O C I L F A R I A M X L A I P S E L
T N H L D R L T M G Z I T D N P R W D S
D U N E S S I E O I O U N O C F A W R L
S H B O S O L R S N R A I S U K I W I I
E N U A G A G S U E M N Y M A K R I V V
T E R F S E A C G O U S I K S O I L E E
T G K W P G T L N T S N A E B Z E L R D
U A E T A L P I R U O S S I M Z W I H M
B N V E X H U O J T E D I C K I N S O N
W U K A O G F O C K C R A M S I B T J T
T A E H W V F L A X S E E D B L A O C D
L Y T I C Y E L L A V S H E Y E N N E Z

AGRICULTURE
BADLANDS
BAKKEN
BEANS
BISMARCK
BURLEIGH
BUTTES
COAL
CROPS
DEVILS LAKE
DICKINSON
DRIFT PRAIRIE
DUNES
FARGO
FLAXSEED
FORT UNION
GRAFTON
GRAINS
GRASSLAND
GREAT PLAINS
JAMESTOWN
JOHN BURKE
KFGO
KXMC
LAKE AGASSIZ
LAKE SAKAKAWEA
MANDAN
MAYVILLE
MIDWESTERN
MINOT
MISSOURI PLATEAU
MISSOURI RIVER
NATURAL GAS
NEW SALEM
OIL
PEMBINA GORGE
PETROLEUM
RED RIVER
RUGBY
SHEYENNE
VALLEY CITY
WAHPETON
WHEAT
WILLISTON
YANKTON

Solution on page 361

Radio in the Past

J O C T U N E Q U Z E P R M J C S C V T
E X A M A N N I E S Z B C F E E Y D T F
Y K D Y Z L Z L V P B O A G I S T R R R
W N V S K N E W S R U R A R O G I A O E
D E E T X P T N O N M N O U R M L M R H
Z T N E M N I A T R E T N E A M A A R T
S W T R K G D R E D S D D G O N U E O A
A O U Y P C Y P L E E Y I X C Y Q S H E
L R R R A U O O N F R N L E R R L O E W
P K E S U R G O F D A S R D B A M A V L
H S T S T G H E E T E N D I I T M P I F
C R P S F P C R I V E G Z C G N A O L D
D E L L O T E O A G A X R K B E H P O S
K L O R S O N W E L L E S T A M B E M H
C L C N J W R I H U M O R R N M Y R J O
O I Z C P I D F A M I L Y A D O N A H W
M R O E A N P R O G R A M C A C T O R S
E H S X O J A C K B E N N Y T E I R A V
D T C L A S S I C I S U M U F P I C Q P
Y C B J Q D B B O S Y B F M P N U O N W

ACTORS
ADVENTURE
AIRWAVES
ANNIE
BIG BAND
BLONDIE
BROADCAST
CLASSIC
COMEDY
COMMENTARY
COMMERCIALS
COUNTRY
DIAL
DICK TRACY
DRAMA
ENTERTAINMENT
FAMILY
FARM REPORTS
GENRE
GOLDEN AGE
HORROR
HUMOR
IMAGINATION
JACK BENNY
LIVE
MARX
MICROPHONE
MUSIC
MYSTERY
NETWORK
NEWS
ORSON WELLES
PROGRAM
QUALITY
RED RYDER
ROMANCE
SHOWS
SOAP OPERA
SOUND EFFECTS
STORIES
TALENT
THRILLERS
TUNE
VARIETY
WEATHER

Solution on page 362

Nightclubs

X G R O V K Z L C H A F I Q Y N Y J F I
E L O B L B R W T A V M V L I Q U O R T
X P F Z W I B M U D N E K E E W Z E I M
N S E P U Z V S R R K R E L B M U T E U
P P E M C R W E C E L E B R A T I O N A
O A M D I A S G A E T H J S C R J T D Y
Q I R P I S T N M B V P K N O O L A S J
A S F T Y C H U A D D S T U N A E P A M
C T E D Y S G O R U B O U N C E R L A B
X R W F H L I L A R U M Y A S O C R U C
G O C A D E L O D S W T I J V O T L O S
R B K H W Z S T E A F A B L H I C O P Z
S E V J E T C G R L R W U O N Q L O U Y
R L L N A E A N I G H T L I F E R T B H
J H I Q L R R R E I N W S U R T T S S J
O X T T E P T S S Y J I N S S K N I R D
Y W T V Z I U K H A K N C J Y H N O M J
T O E A N B E D O B L E U N B R U S A O
B B I G N Y V X T N L U V G A M E S X Z
C E P F R L F U S E K D D G T D I S C O

ALCOHOL
ATMOSPHERE
BEER
BEVERAGES
BOTTLE
BOUNCER
CAMARADERIE
CELEBRATION
CHEERS
CLUB
COOLERS
DANCING
DARTS
DISCO
DRESSY
DRINKS
FLIRTING
FRIENDS
FUN
GAMES
GARNISH
LIGHTS
LIQUOR
LOUNGE
MARTINI
NIGHTLIFE
OLIVE
PARTY
PEANUTS
PRETZELS
PUBS
ROWDY
RUM
SALOON
SHAKER
SHOTS
SPORTS
STOOL
STROBE
TAB
TUMBLER
WAITER
WEEKEND
WHISKEY
WINE

Solution on page 362

Ghostly

M G G I D N I W P M D S U S L N X J B T
B Z X X X O E C L E U I C A O H Q I J K
C K N E F I L R E T F A E I D U U Q T Z
X G H O S T H U N T E R S S G M L G K T
S D K U I A E W L Y H S H L O A L I V E
F R I G H T H Q V D E T H T Y M M N E E
B D Q U J S I S N S N Y N N C I Y F F H
X J R O H E K R S U J A E P N S V H D S
S Y D A F F G O A A H E E H E I Q X E P
H N D E E I P H C P W O A D S T T N A O
P O W D S N Z O L O P B R I R R S H D O
W A L E J A B U L L I A B Y E E C D I K
H O R P W M E L E T E L O G T S P E C R
C L K A A F A C W F E W O R U T K S H A
S E I R P H P H E K B R O E R L I U A X
M G L T L K M U I D E M G N N E N O I C
T E K E I M S A L P O T C E K S I H N N
Y N N D J K Y S G N I T H G I S G K S Q
D D E U T R W F B N T I R I P S H C G K
L S K M V A N Y H V S H N H U N T I N G

AFTERLIFE
APPARITION
BOO
CASPER
CHAINS
COLD
DEAD
DECEASED
DEPARTED
ECTOPLASM
ENERGY
EVIL
FEAR
FRIGHT
GHOST HUNTERS
HALLOWEEN
HAUNT
HOUSE
HUNTING
INHABIT
JACOB MARLEY
LEGENDS
MAGIC
MANIFESTATION
MEDIUM
MYTH
NIGHT
ORB
PEOPLE
PHANTOM
POLTERGEIST
POSSESSION
RAP
REAL
RESTLESS
RETURN
SENSE
SHADOW
SHEET
SIGHTINGS
SOUL
SPIRIT
SPOOK
VISIBLE
WIND

Solution on page 362

Art Museums

N J S G Y C W D R A U G A L L E R Y A X
O L R D W B Z D R I Y R E T T O P N M E
T R U X C P R B S Q F N A M T F C D X V
E T O T T O E G M A V U O A A I J H W E
S H T C Q I N D C Y X D R I E R I G N N
O C V D I I A T L A R U M N S B F X G T
U T I I W S I R E H C O T R I S Q I I S
V E F O S V S Q T M T L T T N T I B S M
E K H T I U S A A R P Q I S O M U M E K
N S K T N H A T L X O O K O I T J R D P
I O I C C E N L S C N P R F T H M I E A
R E B A O R C T E M P E R A A L L T T P
S A H R L U E O P H O T O G R A P H Y P
A Y L T O T J M D I L S C W T Y G X F R
V N W S R C E C E I P R E T S A M U F E
N G H B P I H D C V P S E C U R I T Y C
A Z C A S P I U N O I T A L L A T S N I
C B I U Z U D K R T E X T I L E S P T A
F N U R G P A S T E L S T S I T R A Z T
T Q H H T T E G W X C K V S A G F B I E

ABSTRACT
ACTIVITIES
ADMISSION
ANCIENT
APPRECIATE
ARTIST
BROCHURE
CANVAS
CLASSIC
COLOR
CONTEMPORARY
CURATOR
DESIGN
DOCENT
EVENTS
EXHIBITION
FRAME
FURNITURE
GALLERY
GUARD
GUIDE
HISTORY
ILLUSTRATION
INSTALLATION
MASTERPIECE
MURAL
NOTES
OIL
PAINT
PASTELS
PHOTOGRAPHY
PICTURE
PORTRAIT
POTTERY
RENAISSANCE
SECURITY
SHOWINGS
SKETCH
SLATE
SOUVENIRS
STUDY
TEMPERA
TEXTILES
TOURS
VISUAL

Solution on page 362

Tweenagers

V I X P M E W E N D D S A O C S C M N D
R C R A A D Y I G C D G M C S I U R S W
N V H R K I T I C I N E E W T E B O E I
E S W K E S I N I H R J D D P A S C S M
N N E S U T R D R P O L G N I G N A H C
I G O I P U U E E A B R S E U E D Q O H
Z Y U H V O T P M R O I E C C O E I P X
A N Y K P O A E M G Y H U S O N R Z P C
G B G N I L M N U O S V E S C U A G I Y
A E K O S P L D S M C L D A G P T D N K
M W H U S J I E I E O F R I E N D S G E
Y V B O O K S N C D U M B S E U Q I L C
Y N P D G N C C A M T E L E V I S I O N
T L W Y N H V E R U S S E R P R E E P A
R J U N I O R H I G H O M E W O R K S W
E V O L Y P P U P M A C D N A B Q P E O
B K D W L C G Y C F I R A D O L O F M L
U B D A L A I C O S A F K R R R R I A L
P A Y H U A M E V M J O E X T U T D G A
L T W S B R P A A E W D S S C H O O L B

ACNE
ALLOWANCE
BAND CAMP
BETWEEN
BOOKS
BORED
BOY SCOUTS
BULLYING
CELL PHONE
CHANGING
CHILD
CHORES
CLIQUES
COMPUTER
CURFEW
DANCE
DEMOGRAPHIC
DRAMA
FRIENDS
GAMES
GIRL SCOUTS
GOSSIP
GROUNDED
HOMEWORK
INDEPENDENCE
JUNIOR HIGH
MAGAZINE
MAKEUP
MALL
MATURITY
MOVIES
MUSIC
OUTSIDE
PARKS
PEER PRESSURE
PLAY
PREADOLESCENCE
PUBERTY
PUPPY LOVE
SCHOOL
SHOPPING
SOCIAL
SPORTS
SUMMER
TELEVISION

Solution on page 362

Demeanors

E C V G R U M P Y L E V I L Q Q K U Z L
Y H A P P Y N A A T U P S E T W I L G E
D E L B M U H P N T N A L A H C N O N W
E E T R U A K A L X I U M N G X D O I R
E R I I V G N F H E I E A G I V I N G T
R F X F R G O M R K A O N E R H Y B A T
G U E V I T R O P P U S U T B R A Y R B
J L A D W N N D D F D Y A S G S Y S U X
R O N P P A G O A O P M K N S X M V O M
I I Y S O Y E I C D A P A E T O K O C M
C I L F L L T T D C A A R G N I W O N K
K Y U V U H O L A C I T S I M I S S E P
Y L F S F L O G B N I H E U K G Q Z C M
C W P U H H Y B E V I E Z N C M R G A T
X H L O T S K Q E T A T T N A G O R R A
Z X E L U I R B L D I I S N L C S M I M
Z U H A O F I V Z I I C N B M P I G N P
X E V E Y L U F E C A E P P O O C O G V
O M E Z O E Q K U C R P N J E A L O U S
S F R W I S T F U L O Z R T S E D O M S

ANGRY
ANXIOUS
APOLOGETIC
ARROGANT
ASSERTIVE
BRIGHT
CALM
CARING
CHEERFUL
CONTRITE
DIGNIFIED
ENCOURAGING
FAITHFUL
GIVING
GOOD
GREEDY
GRUMPY
HAPPY
HELPFUL
HUMBLE
INDIGNANT
JEALOUS
JOYFUL
KIND
KNOWING
LIVELY
MANNER
MODEST
NONCHALANT
OBEDIENT
OBSTINATE
PATIENT
PEACEFUL
PESSIMISTIC
QUIRKY
SELFISH
SUPPORTIVE
SYMPATHETIC
TENACIOUS
UNPLEASANT
UPSET
VAIN
WISTFUL
YOUTHFUL
ZEALOUS

Solution on page 362

Perfect Places

E C Q X I D Y L L I C Y T V X B M G M N
S K S C C I N O M R A H S P E O X R H N
X N C E D M V A G F U U I A S D E Y A J
U P O A V C R O L L N N C E T N L E L W
Q O E R B A R O F Y E H G E I N C L C P
O P Z V K G W E B A R W N A E O A Y Y C
Q S H T E E E D P U L I O V W R L F O A
P H L O R R L P S N N J A T S G U M N H
E G U S L M L A C D B E N F U W F O N B
R S C A H E G A U I H E Z X O O Y B X R
F N R R S E I O S S M S Z Y R N O N F O
E O E T T P L S G T R T M T E D J R X B
C I N A O C I S N U I U I I P E N E D E
T T W T W L E E I R L N H Z S R C L Q D
T A U D B V T L S B G O G D O L L A D K
Y C N N O N O E A E J C G M R A A X E E
S A P C O I M M E D A O C F P N E N B P
S V E C S G E I L L A C E M V D D A D X
N E F C A W R T P C T S X T Q U I E T T
V R A K G E C D Y O D U X E C Z G E S E

BEACH
BLISS
CALM
CLOUD NINE
COCONUTS
COMFORTING
CONTENTMENT
CORAL REEF
COVE
EDEN
EVERLASTING
FAIRYLAND
FANTASY
FLOWERS
GETAWAY
GORGEOUS
HALCYON
HARMONIC
HEAVENLY
IDEAL
IDYLLIC
ISLAND
JOYFUL
OCEAN
PEACE
PERFECT
PINEAPPLES
PLEASING
PROSPEROUS
QUIET
RELAX
REMOTE
SAND
SEA
SNORKEL
SUN
TIMELESS
TOWEL
UNDISTURBED
UTOPIA
VACATION
WARM
WAVES
WONDERLAND

Solution on page 363

SUVs

C V C R H I Y P O B U E U C H Y E U G T
U E M P H R K P A I F R J I A M O S C N
S Z J E E E C G I T O N O K U Y E V J E
Y X L Z D S I P A X R B R M D Q E L N M
Z H X O N I U Q E A D I P R U F N N C E
G E N H S U B U R B A N O O A Q Z L N L
Y X I F D R K M N D R L I T R T T H G E
J C S P A C A D I A P A N S D O A H W B
T C S R E D N I F H T A P N L Z I H L C
R M A I A N K U A E S T V I M G E A O H
O O N P W A O Q E J E E P W H N Z B T E
O G V P T L L I R O U D E L C E B E X R
P K N A V I G A T O R S A L R R P C V O
E E A A E I V P K I C N A Q O A U O I K
R U S R R D L A R A D V T N S R I S S E
W G B R U U N U P E E E C S S B R P R E
R O D E O C D E R O V O P I O M A O R X
I R B T N V A W A Z U O O X V S F R W H
F L E X A U U C I N R N R V E Z A T F U
P W N W J S Z X L T Y E V E R E S T B N

ACADIA
ACURA
ARMADA
BLAZER
BRONCO
BUICK
CAPTIVA
CAYENNE
CHEROKEE
CROSSOVER
DURANGO
ECOSPORT
ELEMENT
ENCLAVE
ENDEAVOR
ENVOY
EQUINOX
ESCAPE
EVEREST
EXCURSION
EXPEDITION
FLEX
FORD
HIGHLANDER
JEEP
LAND CRUISER
NAVIGATOR
NISSAN
PASSPORT
PATHFINDER
PATRIOT
PILOT
RODEO
ROGUE
ROVER
SAFARI
SANTA FE
SEQUOIA
SRX
SUBURBAN
TAHOE
TROOPER
WINSTORM
XTERRA
YUKON

Solution on page 363

Christmas

A I O H I L G B X S F A M I L Y R A M Q
V P M O J K U B A Y A D I L O H T R I B
W F F Z R L W D E B E H S T N E S E R P
E Z L P U U V F Z S Y G T Q J B V G O F
L M W K A E D O T B M J L T H K U S F T
V V A I N N H O R N A M E N T S F L R U
E U K T B P C D L J D N T S H T A E R W
S T E C E K R E I P A Y O M U K E G F J
L M P S I E U B T C H B E W T S S N O W
L I O N N M H F Y P S L E I G H Q A G W
E J G N N U C D E C O R A T I O N N I B
B S I H K Y N E L W G I S Q H U I S V R
B D N C T A X C O Y O K N H H L E V I C
E M T A C S O E P T Q Y J S O M E R N O
C G U I C O K M H I O N Z R E P A H G Q
Z I R E K A E B T V Y Y A N S T P W E F
C F K I C A D E R I W C S E S X T I G M
N T E S B O Q R O T D N N F L U S I N T
E S Y R G R E E N A I T S I R H C H A G
A Y L N H X I W I N T E R X R R Y Y D F

ADVENT
ANGELS
BABY JESUS
BELLS
BETHLEHEM
BIRTH
CAKE
CANDY CANE
CAROLING
CHRISTIAN
CHURCH
COOKIES
DECEMBER
DECORATION
DINNER
ELVES
FAMILY
FOOD
GIFTS
GIVING
GOD
GREEN
HOLIDAY
JOSEPH
LIGHTS
MARY
MISTLETOE
NATIVITY
NORTH POLE
ORNAMENTS
POINSETTIA
PRESENTS
RUDOLPH
SHOPPING
SLEIGH
SNOW
STAR
STOCKINGS
TOYS
TREES
TURKEY
WINTER
WISE MEN
WREATHS

Solution on page 363

Rustic Cabins

S X I P W I L D L I F E J I B T F K F N
R U B S L A R U R I Y T M M V R I T O E
G P M Y L I M A F R E T R E A T T I R D
C S S M L R I C K E T Y S T C F N I E B
S M E I E Q U R F J C W L H S U F B S S
O M P R N R M E E V G A E S E K B A T H
E H L O E P E N Z G E N E R A T O R U B
L G J A L N I T X R U N P P G C B L Q Q
P N E L A J E A L M R D I S O L A T E D
M H A R K C T L K E G G N I A T N U O M
I M X A U O A R D O H R G M T J Q H J G
S U F X J T M L G H E S B U Y N U I L P
E V I T I M I R P L H V A C A T I O N T
C S S A I W T N A E Z J G K W X E A S L
L S H N V E N X R R E R U T A N T E U K
U P I O Q O I V P U H G N I T N U H U Q
D G N S M N T O I C F H W H E G V F W M
E R G P G A R X T E S U O H G K E D B L
D M X U L C I C D S W H M M T V A V Z A
I X Q S H P P Q X Z S S U M E T X L O U

BATH
BED
CANOE
COT
FAMILY
FIRE
FISHING
FOREST
FURNITURE
GENERATOR
GETAWAY
GUEST
HOME
HOUSE
HUNTING
INTIMATE
ISOLATED
KITCHEN
LAKE
MOUNTAIN
NATURE
PEACEFUL
PORCH
PRIMITIVE
QUAINT
QUIET
RELAXING
RENTAL
RETREAT
REUNION
RICKETY
RURAL
SECLUDED
SECURE
SERENE
SHELTER
SIMPLE
SLEEPING BAG
SMALL
SUMMER
TRIP
VACATION
VIEWS
WILDERNESS
WILDLIFE

Solution on page 363

Illustration

N	U	N	I	G	J	P	M	E	G	H	R	D	K	W	F	H	N	I	C
K	Z	L	P	N	R	G	T	Y	P	E	F	A	C	E	S	Y	P	F	X
I	P	O	M	O	J	P	N	L	A	U	S	I	V	B	L	U	K	H	P
C	Z	T	D	S	R	A	I	C	O	N	B	S	B	C	C	O	E	Y	A
P	T	U	C	Y	P	H	E	O	D	X	G	L	E	L	B	G	G	H	I
T	C	G	E	M	Y	E	U	M	P	U	B	L	I	C	A	T	I	O	N
T	B	U	O	B	H	G	F	P	R	F	Y	E	O	S	N	G	M	E	T
M	P	C	H	O	P	N	R	O	E	T	N	M	S	S	H	N	N	O	T
K	A	E	R	L	A	I	X	S	S	T	M	E	M	G	Y	I	S	W	O
L	P	J	C	S	R	G	Z	I	E	U	M	Z	N	L	Z	W	N	E	O
P	E	V	M	N	G	A	O	T	N	S	W	I	A	A	T	A	B	G	L
S	R	E	K	Z	O	K	F	I	T	F	S	T	G	X	X	R	G	A	S
Z	A	I	R	C	P	C	C	O	A	I	I	A	E	W	E	D	I	D	J
C	I	E	N	U	Y	A	N	N	T	G	M	S	K	E	T	C	H	Q	H
T	O	P	D	T	T	P	I	R	I	L	L	U	S	T	R	A	T	O	R
H	B	L	G	I	S	C	E	D	O	I	M	A	G	E	U	Q	U	N	R
S	D	R	O	W	D	V	I	I	N	F	O	R	M	A	T	I	O	N	V
O	I	N	N	R	D	S	E	P	A	H	S	M	S	R	N	Q	Y	N	H
P	O	G	R	A	P	H	I	C	S	K	O	O	B	T	D	N	A	R	B
B	U	Z	N	W	C	U	P	E	N	C	I	L	C	U	N	T	L	T	R

ADVERTISING
ART
BOOKS
BRAND
CLIENT
COLOR
COMMERCIAL
COMMUNICATION
COMPANY
COMPOSITION
CONCEPT
DIGITAL
DRAWING
GRAPHICS
ICON
IDEAS
ILLUSTRATOR
IMAGE
INFORMATION
LAYOUT
LOGO
MAGAZINE
MESSAGE
PACKAGING
PAINT
PAPER
PENCIL
PICTURE
PRESENTATION
PRINT
PRODUCT
PUBLICATION
PUBLISHING
SHAPES
SIGN
SKETCH
STYLE
SYMBOLS
TEXT
TOOLS
TYPEFACE
TYPOGRAPHY
VISUAL
WEB
WORDS

Solution on page 363

iPhone 7

D	N	H	H	P	S	D	Y	O	B	H	M	N	O	W	Q	P	P	P	F
I	V	E	T	S	A	R	E	M	A	C	F	J	C	D	B	X	M	B	I
S	G	C	W	Q	D	T	O	C	S	M	E	G	A	P	I	X	E	L	S
P	T	N	X	U	F	H	K	L	N	F	N	J	F	H	I	M	A	G	E
L	K	A	W	A	T	E	R	Y	O	A	G	R	A	P	H	I	C	S	Z
A	H	M	B	L	A	U	X	C	P	C	H	R	B	T	S	O	K	C	I
Y	D	R	S	I	L	V	E	R	Z	G	D	N	A	R	K	T	A	A	Z
Z	O	O	M	T	L	A	F	D	C	W	L	U	E	D	C	P	G	S	Z
T	Y	F	D	Y	R	I	D	H	A	L	D	V	Y	A	A	O	I	I	Q
M	W	R	P	U	E	E	Z	R	X	J	O	R	P	C	L	P	I	N	D
G	M	E	X	L	S	G	E	A	U	R	E	A	I	D	B	I	T	G	N
K	G	P	Y	A	I	T	O	P	T	T	B	T	T	T	E	D	I	E	R
M	O	D	E	L	S	P	G	N	U	I	I	V	B	E	T	E	M	L	R
L	J	L	B	A	T	R	O	P	L	V	O	B	D	L	T	V	C	I	J
T	E	A	L	I	A	C	M	I	E	W	V	N	E	E	A	I	O	B	O
R	L	E	C	D	N	O	T	Z	L	G	U	B	S	P	M	C	O	O	X
P	S	A	E	K	C	I	X	E	P	A	H	S	I	H	N	E	K	M	L
D	L	T	W	D	E	V	O	R	P	M	I	F	G	O	R	O	S	E	D
S	E	U	F	S	D	P	E	W	A	R	R	A	N	T	Y	V	N	X	D
Q	W	Y	S	H	E	O	D	K	U	O	P	T	I	O	N	S	Z	J	W

ADAPTER
APPLE
CAMERAS
CAPABILITIES
CAPACITIVE
CASING
COLORS
COMPUTER
CONTROVERSIAL
DESIGN
DEVICE
DISPLAY
DUST
ENHANCED
GOLD
GRAPHICS
HARDWARE
IMAGE
IMPROVED
JACK
JET BLACK
LENS
MATTE BLACK
MEGAPIXEL
MOBILE
MODELS
NEW
OPTICAL
OPTIONS
PERFORMANCE
PLUS
QUALITY
RELEASED
RESISTANCE
ROSE
SALES
SHAPE
SILVER
STABILIZATION
TELEPHOTO
TIM COOK
UPGRADE
WARRANTY
WATER
ZOOM

Solution on page 363

Certificates

D T V K Q Y N X M W A M O L P I D J E W
W N E T T I R W M I S F A A X B V C C B
W A R R A N T L E T T E R N M D N I C C
Y T R O P P U S M T T P C I K E S B S I
B R E C O R D S O T E P H G D L S E C A
G O V E R N M E N T H W I I Q A C G C G
U P N A D O P T I O N L V R M E D A H R
O M B D S F D T T W I E E O C S E I A E
M I E Q I Y I O M E Q T S G N S T R R E
R B D L S O G V S O C E U Q A A N R T M
G T E T N R Z P G S C H I T U L I A E E
Z S A L A R A Q E I I N N T I F R M R N
X M T P O S O L F R D E H S R T P X Q T
P O H G S W O F T F M E R S Q G S K A D
S O S P I C O M M U N I C A T I O N V O
P X O Z L A I R E T A M S Y N A P M O C
M R I F N O C B I R T H H S M X K Q R C
T R O P E R R C E V D E I F I T R E C U
B U A O X C O U R T C A R T N O C C N D
L Z F M F O R M A T I Y L I C E N S E Z

ADOPTION
AGREEMENT
ARCHIVES
AUTHENTIC
BIRTH
BOND
CERTIFIED
CHARTER
COMMUNICATION
COMPANY
CONFIRM
CONSTITUTION
CONTRACT
COURT
DEATH
DIPLOMA
DOSSIER
EVIDENCE
FILES
FORM
GOVERNMENT
IMPORTANT
LEGAL
LETTER
LICENSE
MARRIAGE
MATERIAL
MEMO
OFFICE
ORIGINAL
PASSPORT
PERMISSION
PETITION
PHOTOGRAPH
PRINTED
PROOF
RECORDS
REPORT
SEALED
STAMP
SUPPORT
TRANSCRIPT
VISA
WARRANT
WRITTEN

Solution on page 364

The Pacific Northwest

C A S C A D E S S E T A T S D E T I N U
X C E S A K S A L A T S A E H T U O S S
B I A E L T T A E S P M N O G E R O F Z
W R N O M L A S R E I N I A R T N U O M
N E D N M L B O E I N G N I H S I F R Y
A M O A O A D I A H Y Y E W O N S J E C
E A O C N A C I R E M A E V I T A N S O
C H H L T D E K A R D S I C N A R F T L
O T T O A T H E I N T E R I O R B Q S U
C R N V N S N I A T N U O M Y K C O R M
I O U P A I S L E Y C A V E S E K A L B
F N O R T H E R N C A L I F O R N I A I
I Q M L M B R I T I S H C O L U M B I A
C A N A D I A N P R O V I N C E V Q W R
A P O R T L A N D A C I S U M E I D N I
P K N O T G N I H S A W C A M P I N G V
Z Y R E V U O C N A V C O A S T L I N E
Q Y Y M S I R U O T L I N G I T F E L R
S E E R T A C O M A T I M B E R Z K V Z
B I G R E E N G Z M F U Y S X O H T H M

BOEING
BRITISH COLUMBIA
CAMPING
CANADIAN PROVINCE
CASCADES
COASTLINE
COLUMBIA RIVER
COOL
ELK
FISHING
FORESTS
FRANCIS DRAKE
GREEN
HAIDA
INDIE MUSIC
LAKES
MONTANA
MOUNT HOOD
MOUNT RAINIER
NATIVE AMERICAN
NORTH AMERICA
NORTHERN CALIFORNIA
NORTHWEST TERRITORY
OREGON
PACIFIC OCEAN
PAISLEY CAVES
PORTLAND
ROCKY MOUNTAINS
SALMON
SEATTLE
SNOW
SOUTHEAST ALASKA
TACOMA
THE INTERIOR
TIMBER
TLINGIT
TOURISM
TREES
UNITED STATES
VANCOUVER
VOLCANOES
WASHINGTON

Solution on page 364

Colorful Stuff

G S N S U N S E T N K I T E S I R N U S
A Q U I L T K G E M A C R N M S E I T R
T I U R F Z O F R A S L A M I N A R I E
T Z R A I N B O W A G E M S T O N E S K
I B R Z S G G E R E T S A E C O A V T C
U C U Y S R E M A E R T S G A L F N E I
C D O J A S F E P I F J E W E L R Y L T
Z T T S Z V O E P D V E G E T A B L E S
Y U P Z M K F R I O Q D E M T B I L C Q
N L F U W S Y D N A C R T J S R N S A C
W D F I E C E F G M T S T N E M A N R O
Z P S R R K V V P S A R O R U A I E B N
I D G P E E A C A U R L J D E Y L P B F
S D R J E T W M P E S E L C I S P O P E
S D A E B C T O E H L N W R T E O I V T
A U R Q S S T U R K S L O O J N L X Z T
J W C I I S N R B K M E L Y L X I A Z I
A Z Q R B S E M U T S O C A A F S A K D
E E H O I G F S T M U L R L F R H D P M
H C J T J C L O W N B P E A C O C K R K

ANIMALS
ART
AURORA
BALLOONS
BEADS
BIRDS
BRACELETS
BUTTERFLY
CANDY
CHRISTMAS TREE
CIRCUS
CLOWN
CONFETTI
COSTUMES
CRAFTS
CRAYONS
DRESSES
EASTER EGGS
FALL LEAVES
FIREWORKS
FLAGS
FLOWER
FRUIT
GEMSTONES
JEWELRY
KALEIDOSCOPE
KITES
MAKEUP
NAIL POLISH
ORNAMENTS
PAINT
PEACOCK
PENS
POPSICLES
QUILT
RAINBOW
SPECTRUM
STICKERS
STREAMERS
SUNRISE
SUNSET
TIES
TOYS
VEGETABLES
WRAPPING PAPER

Solution on page 364

Sea Otters

S Q C B S I H E B S H Y E K H Q W W D M
K W T X H K H E M L E S A A X F V C A E
A X A N O I T A L U S N I C O O W M A G
S M U T R J L C B N H J O F L C M K H S
D V S V E L K Y A I A E X B X A E J W E
S Y S Z A R I E P L T L N K L Y M A F A
W G E H R O C K S J I A C I S U P S N Y
I H V D T A O L F K G F T T R C B I N E
M E I K T P O L Y G Y N O U S A A B M R
A G D S Y F D M S P R N F R S R M D E P
Z A U R K S L I P P E R Y F N N I K S R
M R O I N E A H E M U S T E L I D A E O
C O W A E D R N C F K P A T H V A Q E T
Z F F H U L A S I F F G I Y B O L U X E
Q B L D C Q X H E M P P L P G R P A H C
H I E R U R E A S Y A L A S K A H R X T
E N D A N G E R E D X L P A C I F I C E
R E T U C L N K J P U U Z M Y F F U U D
X I C G I H Z W U B P I R J G I M M T V
C G O Y K L K J S E M A M Q E R T L E P

ALASKA
ANIMAL
AQUARIUM
AQUATIC
BEACH
CALIFORNIA
CARNIVORA
CLAMS
CRUSTACEANS
CUTE
DIVE
ENDANGERED
FISH
FLOAT
FORAGE
FUR
GUARD HAIRS
HABITAT
INSULATION
KEYSTONE
MAMMAL
MARINE
MUSTELIDAE
NO BLUBBER
OCEAN
PACIFIC
PAWS
PELT
POLYGYNOUS
PREY
PROTECTED
PUP
ROCKS
SEA
SHARK
SHORE
SKIN
SLIPPERY
SMALL
SPECIES
SWIM
TAIL
WATER
WHISKERS
ZOO

Solution on page 364

Blues Singers

P S I Q S D H G N I G N I S I N G E R S
J T N N T L Y P D G Y H A R M O N I C A
Y A R A N D M T W R R L S T U O H S G D
D F Z O E T N U Y T U Y O S S O U T H N
D E Y Z M L S M D M E M P H I S J K F E
Z C K E U B R R A D M U S I C I A N S S
H O X T R U O O E J Y A L P G N O T E S
Y U H C T I P N W L O W N R E D A S A T
O N E Z S A Z P E E L R A L N K H L T R
X T R R N X H T I V N O S T R C T A E U
S R A T I U G S S A B X H C E O I C N M
V Y Y H U C T R E C N O C D A R M O O P
L N C A N S C Z V N W O L S L L S V H E
J S H H I V Y L L E B D A E L E E R P T
J T A T N O I T A S I V O R P M I N O W
K N R H Y T H M K P B A L L A D S F X H
U A L D K S P I R I T U A L S G S B A N
V H E T O D W O R K S O N G S B E X S H
V C S D R O C E R T X D N A B G B C D H
U V C U H I M W P A R C A K F I L Z C B

ARTISTS
BALLADS
BAND
BASS GUITAR
BESSIE SMITH
CHANTS
CONCERT
COUNTRY
DRUMS
ERIC CLAPTON
FIELD HOLLERS
HARMONICA
HYMNS
IMPROVISATION
INSTRUMENTS
JAZZ
LEAD BELLY
MAJOR SCALE
MELANCHOLY
MEMPHIS
MOOD
MUDDY WATERS
MUSIC GENRE
MUSICIANS
NEW ORLEANS
NOTES
PIANO
PITCH
PLAY
RAY CHARLES
RECORDS
RHYTHM
ROCK
SADNESS
SAXOPHONE
SHOUTS
SINGERS
SINGING
SLOW
SOUTH
SPIRITUALS
TROMBONE
TRUMPET
VOCALS
WORK SONGS

Solution on page 364

Home Improvement Store

C H N C S S C O W F D S S S W M I P I E
P L J W Y C T I A S N L B W R M R O Z A
K D E B C P R W R S C O O L P E U R W O
M I T V R E E E E M N O X R E I I C S F
Z O W R E F T G W K D T O M S V C L C U
Y J N W A L N H R S I V M Q P Y O X P S
I J E C I I R O S S E R P M O C B H D E
U V P F H V O E I R T N U S H E A R S S
V I O A P D F M U T A O Y U P P I R R S
O I D S B L O S H T A A R A C L Y E K M
M T C T S C A W O N O L T A L U H B X E
C D E E I E E S E T R G U C G S A M U N
T R T N M P U D T L N A G S A E I U N H
L Y U E O D R E W I S I T W N V P L A V
X W P R A A C R R I C K A C U I S M I H
G A I S G U E U E U O B U P H S M Y L F
T L P S S N S F T N A L A E S E L I T L
B L E A C A E Z U J T W W G R H T L O B
J U I H E W I T K L U A C F S D J C X R
K F O M H X Q Y U Z S Z L Q Z A K U Y Q

ADHESIVES
BOLT
CAULK
COMPRESSOR
DOORKNOBS
DOWELS
DRILL
DRYWALL
FASTENERS
FILTERS
FUSES
GARDEN
HAMMER
HINGES
IMPROVE
INSULATION
KEY
LAWN
LEVEL
LOCK
LUMBER
MEASURING TAPE
NAIL
NUT
PAINT
PIPE
PLASTIC BAGS
PLIERS
RATCHET
RENTAL
ROPE
SAW
SCREWS
SEALANT
SHEARS
SHOVEL
STORAGE
TAPE MEASURE
TILE
TOOLS
VICE
WASHERS
WIRE
WOOD
WRENCH

Solution on page 364

Very Mysterious

U B G J I M W S A L U T F U R T I V E A
H E W B Q L T F X A D I F F I C U L T O
R Y S B P P U M K U G M B U F A B P W S
P A S U P E R U C S B O A E N A C R A N
M Q E G N A R T S U G W F G C N N I I U
E I N L C U B P F N C E F I I F P O A P
F V T H C O V C L U E K L S T C L N L L
A J I C U N V T L E J P I K L R A O I A
W E W T I N U E C U X I N L U E T L B C
C A N U O V C I R E E I G P C N U S I I
E E R H Y M S H N T P C N U C O T T S T
L M U R D E R I L A Z S N G O R R P H S
W I I S A H N D G G X N U E U O E O E Y
U R I R G N O D A I A F M S D C M L R M
H C C Q D E T E C T I V E A U I J I L L
B H Y N N A C N U S H S E D C X V C O S
U L C I T P Y R C E K W E I R D W E C O
X O H E U G A V B V O D D Z X C J P K D
S O Q X M L O D I N R E L L I R H T J X
D B L R P U Z Z L I N G L J K E E L A G

ABSTRUSE
ALIBI
ARCANE
BAFFLING
CLUE
CORONER
COVERT
CRIME
CRYPTIC
DEDUCE
DETECTIVE
DIFFICULT
EVIDENCE
FURTIVE
HIDDEN
HOMICIDE
HUNCH
INEXPLICABLE
INVESTIGATE
MAGICAL
MOTIVE
MURDER
MYSTICAL
OBSCURE
OCCULT
PERPLEXING
PLOT
POLICE
PURLOIN
PUZZLING
SEARCH
SHERLOCK
SLEUTH
STRANGE
SUSPECT
THRILLER
UNCANNY
UNCLEAR
UNNATURAL
UNUSUAL
VAGUE
VICTIM
WARRANT
WEIRD
WITNESS

Solution on page 365

Justin Timberlake

N J E P Z U D U F B T E E T E Z G A N P
L E I B A C I S S E J C R W N Y M M E M
C R V Y I E E S S E N N E T S O E D I V
E Y P P D S P U O R G A Y S Y E M E I B
D U T R N O P D T J J D Z D N M P O P D
F H Y I O E B G R L U H Y R C I H F L R
G U L T R D S R A E P S Y E N T I R B O
Y L M B E B U O U K V E T M O N S O S C
P O O U M Y E C C O L I K I M I N T M E
O W V M A U B L E I Y S R L F A H C A R
L V I U C F B O E R A K I A S I R A G E
O A E S M F M L Y C K L C R E U E G N M
S K S I N G E R A B S G N O S M K D F R
V R I C H B A D T E A C H E R S Y D M O
D J X T S I T R A F D N G K T P V R E F
R A B L J O E N H A U S D R A W A V C R
U A N T O C X R R M I C K E Y M O U S E
Y G R A N D A L L O P V N Q Q L J R J P
L V G O N T I L J U F A T N Y C B R K I
C X C I S N L C I S P Z R M Q I J M X P

ACTOR
ALBUM
ARTIST
AWARDS
BAD TEACHER
BOY BAND
BRITNEY SPEARS
CAMERON DIAZ
CELEBRITY
CONCERT
CRY ME A RIVER
DANCE
EMMY
FAMOUS
GRAMMY
GROUP
IDOL
IN TIME
JESSICA BIEL
JUSTIFIED
MEMPHIS
MICKEY MOUSE
MOVIES
MTV
MUSIC
MY LOVE
NSYNC
PERFORMER
POP
PRODUCER
RANDALL
RECORD
RICH
ROCK YOUR BODY
SINGER
SNL
SOCIAL NETWORK
SOLO
SONGS
STAR
SUPER BOWL
TENNESSEE
VIDEOS

Solution on page 365

Have a Snack

Y	L	L	E	V	C	K	B	I	R	U	Q	P	Z	L	F	D	A	R	B
T	F	R	U	I	T	X	F	R	B	F	E	L	H	Y	T	Q	M	U	U
Y	X	X	J	Y	K	K	D	O	K	F	P	G	G	B	E	T	E	F	W
D	S	T	U	N	Q	O	O	W	P	O	E	A	J	A	T	V	Q	Q	A
A	L	S	I	F	S	P	O	R	P	U	J	Y	H	N	E	G	U	X	N
Z	Y	R	X	S	T	T	P	C	L	J	S	Y	C	A	E	W	E	E	H
J	D	L	N	R	H	N	O	A	E	U	M	E	I	N	W	O	R	B	D
V	O	E	U	W	O	R	E	R	M	X	A	G	W	A	S	L	U	L	I
I	E	G	L	N	N	M	K	M	R	D	E	B	D	Q	E	K	G	E	Q
P	O	G	N	B	L	Y	U	Q	H	A	R	G	N	G	D	R	L	S	P
Y	E	V	G	L	B	H	V	M	U	S	C	N	A	L	O	N	A	R	G
L	A	R	A	I	S	I	N	S	R	I	E	B	S	R	E	X	E	O	R
T	T	M	G	L	E	Y	N	E	K	K	C	R	H	E	E	T	D	M	A
F	S	H	B	E	M	S	V	I	P	N	I	K	F	K	Z	V	R	T	G
T	T	P	L	G	O	O	D	I	E	S	A	F	A	E	S	E	E	H	C
T	B	P	D	W	T	S	N	G	H	S	O	C	L	P	R	A	S	B	Y
M	P	A	R	F	A	I	T	D	Y	C	P	S	H	G	H	S	T	R	O
A	I	J	E	Y	H	S	O	N	S	U	N	I	R	O	W	Y	I	E	Q
C	O	L	S	O	U	O	F	Y	C	P	A	U	H	Q	S	W	N	A	L
O	E	O	K	B	F	S	X	T	D	V	Y	J	M	C	S	F	G	K	M

ALMONDS
APPLE
BAGEL
BANANA
BEVERAGE
BREAK
BROWNIE
CARROTS
CHEESE
CHIPS
COFFEE
COOKIE
CUPCAKE
DRINK
EASY
EATS
FOOD
FRUIT
GOODIES
GRANOLA
HUMMUS
ICE CREAM
JERKY
KIDS
LEFTOVERS
MILK
MORSEL
MUNCH
NACHOS
NIBBLE
NOSH
NUTS
PARFAIT
POPCORN
PRETZELS
QUICK
RAISINS
REFRESHMENT
RESTING
SANDWICH
SMALL MEAL
SWEET
TEA
VEGGIES
YOGURT

Solution on page 365

Tell a Tale

M T D W E I V K L V H G K R U Z U D V W
N O S L O V C V P E R F O R M A N C E S
A N V D M U S I C V N C N E R D L I H C
S G P I K F C A M A R D N P L X V D H H
B A I I A T N L G E S T U R E F L R F O
E Q S I U I T O A V S D N U O S U A N O
U Y R R A K I T I P L O T T A V B D J L
P Y E R Y R I K Z T I R N I C L C I J O
G S K R E N T E R T A I N M E N T X D N
Z A O E G L T D A D O S C U L T U R E C
Y T O R U N A C I P G N I K A E P S X K
S N B I D F I T P K Z R C V C W I A P N
D A F F V N I N L A N O I T O M E C R C
R F L P U O E C N L I S T E N R E L E T
O P G M N P I G T I G K L S V P P I S M
W U M A O Z R C E I G N S F E Y I M S M
H O Y C K R X H E L O E I G Y G C A I Q
C R T F U A A S B R S N B D I S A X O C
Y G H G N I L L E T C I L F N O C M N C
C Q I N B C U H R E A D I N G E A U I U

ART
BEGINNING
BOOK
CAMPFIRE
CHILDREN
CLIMAX
COMMUNICATION
CONFLICT
CONVEYING
CREATING
CULTURE
DRAMA
EMOTIONAL
ENDING
ENTERTAINMENT
EPIC
EXPRESSION
FABLE
FAIRY
FANTASY
FICTION
GESTURE
GROUP
HERO
IMAGES
IMPROVISATION
LEGEND
LISTEN
MUSIC
MYTH
ORAL
PERFORMANCE
PICTURES
PLOT
POINT OF VIEW
READING
SCHOOL
SOUNDS
SPEAKING
STORY
TALE
TELLING
TRADITION
VOICE
WORDS

Solution on page 365

Stay Organized

R	Q	C	Y	N	B	X	T	E	N	I	B	A	C	C	T	S	Z	Z	Z
Q	E	B	F	T	E	Z	G	X	T	X	U	P	F	A	P	U	E	D	T
U	E	W	L	G	L	N	W	B	W	A	V	P	J	I	A	B	R	I	T
Z	Q	E	A	X	A	Q	W	T	J	V	V	O	T	Z	L	G	M	B	E
L	P	N	L	R	W	L	L	J	X	T	S	I	L	K	C	E	H	C	S
E	A	X	R	U	D	P	J	M	X	E	X	N	T	G	R	G	P	K	O
M	Y	A	N	P	D	R	K	E	N	F	V	T	N	O	S	A	Q	C	L
Y	P	F	G	N	L	E	W	T	U	F	F	M	V	A	M	R	K	I	C
E	S	L	O	O	R	P	H	I	G	I	Q	E	E	L	L	O	P	L	J
L	E	B	A	L	E	A	M	C	D	C	Z	N	L	T	K	T	A	A	V
D	Q	A	B	N	D	R	U	U	S	I	T	T	O	D	H	S	C	K	S
I	M	B	R	S	R	E	X	L	R	E	K	O	F	T	S	O	K	T	R
C	K	S	E	D	O	Y	R	O	T	N	E	V	N	I	E	G	D	O	E
E	K	Y	T	R	D	M	G	U	E	C	I	F	F	O	W	B	U	S	P
J	N	D	T	S	R	E	A	S	T	Y	Y	Y	W	K	U	T	O	F	A
U	U	I	U	R	T	A	K	J	X	C	Z	E	P	J	I	R	C	O	P
P	J	T	L	A	D	F	N	C	U	H	U	N	E	N	T	P	E	E	K
V	S	K	C	T	O	S	S	D	A	T	S	R	E	D	I	V	I	D	K
N	P	M	E	N	U	W	W	N	S	T	T	E	T	A	G	E	L	E	D
E	D	X	V	Y	L	O	H	M	E	T	S	Y	S	S	T	G	Z	A	D

APPOINTMENT
ARRANGE
CABINET
CATEGORIZE
CHECKLIST
CLASSIFY
CLOSET
CLUTTER
DELEGATE
DESK
DIVIDERS
DRAWER
EFFICIENCY
ERRANDS
FILE
FOLDER
GOAL
INVENTORY
JUNK
KEEP
LABEL
MANAGE
METHODS
METICULOUS
MOTIVATE
NEAT
NOTEBOOK
OFFICE
ORDER
OUTLINE
PACK
PAPERS
PLAN
PREPARE
ROUTINE
SCHEDULE
SORT
STACKED
STORAGE
STRUCTURE
SYSTEM
TIDY
TIMER
TIPS
TOSS

Solution on page 365

Therapy Session

C I N A P A J D K P S Y C H O L O G Y H
J C O M M U N I C A T I O N O I S S E S
S M I S T Y J A C C L I N I C E P B I J
J D T T H K R L J O U M F D B R N A H O
U I A R E V P O B F N U I F O O M Y D L
Q S T E R P E G M R H V D F I U P S E C
Y C I S A R R U H E F I E T A N H K V N
V U L S P O S E L U M S N R O I N L I E
B S I M Y B O P P D S E T S S H O A T T
O S B A K L N J C I V A I N E A I U I S
H H A E D E A N O R H S A A Y D T D N I
R R H R T M L N E T N S L B R J O I G L
U I E D H S A T A J Y T N J T A M V O L
L N R D M L N L O T H M A O A R E I C N
L K T D E I K D E P R E S S I O N D D E
P S F H D N K I S T H G U O H T B N E S
E M P E I J X J G L H C U O C C A I G S
Q W C A C N X U U U B N W X Y O Z L R K
P C R W A T E C H N I Q U E S D Y U E B
Y B R C L I E N T H G S U P P O R T E R

ANALYSIS
ANXIETY
BRAIN
CLIENT
CLINIC
COGNITIVE
COMMUNICATION
CONFIDENTIAL
CONVERSATION
COUCH
DEGREE
DEPRESSION
DIALOGUE
DISCUSS
DOCTOR
DREAMS
EMOTION
FREUD
HEALTH
HELP
HYPNOSIS
ILLNESS
INDIVIDUAL
INTERVENTION
JUNG
LISTEN
MEDICAL
MEMORY
PANIC
PERSONAL
PROBLEMS
PROFESSIONAL
PSYCHIATRY
PSYCHOLOGY
REHABILITATION
RELATIONSHIP
SESSION
SHRINK
STRESS
SUPPORT
TALK
TECHNIQUES
THERAPY
THOUGHTS
TRAUMA

Solution on page 365

Mariachi Music

N	P	V	S	E	D	A	N	E	R	E	S	T	R	I	N	G	S	M	A
G	N	I	G	N	I	S	S	U	C	U	J	Y	M	E	G	L	E	H	B
G	R	O	U	P	H	I	S	T	O	R	Y	G	N	G	A	X	C	A	F
H	A	C	I	E	N	D	A	N	N	G	S	S	S	R	I	A	N	W	D
S	E	G	A	T	I	R	E	H	P	E	E	F	U	C	R	D	E	S	S
I	P	S	C	F	A	G	L	L	I	M	V	T	O	A	S	V	U	C	A
N	E	S	N	O	I	T	A	R	B	E	L	E	C	B	R	I	L	F	K
A	R	G	P	D	I	Z	N	L	M	U	T	U	R	B	A	O	F	X	L
P	F	E	N	A	A	P	E	E	C	E	C	N	A	D	T	L	N	O	O
S	O	I	Q	S	T	S	E	J	M	A	B	N	D	H	I	I	I	A	P
Y	R	E	O	U	N	T	S	L	L	U	O	U	I	N	U	N	Z	R	E
M	M	R	S	R	E	G	E	V	Y	I	R	N	O	D	G	S	O	G	A
B	C	U	M	M	C	S	I	R	S	T	G	T	S	T	D	M	M	E	S
O	W	T	L	H	T	H	T	S	N	L	S	U	S	M	I	D	U	N	A
L	C	X	I	I	H	R	E	S	T	A	U	R	A	N	T	S	V	A	N
B	I	E	F	L	S	R	I	S	G	Y	G	J	E	E	I	J	U	L	T
O	S	T	X	T	P	Z	R	R	T	S	G	N	I	D	R	O	C	E	R
V	U	F	L	X	P	R	A	H	F	R	C	I	M	H	T	Y	H	R	W
O	M	Q	E	R	O	V	V	D	Q	E	A	Y	C	D	E	T	R	V	N
O	V	J	L	O	A	Q	A	N	T	A	A	P	Z	E	S	M	L	N	N

BANDS
CELEBRATIONS
CLOTHING
CULTURAL
DANCE
ENSEMBLES
EVENTS
EXPRESSION
FILMS
GROUP
GUITARS
HACIENDA
HARP
HERITAGE
HISTORY
INDIGENOUS
INFLUENCES
INSTRUMENTATION
LA CUCARACHA
LA NEGRA
MEXICO
MUSIC
ORCHESTRA
OUTFITS
PATTERN
PEASANT
PERFORM
PLAZAS
POLKAS
PROMINENCE
RADIO
RECORDINGS
REQUESTS
RESTAURANTS
RHYTHMIC
SERENADES
SINGING
SPANISH
STRINGS
STYLE
SYMBOL
TEXTURE
VARGAS
VARIETIES
VIOLINS

Solution on page 366

Antenna

R D X X T X L E Q U I P M E N T A L K H
E E P N L O R B T C C I L O B A R A P S
X V A B K I W I V Q F M I H D N U O S S
T I A A K L M E L B A T R O P A U C S R
R C P W M S C R R S C L I P O L E Z P O
S E N B N P G V A E F Z L V P O W E R Q
I G G A G N L T R A T U L A N G I S U Q
A A R N I P E I R Z F R E Q U E N C Y S
K T O D I L D U T E C N A D E P M I Z Q
U L L W L P D G C U C O L C T S M T A J
U O F I I N O N T F D E N H T S I L H Q
F V T D E R A C N E N E P D X A U O S D
C E C T Z N E Q S N R R V T U M B J N C
D E X H O I T T A E A M C I I C H L D W
V E J S H R N H F D L I I N E O T L E A
F M E E L E C R A Z T E U N B C N O M J
R R Z N M A E R I A L M T M A D E H R Y
Z T R E H T I D T Q V E H I C L E R O H
Q A L A N O I S I V E L E T M K S I K S
C E B I A S F E I U Z X O Y V H S H S A

ADJUST
AERIAL
AIR
ALUMINUM
AMPLITUDE
ANALOG
BANDWIDTH
CAR
CHANNEL
CONDUCTOR
DEVICE
DIRECTION
ELEMENTS
EQUIPMENT
EXTEND
FOLDING
FREQUENCY
HERTZ
IMPEDANCE
INTERFERENCE
LONG
NOISE
PARABOLIC
POLE
PORTABLE
POWER
RADAR
RECEIVE
RECEPTION
RESONANCE
RETRACTABLE
SATELLITE
SIGNAL
SOUND
STATIC
TALK
TELESCOPING
TELEVISION
TERMINALS
TOWER
TRANSMIT
VEHICLE
VOLTAGE
WAVE
WIRE

Solution on page 366

Children's Parties

Y X B E T I M E C G C L U G C Z R S A K
Y D T Z M G M L R R M J G H E C G X Y B
N N C O L E Z B I R T H D A Y D N A C Z
S L N A D X H S H E D C O N F E T T I S
P A N J L X S T R E A M E R S Y C N H L
B Q I X I V W U A O N F R O S T I N G E
J C A F C X S K D G V G H H B E W J U E
Z U Q J S A E N I P J A N E A A R B A P
M R Y N E Z L W F D W F F I T P A I L O
I S C R M T B O U T S I D E M L P W D V
S N T I A L B L N V X R R L L M P Y J E
S K K V G G U C K G E S G O R U I A R R
B S R N N A B E V N L I O P O M N W O A
J Y N O P T M B N I I N C R L E G B S X
E X B O F F R A D G S R N E O Z P C E U
B E O P W M B E T N P D D S C I A L I O
P E W S U F F A M I L Y Y E Y R P O V J
M A S K S N A C K S A O W N D P E E O X
M Q R D W W C P F S T I N T D N R A M D
P E A K J D O H H O E C O S T U M E M M

BALLOONS
BANNER
BIRTHDAY
BOWS
BUBBLES
CANDY
CARD
CLOWN
COLOR
CONFETTI
COSTUME
DRINK
FAMILY
FAVORS
FORK
FROSTING
FUN
GAMES
HAPPY
HORSE RIDE
ICE CREAM
KIDS
LAUGH
MAGIC
MASKS
MOVIES
OUTSIDE
PARK
PLATE
PONY
PRESENTS
PRIZE
PUNCH
SINGING
SLEEPOVER
SNACKS
SPOON
STREAMERS
SWIMMING
TAG
THEME
TOYS
TREASURE
WATER SLIDE
WRAPPING PAPER

Solution on page 366

Antique Finds

R E L H D F G H A I S H O P P I N G E M
G T N N T N C H I N A G N L M M E Y X G
A V T T C R A F T S M A N S H I P T C P
U J A F O S X S J T E S J I O H H E I J
R S Z R N Q Q I H R K R E V V V U Y T R
G Z N D N R M D A U P Z W H O R G A N F
G Z R L U I E R T M C A E O C V A S E S
S T B E A N S D N E L A L N Q T P C H M
A U O A P N P H O N O G R A P H A F T L
M M R M R A I L I T C N Y I E P E W U E
R I Y H D G I G T S K A P P R A I S A L
E P F E N N A R I G S R C O K R Y G E B
A E J F K O E I D R Y W F L F G E R K A
Z R M B V A I G N R O I D D O O U A C T
B O W A S M F T O A T V F I X T U R E S
Z T N U R G H T C T H F S E I O H A T S
B S R U J F S Q I U I T S N T H W I M X
Z E D S Z I U N W W A A R E R P W B N K
X R D N H G G Y C I G U T Q L O D D H G
D I S H E S T Z N Q F G R E P L I C A P

AGE
APPRAISAL
AUCTION
AUTHENTIC
BARGAIN
BED
CARVINGS
CHINA
CLOCKS
CLOTHING
CONDITION
CRAFTSMANSHIP
DISHES
ERA
FAKE
FITTINGS
FIXTURES
FRAME
FURNITURE
HATS
HISTORY
INSTRUMENTS
JEWELRY
NEGOTIATE
OLD
ORGAN
ORIGINAL
PHONOGRAPH
PHOTOGRAPH
PIANO
RARE
REDO
REPAIR
REPLICA
RESTORE
SAND
SELL
SHOPPING
SOFA
STAIN
TABLE
TREASURE
VARNISH
VASES
WATCHES

Solution on page 366

Interesting Insects

G J V L Q C B V H C W I N G S D B D S Q
I J C X N X E R U T A N O S I O P S Y K
Z E U X X A R O H T S S Z Z D B X U B Y
A C P G V S A L A Z P O Q Y N V M X K W
F I S R E P P O H S S A R G S T S E P G
K L A Y A R A C H N I D S N S E I L F D
Z L E F L Y I N G S E X D E D N L U Z O
M M S A Y W I A B I T E S I T O K E R O
E G G D G S X N R U M I C H T I S T K F
I D U R O N E O G W T I N K D T M A T S
N Y B A L P O H Y M T T D G A A Z R P E
Z G Z G O C O T C C A E E N H N S B E L
T J V O M E I R E A X N G R Z I J E M T
R N P N O N O S H L O X T P F L O T O E
E B D F T T N C A T E R P I L L A R S E
S Q N L N I T X S L R K K F S O Y E Q B
S J N Y E P H W E H W A S C O P Z V U E
M E A N N E T N A T C A P O O Q M N I W
Z N E M O D B A C O V T R M X C U I T T
W D G Q V E L L A M S P E C I E S N O L

ABDOMEN
ANTENNAE
ARACHNID
ARTHROPODS
BEETLES
BITES
BODY
BUGS
BUTTERFLY
CATERPILLARS
CENTIPEDE
COCKROACHES
CRAWL
DRAGONFLY
EGG
ENTOMOLOGY
EXOSKELETON
EYES
FLEA
FLIES
FLYING
FOOD
FRUIT
GNATS
GRASSHOPPER
INSECTICIDE
INVERTEBRATE
LARVAE
LICE
MOSQUITO
MOTH
NATURE
PESTS
POISON
POLLINATION
PRAYING MANTIS
SILK
SMALL
SPECIES
STING
TERMITES
THORAX
WASPS
WEB
WINGS

Solution on page 366

What's That Smell?

T V C X E C J C S M C Z D N I U V R C K
H I L R Y N L P O W S C O L O G N E P U
G D U A G T I E E S N O M A N N I C C I
Y U R R U V W P A S A P A I O Z H N E T
D P O E F N H P F T I N T P I X K Z N N
S H D W J C D E G P H N D J T Z H E T Y
Q D O O D A M R S I A E A A O X C S I X
F D W L C U M M Y H U T R J L S P R C V
N C O F F E E I C V N M C G Y W R S I Q
S T K R K D U N J A U M S H D U O W N B
O M E L F R E T R S M O S S O L B O G O
S P Y A D G E G K L O E C P B U P S D J
G U D R O M A N T I C X T Z C J L P K H
K S R U E R N E L O H O C L A P E I K U
S R C T F K U S A M P T A C L H A C F J
T E D A I Q A M O R A I L P M T S E A U
Q T V N U C A B T E H C A S I E A E N Q
C S N O S E S I J J A S M I N E N E R H
Y E B O L V A R X N U T M E G W T I S F
J S M G Y C X U Y S L Z S X G S A F V N

AIR
ALCOHOL
ANISE
AROMA
BAKERY
BLOSSOMS
BODY LOTION
BOUQUET
CALMING
CINNAMON
CITRUS
CLOVES
COFFEE
COLOGNE
ENCHANTING
ENTICING
ESTERS
EXOTIC
FLOWER
FRAGRANT
FRESH
FRUIT
JASMINE
LAUNDRY
LEATHER
MUSK
NATURAL
NOSE
NUTMEG
ODOR
OILS
PATCHOULI
PEPPERMINT
PERFUME
PINE
PLEASANT
POTPOURRI
ROMANTIC
SACHET
SANDALWOOD
SCENT
SOAP
SPICE
SPRAY
SWEET

Solution on page 366

Fine Restaurants

P W Y E U Y H F E X P E N S I V E M V Q
M B C Q S P R T P R I C E Y L J G Q W Z
V X N S F E T A R B E L E C I S U M Q Y
T Z A I E E M S S E N E T I L O P R U W
L L F P U P S S H R I M P S L G R S A U
C C C Q E T H G I L E L D N A C E O L E
M W I R L A M R O F Y V E W Z M S P I L
F T I U E B L A N O I T I D A R T H T O
E N D D S L M D Z L I N E N S P A I Y Q
G A K O D E R U T L U C K L N I U S A A
R G O T I C S D E S S E R T C A R T D C
O E I H R L T S E S R U O C P N A I H L
V L T G Y O S Y A A U V U T F O N C T Q
A E M I C T I H W L E F I V E S T A R U
S L A N A H L R Q U G O U R M E T T I I
D A N A C W E S D O O F C I T O X E B E
X C N P I V N P C S U O I C I L E D X T
P S E K L V I O L I N T S O H F F F Z W
R P R I E G W U G Q I B Q T A E I U C B
K U S N D Y O U J W Q I S A Z N F I G G

ADULTS
ANNIVERSARY
BIRTHDAY
CANDLELIGHT
CELEBRATE
CHEF
CLASSY
COURSES
CULTURED
DELICACY
DELICIOUS
DESSERT CART
EAT
ELEGANT
ETIQUETTE
EXOTIC FOODS
EXPENSIVE
FANCY
FIVE STAR
FORMAL
GLASSES
GOURMET
HOST
LINENS
MANNERS
MUSIC
NAPKIN
NIGHT
PAMPERING
PIANO
POLITENESS
PRICEY
QUALITY
QUIET
RESTAURANT
SAVOR
SHRIMP
SILVERWARE
SOPHISTICATED
TABLECLOTH
TRADITIONAL
UPSCALE
VIOLIN
WAITER
WINE LIST

Solution on page 367

Paperbacks

H	R	M	Y	S	T	E	R	Y	Q	A	M	N	V	Q	Q	I	I	W	U
T	K	E	S	A	E	L	E	R	I	X	X	N	N	I	U	G	N	E	P
D	P	A	D	D	O	B	E	S	T	S	E	L	L	E	R	B	G	S	U
T	L	Q	A	A	A	A	P	R	Z	N	C	O	V	E	R	Y	P	T	B
E	T	R	A	N	E	T	W	T	U	R	W	I	S	N	P	T	J	E	L
B	T	H	H	I	Y	R	Y	R	O	T	S	T	R	O	H	S	P	R	I
O	V	K	R	V	A	O	X	M	N	N	N	R	C	U	G	R	Z	N	S
X	P	P	S	I	A	P	A	L	E	H	S	E	T	T	I	N	G	S	H
L	W	I	U	H	L	N	J	P	V	Q	F	D	V	N	E	U	J	P	X
H	N	T	U	Z	C	L	X	P	I	G	U	W	T	D	C	X	S	A	Y
P	O	C	K	E	T	E	E	P	T	N	T	H	E	S	A	U	R	U	S
C	V	C	Q	N	N	L	Y	R	A	N	O	I	T	C	I	D	S	T	A
E	E	S	Z	I	E	B	W	E	M	R	J	I	N	V	F	O	C	H	T
M	L	C	D	U	R	A	Y	T	R	R	A	H	T	L	F	I	H	O	N
L	I	E	G	Q	D	L	T	I	O	N	G	G	I	I	S	I	A	R	A
X	O	N	N	E	L	C	X	R	F	H	E	M	R	S	D	P	P	W	F
A	G	E	O	L	I	Y	E	W	N	Z	S	G	A	A	T	E	T	R	N
L	B	J	J	R	H	C	R	D	I	Y	G	L	U	E	P	O	E	H	R
U	S	V	J	A	C	E	T	F	O	S	C	I	M	O	C	H	R	Q	K
I	P	A	E	H	C	R	I	M	E	S	S	E	I	R	O	T	S	Y	J

ADVENTURE
AUTHOR
BESTSELLER
CHAPTERS
CHEAP
CHILDREN
CLASSIC
COMICS
COPY
COVER
CRIMES
DICTIONARY
EDITION
FANTASY
FLIMSY
GENRE
GLUE
HARLEQUIN
HISTORY
INEXPENSIVE
INFORMATIVE
MINOR
MYSTERY
NOVEL
PARAGRAPHS
PENGUIN
POCKET
PORTABLE
PRINT
PUBLISH
READER
RECYCLABLE
RELEASE
ROMANCE
SALE
SCENE
SETTINGS
SHORT STORY
SOFT
STORIES
THESAURUS
THRILLER
TRADE
WESTERNS
WRITER

Solution on page 367

Send a Card

Q	T	R	Y	D	E	S	I	G	N	R	X	B	I	R	T	H	C	T	S
N	O	T	O	H	P	E	A	B	D	F	E	I	L	H	F	X	E	P	S
S	Y	H	E	E	E	A	N	Q	U	E	C	M	A	A	X	K	L	I	S
M	P	W	C	R	A	S	N	L	Y	T	D	N	F	U	N	N	Y	C	E
A	M	I	S	Y	S	O	O	G	Y	N	K	L	V	N	I	K	N	T	R
L	A	I	I	C	T	N	U	G	L	S	O	I	O	N	Q	O	O	U	D
L	T	H	L	U	E	A	N	T	D	I	E	I	D	F	I	J	T	R	D
W	S	O	V	M	R	L	C	N	S	V	T	U	S	T	P	I	E	E	A
J	V	L	A	Q	N	K	E	A	R	A	S	T	A	A	L	G	C	X	L
E	N	I	D	W	G	I	M	B	C	T	W	U	E	L	C	O	E	P	F
D	L	D	P	S	R	T	E	I	R	S	D	G	U	R	R	C	M	R	P
R	N	A	J	F	S	R	N	Y	E	A	J	S	B	A	B	Y	O	E	U
I	D	Y	N	I	G	U	T	P	R	R	T	A	T	Z	R	M	T	S	C
Z	S	K	R	O	M	I	O	G	C	R	U	I	T	N	U	T	I	S	M
O	G	H	I	M	S	L	F	G	A	Z	O	T	O	H	E	X	O	I	L
K	C	I	O	N	E	R	C	T	G	N	R	Q	A	N	K	V	N	O	T
W	I	C	F	V	W	Q	E	L	E	C	T	R	O	N	I	C	E	N	I
V	D	B	N	M	H	D	D	P	W	E	D	D	I	N	G	N	C	E	G
N	G	E	T	W	E	L	L	T	M	V	A	L	E	N	T	I	N	E	Q
P	D	E	K	P	C	Y	L	R	I	F	T	T	L	A	C	I	S	U	M

ADDRESS
ANNOUNCEMENT
ART
BABY
BIRTH
BLANK
CELEBRATION
CHRISTMAS
COMMUNICATION
DECORATION
DESIGN
EASTER
ELECTRONIC
EMOTION
ENVELOPE
EVENT
EXPRESSION
FOLDED
FRIENDS
FUNNY
GET WELL
GIFT
GLITTER
GRADUATION
HOLIDAY
HUMOR
ILLUSTRATED
INDUSTRY
LOVE
MAIL
MUSICAL
NOTE
OCCASION
PERSONAL
PHOTO
PICTURE
SEASONAL
SIGNATURE
SMALL
SPECIAL
STAMP
THANKS
VALENTINE
WEDDING

Solution on page 367

Wear It Well

B T F J V S X N T T N E C O L L A R W T
T X D E E W T Y J U M O U D K B U S R Q
K E N S Y W I N D B R E A K E R Y I O J
U I G O J E T V A D S T S T R O H S L B
S K I R T S S U U P Z N L P Y S S L I Z
Y X R D B T P R G N R S A E R A T A A C
S P K T E O O O E H O E L E N C A C T B
V C A K I Y O C V J X Y D D J E O K U S
E F C N I G H T G O W N A N C B C S P F
G A R M T A H N H V U L I R U U I K N E
J A E O Z S I T F E G A R M E N T S M P
C C R U C K U Z S R T K V G Y A T L F G
P U J E C K I I E C O N R B O A E E N Z
N F N O Z P H B T O Z S O C K S P E E M
E F T T P A J A M A S W N I L F C V D D
P S N E N Q L X K T T I I O H K H E S R
F C R G O N L B X I A Q O V T S I L K H
N B U T R O U S E R S W N I W T A J B Y
B H B N P B F G W O D R E S S N U F U C
G K F R A C S N V S W J E S U O L B L J

APRON
BLAZER
BLOUSE
BOOT
BOW TIE
BUTTONS
COLLAR
CORDUROY
COTTON
CUFFS
DRESS
FASHION
FROCK
GARMENTS
JACKET
JEANS
JERSEY
KHAKIS
NECKTIE
NIGHTGOWN
OVERCOAT
PAJAMAS
PANTSUIT
PETTICOAT
RAINCOAT
RAYON
SANDAL
SCARF
SHORTS
SILK
SKIRTS
SLACKS
SLEEVE
SOCKS
STOCKING
TAILOR
TIGHTS
TROUSERS
TURTLENECK
TWEED
UNDERPANTS
UNDERSHIRT
WINDBREAKER
WOOL
ZIPPER

Solution on page 367

Horoscopes

O G Z I P P E G P R P L G R I X T B G B
I O V E N U S R A T S Z E K A N S R O H
O N Y L I M A F E W T O O C X G I D B D
C A P R I C O R N D G O S D V S I M S X
A I U X O R P M O R C H O R I H W X E C
N S F H E R O P I H S N O I T A L E R G
C P D C E B F V T X M T O R V D C E V O
E J A T A E W I A R A N A O R Q Y P A V
R S N H U N C H N C T E A A M A R O T J
T I T S X U H Q I A R E G S S O H C I V
W C P L V T Y T V K N O E H P H O S O R
B X H W S R S N I R N C T H H L K O N R
H B T I Q O H E D D S O E A U Z E R L S
V Z G A N F R W W I O C Y S C E I O J P
P N E G U E S A P S Y L E Z C I V H C I
S L O D S R S G L Z Z I K P R E D I C T
T R A H C U U E P L R I N F L U E N C E
P C U N V T J S X A E S O S C O R P I O
L Z F R W U M H N H M T M P K G X T T S
O C H X B F B T I M T E S A H P Z Y W M

ARIES
CANCER
CAPRICORN
CHART
CHINESE
DIVINATION
DRAGON
EARTH
FAMILY
FINANCES
FORECAST
FORTUNE
FUTURE
GEMINI
HOROSCOPE
HUNCH
INDICATOR
INFLUENCE
INTERPRET
LEO
LOVE
MAP
MONKEY
MOON
NEW AGE
OBSERVATION
PHASE
PISCES
PLAN
PREDICT
PROGNOSTICATOR
PROPHECY
RELATIONSHIP
SCORPIO
SIGN
SNAKE
SOOTHSAYER
STARS
STELLAR
SUN
TAURUS
TIPS
VENUS
VIRGO
ZODIAC

Solution on page 367

Emotional

Q	C	I	W	D	S	B	M	J	H	M	Q	R	A	E	F	R	Z	T	G
W	C	M	O	O	B	I	P	Z	X	D	F	P	D	B	A	F	S	W	A
E	U	O	R	G	N	O	G	H	A	T	E	I	R	R	H	A	P	P	Y
D	M	U	R	D	D	Y	R	Y	Z	H	R	R	O	E	P	O	H	O	Y
E	Z	Z	O	E	A	D	A	E	M	P	L	E	A	S	U	R	E	S	Y
T	G	J	S	P	T	J	T	H	D	W	Y	L	Y	C	H	N	U	I	Q
A	T	I	L	R	H	A	I	T	E	H	L	C	O	G	S	O	M	T	I
L	R	Q	T	E	T	G	T	S	A	I	H	C	L	N	L	X	C	I	Y
E	W	Y	Y	S	J	I	U	S	N	O	I	T	C	A	E	R	A	V	Y
B	C	O	O	S	W	H	D	A	L	B	B	H	E	U	Y	L	K	E	G
P	J	E	N	E	A	G	E	O	L	A	V	J	X	N	P	C	Y	J	X
R	U	G	L	D	U	F	G	C	Y	H	T	A	P	M	Y	S	G	V	O
J	N	E	J	I	E	Y	F	Z	A	N	E	N	R	G	G	W	E	M	G
N	G	S	L	C	M	R	T	E	E	F	B	I	E	B	R	P	C	T	O
A	N	T	O	E	A	S	U	T	C	J	R	V	S	M	I	E	T	A	L
V	D	U	V	N	D	G	N	C	I	T	A	T	S	C	E	U	B	Y	U
V	Q	R	E	S	U	O	I	R	U	F	I	K	I	H	F	R	D	H	H
L	D	E	T	I	C	X	E	D	Z	L	N	O	O	C	A	L	M	K	R
Y	P	J	C	I	S	W	S	R	E	S	P	O	N	S	E	M	J	Q	Y
D	W	X	N	Q	W	Z	D	F	V	E	O	V	Z	Y	V	N	E	A	F

AFFECTION
BORED
BRAIN
CALM
CONTENT
CRY
DEPRESSED
DESIRE
ECSTATIC
ELATED
ENVY
EXCITED
EXPRESSION
FACE
FEAR
FURIOUS
GESTURE
GRATITUDE
GRIEF
GUILT
HAPPY
HATE
HOPE
JEALOUSY
JOY
LAUGH
LONELY
LOVE
MAD
MENTAL STATE
MIND
MOOD
PLEASURE
POSITIVE
PRIDE
PSYCHOLOGY
REACTION
RESPONSE
SCARED
SHAME
SMILE
SORROW
SYMPATHY
UPSET
WONDER

Solution on page 367

Finding Dory

E P K S K N Q I H W O M F K D E D N X A
J I U S X D I C J E J F I S H X K Y V R
Y X Y A E A M T E P E F L A S H B A C K
V A S Q C W N E M O W S M K L J E Q R N
E R U T N E V D A Q E N O I T A M I N A
L L I Y R O M E M C L O W N F I S H Q A
E O L R F Y A B O R R O M S I B T S R D
N I U E K P A O N B D G N I T I N U E R
E C V C N I M Y T O C E W X K K P C S A
G D E O O D N R W C T D T P Q E S C C M
U B R H M Z E E S A Q A N A B U X E U A
E Y U C J B S G H S L V E C R A E S E S
N N D R L T I T E Q L T R K E A I S E L
R I D A N K A L L N W E D R E S P L T J
M L E E U N G K L X E Z Z I F N C E E O
H R R S K G N P S F U R A N S A A A S Y
O A T M U I R A U Q A L E G T N M I P A
P M T R E T U P M O C R U S H T E I D E
H Q T P B Z O K J A D O B L C G L Y L K
W S C H O O L Y D E M O C X Q P S S L Y

ACTION
ADVENTURE
ALBERT BROOKS
AMNESIA
ANIMATION
AQUARIUM
BAILEY
BECKY
CLOWNFISH
COMEDY
COMPUTER
CRUSH
CURRENT
DIANE KEATON
DRAMA
ELLEN DEGENERES
ESCAPE
EUGENE LEVY
FAMILY
FILM
FLASHBACK
JEWEL
JOY
MARLIN
MEMORY
MORRO BAY
MOVIE
NEMO
OBSTACLES
PARENTS
PIXAR
QUEST
REEF
RESCUE
REUNITING
RUDDER
SCHOOL
SEARCH
SEPARATED
SHELLS
SIX PACK RINGS
STRUGGLES
SUCCESS
TANK
WALT DISNEY

Solution on page 368

Remote-Controlled Airplanes

V R I Z N D B Z E U S N S P A R K W A L
Z P M V U O I D A R O P J R E P L I C A
T V C X M O I M R I U N E T R A V Z N G
M S V S U L I T T Z F T Q E O V P N J H
E L Y K H H U A I R Q V A F D K E P I N
M X Z U H G I H E T A R U I Y T L C L M
E V T T O V R Q L F E N G I N E L I C X
P V E F A E U E Y C D P S A A I A R Y P
G M C W M E D B R R A L M M M R M T O U
Y O N O N M Q E M S E Z Y O I E S C S J
X D T C N N A S O N P T Y B C T M E N I
D E Y L F T K V N Q H A T V B P T L O D
F L I J I Y R A T I L I M A A O L E Y T
F B W O H E H O E D N I W S B C H A R A
O B N Y S C E F L V Y L P S V I A Q N Q
E D I S T U O E A P R O P E L L E R A E
K Z K T I W I J C S Z C T M Q E T V I F
A Z O I K F R C S M T P L B V H S A R C
T V Z C Y W N K O R F C V L A N D I N G
E S Z K J R U D D E R E C E I V E R C J

AERODYNAMIC
AIR
ANTENNA
ASSEMBLE
AVIATION
BATTERY
CHANNELS
COMPETITION
CONTROL
CRASH
ELECTRIC
ENGINE
FAST
FIELD
FLY
FREQUENCY
FUN
HELICOPTER
HIGH
HOBBY
JOYSTICK
KIT
LANDING
MILITARY
MINIATURE
MODEL
OUTSIDE
PARK
PLANE
PROPELLER
RADIO
RECEIVER
RECREATION
REMOTE
REPLICA
RUDDER
SCALE
SERVOS
SKY
SMALL
SPEED
TAKEOFF
TOY
TRANSMITTER
WIND

Solution on page 368

Color Measurement

R J P B V K P A J W J X Q H M A G C H Y
Z X N L W N G T T O C O O L W Y K T E G
E G N A R O Y E O Y W O E M H O T B D A
X V Q C W I C L U Z M O N I T O R F R E
E V L E V T H E E I K X B T S K L S O R
J C P U Q A A V B I F V C N R F C E B S
M M N L A R R I V R I G F I I A D P O T
Y C L A C U A S R D A R K L T A S U X D
A W T V R T C I E E V R M T H S R T E I
C B Q O D A T O D S D A E S E C I W L G
M N S C G S E N Y I V R W P E Z N T P I
M O D O N V R P A G I I K E X N I H R T
B L O L L U I I P N L I L C L B T G U A
M D N D U U S Q G A I M D T L B U I P L
K R A D I A T E K B Y M C R P U I L N C
V X M E F P I E R E R B U A M I C S B T
C B A L A N C E L W L I N L A C E C I M
I S I I Z Q T L G A A V G R L W U E L V
Z A N L O E O M C R G N I H S I L B U P
V T Q U M W U K F M X W V N T U B V V H

ABSOLUTE
APPEARANCE
ARTISTIC
BALANCE
BLACK
BLUE
BRIGHT
BULB
CHARACTERISTIC
COLD
CONTRAST
COOL
DARK
DESIGN
DIGITAL
FILM
HUE
ILLUMINANT
KELVIN
LAMP
LIGHT
METER
MONITOR
MOOD
ORANGE
PAINT
PUBLISHING
PURPLE
RADIATE
RAINBOW
RED
SATURATION
SCATTERING
SHADE
SOFT
SOURCE
SPECTRAL
SUN
TELEVISION
TINT
VALUE
VIDEO
VISIBLE
WARM
YELLOW

Solution on page 368

Communications

L Y U C A B C G O I D A R E D N I M E R
L C I R K R D F H P R Y E K T A I D E M
I L G Y E E N O H P V E C E F U S C S B
B V A P S P J T Q T J D R C M E O U V O
L Z L B E A R F U L I C P N T R B Q L U
U Y D F R P L W Z R E Z O A D L W B A W
N C E E R E Q U E S T I C I I O T D N A
S O P D T G V C T D T I N M S N H N O Q
A A Y M R P T U L A N G I S E K O M S Z
L Q T E O A Y L M U T N X M N A U G R R
S M H N H N C R M A A I E E D Z G T E N
D T P M S Q O M C L I C O F L R H I P C
R W A Z C F O I W N N L D N E T T H P L
O K R T N C F X T U E I B E S I S E L E
W B G I I Q Y J O A Z A T O V H R I A T
J N E V T O H N O B T I X E X I A B P T
C A L L S T N M W T N I D T L M E Z H E
B G E H O A E E I G W I V E E L E C W R
Y E T G Z M B N R E T U R N A X U T E O
Q X B R Z O I B E Y A X H K I S T B S R

ANNOUNCEMENT
BRIEF
BULLETIN
CALL
CARD
COMMUNICATE
DIRECT
EARFUL
EMAIL
ENCRYPTED
EPISTLE
GREETING
IDEAS
INBOX
INFORMATION
INVITATION
LETTER
MAILBOX
MEDIA
MEMO
PAPER
PERSONAL
PHONE
RADIO
RECEIVED
RECORDING
REMINDER
REPLY
REQUEST
RETURN
SALUTATIONS
SECRET
SEND
SHORT
SMOKE SIGNAL
STATIONERY
SUBLIMINAL
TELEGRAPH
TEXT
THOUGHTS
TYPED
VERBAL
WIRE
WORDS
WRITTEN

Solution on page 368

Fast Cars

R L D E E P S D Y C X R V B W T U S I N
S Q I V E C N A M R O F R E P O T G A R
A R P X P S F F H S L U X U R Y O L D Y
S G A R U O H R E P S E L I M K E E L S
P R R E R H S E N O E L Y T S L I G H T
W B B W G R C L X I A I R I B E A U T Y
H T O O M S I B I L T N H A N D L I N G
U I R P G A T I P E S J R I C S E C L N
B N E E I O E T V R I E G N R E W B C U
A T L S E Z H R I Z V C N I M A N U A L
K E C R F T T E O U J T I H Z D R I V E
N D S O H N S V E D S I T G W T E R X Y
X T U H M X E N K A Y O A R T R W R E Y
S P M S R P A O F M S N R O O O H K H F
U S U V Q M A C J E E V A B U F E C G M
X Z A E U Y S C M O V O L M R M E I O W
T K N L I A S A T H B M I A I O L T A J
R A V S C I L U A R D Y H L N C S S J X
O I C H K F U X U N I Q X E G U S H L S
O E N G I N E T A R E L E C C A Y A L U

ACCELERATE
AERODYNAMICS
AESTHETICS
BEAUTY
CLASS
COMFORT
COMPACT
CONVERTIBLE
CUSTOM
DRIVE
ENGINE
EXHILARATING
FAST
FERRARI
FLAMES
FUEL INJECTION
GEARS
HANDLING
HORSEPOWER
HYDRAULICS
LAMBORGHINI
LIGHT
LUXURY
MANEUVERABLE
MANUAL
MILES PER HOUR
MUSCLE
PERFORMANCE
QUICK
RACE
RAGTOP
RAPID
RED
SEATS
SLEEK
SMOOTH
SPEED
SPOILER
STEER
STICK
STYLE
TINTED
TOURING
TURBO
WHEELS

Solution on page 368

Heroes

A K Y M R V V B P I T V A H S H E O I D
Z L Y U O T O I R W R T E B A T M A N A
J T U C I V H N B A H T J C W G A G W O
H B A F R S I G W T V R V O N N D R G J
O F F M R R Q E I F Z E J S L E G E N D
T X Z O A E L B O N M P T T B R I C O N
I K W I W T W P C F K U S U O T E X R G
X Q V W V C H O A T O S A M B S H T T H
P P O E K A F Z P R J L A E S I B Q S K
I K W R L R I D E A F N K P Y D R O W S
W Y C N E A C J S G T L D L R N F T D P
N G S A B H T Y A I V E T C O U R A G E
R B C A Q C I Y C C I Q L I T R W J M C
K X P R T D O P R T L W P B S M E I G I
L J R J C N N T I I L M E V A S L E C A
Z P O P U L A R F N A M R E D I P S T L
F Y T H W V L F I H I F D A T I L L A O
T S E U Q N G N C Z N R X A C R H E E Y
K D C O M I C S E C Q R R E S C U E R H
R T T I T Z M Y K S Q Y G G Q Y I M G N

BATMAN
BRAVE
CAPE
CHAMPION
CHARACTER
COMICS
COSTUME
COURAGE
EPIC
FAIRY TALE
FANTASY
FICTIONAL
FOLKLORE
GREAT
HELP
HERO
ICON
KNIGHT
LEGEND
MILITARY
MOVIE
MYTH
NOBLE
POPULAR
POWERFUL
PROTECT
QUEST
RELIABLE
RESCUER
ROMANTIC
SACRIFICE
SAVE
SPECIAL
SPIDERMAN
STAR
STORY
STRENGTH
STRONG
SUPER
SWORD
TRAGIC
TRIBUTE
VILLAIN
WARRIOR
WORSHIP

Solution on page 368

Junk Shop

G G L R G T R N E U F E H F R N K T R A
M T U O I V E L C Y C I R T M V U R F G
I S C N F S T O Y S V T G D R A P E R Y
A W W O T R S L A M P S J U V J A A A N
S E O H S Q O E M T A T T E R E D S Y G
G O A F E T P O R T E R C H A I R U E K
U E R X L W U I M D H Q Q C V B N R D E
M U A P Z C H M R Q C B I C Y C L E F E
J H D V Z S H A E L E C T R O N I C S P
T R I V U E W T U Z O S L I S N E T U S
O E O R P R P U I N E X P E N S I V E A
D S J R E U L G S N C I M R E V S C F K
T I P M R T N I X S L A O L I L N P R E
Y B H O B I G K E L G W D N E A A S E O
I A O V D N M J O O E N T R I N K E T S
X R N D M R J W E F A A E L T O Y H N Z
W L E E Q U S D D C G K P S O H X T A S
L B N S I F I I W E S P W B R W S O L Z
K T M U E V Y D E T A D T U O U W L P C
E K B J S X F K Z H M U E J V J P C B H

APPLIANCES
ART
BEDDING
BICYCLE
BOOKS
CANDLES
CHAIR
CHEAP
CLOTHES
CONSIGNMENT
COSTUME
DRAPERY
DRESS
ELECTRONICS
FIGURINES
FRAYED
FURNITURE
GIFTS
INEXPENSIVE
KEEPSAKE
LAMPS
MIRROR
OUTDATED
PANTS
PHONE
PILLOWS
PLANTER
POSTER
PURSE
PUZZLES
RADIO
RETRO
SHIRT
SHOES
TATTERED
TIE
TOYS
TREASURE
TRICYCLE
TRINKETS
USED
UTENSILS
VIDEO GAMES
VINTAGE
WORN

Solution on page 369

Stanford

K O Y D U T S M R O D N S U P M A C Q T
H T U O Y E L L A V N O C I L I S T M S
E C A L I F O R N I A B I N O I T I U T
Y T A L O O H C S N B E S T H O O V E R
V L A E I R A Z F M G L Y E P S D T G O
M U A V T B E F T U N P H L R E E N E P
N E G N I N R A E L I R P L O S I L L S
C O D M I R Q A P A H I T I F R A A L V
Q J I I Y D P E R U C Z Z G E U C W O B
O P R T C G R Q M Y R E Q E S O A E C Z
P L U E A I O A X W A D N N S C D S S Z
A X C C Z C N L C Y M I S C O A E T S R
E D T N N I U E O Y G K X E R R M C E T
R V M E T J Y D I N S T I T U T I O N B
M Z B I S C I T E L H T A L M S C A I I
Y K E C S K O O B F A C U L T Y S S S I
C S L S M S L Y T I S R E V I N U T U R
D I V E R S I T Y E F O O T B A L L B D
P A L O A L T O Q N M N T V F A G J X H
C O R Y E V I S N E P X E T A U D A R G

ACADEMIC
ADMISSION
ALUMNI
ARTS
ATHLETICS
BOOKS
BUSINESS
CALIFORNIA
CAMPUS
CARDINAL
COLLEGE
COURSES
DIVERSITY
DORMS
EDUCATION
ENGINEERING
EXPENSIVE
FACULTY
FOOTBALL
GRADUATE
HOOVER
HUMANITIES
INSTITUTION
INTELLIGENCE
LAW
LEARNING
LIBRARY
MARCHING BAND
MEDICINE
NOBEL PRIZE
PALO ALTO
PHYSICS
PRIVATE
PROFESSOR
SCHOOL
SCIENCE
SILICON VALLEY
SPORTS
STUDY
TEACH
TECHNOLOGY
TUITION
UNIVERSITY
WEST COAST
YOUTH

Solution on page 369

It's the Economy

F S Q H S U P P L Y B T D T B S R S N I
R D T J E C D N O I T A X A T E E Z A U
P O L I C Y J O T Q P P W Y C C B P P E
R O B O I C M I J I G L E O N I N R I S
O G J O V L R T K N D N V A G R O W T H
F I O N R E J A W S O E N V T D I E O G
I Y B O E A C U F M R I R Z U D S Z T H
T C U I S D A T D Y F O S C D S N Z R E
L B S T O N P C M E X F T S A C A G I Q
Z T I U U A I U I O P I E A E Y P O N M
W R N B R M T L V H O R Y B C C X V F V
E E E I C E A F A N P B E U B I E E L Y
J M S R E D L O H E K A T S V V D R A V
M U S T S H Q T P D G S R B S S B N T D
I S I S D S R L E U F B U G E I P M I Q
O N O I T A I C E R P P A R O D O E O W
Y O Z D D C L T N E M Y O L P M E N N F
H C D E F I C I T E K R A M C L E T R D
J C B K N A B R P R J D I P J A U D F C
Y B C E L Y H Y G Z I X R K C O T S Y Q

APPRECIATION
ASSETS
BANK
BOOM
BUSINESS
CAPITAL
CASH
CONSUMER
CREDIT
CYCLE
DEBT
DECLINE
DEFICIT
DEMAND
DEMOGRAPHIC
DEPRESSION
DISTRIBUTION
EMPLOYMENT
EXPANSION
FINANCES
FLUCTUATION
FUEL
GDP
GOODS
GOVERNMENT
GROWTH
INDICATORS
INFLATION
JOB
MARKET
MONEY
POLICY
PRODUCTION
PROFIT
RECESSION
RECOVERY
RESOURCES
SERVICES
SPEND
STAKEHOLDERS
STOCK
SUPPLY
SURPLUS
TAXATION
TRADE

Solution on page 369

Plastics

W P M S R E N V I R O N M E N T B N E S
Y A O E W R H Z F M U E L O R T E P U E
R L S L R R K L G E R B Y T I C I X O T
E L B T Y M A N U F A C T U R I N G O A
T E Y T E M I P Z D V Y S E H T Z S U L
S G L O R G E O A E P K I N E S G U A P
E A A B A E C R D D L Y I E L A O C R A
Y B I K G N G H S L A L M L B L V B T P
L R C M L E V Y E O S A J Y A P I L F J
O A I O D R Z R C M T E R H R O E O U N
P G F O N Y E U U E I E M T U M L G M J
U T I R Y T P P R B C C R E D R A N E X
L B T R L S A I A O B S A Y V E N I Y I
Z A R I O Y A I R P A E Y L L H D L U F
B K A T N L H G N O G N R O S T F C V O
O E Q S C O L O R E S H H P T C I Y A X
C L E A R P E R A W R E P P U T L C E D
Y I H S A R T A B L E S O L U L L E C J
R T A C R Y L I C I T E H T N Y S R T O
G E L B I X E L F E B L A N S D F P N P

ACRYLIC
ARTIFICIAL
BAKELITE
BIODEGRADABLE
BOTTLES
CELLULOSE
CHEMICALS
CLEAR
COLOR
CONTAINERS
CUPS
DURABLE
ENVIRONMENT
FLEXIBLE
GARBAGE
GROCERY BAGS
JUG
LANDFILLS
MANUFACTURING
MATERIAL
MELT
MOLDED
NYLON
OIL
PACKAGING
PAPER
PETROLEUM
PLASTIC BAGS
PLATES
POLYESTER
POLYETHYLENE
POLYMERS
POLYSTYRENE
PVC
RECYCLING
RUBBER
SYNTHETIC
TABLE
THERMOPLASTIC
TOXICITY
TOYS
TRASH
TUPPERWARE
WASTE
WRAP

Solution on page 369

Woodstock 1969

D V W X S J U G I Q W M I T J U C C H I
C R F S M T U P O A F R E E D O M L J L
G W C Q S I R E C B H N W A P P H O I W
O F C E T P L A V I T S E F C I S U M W
X P K A N L E C K S L D I C A N I T I K
D C R O W D S E F C L E E G E M X D H X
E V O Q L C D G N U O I D V O M T O E E
R E Y T U J F L F O F R A E I D I O N M
U L W D N E K E E W I H U S H L E R D R
T P E Y T R T F H I E T I G N C S S R W
L O N G H A I R R I F U U P S D Y C I R
U E R O R I D F H E A G T L P A Q S X B
C P Z G Z N A C A D E O E H O I Y C P T
K R H J A N I S J O P L I N E V E X U Q
S U M M E R R T D N P R O K A W E S A Q
H I S T O R Y X T N L A J V D M H R M M
F V Y L A S F O L K A S T R E C N O C U
S W F W A N A T N A S B U D A D V V F D
P T S E T O R P P E X G I L K I X Y J D
B O A L B U M S K X S A F S E K A G Z Y

ACID
ALBUMS
ARLO GUTHRIE
ARTS
BANDS
CONCERTS
CROWDS
CULTURE
DAIRY FARM
DRUGS
FIELD
FOLK
FREE LOVE
FREEDOM
GRATEFUL DEAD
GUITAR
HIPPIES
HISTORY
JANIS JOPLIN
JIMI HENDRIX
LIVE
LONG HAIR
MAX YASGUR
MEDIA
MOVIE
MUDDY
MUSIC FESTIVAL
NEW YORK
OUTDOORS
PEACE
PEOPLE
PROTEST
PSYCHEDELIC
RAIN
REVOLUTION
RICHIE HAVENS
ROCK
SANTANA
SIXTIES
SUMMER
TENTS
THE WHO
WAR
WEEKEND

Solution on page 369

Types of Dogs

D F H K E X L O B X D C I H A O C N B S
A A O K O H D M S R U P O O D L E K E E
B H H R U N V P R Z U R G K S N M I A T
O E O B U H A P W G A H O C I Y C O G T
Q P F O R N A M Y M J O S N V E T O L E
B A H X I P F R S N B O A U P C X X E R
M U T E E Q T E J D A C H S H U N D Z B
L V L R J S N C U N A I N A R E M O P O
E H S L E A I T J A C K R U S S E L L Y
H V O C D T S R E Z U A N H C S C P N U
O K N H S O R U S S C T E R R I E R C W
J A B E R E G I S T E R E D D Z B O O B
P G M R R E L I E W T T O R Y W L G R G
E O I D G M W R T V N B E K E L A A I L
D D X I N A I V I I E H R L I W B U B C
I P E N I S A D O R P R G E N E T I C C
G E D G T T B P M E Q L I N E A G E H W
R E X I N I F A H U S G J N P D E E O N
E H C I U F N S S P X C L E Y X E H W X
E S R E H F Z I W U A G B K T U S R I M

AKC
ANCESTRY
BEAGLE
BOXER
BREEDER
BULLDOG
CANINE
CHARACTERISTIC
CHOW
COLLIE
DACHSHUND
DANE
DOBERMAN
DOMESTIC
GENETIC
HERDING
HOUND
HUNTING
JACK RUSSELL
KENNEL
LAB
LINEAGE
MASTIFF
MIXED
MUT
PAPERS
PEDIGREE
PIT
POINTER
POMERANIAN
POODLE
PUG
REGISTERED
RETRIEVER
ROTTWEILER
SCHNAUZER
SETTER
SHEEPDOG
SHEPHERD
SHOW
SPANIEL
SPECIES
STUD BOOK
TERRIER
TYPE

Solution on page 369

Grandparenting

V Y P K T W Q X T R F B V U R R E L K C
M G A V R X F X R Z Z R H O M E N B F Q
T H L W O T G S E C E D D W M S U T G H
H E E F P I E H A P P Y B J I P R F E C
Y G A R P R N R T N T L A N R E T A P G
Z N R C U D E S S G C J B S Y C U M A R
D I N T S T A Z P N B E Y C P T R M D D
J V C A X H L R O I O L S C O E E E V T
U I J D N T O U D K R B I T A S C S E E
P G I P B H G W C A V A T S O N M I T V
G C M I Y V Y R M B V E T T E R D R A O
R T N E I T A P E A O G E I A I A Y Q L
A Y L I M A F C K H T D R W O D K B Y D
N J S S P O I L A R G E S O I N Y O R E
D E L K N I R W Z T P L R T T S A S O R
M W G N I H S I F X I W I N C N T L T C
A R E L A T I V E U N O C V A E E F S H
L D R Z D A N Y A S N N N T A L S M I U
P V E V Q P D D J S S K K C I P L I H G
O T L L N L D G R T L B H W F U M J W S

ANCESTOR
BABYSITTERS
BAKING
CANDY
CARE
COOKIES
CULTURE
EXPERIENCED
FAMILY
FISHING
FUN
GAMES
GENEALOGY
GIFTS
GIVING
GRANDMA
HAPPY
HISTORY
HOME
HUGS
INSPIRATIONAL
KNOWLEDGEABLE
LEARN
LOVE
MATERNAL
MEMORIES
MENTOR
NANNY
NURTURE
OLDER
PATERNAL
PATIENT
PICTURES
RELATIVE
RESPECT
SPECIAL
SPOIL
SUPPORT
TEACH
TRADITIONS
TREATS
VACATION
WARM
WISE
WRINKLED

Solution on page 370

Out at Night

M	W	S	T	A	B	O	N	O	O	J	G	H	J	C	B	O	O	T	B
B	N	H	H	U	T	O	T	O	S	F	N	L	X	E	E	W	P	T	E
N	D	I	M	R	L	P	O	V	W	K	H	B	H	B	K	L	E	T	G
C	D	F	G	X	W	T	B	V	W	M	C	Y	X	V	F	S	H	Q	T
O	B	T	M	H	B	P	U	S	E	P	O	E	B	X	N	G	U	E	D
L	A	N	R	U	T	C	O	N	R	G	T	N	N	U	I	I	K	D	D
D	U	T	H	E	M	F	C	R	E	E	P	Y	S	N	E	C	M	W	I
H	U	F	T	T	B	Y	A	T	W	U	V	U	F	T	I	Q	U	K	B
A	O	A	E	H	G	K	X	L	O	S	U	O	I	R	E	T	S	Y	M
J	L	I	H	C	G	P	E	E	L	S	D	C	C	E	I	R	E	E	B
O	T	M	H	Y	A	I	U	R	V	A	R	E	B	M	U	L	S	Z	W
S	C	D	S	I	L	E	N	C	E	V	E	N	I	N	G	N	Q	P	B
N	S	D	R	T	R	R	P	D	S	K	R	O	W	E	R	I	F	I	A
O	H	E	A	E	L	L	Y	A	I	L	Z	T	B	U	L	C	R	T	R
O	A	R	L	R	A	S	A	N	D	M	A	N	O	O	M	D	Z	C	S
Z	D	I	W	N	K	M	W	C	B	D	X	J	T	Y	S	R	N	H	Z
E	O	T	E	G	U	I	S	I	D	L	E	O	T	H	G	I	L	A	L
N	W	T	S	E	R	S	X	N	X	J	D	D	T	U	O	I	H	T	C
N	S	G	S	T	S	O	H	G	Q	E	T	A	P	A	R	T	Y	L	L
W	P	F	Q	S	Y	P	H	U	T	Z	C	E	W	F	F	V	B	I	X

BARS
BATS
BIRDS
CANDLE
CLUB
COLD
CREEPY
CRICKET
DANCING
DARK
DEAD OF NIGHT
DIM
DREAMS
DUSK
EERIE
EVENING
FIREWORKS
FROGS
GHOSTS
LATE
LIGHT
MIDNIGHT
MONSTERS
MOON
MYSTERIOUS
NIGHTFALL
NOCTURNAL
OWLS
PARTY
PEACEFUL
PITCH
PLANETS
QUIET
REST
SANDMAN
SHADOWS
SHIFT
SILENCE
SLEEP
SLUMBER
SNOOZE
SUNLESS
SUNSET
TIRED
WEREWOLVES

Solution on page 370

No Country for Old Men

G T U V I E T N A M X A L R A C M T P E
S N O V E L U O X R E N D E P U T Y T O
F O O I A D R A M A A N A D E B X M U E
Y I I I Q G M B C M C O D R T P E F L O
R C H K T A N E M J Y S Y O E D A G O X
A L P I R A T E O U P L R B R T N C G D
F N O I T A T S S A G E E A R A E N S A
A W M C L M H P Z K Y R B E R N I V U E
W P V O D B A A A A R R T T J T Y I S C
A Q S P R X F N H D E A S E N O E O P I
R E J O O F L T E I A H C U Q N N L E L
D T L H I V S S V F P Y H I M C O E N O
S I U R N A E A D C Q D Y R K H M N S P
N U E O M R J T W A B O V F W I G C E S
S H O O T I N G Y N P O W I E G U E T S
S E H S S O M N Y L E W E L L U R X A W
W T L T S N O P A E W L P M D R D C F W
K R E L L I R H T Z P N N B E H Z J R X
M A S K I L L C S E N N A C R B G X S B
L H W P E S A X E T U G Z U N Q A P P P

ADAPTATION
AGNES KRACIK
ANTON CHIGURH
AWARDS
BORDER
CANNES
CARLA
COP
DEPUTY
DESERT
DESOLATE
DRAMA
DRUG MONEY
ELLIS
ESCAPE
FATE
FILM
GAS STATION
HITMAN
HUNTING
JAVIER BARDEM
JOSH BROLIN
KILL
LLEWELYN MOSS
MIRAMAX
NOVEL
POLICE
SHERIFF
SHOOTING
SHOOTOUT
STEAL
STRANGLE
SUSPENSE
TEXAS
THOMAS THAYER
THRILLER
TOMMY LEE JONES
VETERAN
VIETNAM
VIOLENCE
WEAPONS
WELDER
WOODY HARRELSON

Solution on page 370

Move a Mouse

M	F	V	S	I	X	Y	A	K	L	L	O	R	K	B	O	P	R	A	C
G	Y	D	H	C	Z	Y	G	H	L	R	P	B	V	Q	V	X	D	N	Z
S	E	L	E	C	T	A	L	A	P	T	O	P	H	N	A	P	A	A	D
I	K	C	Q	V	B	L	B	I	M	C	O	M	P	U	T	E	R	E	U
X	T	N	I	O	P	P	K	N	E	I	N	T	E	R	F	A	C	E	X
W	V	D	S	V	M	S	R	F	D	M	N	G	R	A	P	H	I	C	I
K	Q	K	K	W	E	I	B	R	K	A	E	G	I	Q	A	S	V	N	O
K	A	Z	J	X	N	D	C	A	E	S	C	M	P	U	D	A	P	P	Q
K	D	K	E	Y	B	O	A	R	D	S	O	C	H	E	D	U	T	L	E
H	N	U	F	R	C	I	F	E	O	T	A	D	E	I	T	I	H	Q	C
T	K	N	H	U	V	O	N	D	I	S	W	L	R	S	C	O	L	I	W
V	F	Q	K	R	D	E	V	O	M	T	O	E	A	A	S	I	M	O	O
Y	V	D	N	B	E	G	N	L	I	L	C	F	L	I	G	O	E	E	R
C	Z	Z	Z	N	S	B	L	U	E	T	O	O	T	H	N	O	R	O	R
Q	F	O	M	R	K	U	N	G	I	E	A	S	T	O	M	I	A	Y	A
H	O	H	C	E	T	I	G	O	L	C	E	G	G	E	C	Y	W	Z	G
M	O	N	I	T	O	R	N	P	T	N	G	R	I	L	L	K	D	E	H
F	R	V	T	P	P	S	P	X	S	T	E	E	I	V	Y	B	R	W	W
W	H	E	E	L	G	A	R	O	S	R	U	C	G	M	A	Q	A	F	E
J	K	C	A	R	T	P	R	S	W	F	K	B	D	D	F	N	H	C	M

ACCESSORY
APPLE
ARROW
BALL
BLUETOOTH
BUTTON
CABLE
CLICK
COMPUTER
CURSOR
DESKTOP
DEVICE
DIRECTIONS
DISPLAY
DRAG
ERGONOMIC
GAMING
GRAPHIC
HARDWARE
HOVER
INFRARED
INPUT
INTERFACE
KEYBOARD
LAPTOP
LASER
LIGHT
LOGITECH
MICROSOFT
MONITOR
MOTION
MOVE
NAVIGATION
OPTICAL
PAD
PERIPHERAL
POINT
REMOTE
ROLL
SELECT
SENSOR
TRACK
USB
WHEEL
ZOOM

Solution on page 370

Principals

D N I P R E S P O N S I B I L I T Y E J
I S D E T E N T I O N O I T A U L A V E
R F T R R E D U C A T I O N N L C G O S
E N I L P I C S I D S C J E O C O Y R I
C C K V D C H Z A C A D E M I C S E P V
T A N O I S N E P S U S H E S M X M P R
O P O E P Y R A N O I S I V S P Q E A E
R T W R R P T B Q H Z I B O E D A E H P
R A L A O E L E D I U G L R F E R T A U
B I E P C N F F I G F F I P O L O I S S
O N D P E Z V N R H E E S M R C C N T A
A V G O D E V W O S N L T I P G O G R F
R M E R U N O I T C A R E T N I M S U E
D I S T R I C T E H S O N M T Y M L C T
B U D G E T I D F O R E D A E L I A T Y
E V R E S B O S S O U Y L T P N T O U K
H N U S C H E D U L E U J S W D T G R V
M O A P P O I N T E G R I T Y C E A E V
C A C T I V I T I E S O V E R S E E R S
W W F U M Y T I R O H T U A P O L I C Y

ACADEMICS
ACTIVITIES
APPOINT
APPROVE
AUTHORITY
BOARD
BOSS
BUDGET
CAPTAIN
COMMITTEE
CONFERENCE
DETENTION
DIRECTOR
DISCIPLINE
DISTRICT
EDUCATION
ELEMENTARY
EVALUATION
EXPERIENCED
GOALS
GUIDE
HEAD
HIGH SCHOOL
HIRE
IMPROVEMENT
INTEGRITY
INTERACTION
KNOWLEDGE
LEADER
LISTEN
MEETINGS
OBSERVE
OVERSEER
POLICY
PROCEDURES
PROFESSIONAL
RAPPORT
REGULATIONS
RESPONSIBILITY
SAFETY
SCHEDULE
STRUCTURE
SUPERVISE
SUSPENSION
VISIONARY

Solution on page 370

Growing Things

W N W B D E K V O L H T R L P E A T C W
E W J I S G C L O C S O A V L N O B U C
R B V K T O X P L P O T S V A O N H O T
U E I B Q X W U A D W L S P N U S N L N
T L V G O R M W T G W Q O P T S E E R T
L A S T W Q N U H T S E V R A H V N J E
U C N J O H O E E F O I I V F D A I O O
C H W P N L V A D E R E T A W U E S I C
I B H R E W E A G R N G W P T F L K D B
R N I U E Q G V E T A S N I M A T I V U
G I S N R F E Q S I H G R I R B U R H S
A Z V E G E T A B L E S E E D A L E N H
R X W V C V A B G I R Y N D T D K O C V
V Y W Y F T T N C Z B I A A O Y U E O I
V X Q B I L I S Q E M A W D P R E B I M
T G Z U R L O C O H T A T D I R T L Z P
I F R P P Y N W I P R G Q S A E R U I A
N F B A U D A D E D M R H D R J E B W J
G D S F Z K Q R O R E O G Q Y N C Q R D
I D Q J W D O C D E E W C I H I Z Q I Z

AGRICULTURE
AWARD
BLOOM
BUDDING
BULB
BUSH
COLORFUL
COMPOST
DIRT
FERTILIZE
FLOWER
FRUIT
GARDEN
GREEN
GROW
HARVEST
HEDGE
HERB
HOE
INSECTICIDE
LEAVES
MINERALS
MULCH
NOURISH
NUTRIENTS
OUTDOOR
PEAT
PLANT
POTS
PRUNE
RAKE
SAPLING
SEED
SHRUB
SKILL
SOW
SPADE
TOPIARY
TREES
VEGETABLES
VEGETATION
VITAMINS
WATER
WEED
YARD

Solution on page 370

Carnivals

S T E K C I T N R E T H G U A L P V V U
I G V S O S L A M I N A C C G A M E S T
J J O M D M U S I C A E L E P H A N T C
Z V U D E N J O Y Y O F S E N I L D F Q
C L O W N M A N Y M Q U E K S C P O I V
M S E Z I R P B J D S N N T V U O R R K
E R S W S N O I T C A R T T A D O S E Q
S B O U N C Y C A S T L E S Y T I R E Q
R S L L A T S O D D I O D U Q F S O A G
F A M I L Y S N M T P R Y E M C A F T C
C D A Y H E E R G H D C W S D U I I E O
H R G F A I R L E E H W S I R R E F R N
G I U B R W V C O K W S T N E I A O F T
T N I F O D D Z O Q R O L W B O Q E V E
M K I I K O K I Z A K A O E X S U R B S
E S X C O S T U M E S R B G Z I B V R T
X A I L N H U H N F K T S S O T G N I R
O S C R E A M S S S T A E R T I E Z D U
W R P P E S D L P O P C O R N E Z R E T
Y J E J E V A S B A L L O O N S X Q P C

ANIMALS
ATTRACTIONS
BALLOONS
BARKERS
BEARDED LADY
BOOTHS
BOUNCY CASTLES
CAROUSEL
CLOWN
CONTEST
CORNDOGS
COSTUMES
COUNTY FAIR
CURIOSITIES
DANCING
DRINKS
ELEPHANT
ENJOY
FAMILY
FERRIS WHEEL
FIRE EATER
FIREWORKS
FOOD
FRIENDS
FUN
GAMES
LAUGHTER
LINES
MIDWAY
MUSIC
POPCORN
PRETZELS
PRIZES
RIDE
RING TOSS
ROLLERCOASTER
SCREAMS
STALLS
STATE FAIR
TICKETS
TOKENS
TOYS
TREATS
VENDORS
WRISTBANDS

Solution on page 371

Travel Trouble

U S K T T N S M Z V V U O U A L E S D Z
H T N E M N R E V O G A D I O V A E C I
O L O D K A E R B T U O C Y M E L A L U
T V I O C U S T O M S R Y Z S A B L T N
O S T W E A T H E R I R Y A Y T N T T R
O L U C H T R D X M L Q E S J E O U W E
J B A A C C I D E N T S D W S E P R S S
M T C H Y Q C Y R A I N O S Z N A M M T
S H B B C D T D Q D G R T R D A S O P S
B D I S N O I T A L L E C N A C S I G N
Y Y W C E O O A M D K M T B B I P L M U
V T D O G L N I T C O O D A N R O T Q P
Y I I G R F S R O N O U K N L R R Q D O
S R O D E C A P E T E N Y V E U T C E L
S U O L M V K O L R G S F T Y H S F C I
A C Z S E C S R B A A T S L E R C N R T
B E S L I N O T C F S A P B I F Z X O I
M S S P O V C S B F S B G E D C A P F C
E R A W N B D E E I E L U T N Y T S N A
F E A T R E L A D C M E T A U C A V E L

ACCIDENTS
ADVISORY
AIRPORTS
ALERT
AVOID
CANCELLATIONS
CAUTION
CONFLICT
CONSULATE
CRIME
CROWDS
CUSTOMS
DELAYS
DISASTER
DISEASE
EMBASSY
EMERGENCY
ENFORCED
EVACUATE
FLOOD
GOVERNMENT
HURRICANE
ILLNESS
MESSAGE
OUTBREAK
PASSPORTS
PICKPOCKETS
POLITICAL
RAIN
RESTRICTIONS
SAFETY
SECURITY
SIGN
SNOW
STORMS
TORNADO
TRAFFIC
TSUNAMI
TURMOIL
UNREST
UNSTABLE
VIOLENCE
WAR
WEATHER
WORLD TRAVEL

Solution on page 371

Chemistry Quiz

A	I	P	C	Z	W	C	X	S	A	Z	T	X	V	B	L	W	G	F	K
J	O	D	F	Z	H	A	H	T	N	B	Y	M	O	T	A	A	N	T	T
Q	M	T	I	A	T	T	O	E	R	O	L	F	L	A	S	K	E	L	C
X	C	U	N	K	D	A	U	E	M	K	B	S	U	E	L	C	U	N	D
G	Q	G	A	D	Q	L	M	N	X	I	D	L	M	O	F	S	T	K	W
Q	E	I	L	I	U	Y	W	C	L	P	C	N	E	H	E	S	R	X	T
A	H	X	N	L	L	S	G	R	A	D	E	A	U	R	N	P	O	L	D
E	A	P	C	O	H	T	Y	J	J	P	O	R	L	O	S	D	N	O	B
S	K	A	P	S	H	Y	P	O	T	H	E	S	I	S	P	M	E	E	B
C	I	R	L	Q	P	B	D	O	T	B	X	R	I	M	E	M	G	B	I
U	K	O	M	U	A	G	E	R	U	S	E	I	T	R	E	P	O	R	P
J	V	X	R	S	M	T	O	T	O	K	N	R	M	L	O	N	R	C	B
A	O	G	E	U	O	R	T	O	A	G	O	D	E	R	O	E	T	C	O
T	A	B	T	L	L	S	O	E	L	X	E	C	E	T	N	V	I	N	E
Q	A	C	D	G	E	C	B	F	Y	N	T	N	O	T	A	D	N	I	C
L	I	I	I	T	C	M	Y	G	S	R	R	R	R	M	O	P	H	Z	N
U	F	Y	M	D	U	T	E	I	O	U	P	A	M	I	X	T	U	R	E
T	O	A	P	R	L	N	T	N	B	W	P	S	R	E	W	S	N	A	I
A	S	V	F	P	E	Y	S	S	T	T	N	E	D	U	T	S	R	K	C
S	G	U	P	B	O	S	C	N	X	I	P	K	O	M	G	M	B	B	S

ACID
ANSWERS
ATOM
BASE
BEAKER
BONDS
BURNER
CATALYST
CHANGE
CHEMICALS
COMPOUND
DENSITY
ELECTRON
ELEMENT
EXPERIMENT
FINAL
FLASK
FORMULA
GAS
GRADE
HYDROGEN
HYPOTHESIS
IONS
MASS
MIDTERM
MIXTURE
MOLECULE
NEUTRON
NITROGEN
NOBLE
NUCLEUS
OXYGEN
PARTNER
PERIODIC
POLYMER
PROPERTIES
PROTON
QUIZ
RESULT
SCIENCE
SOLID
STUDENT
TEST TUBE
VOLUME
ZINC

Solution on page 371

Jewelry

W D C X X W R O L O C L F P Q R X B Z R
G O C E T H R L E B H O C P S Q E Q Y X
X E Y B V M F E E L O J S O E A T W P B
B M Z S O T A C Z W K X J T D Q L B U D
Z S L Y E T Z W O M E N P B U B W C N H
D W X Y N F M I O I R J A S W M K C C A
K E Q R X I O R H G B R A C E L E T Y V
R D S D V G H O P Y S P R D E W A F Z M
Q D X I G M G S E L P T I S L W R E D D
T I N F G N A L H H A C O N M J X N E L
T N R E I N I Q I E A T I N I P O L M U
W G E D C N S R G L L T I G E M B C E S
X W L M M K E N A U N L W N A A Y E R L
A O I Z A B L L O E D S S I U B Y G A A
D B G G Z N E A S F Y I D L U M N T L P
G A I N L R R E C O V L A R T I E N D X
I N O I T A R O C E D V R E T M I F A G
B G U L D P P R Z M N E I T N A D N E P
O L S B V J X G A A N R E S H L F E Q J
X E I U S T F A R C V S M C L R U R H M

ANKLE
ART
BANGLE
BEAD
BLING
BOX
BRACELET
BUCKLES
CAMEO
CHAIN
CHOKER
CLASP
COLOR
COSTUME
CRAFT
DECORATION
DESIGN
DIAMOND
EMERALD
EXPENSIVE
FINE
GEM
GIFT
JEWEL
MEDICAL ALERT
METAL
NECKLACE
ORNAMENT
PENDANT
PLATINUM
PRESENT
RELIGIOUS
RING
RUBY
SAPPHIRE
SETTING
SHELLS
SHINY
SILVER
STERLING
STONE
VALUABLE
WATCH
WEDDING
WOMEN

Solution on page 371

Classified Ad

C B X H F P T E E M S U S H W O Z F N V
G B M G Q E Y Q E Q F D R L B T W F N K
D X D K J E Y T I N U M M O C J Z J C K
T D W O E V A X N O I I E T A M M O O R
R I B G I U J E E T V L P N O I T C U A
H S X K R O W T X I C O N M M S P S G V
C P F D L X A G P C S S I O E T A T O M
N L L O V V N N E E V R S V S N N L Y L
V A A A U Y T I N S H E I E N E T W E S
E Y N N T N E S S O C L L O M M Y C R R
W R M P O N D I I I U C D Y E T U E A T
Z N A G K S E T V S I N O R R R P L L R
F G R S Q E R R E H A L C E E A G E O U
F O K L T L E E E L P H P E P P G S K C
M O E A D S R V P M A O R S M A B H S K
L D T M I R I D E N R F W E L E U O M P
I S H I O I H A D P C E R U T I N R U F
E M K N Q H O I J E N I Z A G A M T W V
E C N A R U S N I Z S A R O Q S C O S P
C A S B R E R L F N B U J B C C R W C M

ADVERTISING
ANIMALS
ANNOUNCEMENTS
APARTMENTS
AUCTION
CAR
COLUMN
COMMUNITY
DISPLAY
EMPLOYMENT
EQUIPMENT
ESTATE
FOUND
FREE
FURNITURE
GOODS
HIRE
HOME
INEXPENSIVE
INSURANCE
JOBS
LAND
LEGAL
LIVESTOCK
LOST
MAGAZINE
MARKET
MERCHANDISE
NEWSPAPER
NOTICES
ONLINE
PERSONAL
PROPERTY
RENTAL
ROOMMATE
SALE
SERVICES
SHORT
TEXT
TRUCK
USED
VAN
VEHICLES
WANTED
WORK

Solution on page 371

Stuck in Traffic

Z B R A K I N G L W T K L T X M C K K A
R Y I F N C Z F F R E E W A Y S Q Q E J
T E W M O G E R R Y T A T Q T K J T K G
R E P A I R S N V N A T T U Q E S V J N
U V U M T X T E E Q P W I H M R D E M S
C L O S U R E D N L J N H A E M W H L Q
K C T Y A B I J L A T N L G R R O I R S
C F R O C C W Z M E L T N U I B R C L E
X E A S C O D C R J I I O O O H C L J F
H N F A E A N S K C K T Y B G D L E I Y
F D F P G I E G K C E I R U O H H S U R
N E I O D C C E E D O E G N I V I R D E
Q R C L T Y T N E S A L L H S A R C G G
V B C I T S R M E K T O B S D E L A Y S
G E O C P E C A D G O I D D P F R I T N
A N P E B Y E O F K R R O P A D L N I R
U D S B E P W R E N C E T N A O W A C O
T E U W A N R R T J X E M O F S R M G H
D R J S S A P Y B S U O R E G N A D F S
Q R B T L A Y P O T S L O W G D Y A U L

ACCIDENT
BOTTLENECK
BRAKING
BREAKDOWNS
BUMPER
BYPASS
CAUTION
CITY
CLOSURE
COMMUTE
CONGESTION
CRASH
CROWDS
DANGEROUS
DELAYS
DETOUR
DRIVING
EMERGENCIES
FENDER BENDER
FLAGS
FREEWAY
HIGHWAY
HORNS
INTERSECTION
JAM
LANES
LATE
MANIAC
ONLOOKER
POLICE
REPAIRS
ROAD RAGE
ROADBLOCK
RUBBERNECKING
RUSH HOUR
SLOW
STOP
STREET
TICKETS
TRAFFIC COPS
TRUCK
VEHICLES
WEATHER
WRECK
YIELD

Solution on page 371

Drugstores

U X V I T A M I N S E D M R V B O O K S
M M D B Y C M K D F N D C Z J E F A J T
I Y T U A E B R I S E N I Z A G A M G E
W T B P D B A T T E R I E S Z Q P T A E
P N U R W C D A N D R U F F Y O R C D W
E E W O A N T I H I S T A M I N E U V S
E M W F X I H S S O T Z O N H T S D I R
N T D E O S R U T U N J T E A C C O C E
E A I N W E R O W Y P M H M R O R R E P
I E E B N W H E E Z E P I N I R I P S A
G R T A D P L N L N Y N L D A N P D Z I
Y T E X B L H A T L O R M E H E T I S D
H L O K N E M L G P I S O E M R I G K Y
C I T E A A V L H V M K H T D E O E C D
Y F S L E C N E I N E V N O C I N S A N
K S T R T R N C R E P K Z I P O C T N A
N H C B K P M S G A S C I S A B D I S C
T O I L E T R I E S G K L D U P N O N D
N Y P U E K A M S E T E B A I D M N T E
L G J N S N O P U O C O S M E T I C S J

ACETAMINOPHEN
ADVICE
ANTIHISTAMINE
ASPIRIN
BASICS
BATTERIES
BEAUTY
BEVERAGES
BOOKS
CANDY
CARDS
CLEANERS
CONVENIENCE
CORNER
COSMETICS
COUPONS
CREAM
DANDRUFF
DIABETES
DIAPERS
DIET
DIGESTION
DOCTOR
HAIR
HEALTH
HYGIENE
IBUPROFEN
MAGAZINES
MAKEUP
MEDICINE
MISCELLANEOUS
OINTMENT
PAINKILLERS
PHOTOS
PRESCRIPTION
PRODUCT
SHOP
SNACKS
STATIONERY
SUPPLEMENTS
SWEETS
TOILETRIES
TREATMENT
VITAMINS
WELLNESS

Solution on page 372

Silent Spring

T L M O V E M E N T Y R T S U D N I J N
M G S A C T I O N S G A E F I L D L I W
P H Y C H L V A O N L L I K F S A J S C
K A N J Y T E D I L P Q O Z E I M N D I
K R T F Z R H T T M X O R D R L E O B L
F M H Z I R N K A S B S I E A G R I V B
P U E F R E E X V I W C A I O L I T R U
T O T D M R E S R Q I E S N A R C I O P
Q D I U I H E D E T C R I R X A A S T G
T P C S R C S G S A E C U V B C N O R U
D O S E O E A E N V R T L P R H A P E T
D P L Y K N P L O A L C I U O E G P X A
A U A G Y X S R C U D H H G W L T O H K
M L C O N L T D C N R E C N O C I N N N
A A I L E N V I R O N M E N T A L C I H
G T M O O N R E C N A C D Y Q R X F Y U
E I E C F G N I C N E L I S K S G O B H
R O H E A H S N O I T C E N N O C O F X
D N C H U M A N S E I R R E B N A R C G
O S E D I C O I B Y C A G E L J H P D M

ACTIONS
AERIAL
AGRICULTURAL
AMERICAN
BIOCIDES
BIRDS
BOOK
CANCER
CARCINOGENS
CHEMICALS
CONCERN
CONNECTIONS
CONSERVATION
CONTROVERSIAL
CRANBERRIES
DAMAGE
DANGER
DDT
DOCUMENTING
ECOLOGY
ENVIRONMENTAL
EPA
EXAMPLES
FIRE ANT
FUTURE
HARM
HUMANS
INDUSTRY
INTERVIEWS
KILL
LEGACY
MEDICAL
MOVEMENT
OPPOSITION
PESTICIDES
POISONS
POLICY
POPULATIONS
PROOF
PUBLIC
RACHEL CARSON
RESEARCH
SILENCING
SYNTHETICS
WILDLIFE

Solution on page 372

Do Your Homework

Z Y R A E R B D B P R M V Y V U X X Y R
W P S E R D V O H P O W T Q E I T Z P P
Q O U X V B R L I R E T U P M O C E M H
D C R E A I E S G Y E E G A U G N A L Y
R A V K N W E G H M S A D X D C J H G S
Z L E G S T W W L T A E D C I U U O X I
O Z Y Y W H F M I A D T H L F R L V D C
Y A S S E Q E O G E Q A H M F O T G A S
P A P E R M N E H W L N E N I L D A E D
N D H B O S F S T L X I W B C L L E P S
Q S M R W R I T E K B T S T U D Y X Y F
W O I Z S N S N R T C S R R L S O L V E
D Z W A I M G E R U T A R E T I L H P Y
E N F F H I E C S F E R L C S A U C R R
F X N W N N O L A I L C V C B E X N O O
I U V G G Z M F B P C O N U U W A E J T
N S T L U S E R M O R R S E H L V R E S
E L I E K T T E R Z R P E T I R U F C I
P S Y T O G R O F S V P O X W C T S T H
H P A K Q G Y Y H P A R G O E G S K R Z

ALGEBRA
ANSWER
BIOLOGY
BORING
CALCULUS
CHALLENGING
COMPUTER
COPY
DEADLINE
DEFINE
DIFFICULT
ENGLISH
ESSAY
EXERCISES
FORGOT
FRENCH
GEOGRAPHY
GEOMETRY
HIGHLIGHTER
HISTORY
LANGUAGE
LITERATURE
LOST
MATH
MEMORIZE
PAPER
PENCIL
PHYSICS
PROBLEMS
PROCRASTINATE
PROJECT
QUESTIONS
READ
RESEARCH
RESULTS
REVIEW
SCIENCE
SOLVE
SPELL
STUDY
SURVEY
SYLLABUS
UNFINISHED
WORKSHEET
WRITE

Solution on page 372

Kung Fu Panda

C O Q S S T Q Y S R K T D U D H L M V K
G T M K I C N L E U Q E S R U H F M D O
Z P I M O T D I S N E Y E K N O M T R Z
S D C G A P N M R T N U O M A R A P X A
S C S N E S I A A F R E F A W E S O M E
S H Z U M R T F M F N A C I R E M A N I
G I F L A H E E H S S V L I Y R O T S L
O N K I E N J I R O U B E A R G E G U O
B A I A L G I E V I F S U O I R U F D J
R C T T J M K M L O R F M A T T I M R A
D E K Y H A E Y A Y M L M A N H R E E N
R P C U N G C I C L O V I A S J T A A I
A P A S N U I K T W I N S Q N C B R M L
G U L N L G F F I A M P D C A N O H W E
O O B Y D P F X O E W A R R I O R Z O G
N C N K Z A O U N R C H A A C O E K R N
W M O M K G X T P A E H W N O T H T K A
O L A X E E O V O C C P A E M R P Z S T
U A J V R U B K S W G N I N I A R T U J
M F F J J G S D D E E G B V C C O E U M

ACTION
AMERICAN
ANGELINA JOLIE
ANIMAL
AWARDS
AWESOME
BEAR
BLACK
BOX OFFICE
CARTOON
CHARACTER
CHINA
COMIC
CRANE
DISNEY
DRAGON
DREAMWORKS
ENTERTAINMENT
FAMILY
FIGHTING
FILM
FURIOUS FIVE
HERO
HOFFMAN
JACKIE CHAN
KIDS
KUNG FU
LUCY LIU
MANTIS
MARTIAL ARTS
MASTER
MONKEY
MOVIE
PANDA
PARAMOUNT
SEQUEL
SHIFU
SNAKE
STORY
TAI LUNG
THEATER
TIGER
TRAINING
VIPER
WARRIOR

Solution on page 372

Watch What You Eat

Z	I	F	I	S	H	N	K	A	R	S	Q	I	R	N	B	D	S	K	B
F	A	D	D	I	E	T	S	N	I	A	R	G	A	S	D	N	U	O	P
R	Q	S	N	Z	B	T	R	I	G	L	Y	C	E	R	I	D	E	A	C
U	R	E	U	V	I	T	A	M	I	N	S	G	S	K	P	E	P	A	H
I	B	R	T	P	X	C	E	R	E	A	L	S	T	E	N	S	L	R	Y
T	D	V	R	T	P	M	U	I	D	O	S	A	S	A	H	O	I	L	S
S	A	I	I	Q	C	L	F	C	O	Y	S	U	I	D	R	C	N	S	S
H	C	N	T	D	H	H	E	S	R	C	H	R	Z	I	Z	U	N	M	C
C	C	G	I	H	O	E	O	M	A	M	A	O	E	M	A	L	M	I	T
I	X	S	O	G	C	A	C	L	E	T	I	S	B	A	F	G	M	L	I
S	N	O	N	G	O	L	E	J	E	N	N	Y	C	R	A	I	G	K	K
T	W	T	U	D	L	T	Q	G	G	S	T	B	D	Y	A	T	F	S	Z
A	H	O	A	S	A	H	E	N	G	E	T	S	A	P	F	C	D	G	P
F	K	Y	L	K	T	V	I	N	S	S	S	E	E	D	T	I	E	B	M
J	I	A	P	P	E	T	I	T	E	E	R	H	R	O	V	A	S	J	L
Z	O	B	N	P	S	V	U	T	M	E	T	A	B	O	L	I	S	M	C
G	J	B	E	A	A	R	L	X	G	H	Y	T	O	F	L	D	E	K	H
R	S	N	F	R	T	C	I	N	F	C	H	S	P	R	O	G	R	A	M
K	G	R	C	W	C	M	U	S	C	L	E	A	P	X	J	C	T	U	G
C	U	N	O	Z	T	H	I	N	K	B	V	P	I	L	L	S	P	E	Y

APPETITE
ATKINS
BREAD
CALORIES
CARBOHYDRATES
CEREALS
CHEESE
CHOCOLATE
CHOLESTEROL
CRAVINGS
DESSERT
FAD DIETS
FASTING
FATS
FIBER
FISH
FOOD PYRAMID
FRUITS
GLUCOSE
GOALS
GRAINS
GUT
HEALTH
HUNGER
INCHES
INTAKE
JENNY CRAIG
METABOLISM
MILK
MUSCLE
NUTRITION
OILS
PASTA
PILLS
POUNDS
PROGRAM
SCALE
SERVINGS
SODIUM
SUPPLEMENTS
THIN
TRIGLYCERIDE
VEGETARIAN
VITAMINS

Solution on page 372

Part of a Team

S D E G A G N E B C W H H X V E Q Y X A
R E C C O S C O M M I T T E D D F M T L
O P T S A E M O T I V A T E D L N R N Y
T E H E L P F U L C D C I J E S U A L C
C N T U L G H I G L O S A X P S V D B P
O D N U H H S Q N S A M I P T Y N T T A
D A F Z B T T U H Z L B P W T E G E L R
H B S D E I R A N U L L O E I A L T L T
G L O N M S R R F E N R A R T B I A A I
T E E Z E I E T C D T I F B A I H N B C
S R L S N L C E N H G E T H T T T O T I
E I L G I E R R Y O W B C Y R E E I O P
L V A A P U F B N H C A O C W E K S O A
F R B S L L O A K R O W M A E T G S F N
L L E E V I T C U R T S N O C B Z A A T
E R S G Q E J K P G N I L L I W L P E B
S L A R A E M P A T H E T I C K G M D A
S G B O Y N A P I H S N A M S T R O P S
V S Z U G X A E Y H Z A R T S E H C R O
B K T P I R P M A R I N E S Y E K C O H

APPROACHABLE
ARMY
ATHLETES
BAND
BASEBALL
BASKETBALL
CAPTAIN
COACH
COLLABORATE
COMMITTED
COMPASSIONATE
COMPETITION
CONSTRUCTIVE
CONTRIBUTE
DEPENDABLE
DOCTORS
EAGER
EMPATHETIC
ENGAGED
FLEXIBLE
FOOTBALL
FRIENDLY
GROUP
HELPFUL
HOCKEY
LISTENER
MANAGER
MARINES
MOTIVATED
NAVY
NURSES
ORCHESTRA
PARTICIPANT
QUARTERBACK
RELIABLE
RESPECTFUL
RULES
SELFLESS
SHARING
SOCCER
SPORTSMANSHIP
TEAMWORK
TRUSTWORTHY
UNITY
WILLING

Solution on page 372

Dry Cleaners

S C Q K O K C S V F A B R I C O S T D R
X T G I S Y Z R M V N M E O P S L I O S
F A Z B Q R L T K S I T D A E S D S L S
W A L B W Z O N H T T U N S Z R H K D K
A N I S U E D E O I E E U E D R B I B Z
S X U T C G E M H C N W A E V C U R R S
F E D S G O X R F K I D L M F L W T J T
I D X E W A U A U E H I A R F O O W B A
A D E P L Q T G A T C L C M O T B S N I
V Y D D E I B S B A A D I L A H V I H N
U Q T J F N V U T N M R M X P G T G K N
E D I B H I S E O Y O E E X K N E T L S
L I D E G I T I R N Z S H P J B N W T N
S N B A N E S D V Y S R C B M E H E O E
N D T E E S C F P E J Q M V G E K I L Z
V U S R E O H I C A E X T R A C T I O N
M S O F A X W O V K N J E T A U T G H E
Z T O T Y T R I D R M T P J L X I T R D
S R S G D P R E S S E C S O E Q U X U X
P Y Q C E C F O L D P S S T T H S N U W

BUSINESS
CHEMICAL
CLOTH
COATS
COST
DAMAGE
DELICATE
DELIVERY
DETERGENT
DIRTY
DRY
EXPENSIVE
EXTRACTION
FABRIC
FLUID
FOLD
GARMENT
HEAT
INDUSTRY
IRON
JACKET
LAUNDER
MACHINE
ONLY
PANTS
PRESS
PROCESS
PROFESSIONAL
SERVICE
SHIRT
SILK
SKIRT
SOIL
SOLUTION
SOLVENT
STAIN
STEAM
STORE
SUEDE
SUIT
TEMPERATURE
TEXTILE
TICKET
TUXEDO
WOOL

Solution on page 373

The Eyes Have It

S F T L H P P P P D V T P C O L O R S B
W T G Q G U S E O T Z I I J A H A Z E L
C C V R V R T M Q R D Y F B K M Q Y Y U
F F A M Y I I H Q L J I E N J A T P E E
C Y R U H N A E M O S O M O R H C R N C
Y K I W A E R P Z E R O H P O H T N A X
N Y A N S S T N H G L B I A T L C B M T
M I T I D G E U M E L A N I N A L R U N
V F I M M T A O I A N I N N R P R O H P
V L O S A O O D C N T O S O O K I W I H
Y I N I E M R K E E H P T E C D Q N A I
T P S N R N O H R C E E C Y L Y K E W A
V U C I C S I R C C N K R O P V T Y N Y
H P I B O T I D T O D A G I C I S E X F
X R T L O N N R I S R G R T T U C C S A
M P E A A E U D I R F E C A H A L F L Y
R M N K E M S H A D E S T S E G N A H C
C Q E R E G B N W A L T X E I P I C R Q
Z W G A C I N E G Y L O P M H T P L E Z
A N W D Z P W Y R D N R E T C A R A H C

ALBINISM
AMBER
APPEARANCE
BLACK
BLUE
BROWN EYE
CAROTENOIDS
CHANGES
CHARACTER
CHROMOSOME
COLORS
DARK
DOMINANT
EUMELANIN
GENETICS
GOLD
GRAY
GREEN
HAZEL
HETEROCHROMIA
HUMAN EYES
INHERITANCE
IRIS
LIGHT
MELANOCYTES
OCULAR
PHENOTYPIC
PIGMENTS
PINK
POLYGENIC
PTERIDINES
PUPIL
PURINES
RETINA
SHADES
SPECTRUM
STROMA
TRAITS
VARIATIONS
VISION
WHITE
XANTHOPHORE

Solution on page 373

Magical Mary Poppins

S	M	H	A	P	P	Y	P	P	T	Q	E	E	W	S	Q	Q	Y	T	D
J	O	D	N	B	G	Z	N	E	C	W	A	L	T	D	I	S	N	E	Y
S	D	R	I	B	E	H	T	D	E	E	F	O	L	A	K	W	N	E	A
D	W	C	M	C	T	R	N	Q	F	W	R	G	D	O	M	E	A	X	W
R	X	P	A	O	K	E	T	H	R	Y	S	V	N	I	N	R	N	B	D
A	J	Q	T	C	G	V	E	B	E	E	E	Y	C	I	U	D	A	C	A
W	E	A	I	K	N	G	A	T	P	N	H	H	E	G	T	N	O	O	O
A	N	A	O	N	I	A	K	N	T	C	A	T	R	N	K	A	W	N	R
Y	G	H	N	E	G	B	Y	U	D	E	B	J	A	S	M	E	O	F	B
M	L	X	Z	Y	N	T	R	M	L	Y	G	T	F	F	V	I	I	L	G
E	I	D	Y	U	I	E	B	C	A	M	K	A	P	T	Y	L	H	M	F
D	S	M	O	T	S	P	W	Y	H	G	M	E	R	F	M	U	S	C	O
A	H	U	P	X	R	R	N	I	Z	I	I	P	I	F	F	J	G	A	R
C	F	S	R	E	V	A	R	T	L	P	L	C	D	V	F	X	N	R	Y
A	B	I	I	E	H	C	P	Y	R	A	E	D	I	P	O	U	O	O	S
Y	U	C	G	T	S	K	N	A	B	R	M	A	R	S	N	M	S	U	A
G	R	A	S	N	I	U	G	N	E	P	P	D	F	E	S	F	L	S	T
U	T	L	R	T	X	R	N	C	X	T	G	N	I	C	N	A	D	E	N
S	K	T	E	R	X	O	B	O	O	K	S	U	M	B	R	E	L	L	A
V	Y	A	C	L	G	G	N	T	H	C	R	R	K	B	H	Z	Q	C	F

ACADEMY AWARDS
ADVENTURES
ANIMATION
BANKS FAMILY
BERT
BOOKS
BRITISH
BROADWAY
CAROUSEL
CARPETBAG
CHILDREN
CHIMNEY SWEEP
CLASSIC
COCKNEY
DANCING
DICK VAN DYKE
ENGLISH
FANTASY
FATHER
FEED THE BIRDS
FILM
FLOATING
HAPPY
JANE
JULIE ANDREWS
KITE
LONDON
MAGIC
MICHAEL
MOVIE
MR BANKS
MUSICAL
NANNY
PL TRAVERS
PENGUINS
PERFECT
SINGING
SONGS
STAGE
STORY
SUFFRAGETTE
TEA PARTY
UMBRELLA
WALT DISNEY

Solution on page 373

Making Art

W E I V I B R A N T N E M G I P T F S G
C E E C I T A M A R D B N E E L Y T S W
I R V L S R N E M O T I O N A L T R U N
M C V I L T S I T K W Z U N I Q U E B M
A U E L T T I J A O L U F E T S A T L O
N Z V A H A S M L P F A N G I S E D I V
Y K I E R Q N F U C U L T U R E B D M I
D E T E C A F I T L U M T N A G E L E N
K I A V P E I Y G L A U T P E C N O C G
C N V I O U T X I A Z T D B O M P F N P
O O O T E H D A A X M J I R K O A I B I
L I N A T Z E O N D C I A N Y Q K N O C
O S N E R A R O I O P T D Y G I Z E R T
R I I R Y I I S E V I S S E R P X E I O
O V P C G T P D U V U S O T D N A R G R
W F O I C L S W E E T I S I U Q X E A I
Q T N I A A N L A C I R T A E H T R M A
Y A P Y G N I S A E L P T Z P Z T V I L
L E N D R W B S C B T N E L A T X N X D
D E B J L T C I R G A T B N I N N T S Q

AESTHETIC
ART
BEAUTY
COLOR
CONCEPTUAL
CREATIVE
CULTURE
DECORATIVE
DEPICTION
DESIGN
DISPLAY
DRAMATIC
DYNAMIC
ELEGANT
EMOTIONAL
EXPRESSIVE
EXQUISITE
FINE
FLOWING
GRAND
IMAGINATIVE
INNOVATIVE
INSPIRED
MOVING
MULTIFACETED
ORIGAMI
ORIGINAL
ORNAMENTAL
PAINT
PASSIONATE
PICTORIAL
PIGMENT
PLEASING
POETRY
STIMULATING
STRIKING
STYLE
SUBLIME
TALENT
TASTEFUL
THEATRICAL
UNIQUE
VIBRANT
VIEW
VISION

Solution on page 373

Nice and Soft

U S Y D K X K U P B S Y K A P W H D E R
Z Z Q P O M S T U F F E D A N I M A L I
F X M Q V M R T R S T U F F I N G T A A
B Z G H I A Z L E A T H E R E T S M A H
C E H D B T R B I I S W E A T E R C G J
D P C B M Y E F D P W I B G S R U I G U
C C I J N L P V F U S A L N E J F R D U
M T S L T O S P L G U T E K N A L B N X
R O N N L O I U U E U A Y D W C F A C M
N D E R O O H H E P V I H C O K L F Q M
P G T X S W W L S D D X N M L E U G F P
N U T J M S P W R U E L F E L T F Y O C
O R I H A D E F E B C O B L A V F L A D
Y B K T I C U R H U R O U L M P Y T M M
K O I Y E D C G T T V W N G H E I B D M
R N A E F I S L A T E P N P S C R G R O
R S L Q B A O B E E A I I T R E U L F Y
K F T H D P L G F R K M E J A M E O H S
K Z J U Z E H E Y S G R S D M H W O C P
M B Z P R R B L W Q I Z E X Q P M N R H

BED
BLANKET
BREAD
BUNNIES
BUTTER
CAT
COMFORTABLE
COUCH
CUSHION
DIAPER
DOG
FABRIC
FEATHERS
FLEECE
FLUFFY
FOAM
FUR
GENTLE
GUINEA PIG
HAIR
HAMSTER
KITTEN
LEATHER
LIPS
MARSHMALLOW
MATTRESS
PETALS
PILLOW
POLYESTER
PUPPY
RABBIT
RUG
SATIN
SHOE
SILK
SKIN
SNOW
STUFFED ANIMAL
STUFFING
SUEDE
SWEATER
VELVET
WHISPER
WINTER JACKET
WOOL

Solution on page 373

Wilderness Adventure

R E T L E H S T H G I N L E V A R T M T
S Z H M Y S L A I T N E S S E L I M C D
I S G Y S S E N R E D L I W A T E R B A
D E I R D E Z E E R F L F K Z Q I M N G
E I L T D N E X P L O R E F I L D L I W
N L A N E K C D O O F E D I S L I A R T
N P R U V C A N O I T A G I V A N D J N
A P T O O I R J O U T D O O R S A F O D
L U L C T S T W O R I E N T E E R I N G
P S U K S E O R E D Y Y N R H C T R I A
H P T C E D N E H H I A Q L A A G E A B
I N E A L U E C C B I A I N R T I R T G
K P N B B T V R O H W A T D R C C I N N
I G T R A I A E C E R E Y S N H A N U I
N N S U T T E A A T E H A Z R F M G O P
G I S S R L L T L N E M X K N I P E M E
I P S H O A H I S D M A E R T S F A Y E
N M S E P E C O M P A C T D B H I R Q L
P A A P R M T N E M P I U Q E X R T S S
K C A P K C A B C T I G N I K K E R T I

ALTITUDE SICKNESS
APPALACHIAN TRAIL
AXE
BACKCOUNTRY
BACKPACK
BRUSH
CAMPFIRE
CAMPING
CANTEENS
CATCH FISH
COMPACT
DEHYDRATION
EQUIPMENT
ESSENTIALS
EXPLORE
FIRE RING
FIRST AID
FREEZE DRIED
GEAR
HIKING
LAKE
LEAVE NO TRACE
MAP
MOUNTAIN
NAVIGATION
NIGHTS
ORIENTEERING
OUTDOORS
PLANNED
PORTABLE STOVE
RECREATION
SHELTER
SLEEPING BAG
STREAM
SUPPLIES
TENTS
TRAILHEAD
TRAILSIDE FOOD
TRAVEL
TREKKING
ULTRALIGHT
WATER
WEATHER
WILDERNESS
WILDLIFE

Solution on page 373

Fire Department Vehicles

D A E R T D P R W S Q N E H K C R X A N
H Y U L E N S L Q R T L S E R V I C E M
F I G H T S T I A U Y R F P F Q O R R X
J H A O F S C J E T F O A M T M I F I M
C R W X L U E U O X F K Y N P S H X A Z
O E L W O O N W E C C O B A S A P T L G
R T A I O D N B S U T A R A P P A G Y K
G A D L D R O H R B C T H M F S O C U G
T W D D L A C T C R M V D V K Y N R S D
V U E L I Z E M B E E O E S G E H S T D
Y U R A G A R L N H T N I N G Y O N E I
C W S N H H P T I S T R I R D E S O E Z
R B H D T Z S C A I B T E R P Q E I R Y
E E R E S A L E L U H M A T M U S S I U
L N N A E E B A I G E U N T U I Y I N L
L A G N D L T L I N L O U D P P E L G O
I R E I M I B L E I R B S Y B M M L O A
T C E T N W O A C T O O L S S E S O G L
S M A G V E Z S S X W A R N I N G C C J
X F W B I N C I D E N T N O I T C A O F

ACTION
AERIAL
APPARATUS
CAB
COLLISIONS
COMPARTMENTS
COMPUTER TECHNOLOGY
CRANE
EMERGENCY
ENGINE
EQUIPMENT
EXTINGUISHER
FIGHT
FLOODLIGHTS
FOAM
HAZARDOUS
HOSES
HYDRAULIC
INCIDENT
LADDERS
LIGHTING
LOUD
PLATFORM
PRECONNECTS
PUMP
RADIOS
RESCUE
SCENE
SERVICE
SIREN
STEERING
TASKS
TILLER
TOOLS
TOWER
TRANSPORT
TREAD
TRUCK
TURNTABLE
VEHICLE
VENTILATING
WARNING
WATER
WHEELBASE
WILDLAND

Solution on page 374

On a Schedule

F H Q E L H W Q T Z Q D V Q O T M G T T
R B G O I J T A W C X G L L I K S Z Y N
M W U S S T R A T E G Y S Q R Y G D A S
I I D F C G P S S C F C F D S D K X H H
N C O T B H A R W K H F R T R P L A N A
U Y H F E F E W E S T R E S S Z B T P J
T P T O A L O D K P U M D C U I T P R O
E E E R R Y I H U P A C R D T B O T O Z
S R M T L E Y H G L C R O S L I S T D I
T A K U Y Z S N L L E M A F N M V D U P
C W N B A I E O O C H A R T A I I E C D
E T F B K N C C C I T W M B I K E L T R
J F D N I A K N O I T E L P M O C E I O
O O F T T G G D N L N A C Y R M N G V L
R S U I J R U V T T T U V H A O I A I I
P O N C C O I J R E J O G I N D C T T Z
R G K T B I D M O N I T O R T I J E Y D
V U R C U G E P L E N F A L L O Q S S J
R T O K Z Q I N C G A T L L S B M U V S
G O W H V N Z I T F Q D E A D L I N E C

ALLOCATING
APPOINTMENT
CHART
CHORES
CLOCK
COMPLETION
CONTROL
DAY
DEADLINE
DELEGATE
EARLY
EFFECTIVE
EFFICIENT
FAST
FOCUS
GOAL
GUIDE
HABITS
HOUR
LATE
LIST
METHOD
MINUTES
MONITOR
MOTIVATION
ORDER
ORGANIZE
PLAN
PREPARATION
PROCESS
PRODUCTIVITY
PROJECTS
RIGID
ROUTINE
SCHEDULE
SKILL
SOFTWARE
STRATEGY
STRESS
SYSTEM
TASK
TECHNIQUE
TOOLS
WATCH
WORK

Solution on page 374

Gags

H M T Z W N Y E F M E N G L C M M R P I
L A K K W D Y M P Z A N Q P Z C E A K I
M K V B Y A Z C R E L C G J A I D M S N
F D Y E N O W A I E A D S A O W E A A V
B M G P O W F L E Q J T R I U Q S E X O
U S M U I I N K G U A V I C T I M K O Z
C G V D S D A B Q R E Z Z U B E C C C L
H R T M E F I I T R E D W O P M G I H H
R S J U P C D L L U F Y A L P E T R O O
M N U Y E F E T P R E T E N D H P T A Z
J E L O U K M P E T D H J G T C O P X T
Z A Q N I B O O T C C G K L X S K I E R
H K N R J C C J T I U U U N M F E S A R
A Y S H A V I N G F O A M I A E I H M U
M M N Z P J U L Q O K N S U O R O M U H
I X A A E T X M A E R C S T P L P D S R
K S J S S P L J E M H I H R O R A S I E
T V T Z K Z O E D I V X U X Z H O U N T
F B V E Y F U Q E F K S F P P H R P G W
U E G H Q K D F U E E U B V S S J L S H

AMUSING
BOO
BUZZER
COMEDIAN
DECEPTION
DUPE
DYE
FAKE
FUNNY
HOAX
HOT SAUCE
HUMOROUS
JAPE
JEST
JOKE
LAUGH
LOUD
MALICIOUS
MASK
MEAN
MISCHIEF
NAUGHTY
NOISE
PEPPER
PLAYFUL
POKE
POWDER
PRANK
PRETEND
PROPS
RUSE
SCAM
SCHEME
SCREAM
SHAVING FOAM
SNEAKY
SQUIRT
STARTLE
STUNT
SURPRISE
SWAP
TARGET
TRICK
VICTIM
VIDEO

Solution on page 374

Fancy Stuff

V F T D I V F P K L A T S Y R C E U L U
L B P M U C F U R N G D R E S S E S Y J
O U N I L C H M T E L E C A R B R S M C
T C V H A O O I G Z S L A E S U A S A V
E F K S C R B U N C I T L D T G T K N X
O P T A R L R S I A L U A T E F E C S I
J L O E I S W E T S G O G U J S B Z I G
E S B N J E E K N E P T T E R A R O O P
N N G A Z N C W I S R S W H L A I J N Q
I G G Y J O P F A L R E I L E D N A H C
S I N A C T E N P T L M R F N S G T A V
U S I C P S N D E R C O X H I D S L L N
O E D H G M D C Y T O H A A W L L T W D
M D D T A E A P W M Z I E T Y I R O I X
I G E S O G N H S T A O B S G H G N G Z
L V W F B S T C C U M M E R B U N D S F
N B W M S U S S N O I T A R B E L E C R
G A L S H I P S M O R P C B R Y O C A S
S U F E S T T R O E H E T Y V H L A V G
I D Z K G D K R Q Y J K L I S H F L D Z

BALLROOMS
BLING
BOATS
BRACELET
CAKES
CALLIGRAPHY
CASTLE
CELEBRATIONS
CHAMPAGNE
CHANDELIER
CHINA
CLOTHES
COCKTAIL
CRYSTAL
CUMMERBUNDS
DESIGNS
DINNER
DRESSES
FUR
GALA
GEMSTONES
GOLD
GOWN
HATS
HOMES
JETS
JEWELRY
LACE
LIMOUSINE
LOBSTER
MANSION
PAINTING
PENDANTS
PICTURES
PROMS
RESTAURANT
RINGS
SHIPS
SHOES
SILK
SUIT
WATCHES
WEDDING
WINE
YACHTS

Solution on page 374

Podcasts

V	E	X	P	E	R	I	E	N	C	E	V	S	P	O	R	T	S	F	T
V	X	J	L	O	N	P	N	O	I	N	I	P	O	E	H	C	I	N	H
S	A	C	T	D	M	O	P	F	B	X	T	R	V	C	L	C	N	Z	G
F	S	F	F	N	N	O	I	X	O	Z	N	R	D	I	E	I	V	J	Z
J	S	M	P	K	E	Y	O	T	C	R	E	F	U	V	E	L	M	G	U
D	E	D	X	Y	R	M	A	R	A	S	M	B	N	D	R	I	B	U	O
M	L	E	C	T	U	R	E	P	S	C	N	A	U	A	F	S	L	I	G
V	I	V	B	C	F	X	H	S	D	S	I	C	T	S	Z	T	M	D	N
E	B	C	Y	A	I	O	S	A	I	P	A	D	J	I	I	E	Q	E	I
S	O	V	D	Q	N	M	O	R	P	T	T	L	N	C	V	N	X	P	R
O	M	V	Y	E	A	L	K	D	I	E	R	U	C	Y	D	E	E	I	A
A	M	I	G	R	N	G	A	O	C	E	E	E	T	P	S	O	S	S	H
M	A	P	G	W	C	I	N	H	B	A	T	I	V	O	I	K	H	O	S
M	E	O	O	I	I	R	N	I	L	I	N	D	G	D	R	Q	O	D	E
P	R	D	B	E	A	O	R	C	T	D	E	S	U	O	A	I	W	I	L
P	T	E	E	D	L	C	D	L	A	E	R	A	W	O	S	L	A	C	I
D	S	X	I	O	S	U	I	I	F	M	K	T	O	E	Y	S	S	L	F
A	W	O	G	B	C	O	M	P	U	T	E	R	Y	O	N	L	I	N	E
B	Q	Y	U	I	L	F	M	S	I	N	K	L	A	T	X	C	E	P	Q
X	H	S	C	I	T	I	L	O	P	L	F	B	F	M	E	Q	X	W	V

ADVERTISEMENT
ADVICE
AUDIO
BUSINESS
CLASSROOM
CLIPS
COMPUTER
DOWNLOAD
EDUCATION
ENTERTAINMENT
EPISODIC
EXPERIENCE
FEED
FILES
FINANCIAL
FREE
GOSSIP
GUIDE
INFORMATIVE
IPOD
LECTURE
LISTEN
MARKETING
MEDIA
MOBILE
NETWORKS
NEWS
NICHE
ONLINE
OPINION
PAY
PHONE
POLITICS
PROGRAMS
RADIO
SERVER
SHARING
SHOW
SPORTS
STREAM
SUBSCRIBE
SYNDICATION
TALK
TECHNOLOGY
TUTORIAL

Solution on page 374

Backgammon

I	Z	U	C	V	X	N	Q	R	W	G	B	Y	Z	D	C	G	M	C	P
Z	Y	V	N	V	A	R	I	A	N	T	S	R	E	T	N	U	O	C	I
U	Y	Y	B	I	W	Y	N	B	S	T	U	R	F	F	X	M	I	V	C
D	K	N	V	L	G	C	L	F	C	D	S	N	W	A	P	Y	D	J	K
M	W	T	L	K	I	A	K	U	T	O	N	S	R	E	V	A	E	B	O
W	H	I	T	E	C	S	M	N	N	U	R	H	T	B	Q	W	W	L	I
F	K	Z	N	K	T	T	E	B	N	B	U	I	A	A	R	U	L	E	S
S	T	T	T	N	W	M	K	L	L	L	T	R	B	I	K	Q	H	T	A
B	V	E	I	W	E	I	K	E	G	I	T	O	L	N	N	E	H	N	Z
I	C	O	V	V	O	R	C	Q	O	N	N	S	E	D	C	G	S	Q	G
R	P	H	O	K	H	P	U	N	E	G	A	G	S	I	U	Y	H	F	J
Y	M	M	E	F	G	E	L	M	H	C	P	I	F	A	B	G	O	O	W
H	L	S	Q	C	A	G	A	A	M	U	U	T	R	C	I	E	P	K	E
S	A	U	V	Y	K	N	Y	C	Y	B	R	D	V	T	Y	T	P	S	Z
C	E	E	Q	I	R	E	V	L	S	E	M	A	G	D	R	A	O	B	W
B	Q	N	B	U	D	L	R	A	I	E	R	S	C	E	D	R	N	N	D
V	K	B	O	Z	K	L	Q	S	F	M	C	S	P	C	L	T	E	C	S
T	N	T	Q	T	C	A	U	S	J	E	A	E	V	I	O	S	N	J	D
C	V	T	J	X	S	H	N	I	U	Y	M	F	I	D	P	O	T	I	T
F	D	N	M	N	R	C	R	C	H	I	P	S	H	P	P	I	N	N	M

ANCIENT
BAR
BEAVER
BLACK
BOARD GAMES
CASE
CHALLENGE
CHECKERS
CHIPS
CLASSIC
COMPETITION
COUNTERS
DICE
DOUBLING CUBE
DRAUGHTS
FAMILY
FUN
GAMBLING
INDIA
LUCK
MOVEMENT
OLD
OPPONENT
PAWNS
PIECES
PIPS
POINTS
RACCOON
RED
RULES
SKILL
STAKES
STONES
STRATEGY
TABLES
TOURNAMENT
TRIANGLES
TURNS
TWO PLAYERS
VARIANTS
WHITE
WINNER

Solution on page 374

See the Falls

P J T E A G R A I N B O W B K K P M U Z
Y J L R I H E L U F R E W O P I X S I O
R E C U I L A F Z S E G E X O T I C S K
L U J S V C O F U V A R T G U V A D V W
I M O H I I K O P V T P I N E E W I G E
J L Q T P S R L P D H B M I B C W Q H V
V W R Z H E U G E N T S E P V D T H X G
Y E M E D N N Y I I A L S A S P R A Y E
V X L N G I Q A C N K V O C U J O J C B
I F U E W R T O A C I G Y S A T P L E A
H H X O A N O T M C N A P D N S I Y W R
T W L N U R U G T I G K F N G S C F Z R
S F S O R R N O H N S S S A E U A A U E
O Z M I E H R S I E T T F L L M L H D L
P B V S G I U R M C E R S J F L O U D E
O E X Y A G A C P S E E X P A N S I V E
R C A N Y O N C A T P A B E L B B U B A
D K C O R X P C C V S M S P L A S H R T
G N H X N K C J T M E V I D S W I M I P
K E L H H G B H C Y F O Y G N Y R Z Y Y

ANGEL FALLS
BARREL
BEAUTIFUL
BREATHTAKING
BUBBLE
CANYON
CASCADE
CAVE
DIVE
DROP
EXOTIC
EXPANSIVE
FLOWING
GORGE
GUSHING
IMPACT
LANDSCAPING
LOUD
MISTS
MOUNTAIN
NATURE
NOISY
PLUNGE
POOL
POWERFUL
RAINBOW
RIVER
ROARING
ROCK
RUSH
SCENIC
SHELF
SPLASH
SPRAY
STEEP
STREAM
SWIM
THUNDEROUS
TOUR
TRICKLE
TROPICAL
VERTICAL
VICTORIA
VIRGINIA FALLS
YOSEMITE

Solution on page 375

Candy Store

B G N Q Z D F C H H H K D W Q D W L M N
A L L D B I J N E Q H O O Y D B C N O T
S R E K C U S A W E Y V O K M Y N I K D
J E U N Z G T T Y Q A I B R I T T L E E
N J X M D N K T J C D S R O V A L F C U
Q V A N I L L A E E H J Q A P W S I M M
H O L I D A Y S L R R O A U I N R R T J
L I P F I K N I L W S R C N R O M E B E
X S K C T R C G Y K E C W O C H E W Y V
M F E O V I F U B T O C O I L W U S Z T
M P U L O R V M E S I L L T S A B T Z A
S U I U K C M M A N H U L C C O T A A S
T Q S I Y N O Y N N V S A E S H U E K T
W R J C Z M I A S R D T M F L U N R X E
K X A R R F M R E I T E H N N F G T S E
M Q H E L O W G P T R R S O Y F F A T F
Q N H A N I D V I S D S R C Y T I U R F
H T E M R U O G T F E T A R O C E D R O
I F I Y F R Y B N U T S M D L O M E L T
A X Q H M J S U H R B S R A B U F W H X

BAKE
BARS
BLEND
BOIL
BRITTLE
BUTTERSCOTCH
CHEWY
CHOCOLATE
CINNAMON
CLUSTERS
CONFECTION
COOK
CREAMY
DECORATE
DELICIOUS
FLAVORS
FRUITY
FUDGE
GIFTS
GOURMET
GUMMY
HEAT
HOLIDAYS
JELLY BEANS
LICORICE
MARSHMALLOW
MELT
MIX
MOLD
NUTS
OCCUPATION
SOURS
SPECIALTY
SPRINKLES
STIR
SUCKERS
SUGAR
SWEET
TAFFY
TASTE
THERMOMETER
TOFFEE
TREATS
TRUFFLE
VANILLA

Solution on page 375

Green Things

U P A R S L E Y I P S N E I L A E P F Z
Q Z U E E U T N G B M U H T V A X Y G X
A W E B S W I Y A E F S G S V Y V N E F
I R E M D H O W M V E H Y A K M I N T S
T G O U C N A L L I G A T O R H N R R S
A V O C A D O N L L C M R R T A A L X F
Z A U U O V C C Y O Z R J O H C P O S N
B Z N C V L I L H C S O L G T X S S N D
I C H N P E L O P N C C L O V E R G A G
J T E R D I J A O G K K R R P L C A E Q
E K D R J N C I R M P S P F L A E L B Q
L M P L O A N K O D U P R J E K D F E U
R S A A O O D N L E G A B B A C A M Q I
R L W W K M E H H E M R S R F M I O I Z
I G K N E Y T C C P T E E A G L A E P O
H O K S R D A Q Q N A T R E L P P A E K
I S S O M N L O H W I I U A N O Y A R C
I T Q W I S X I E I F R N C L S A L A D
C Y K P T Q E E M F K L G T E D W S T U
T S S T B A D N R A J M W D J C E U A U

ALGAE
ALIENS
ALLIGATOR
APPLE
ASPARAGUS
AVOCADO
BEANS
CABBAGE
CHLOROPHYLL
CLOTHING
CLOVER
COLLARD GREENS
CRAYON
CUCUMBER
EMERALD
ENVY
EYES
FLAGS
FROG
GRINCH
KALE
KERMIT
LAWNS
LEAF
LETTUCE
LIME
MILDEW
MINT
MOLD
MONEY
MOSS
OLIVE
ONIONS
PAINT
PARSLEY
PEA
PICKLE
SALAD
SEAWEED
SHAMROCKS
SPINACH
THUMB
TRACTORS
TREE
ZUCCHINI

Solution on page 375

Culinary Tools

G C W R K M R H A B G R N D M F X I X M
M F L T E E D C W A O L M Y P E W G S P
Q J J O T B D L R T S L I S N E T U P E
R G M A T H D L A G C B L E N D E R R E
U B R S L Y I R N Q H C Y Q K C A R E L
G G S T E C E O S Y D D A C K N I S Z E
B Z Q E P A T P S A L A D S P I N N E R
D S A R E K A M O S S E R P S E F A E E
D Y E N S T K F S R A E A R D R U R R K
I S I I U R N C S L Y U O O M E S E F O
S W H L E D I C E R O I B L I C E N H O
H W A V Z S F U F T I H G L C I R I W C
W R R R S P E P P U C G N I R U S A E M
A E K O R N E V O Z T R I N O J I R R O
S L R E T E M O M R E H T G W W F T C P
H S L T D Z M I H P L Z T P A A C S S E
E G D I R F X A P B L X U I V R W O K N
R H Z M R E W O E Z I B C N E M S D R E
V C Z E R G H G W T K P R O C E S S O R
G X U R C C P A M A S H E R P R D Z C X

BLENDER
CHOPPER
COOKER
CORKSCREW
CUTTING BOARD
DEEP FRYER
DICER
DISHWASHER
ESPRESSO MAKER
FREEZER
FRIDGE
GARLIC PRESS
GRATER
GRILL
JUICER
KETTLE
KNIFE
MASHER
MEASURING CUP
MICROWAVE
MIXER
OPENER
OVEN
PEELER
PROCESSOR
RACK
ROLLING PIN
SALAD SPINNER
SCISSORS
SERVER
SINK CADDY
SKILLET
SPATULA
STEAMER
STRAINER
TEA INFUSER
THERMOMETER
TIMER
TOASTER
TONGS
UTENSILS
WARMER
WHISK
WINE AERATOR
WOK

Solution on page 375

Zoos

Q O D Y W J K M N M S L Q Z P L R F N X
X T D L X G S Y E K N O M A S L I F L S
U U G N I K L A W A T E R X S G E T S H
M C O R K W G P L S U K U Q F Y F M E S
J R O G F K S S E L E P H A N T S O A P
B O G N N K N Q A T I G S D R I B N L C
A H R U S O A O G Q T R A C D V D E S N
R A E H I E I I I G U I O C E I Q R H N
S B P L Q M R T T T N C N G E T E U O N
J I T X R A A V A A A S H G M P E S W K
H T I L F S N G A M T C O I E A W O S V
G A L F F E I Y T T R N U E L C F L N I
Q T E N A K R P T I I O K D L D A C S S
H S S H M A E J R K G O F Z E M R N R I
O E S P I N T P A S O E N N M X I E F T
E I P V L S E Q C Z N P R A I U N N N O
F C A Q Y U V M T K A A M S G I G U K R
P E N E X H I B I T S S B N A R F U Q S
L P D Y G O L O O Z S E E R T I A O H H
Q S A V H W J C N H T P T U U Y Z L E A

ATTRACTION
AVIARY
BARS
BIRDS
BRONX
CAGES
CAMEL
CAPTIVITY
CHILDREN
CONSERVATION
EDUCATION
ELEPHANTS
ENCLOSURE
EXHIBITS
FAMILY
FISH
FUN
GIRAFFES
GORILLAS
HABITATS
INFORMATION
LIONS
MAMMALS
MONKEYS
PANDA
PARK
PENGUINS
PETTING
REPTILES
SAN DIEGO
SEALS
SHOWS
SNAKES
SPECIES
TIGERS
TRAINERS
TREES
URBAN
VETERINARIANS
VISITORS
WALKING
WATER
WILD
ZOOKEEPERS
ZOOLOGY

Solution on page 375

Adele

N Z C L E R A O T W V P U Q K M B G G G
K A I R J L T X B V G Q G C A S H A R O
G S S M B V S C O N T R A C T I E R A H
X L U U S P C O N C E R T Y B N L C M C
W B M N I B I L L B O A R D G G L K M U
V X H I M R U D E B U T F L S E O I Y P
R U O T O J E S O U L R I V E R L E A N
O U M A N Y S H A D E S O F B L A C K K
F E E L K T T O T Y H M Q P I T C K S X
P X T P O I U U N O D F A O A O I V S X
I F O Z N R D L A G M E N S L R N U A A
G U W E E A I D K B W Y M U Y A T L L C
H I N L C H O E A W E R M E A M L I E W
A H G A K C L R E A O B I B R I T I S H
V C L M I L T U R N I N G T A B L E S T
X I O E A Z B S B A G N O S E V O L N S
N H R F A W A R D S R P K S D R O C E R
U V Y E H G N I M R O F R E P A R E N T
K K N L O N D O N P B V W Q B C H N H K
S U C C E S S C H O O L C V E Y U F I A

ALBUM
ALL I ASK
ARTIST
AWARDS
BILLBOARD
BREAK
BRITISH
CHARITY
COLD SHOULDER
COLUMBIA
CONCERT
CONTRACT
DEBUT
ENGLISH
FEMALE
GRAMMY
HELLO
HOMETOWN GLORY
LONDON
LOVESONG
MANY SHADES OF BLACK
MILLION YEARS AGO
MOTHER
MUSIC
MY SAME
PARENT
PERFORMING
PLATINUM
POP
RECORDS
REMEDY
RIVER LEA
SALES
SCHOOL
SIMON KONECKI
SINGER
SKYFALL
SNL
SONGWRITER
SOUL
STUDIO
SUCCESS
TOUR
TURNING TABLES

Solution on page 375

World Records

Q J V U P E G N E L L A H C K E A K A Y
P C D A S N L S A A P L R O N O H U Y U
M E E W I W T K R J A N I M N B N D Y P
U K A T P U S G X U I E N P O O D E W X
C B A U N B E R S D L A O E I O X M T T
U E I T T S G U S G V V L T E K W E S O
I E F G T H N R A E T A C I F I T R E C
C U F L G U O D G Q N E R T Y H E T G L
G S A O D E L R S O L T Z O C C S X N L
Q F J B R H S J I L X F S R N W H E U G
E A W A O S F T O T D T S E T N O C O V
G E W L C V A C V I Y S R K I X R A Y Y
O K R A E N O I S I V E L E T V T T E S
F V A M R D F T G D F Z H E J T A T C E
F E S E Q D A I L E Z S S G V S E E T X
I A T W R N W O R L D W I D E E I M H Y
C N C Z C B A U E S A P L Z G B N P G I
I D A E N K X M R M T T B T E A P T I K
A T F S D U A M U Y I B U N Z S P E E D
L N T A E F G N M H D T P S O Y K W W U

ATTEMPT
AUTHORITY
AWARD
BEST
BIGGEST
BOOK
BREAK
CERTIFICATE
CHALLENGE
COLLECTION
COMPETITOR
CONTEST
DISTANCE
EATING
EVENT
EXTREME
FACTS
FAME
FEAT
FIRST
GLOBAL
HEAVIEST
HONOR
HUMAN
INTERNATIONAL
JUDGE
LARGEST
LONGEST
ODD
OFFICIAL
PUBLISH
RECORD
REFERENCE
SET
SHORT
SIZE
SPEED
STUNT
TALL
TELEVISION
TIME
UNUSUAL
WEIGHT
WORLDWIDE
YOUNGEST

Solution on page 376

Grocery List

L	O	S	E	T	Y	Z	H	X	S	V	F	D	J	C	A	L	X	X	Z
Y	T	Z	T	I	P	O	R	U	G	L	S	S	M	W	D	T	O	K	Q
I	D	I	S	U	I	C	G	I	O	T	L	N	E	B	M	U	R	D	M
M	Q	O	N	R	N	A	H	U	I	M	A	C	A	R	O	N	I	A	L
H	R	R	E	F	R	S	R	Z	R	W	S	O	T	E	T	A	R	R	S
C	O	P	N	V	O	N	P	P	P	T	D	L	W	P	B	E	G	T	E
K	B	V	A	T	B	I	B	I	O	P	O	D	U	V	P	S	N	D	L
D	A	Y	D	S	Q	K	L	R	H	O	O	C	I	A	D	E	K	Q	B
I	P	U	O	S	T	P	R	V	F	C	F	U	P	E	M	D	R	V	A
N	I	Q	S	C	D	A	E	R	B	I	N	T	E	I	D	E	O	T	T
Q	U	M	S	C	C	N	V	J	S	O	E	S	D	E	L	R	P	L	E
G	E	O	Z	R	H	E	E	H	F	L	Z	N	T	R	A	J	L	A	G
B	B	A	B	W	E	E	K	E	I	S	O	E	W	N	E	G	G	S	E
F	F	K	L	A	F	T	E	O	M	C	R	O	G	J	R	P	A	C	V
C	Q	Z	A	F	N	B	T	S	K	G	F	E	P	A	E	I	P	E	P
J	P	A	O	S	I	A	J	U	E	O	S	C	K	M	C	L	P	E	K
E	T	C	T	Y	M	D	N	N	B	C	L	I	O	C	A	X	L	I	P
S	K	S	O	S	E	O	T	A	M	O	T	R	F	V	A	H	E	Y	Q
O	K	X	O	O	N	I	O	N	S	E	I	K	O	O	C	R	S	F	Q
W	L	P	X	N	M	K	N	P	B	P	D	C	D	Q	E	L	C	E	S

APPLES
BANANAS
BEANS
BEEF
BREAD
BUTTER
CARROTS
CEREAL
CHEESE
CHIPS
COFFEE
COLD CUTS
CONDIMENTS
COOKIES
CRACKERS
DETERGENT
EGGS
FISH
FLOUR
FROZEN FOODS
FRUIT
JELLY
MACARONI
MEAT
NAPKINS
NUTS
ONIONS
ORANGES
PASTA
PEPPER
PORK
RICE
SALT
SEEDS
SHAMPOO
SOAP
SODA
SOUP
SUGAR
TINFOIL
TOILET PAPER
TOMATOES
TUNA
VEGETABLES
YOGURT

Solution on page 376

On the Radar

M	J	N	F	Q	H	Z	X	N	F	Y	N	S	C	Q	P	I	L	B	C
P	A	U	D	U	N	R	W	I	L	V	T	E	P	Y	M	R	A	E	R
M	S	G	E	N	I	P	L	B	H	C	C	P	E	R	X	Z	N	S	E
X	Z	E	Z	J	A	P	Q	N	C	E	X	H	N	R	E	U	G	L	H
B	Y	E	N	O	I	T	C	E	R	I	D	G	T	S	C	G	I	U	T
I	A	C	G	I	M	B	B	L	C	D	N	U	O	S	T	S	S	P	A
T	C	I	N	O	R	T	C	E	L	E	K	Y	T	W	S	O	H	N	E
I	I	L	I	E	S	A	H	X	A	R	E	C	E	I	V	E	R	M	W
W	F	O	P	Y	U	Y	M	L	I	R	O	P	M	N	T	P	I	M	L
B	F	P	S	O	R	Q	S	B	T	P	I	D	O	P	P	L	E	R	E
A	A	E	T	H	D	V	E	T	U	E	H	N	F	K	I	E	A	Y	B
E	R	N	N	C	U	Q	F	R	E	S	W	O	G	T	C	Q	F	F	B
G	T	O	Q	E	M	A	K	C	F	M	R	M	A	N	N	E	T	N	A
P	R	I	T	I	R	L	A	Y	S	E	T	R	A	C	K	I	N	G	T
T	I	X	L	C	D	G	I	J	C	Z	Y	P	S	S	T	W	N	R	S
U	A	L	R	L	E	I	Y	A	H	A	L	D	H	R	A	I	A	A	Y
S	C	I	R	H	E	L	S	Y	V	A	N	I	A	R	M	N	C	N	P
W	A	D	M	Y	I	T	F	H	N	Q	P	B	U	M	G	C	S	O	R
E	T	R	O	P	R	I	A	E	R	H	T	L	A	E	T	S	N	S	Q
Q	D	V	S	S	S	C	S	S	R	O	B	J	E	C	T	K	H	Y	Z

AIR TRAFFIC
AIRCRAFT
AIRPORT
ALTITUDE
ANTENNA
ARMY
BATS
BEARING
BLIP
DIRECTION
DISH
DOPPLER
ECHO
ELECTRONIC
ENERGY
FORECAST
FREQUENCY
JAMMING
MILITARY
MISSILE
NAVY
OBJECT
PING
PLANES
POLICE
PULSE
RAIN
RANGE
RECEIVER
REFLECTOR
SATELLITE
SCAN
SCREEN
SHIP
SIGNAL
SONAR
SOUND
SPY
STEALTH
STORM
SUBMARINES
SYSTEM
TRACKING
WAR
WEATHER

Solution on page 376

Street Life

M D S O G H F O D I S R E T N U O C N E
C O R N E R S D E T N A R U A T S E R O
D T V N T R A N S P O R T A T I O N D M
T I S E T C I R T S I D K X L B K P K D
D F R I M J S Z I X T N E M E V A P Y Q
N J C E R E H N N O C E S U O O Y N Z W
F P F T C U N I A M E P O L L U T I O N
B I O R B T O T T I S V P O F F I C E S
L Q Y E F N I T I C R I A N F N S Z P I
E W H E C A T O O Q E T S N C R R Z A G
V Z N S N B A D N G T D S R O T E Y R N
A T B I F R L A C S N M E E C S V A K M
R M S S I U U F Z J I T R R D S I W P S
T S E T O R P O X H A C S O T E D D L M
Y U R Z O I O K J I O E B L K E P A A H
W A Y B L P P H L E U U Y P L W K O C M
C O N C R E T E C N B U S X A E R R E G
R X Y J N M R R E T T I L E W E M B A W
L T A X I S T V K Y A W B U S B X S S M
P T V I T R A F F I C K H C T B F A M Q

AVENUES
BROADWAY
BUS
CAR
CONCRETE
CORNERS
DESTINATION
DIRECTIONS
DISTRICT
DIVERSITY
ENCOUNTERS
EXPLORE
HOUSES
HUB
INTERSECTIONS
JOURNEY
LIFE
LITTER
MADISON AVE
MAIN
MARKET
MOVEMENT
OFFICES
PARK PLACE
PASSERSBY
PAVEMENT
PEDESTRIANS
POLLUTION
POPULATION
PROTEST
RESTAURANT
RETAILERS
SIGN
SMELL
STOP
SUBWAY
TAXIS
TOURIST
TRAFFIC
TRANSPORTATION
TRAVEL
TREES
URBAN
WALK

Solution on page 376

Opera Fan

B	W	S	F	V	I	Q	W	W	P	V	L	O	T	T	E	R	B	I	L
Y	V	Z	D	C	C	S	S	U	A	R	T	S	C	O	R	E	O	G	X
C	Z	K	D	D	G	T	Y	S	V	N	E	M	R	A	C	W	L	B	B
U	W	A	G	N	E	R	I	K	A	V	I	R	T	U	O	S	O	F	N
G	L	F	O	L	L	A	H	C	R	B	Q	A	R	T	O	R	S	R	N
S	P	S	Q	V	K	G	L	I	O	R	N	W	N	S	C	P	G	E	B
Z	C	C	O	Z	Z	E	M	S	T	A	G	E	U	H	C	S	C	N	E
T	C	E	I	H	B	D	O	U	T	U	M	R	E	D	I	T	O	C	L
E	H	O	N	C	G	Y	Z	M	I	N	A	S	I	O	T	R	N	H	L
L	L	E	N	E	T	I	A	L	I	C	T	V	R	V	A	A	T	N	I
L	U	S	A	C	R	W	R	A	O	R	A	Q	O	T	M	V	R	J	N
A	O	U	V	T	E	Y	T	C	A	J	I	J	D	R	A	I	A	V	I
B	C	O	O	O	E	R	I	I	E	N	V	U	O	A	R	N	L	M	J
C	O	H	I	I	E	R	T	S	I	R	A	F	H	D	D	S	T	F	F
Z	G	A	G	T	N	E	J	S	Z	D	R	S	M	I	J	K	O	Z	H
U	Y	R	N	E	R	I	S	A	D	E	T	L	A	T	P	Y	D	I	U
G	W	E	O	M	W	O	C	L	P	O	A	S	S	I	N	G	E	R	S
A	P	P	D	E	R	C	M	C	R	Z	L	C	S	O	P	R	A	N	O
C	M	O	C	H	P	W	G	Y	U	I	X	E	C	N	E	I	D	U	A
A	C	S	O	T	E	N	O	R	S	P	L	A	Y	R	Q	A	Z	P	L

AUDIENCE
BALLET
BASS
BEL CANTO
BELLINI
CARMEN
CLASSICAL MUSIC
CONCERT
CONTRALTO
DIVA
DON GIOVANNI
DRAMATIC
ENRICO CARUSO
ENTERTAINMENT
FRENCH
HALL
LA TRAVIATA
LIBRETTO
MEZZO
MOZART
OPERA HOUSE
ORCHESTRA
PAVAROTTI
PERFORMANCE
PLAY
PUCCINI
ROSSINI
SCENERY
SCORE
SINGERS
SOLO
SONGS
SOPRANO
STAGE
STORY
STRAUSS
STRAVINSKY
TENORS
THE MET
THEATER
TOSCA
TRADITION
TRAGEDY
VIRTUOSO
WAGNER

Solution on page 376

Dressy

G Q R W M F R I L L S T Y L I S H A W L
R Y R B B B B E X P E N S I V E L V E T
Q U B M H S J R D K S S E R D W A S P I
D T W W A U N M C Q E W E U I V C L A U
F L V R N O C A J E W E L S C J E L C S
K P O H D I J L J N J A O C K Q K T H Q
X I H A K R F C X Z G N I N E V E A T Z
G F G O E U O A O H E E L S Y T D O B Q
N N A N R X R E X Q U I S I T E P C X S
I T N S C U M M E R B U N D S C E L U X
D I H H H L A R I R S I O I O S O I L K
D A G O I I L D F P W A G A S A J A T O
E M Q E E J O Y E H Z N T J F U I T T P
W C V S F O T N T N E Q O E B C W N N U
M P G U E U D V A R Z O R F E H N W A M
I P B N X E K G H B A S B P F N W O G P
Y D N E R T R O P A L P S S N I U Q E S
P C D S S O X R O L R E P P A D H Z L I
T O N E B A O N T L X J Y M M H L C E L
E O V W R M M W J W O E U Q D R C S E K

BALL
CAPE
CHIFFON
CUMMERBUND
DAPPER
DESIGNER
DICKEY
DINNER JACKET
DRESS
ELEGANT
EVENING
EXPENSIVE
EXQUISITE
FASHIONABLE
FORMAL
FRILLS
GOWN
HANDKERCHIEF
HEELS
JEWELS
LACE
LOAFERS
LUXURIOUS
ORGANZA
PARTY
PROM
PUMPS
SEQUINS
SHAWL
SHOES
SILK
SPECIAL
STYLISH
SUIT
SUSPENDERS
TAILCOAT
TIE
TOP HAT
TOPCOAT
TRENDY
TUXEDO
VELVET
VEST
WAISTCOAT
WEDDING

Solution on page 376

Ocean Stroll

M B P A W A L K W A Y F V O M B T Y O R
A G D Q Q N P A R E O U Z A A J N W O A
U U E D O C K S N O W O H P R F E O J P
J T D B H C M V D D P I C Q I I M D J S
W A R M B R E E Z E M E U E N S U G G T
S H S O R E T A W T L A S D A K N T P S
S L L T P N X A N A Y B R N G N O A S I
E C J O E P R G V V O S F K D A M G E R
R S U S B S U I N F I T T O A L D I A U
O E K C P S N S T I R E B U M P E R S O
I D S R J R T U M S B N W O P N E E H T
F I R E A C L E S H H B U S N E W S E K
N T A C A H Y F R E S H A I R D A U L G
C K L V S G S H A R B O R R A O E O L Y
S O L N Z E U S N M U L O C C O S H S Y
W S I F K L H L L E B R E A K W A T E R
Z A P G Z C E C L N P T H C F R A H W E
R N V I N H D N A S T R O L L I N G Q J
D O U E H S H O R E B L N S U R F I N G
C B B F S S V G F R B O A R D W A L K F

BEACHES
BENCH
BOARDWALK
BREAKWATER
CARNIVAL
COLUMNS
CRABBING
DAMP
DOCKS
FISHERMEN
FOOD
FRESH AIR
HARBOR
LANDMARK
LIGHTHOUSE
LOBSTER
MARINA
MONUMENT
MOOR
NETS
OCEAN MIST
OCEAN VIEWS
PILLARS
QUAY
ROPES
SALTWATER
SAND
SEAGULLS
SEASHELLS
SEAWEED
SHARKS
SHIPS
SHORE
STROLLING
SUNSETS
SUPPORT
SURFING
TIDES
TIRE BUMPERS
TOURISTS
WALKWAY
WARM BREEZE
WAVES
WHARF
WOODEN PLANKS

Solution on page 377

Play Games

U A I V I R T K V T O P W Z Y V S R X X
V Y W R U L E S D K U E I L G O M W T P
Z B P I R J E C S H W I R E E L A P A J
J Z L Z F L O I C L E B W E T L E R G M
L J R E B P R P T O A A M R A E T U O T
D L G R F O P M J T S S R A R Y F T L K
C H A S E I P Y T B E V M T T B I W F C
S M F B D N L L L A B T E K S A B I E A
M R N Y E T E O G C G P U Z Z L E S G B
A M E N V S E D N K B Y T K M L K T R L
G J H Y H V A G R G R N Y A H T Z E E T
T S A I A L I B C A C O M P U T E R G M
I H P V E L W D N M E I S O N V O B P S
D O S O A A P O E M Q T K N N T J A F D
A C S I R B I T C O U A I U H O A E D R
I K E D F T Y D R N G X L E B L P F D A
F E H E C O S C A T M A L T E U Q O R C
G Y C I B O G U X U K L M O C Z K U L Y
R I P Q M F B I N G O E C E G D I R B Y
D T F I B A N A N A G R A M S I N N E T

BACKGAMMON
BANANAGRAMS
BASEBALL
BASKETBALL
BATTLESHIP
BINGO
BRIDGE
CARDS
CHASE
CHESS
CLUE
COMPUTER
CROQUET
DICE
FOOTBALL
GO FISH
GOLF
HEARTS
HOCKEY
LIFE
MARBLES
MONOPOLY
OLYMPIC
OTHELLO
PARTY
PICTIONARY
PLAYERS
POINTS
PUZZLES
RELAXATION
RISK
RULES
SKILL
SOCCER
SPORTS
STRATEGY
TAG
TEAMS
TENNIS
TRIVIA
TWISTER
UNO
VIDEO GAMES
VOLLEYBALL
YAHTZEE

Solution on page 377

Be Well

E P W F R U I T B X G W X V V T R A E H
I A R E O M U I S S A T O P P E E L S W
X F G W B S U P P L E M E N T S B I M R
A H W C U A M B K G H D I C A C I L O F
L T C A S F I T N E S S S N C T F V U C
E G H A T U O K R O W C A L O R I E D E
R N N L R E S F G N I T A E N A E L C M
D E R I E B R S B N W T G Y V E C L U P
T R E F N T O V E G E T A B L E S I V H
D T R E U U I H C N C S F T C I S H D O
J S Y S T Q T C Y I I T I N I E Z H S S
H A V T R S O R T D F P A C N D R H S P
G T I Y I L T S I M R L P G R B E A C H
T P T L T N I A U E A A A A M E M M I O
L A A E I L U I F B N M T S H Y X V B R
S C M T O F N M I L K T G E D Y G E O U
Q N I H N E R I M D E K S O S N V O R S
D I N S L A R E N I M L B T T H G I E W
Z Z S E R D J U S E G E U E V I T C A K
G C S Z B Y O R M T Z S T D N J G R Q B

ACTIVE
AEROBICS
AMINO ACIDS
ATHLETIC
BALANCE
BODY MASS
CALISTHENICS
CALORIE
CARBOHYDRATES
CLEAN EATING
DIET
EXERCISE
FATS
FIBER
FITNESS
FOLIC ACID
FRUIT
GYM
HAPPINESS
HEART
HOLISTIC
IMMUNITY
LIFESTYLE
MAGNESIUM
MEDITATION
MILK
MINERALS
NUTRIENTS
NUTRITION
PHOSPHORUS
POTASSIUM
RELAX
REST
ROBUST
SELENIUM
SLEEP
STRENGTH
SUPPLEMENTS
VEGETABLES
VITAMINS
WALK
WATER
WEIGHT
WORKOUT
ZINC

Solution on page 377

Space Travel

L M S G E Y Q W Y O S G R A V I T Y J M
U H T E K C O R S P C I K V B Z U Y O S
O U A J W A U K U G R W H L T R A V E L
D E R V Z C X T N V E C N E I C S Y F D
T G S P R D N O E X W C M G O Y S R M W
G T E E D I R Y L L A S A N W O S J D E
F O M J K T E R S D U G R I A H E G R F
Z L O H S C G L T V A S S N N O L P A F
N I O M O O N P V R Y B P I I U T E P O
M P R R V Z E O I T O U B A H S H Y E F
A A R B I D L N E D H P L R C T G L H W
R S E S E D L F Y J E P P T O O I N S J
G U T E T P A S G T O N M U L N E A N B
O I I R L S H T R A E H N O S P W S A Y
R T L U O I C A P E C A N A V E R A L J
P U L S P N E L T T U H S G M U F Z A U
A Q E S E C A P S C C A P O L L O I W Q
D G T I M K U U G E M I N I V E Q W L Q
X Z A A X S R E T S O O B G H C N U A L
T A S O S L C L C P K M I S S I O N N X

ALAN SHEPARD
APOLLO
ARMSTRONG
ASTRONAUT
BOOSTERS
CAPE CANAVERAL
CAPSULE
CHALLENGER
CHINA
CREW
EARTH
FLORIDA
GEMINI
GRAVITY
HOUSTON
JOHN GLENN
LAUNCH
LIFE SUPPORT
MANNED
MARS
MERCURY
MISSION
MOON
NASA
PILOT
PROGRAM
ROCKET
RUSSIA
SAFETY
SALLY RIDE
SATELLITE
SCIENCE
SHIP
SHUTTLE
SOVIET
SOYUZ
SPACE
SPUTNIK
STARS
SUIT
TECHNOLOGY
TRAINING
TRAVEL
WEIGHTLESS
YURI GAGARIN

Solution on page 377

Waves

T J F O A M H Z H S A R C O L L I D E L
D B Y R N O I T A R U D D I S T S E R C
P O L C E Y A W S E I D I O D U N L R N
Z B W C X Q Q A P S X E F O P O O O O V
N D Q U K D U T P A E C F E T W I I G J
O W B R E A K E R S D A R C S S T R U A
I H S L P D R R N B G P A N Y O A X E O
S I H Q Y S N D U C O S C E M G B O J P
O T T J I I F E L S Y Z T R L Z R F C S
R E G O A N N P I V X M I E O D U E E L
E C N A B R U T S I D C O F N T T T N L
H A E H A E I H E R W T N S G F R C A E
R P L B N O I T A R B I V N I J E H K W
I S E K N F T U X H F D D A T R P C O S
M E V N O I T C A R F E R R U N R X Q W
U A A X M F G S H G U O R T D H I G H S
I S W E T R A N S V E R S E I K P C Q B
D I C E P R O P A G A T I O N Z P D S O
E C A F R U S T O R M N A L A C L D U B
M K J O V M V J N O I T C E L F E R G Z

BOBS
BREAKERS
COAST
COLLIDE
CRASH
CRESTS
CURL
DIFFRACTION
DISPERSION
DISTURBANCE
DURATION
ENERGY
EROSION
FETCH
FOAM
FREQUENCY
HIGHS
INTERFERENCE
LONGITUDINAL
LOWS
MEDIUM
MOTION
PERIODIC
PERTURBATIONS
PROPAGATION
REFLECTION
REFRACTION
RIPPLE
ROGUE
SEASICK
SPACE
STORM
SUPERPOSITION
SURFACE
SWAY
SWELLS
TIDE
TIME
TRANSFERENCE
TRANSVERSE
TROUGHS
VIBRATION
WATER DEPTH
WAVELENGTHS
WHITECAPS

Solution on page 377

Canada

Q R A P T O R S K N O T L I M A H D S V
W E T L A E R T N O M R E I N D E E R J
M V Q H G L J O W V U A E D U R T I O A
X U O B I R A C M A P L E L E A F H T O
D O L F Y A B N O S D U H C K S N I P I
D C S R F R C I T C R A W V A C U W E K
Q N R A O N E W F O U N D L A N D S C C
U A A S B N A A I T Z S G B I I D I N A
E V E L O O E B C I Y U O A C H W O E J
B T B G S P T Y E A O T G E E S N U R R
E M R E L I X I J D N A H S N I A Q W E
C H A P G D N E N O R O O U A L G O A B
U C L I B K U I R A C O R L L G O R L M
L A O N U L Q O F K M B P W B N L I T U
T L P N B K T A E F W M H R E E T Y S L
X G R I Z Z L Y B E A R S F R E N C H X
F A Y W K L G E N H N B J Z T O U A J J
A R S A S K A T C H E W A N A C O A E N
S Y S E N A T E D M O N T O N E M Z I C
A W A T T O D F T H A L I F A X K E D V

ALBERTA
ARCTIC
BAFFIN ISLAND
BANFF
BLUE JAYS
CALGARY
CARIBOU
DE CHAMPLAIN
DOUGLAS FIR
EDMONTON
ELK
ENGLISH
EXPOS
FRENCH
GRIZZLY BEARS
HALIFAX
HAMILTON
HUDSON BAY
ICE HOCKEY
INUIT
IROQUOIS
JOHN CABOT
LUMBERJACK
MANITOBA
MAPLE LEAF
MONTREAL
MOOSE
MOUNT LOGAN
MULRONEY
NEW BRUNSWICK
NEWFOUNDLAND
NIAGARA FALLS
NOVA SCOTIA
OTTAWA
POLAR BEARS
QUEBEC
RAPTORS
REINDEER
SASKATCHEWAN
SENATE
ST LAWRENCE
TORONTO
TRUDEAU
VANCOUVER
WINNIPEG

Solution on page 377

Horseback Riding Lessons

I	A	A	B	P	E	N	G	L	I	S	H	V	S	N	Y	Y	K	M	H
G	S	E	D	R	R	A	W	M	Y	M	N	I	C	T	R	E	P	X	E
B	T	R	I	U	V	I	V	P	F	M	N	O	I	L	L	A	T	S	F
M	M	T	S	X	L	R	V	L	E	V	E	L	S	E	D	C	E	U	K
K	T	X	K	P	H	T	M	A	R	E	I	D	P	V	C	H	V	L	D
A	S	H	C	A	I	S	A	C	T	B	T	R	A	I	N	I	N	G	Q
R	O	E	O	B	H	E	N	I	A	E	K	N	S	C	P	E	V	P	V
X	C	V	D	R	E	U	J	T	M	B	C	T	S	E	A	V	B	O	N
S	A	I	D	I	S	Q	Q	U	E	E	A	S	I	E	P	E	H	N	N
Q	T	T	A	H	N	E	K	E	D	O	B	R	O	M	H	F	E	Y	O
N	D	I	P	R	L	S	M	P	A	S	E	R	N	U	Y	T	L	W	M
H	S	T	F	N	S	D	T	A	L	S	S	H	E	Z	S	K	M	A	B
D	Z	E	W	E	S	T	E	R	N	Y	R	E	N	N	I	G	E	B	P
V	C	P	C	G	N	V	W	E	U	S	O	E	B	F	C	T	T	M	L
T	Z	M	R	I	K	E	E	H	R	C	H	S	N	E	A	O	S	E	K
B	O	O	T	S	R	V	B	T	P	B	T	I	H	I	L	O	S	N	O
U	O	C	H	A	M	P	I	O	N	S	H	I	P	G	A	S	V	T	M
M	S	R	I	D	I	N	G	N	I	D	R	A	O	B	O	R	C	A	A
U	T	N	Z	J	P	X	J	S	D	S	V	L	X	N	F	W	T	L	B
R	R	E	Q	Q	B	X	W	H	O	N	O	R	S	T	A	B	L	E	S

ABILITY
ACADEMY
ACHIEVE
ADULT
ADVANCED
ATTIRE
BARN
BEGINNER
BENEFITS
BOARDING
BOOTS
BREED
CHAMPIONSHIP
COMPETITIVE
COST
ENGLISH
EQUESTRIAN
EXPERT
GROOM
HELMETS
HONORS
HORSEBACK
HORSEMANSHIP
INSTRUCTION
LEARN
LESSONS
LEVELS
MARE
MEDAL
MENTAL
NOVICE
PADDOCKS
PASSION
PHYSICAL
PONY
PRICES
PRIVATE
RIDING
STABLES
STALLION
TEAM
THERAPEUTIC
TRAINERS
TRAINING
WESTERN

Solution on page 378

At Auction

A	N	B	P	E	D	M	O	L	P	M	Y	U	B	M	P	V	H	Y	O
R	P	H	S	U	V	S	J	Y	R	A	E	L	U	S	V	A	T	S	D
U	X	K	Q	L	U	L	L	O	Z	R	I	A	S	M	Q	B	F	Y	C
M	B	F	L	A	E	H	F	Q	U	N	Q	N	Z	A	E	L	T	H	N
O	Q	P	T	V	X	T	T	S	D	W	U	D	T	B	U	M	S	C	A
U	Y	S	A	Q	A	N	A	F	B	A	R	G	A	I	N	Z	H	R	G
B	F	G	D	L	I	E	L	A	S	E	U	Q	I	T	N	A	O	Q	B
C	K	N	P	O	R	M	P	R	E	L	L	A	C	O	R	G	C	B	G
P	A	I	I	T	O	N	A	M	N	R	A	S	I	I	R	I	O	G	D
M	H	T	N	J	T	G	L	E	F	O	E	T	T	I	G	Q	N	Z	E
Y	U	S	T	N	I	I	I	Q	S	L	I	Y	D	P	S	N	D	C	C
Z	R	I	E	L	V	S	D	U	B	T	H	T	E	P	U	X	I	G	W
X	Z	L	D	E	E	N	Q	I	E	P	O	R	A	T	L	R	T	O	L
J	I	I	E	O	R	O	T	P	B	T	U	D	L	V	P	A	I	J	G
S	B	F	Y	W	P	C	M	M	N	T	S	R	S	N	R	R	O	X	O
Z	J	S	D	R	E	O	S	E	I	Z	E	D	C	T	U	E	N	Q	F
H	B	D	O	L	C	J	M	N	A	S	S	X	W	H	S	M	S	F	F
F	E	X	L	D	P	Y	R	T	W	O	H	O	D	R	A	C	B	E	E
R	Y	O	A	C	A	U	H	C	L	E	R	K	L	L	E	S	O	E	R
M	C	O	E	P	F	B	F	D	H	K	Y	E	S	T	A	T	E	X	R

ANTIQUES
ARTWORK
BARGAIN
BID
BLIND
BUY
CALLER
CARD
CATTLE
CHARITY
CLERK
COLLECTIBLES
COMPETITION
CONDITIONS
CONSIGNMENT
DEALS
ESTATE
FARM EQUIPMENT
FURNITURE
GAVEL
GOING
GOODS
HOUSE
JEWELRY
LAND
LISTING
LIVE
LOT
NUMBER
OFFER
PAINTING
PAYMENT
PLATFORM
PODIUM
PRICE
PROXY
PURCHASE
RESERVATION
SEIZED
SELL
SILENT
SOLD
SURPLUS
TREASURE
VALUE

Solution on page 378

Holiday Lights

V F I B B F I D G E N Y W R S I I O N F
E L I L Z I N P N I F Y W H S E M N X Z
P R D B T R C U I P F E S N X O T R T J
X F Y T E F A S H U T S Q T N H C S S X
M T M W C R N H S R S U R O R A K K Z H
A X O X H I D E A A Z A C L S I E Q E C
D P B Z N O E N L G V H S I V M N S G T
D M B X O S S G F A R G G P B L M G I I
D H X J L F C N G O Y N M R V Z B U B W
T O Y E O Q E A M G I B I V S V P L A S
I U Q R G L N A R K D G K Y T L L P T T
U S M U Y T T E N N H O R N A M E N T T
C E P T M I N I A T U R E S R L B E E A
R G Q P C E L R E D I S T U O U P Z R W
I A Y L O B T Y V P Z I U A L Y R S Y T
C T V U R S P M A L C B P B O I M Z I W
Y L R C D E X O O F I G M V C T G E O D
K O I S J R P Y A D I L O H V D O H E H
W V S N W I S J N R E K C I L F S L T L
G Y F X K W D Z O U K N Y M M O L E Z Z

BATTERY
BLINKING
BRIGHT
BULB
CIRCUIT
COLOR
COMPUTER
CORD
DISPLAY
ENERGY
EXTRAVAGANT
FIBER
FLASHING
FLICKER
FUSE
GLASS
HOLIDAY
HOUSE
INCANDESCENT
LAMPS
LED
LIGHT
MINIATURE
MONOCHROMATIC
ORNAMENT
OUTSIDE
PLASTIC
PLUG
POWER
SAFETY
SCULPTURE
SETS
SHOW
SIGN
SOCKET
STAR
STRAND
STRING
SWITCH
TECHNOLOGY
TRANSFORMER
TREE
VOLTAGE
WATTS
WIRES

Solution on page 378

Ecological

H	D	V	E	H	C	I	N	G	S	J	C	O	M	M	U	N	I	T	Y
C	F	T	N	A	L	W	F	Y	E	L	C	Y	C	E	R	R	N	A	H
O	S	H	R	O	K	T	E	R	E	H	P	S	O	C	E	E	O	T	K
B	S	B	A	A	I	M	U	A	R	I	U	N	M	S	M	L	N	I	W
G	O	Y	A	N	D	T	I	H	T	R	A	E	P	N	U	A	Z	B	Q
N	I	T	F	G	I	A	U	G	Y	H	Y	S	O	E	L	T	S	A	R
A	L	S	A	I	R	M	P	L	R	G	E	R	S	P	M	I	D	H	F
M	W	C	O	N	V	I	A	T	O	A	I	R	I	T	O	O	R	T	O
U	L	I	J	S	Y	W	C	L	A	V	T	I	T	L	R	N	I	R	O
H	A	E	K	M	R	H	O	U	N	T	E	I	I	J	G	S	B	B	D
L	X	N	O	T	T	I	Y	E	L	J	I	V	O	N	A	Y	R	G	W
U	T	C	O	N	S	E	R	V	A	T	I	O	N	N	N	D	E	T	E
W	Z	E	D	Y	E	I	G	X	M	N	U	X	N	O	I	U	S	C	B
O	I	Z	H	N	R	L	G	E	G	M	P	R	A	V	S	T	O	L	C
B	M	P	E	R	O	H	R	O	I	V	A	H	E	B	M	S	U	I	N
Y	N	R	B	B	F	U	K	U	L	U	W	R	C	N	Y	O	R	M	C
R	G	B	A	G	T	E	E	E	O	O	S	A	O	S	P	C	C	A	O
Y	K	L	G	A	H	Y	F	I	C	I	C	Z	T	I	F	I	E	T	J
Y	D	D	N	Z	A	S	C	I	T	E	N	E	G	E	A	A	S	E	X
M	S	L	D	X	V	V	L	Y	L	Y	M	X	N	C	R	L	O	U	F

ADAPTATION
AGRICULTURE
ANIMAL
BEHAVIOR
BIOME
BIRDS
BOTANY
CARBON
CLIMATE
COMMUNITY
COMPOSITION
CONSERVATION
DIVERSITY
EARTH
ECOLOGIST
ECOSPHERE
ECOSYSTEM
ENERGY
ENVIRONMENT
EVOLUTION
FOOD WEB
FORESTRY
GENETICS
GLOBAL
HABITAT
HUMAN
LIFE
LIVING
MIGRATION
NATURE
NICHE
OCEAN
ORGANISM
PHYSIOLOGY
PLANT
RECYCLE
RELATIONS
RESOURCES
SCIENCE
SOCIAL
SOIL
STUDY
TREES
WATER
WEATHER

Solution on page 378

Cabling

Q J F C O P K C W S F C J W S T R O N G
S G Q V P G A V I D Y C O N D U C T O R
C E A E O U O T E S K Q T P S R E B I F
H V N T D L P W P U X W A W K S D L S T
Z I S I N S T A L L A I R T S U D N I X
Y B O T I C R A D E T A L U S N I E V I
J F A G V E Z E G J C E C X U K S T E N
E A N V N L C G T E C H N O L O G Y L T
Q A T S L A N N X N W O R O P B P N E E
L T E F F I H I A I I G M Q H P E L T R
G O L D D X N R R T R R T P S P E M R N
E F B L O A H E S E S O P C U G E R A E
A B I B X O X E D S W I I J R T O G N T
T U X F N C A N T I I N D A A P E J S E
B D E O S E U I N O A L P L T B I R M N
E Y L X C T U G M H G H V I G M S V I S
S E F C D C E N C I R T C E L E E I T I
L W S O R E L E V A T O R B R A I D Y O
O J G I O A M X L I Q F P K M C A E O N
R T C Q C T I B S Y I Q H E H E N O F M

AUDIO
BOX
BRAID
BUILDING
CAR
CIRCUIT
COAXIAL
COMPUTER
CONDUCTOR
COPPER
CORD
DISTANCE
ELECTRIC
ELEVATOR
ENGINEERING
FIBERS
FLEXIBLE
GOLD
INDUSTRIAL
INSTALL
INSULATED
INTERNET
LINE
MECHANICS
METAL
MODEM
OPTIC
PHONE
PRINTER
ROPE
SIGNAL
SILVER
STEEL
STRONG
TECHNOLOGY
TELEGRAPH
TELEVISION
TENSION
TIES
TOWING
TRANSMIT
UNDERGROUND
VIDEO
VOLTAGE
WIRE

Solution on page 378

Take a Picture

T F D W T T I H G V P U T Q W L L J L P
C J T H Q Y Z O Q X D E N T E E M C O V
U H E Y S C L E N S B D I D V Z E A K C
I O O L U S U N V N S C R O P P I N G I
D E P I C T Z R N E N E P A C S D N A L
E H A M O D Z C P V H R N O I T A C A V
H G R A N E E I E P U L H T M O O Z P R
M G M F T V A H A L C H I V H O Z M U G
G K Q T R E Z R B F A O C K M G D D W Y
L P C O A L G N I H C U O T E R I E O L
T M O H S O M L R E A W Z X E N S R L O
L E X S T P M N T L E V I T A G E N B O
P G D O E X Y D H D P M T N M F I S K H
G A H O W R I L D O A U T S E Q R S S C
H P N Z P G U I R G H I U G D O O A A S
W I S O I I N T E S Q I R K C N M M M L
I X K T R G R I A U C A P T U R E B F E
W E A H I A R T E N L C O L O R M I C R
V L P J I L M Q A N R K H S A L F H R D
K S X T H H L A E D I L S R E W G H W F

ANTIQUE
BIRTH
BLOWUP
BLUR
BRIGHTNESS
CAMERA
CAPTURE
COLOR
CONTRAST
CROPPING
DEPICT
DEVELOP
DIGITAL
ENLARGE
FAMILY
FILM
FLASH
FRAME
FRIENDS
IMAGE
LANDSCAPE
LENS
LIKENESS
MEGAPIXELS
MEMORIES
MODEL
MUG
NATURE
NEGATIVE
PANORAMA
PHOTOGRAPHER
PORTRAIT
POSE
PRINT
RETOUCHING
SCHOOL
SEPIA
SHOT
SHUTTER
SLIDE
STILL
TRIPOD
VACATION
WEDDING
ZOOM

Solution on page 378

Down the Mississippi

E Y D D U M F G S L K H L Y D R A I N S
K A B F V S L N H I S T O R Y T K I T L
M W O F T R U I O W C W N F L F N A A E
R R A P P A F D W T A D G E Y I O N I V
T E T Y C B R O B M N R D N A B A S Y E
S T I N X D E O O T O V O W M I Z R S E
E A N B Z N W L A K E I T A S C A R P S
W W G E U A O F T C T K E I K T E L E A
D N F D M S P R C A R T U B U D N T R G
I O Z I I I H M T A S O M B N H A H N R
M D O W S F D R M H L B I A I T G I E I
I T D H S H O E S Z A R E E S L I V C C
N T E N I P I E S R T M U D P K I N R U
N N P N S O G N G M O O E W S R D J E L
E E B N S D R E G U A T D R G L A G M T
S R A J I T S I T Y I D E I I O D L M U
O R Y R P E A H V N T T B I V C F T O R
T U B V P W X T U E A F P Q N K A P C E
A C P O I W C D E W R I A M H S O U T H
V M R B Q H S S A S N A K R A N T C U R

AGRICULTURE
ARKANSAS
BARGES
BIG RIVER
BOATING
BRIDGES
CANOE
COMMERCE
CURRENT
DAMS
DELTA
DRAINS
FISHING
FLOODING
HISTORY
LAKE ITASCA
LEVEES
LOCKS
LONG
LOUISIANA
MARK TWAIN
MEANDERS
MIDWEST
MINNESOTA
MISSISSIPPI
MOUTH
MUDDY
NORTH AMERICA
OHIO RIVER
POWERFUL
RAFT
SANDBARS
SEDIMENT
SHOWBOAT
SOUTH
STEAMBOATS
TEN STATES
TRANSPORTATION
TRIBUTARY
UNITED STATES
WATER SKIING
WATERWAY
WIDE

Solution on page 379

Sony Corporation

P X J S V E J A P A N M D D I S C M A N
E O T S E M A G D O N K H R X Q Z U O A
O V L E S S E N I S U B C L O O J S B M
C I I I N D V S K E N V N M I C S I E K
M C O V S R I S E O V N Q D R C E C T L
A O U O B V E J I A A M A K I G R R A A
O M U M E M C T I I U R I R D X U U M W
Y P N L M N A O N E D S E I R E T T A B
J U E I H T T N R I I M A M D X C E X E
O T S O S P O E U P O N H V A H I C Q L
V E I Y C V Y N R F O E D I V C P H C E
X R A S A L N L E T A R E M O L G N O C
F L A T M R A M C D A C A E W F L O N T
P S I E C O P T P S P I T T Y Y T L S R
D O N R O T M H I X T T N U I F G O U O
N U Z E R I O A W G E P F M R O F G M N
A N F O D N C F B S I B H G E E N Y E I
R D G I E O A F S A I D E M G N R Q R C
B Y L S R M J A G V B L Z M P O T P A L
T E L B A T C U D O R P J I I M O B B Q

AUDIO
BATTERIES
BETAMAX
BRAND
BUSINESS
CAMCORDER
CAMERA
CASSETTE
COMPANY
COMPUTER
CONGLOMERATE
CONSUMER
CORPORATION
DIGITAL
DISCMAN
DVD
ELECTRONIC
ENTERTAINMENT
ERICSSON
GAMES
HEADPHONES
INNOVATION
INTERNET
JAPAN
LAPTOP
MANUFACTURER
MEDIA
MONITOR
MOVIES
MUSIC
PICTURES
PLAYSTATION
PRODUCT
PSP
RADIO
RECORD
SOUND
STEREO
TABLET
TECHNOLOGY
TELEVISION
VAIO
VCR
VIDEO
WALKMAN

Solution on page 379

Around California

G G M E R C E D O O W Y L L O H C A E B
G R G L O S A N G E L E S D O O W D E R
Z P B H C E T L A C D N A L M R A F T S
S U E N I W S B E V E R L Y H I L L S A
O D R O F N A T S A O L A I R E P M I C
N N K C N F H E E D E O H A T E K A L R
O A E F A D S A L A M E D A D U V W I A
M L L R C T T E P X S R A C E L B A C M
A K E W D S N M Q V E N T U R A Q W O E
G A Y P E Z U A I O U Q E S Q D A J N N
L O E A A A O C S I C N A R F N A S V T
E D R L T R M S I E R R A N E V A D A O
N M E M H T J B H S A N D I E G O Y L N
N Z T S V A Y W O N I C O D N E M N L S
E G N P A C I F I C O C E A N X P J E E
S R O R L L M S G J A S O P I R A M Y R
S V M I L A M N Z Y E L L A V A P A N F
A F Y N E C O N T R A C O S T A L Z L K
L U R G Y N H E T I M E S O Y P P O P R
P N B S A N J O S E G N A R O K Z B I F

ALAMEDA
ALCATRAZ
BEACH
BERKELEY
BEVERLY HILLS
CABLE CARS
CALTECH
CONTRA COSTA
DEATH VALLEY
EL DORADO
FARMLAND
FRESNO
GLENN
HOLLYWOOD
IMPERIAL
LAKE TAHOE
LASSEN
LOS ANGELES
MARIPOSA
MENDOCINO
MERCED
MOJAVE DESERT
MONTEREY
MOUNT SHASTA
NAPA VALLEY
OAKLAND
ORANGES
PACIFIC OCEAN
PALM SPRINGS
POPPY
REDWOODS
SACRAMENTO
SAN DIEGO
SAN FRANCISCO
SAN JOSE
SANTA CRUZ
SEQUOIA
SIERRA NEVADA
SILICON VALLEY
SONOMA
STANFORD
USC
VENTURA
WINE
YOSEMITE

Solution on page 379

Call for Help

G C T N T M T Q N D F R F A L L F F L R
N R B I R S P I H I O S I C A S T J E S
F E O A V P A G R U R X E C L S R W T I
H H X R D R A E E G R I I P E Z A P N R
T C F T P U R M I V U T P R A C A C I E
D T A S Z G K O A L I Y U S A R O J L N
K E C E X C P D D R L T Z D A M C C P V
S R C G C L K A C D U N A M P R I S S H
E T I N L I Y N S S T S E R W H M I I E
Z S D I A L L R A S L D E S E R I O U S
A S E S T L A O U X I S O V S P C N R T
E E N S I U U T P C S S A O O Z M O G U
F R T E P N I B I F N C T L H L O I E C
H T T R S R I B M V U W S A A I G T N P
D S Q D O O P E R A T I O N N R R A T A
H I F T H C A N T I S E P T I C M C A A
D D C R Z S R I T I X E M S P B E I K G
G O B G G O O H R B R E H T A E W D M B
D W K Q H N A C Z L N N L E I B R E A K
O J W B N E F F B T Z M P C N F A M W K

ACCIDENT
ALARM
AMBULANCE
ANTISEPTIC
ASPIRIN
ASSISTANCE
BREAK
CAST
COMPRESS
CRISIS
CRITICAL
CUTS
DISTRESS
DOCTOR
DRESSING
EVACUATION
EXIT
FALL
FIRE
GAUZE
GLOVES
HORN
HOSPITAL
HURT
ILLNESS
IMPERATIVE
MEDICATION
OINTMENT
OPERATION
PAIN
PARAMEDIC
POLICE
SCRAPES
SERIOUS
SIREN
SPLINT
SPRAIN
STRAIN
STRETCHER
SUTURES
TORNADO
URGENT
VEHICLE
VITAL
WEATHER

Solution on page 379

Sisters Are Special

T O G J B V Z R U Y G D Y L I M A F B W
C I N C S Q S A X N T T R O P P U S L O
C Y A A S I B L I N G L L Y F I C C Y M
S D X R M C N W H S Y A A J V W O T E A
H Z K I T P O S R Y N T V Y S H N O T N
E Z L N B R I E T R K L I L O A V Q S O
S A R G G R T H E O P E R R D L E C Y I
R S E S E H C T S L T I T I O B N O M T
B R N H G K E Y W N G S F L P R T U P A
P C C U W O F U N C O N D I T I O N A L
N F A S N I F G D K O I B T N R G S T E
V D R V S R A F X C I L N O H N U E H R
U M I E D E V O T I O N I A I G C L E J
S S E J V N N D N O B T K R P S I P T N
E E D O H E S E D T C A U K A M L F I I
B C L N R T R W S I S T E R H O O D C C
W R I B E S X O R O R S G G V Z H C I I
V E R V S I D F F U L U S N I W T I E S
Q T K N D L R R N K E C I S E L A M E F
O S Q L G A J F J I P O I Y G D C R Z G

ADVICE
AFFECTION
ARGUE
BLOOD
BOND
CARING
CATHOLIC
CHERISH
CLOSENESS
COHORTS
COMPANIONSHIP
CONFIDANT
CONVENT
COUNSEL
DAUGHTERS
DEVOTION
ETERNAL
FAMILY
FEMALES
FIGHT
FOREVER
FRICTION
FRIENDS
GIRLS
GROWING
KIN
LISTENER
LOVE
LOYALTY
NUNS
NURTURING
RELATION
RIVALRY
SECRETS
SIBLING
SIMILAR
SISTERHOOD
SORORITY
SUPPORT
SYMPATHETIC
TIES
TRAIT
TWINS
UNCONDITIONAL
WOMAN

Solution on page 379

Fossil Fuels

V P I M E T H A N E L K N Y P O L I C Y
F R A A U T O M O B I L E D U R C A H G
P O W E R F V W I N A T U R A L X R Z O
M C U I Y B V I T M R W B D O L A A J L
U E Y A A Y O S A D J L I Q U G X D P O
P S V N I R L T T L D E P E N D E N C E
Y S E V I T A N R E T L A C X C S N J G
D E Z F S S T A O T N Q C O O O U K B N
U E T T J U I L P E O N F M T V O I L I
A N T A Y D L P S E I C P B H Q H T L N
G G R I M N E E N N S O O U A B N L V I
I I O E M I D S A V S N L S N R E F Y M
D N R F S I L I R I I S L T A W E J G L
N E Q U M O L C T R M U U I E G R P R A
W L M E S M U I D O E M T O R P G S E B
Y R N L W T O R B N K P I N O B U R N O
Y T L H R N C E C M Z T O J B A R R E L
I V M U E L O R T E P I N D I E S E L G
F H C Q O H A Y G N N O I T C U D O R P
N K Y G O K L C J T A N T H R A C I T E

ALTERNATIVES
ANAEROBIC
ANTHRACITE
AUTOMOBILE
BARREL
BURN
CLIMATE
COAL
COMBUSTION
CONSUMPTION
CRUDE
DECOMPOSITION
DEPENDENCE
DIESEL
EMISSION
ENERGY
ENGINE
ENVIRONMENT
FUEL
GAS
GEOLOGY
GLOBAL
GREENHOUSE
INDUSTRY
KEROGEN
LIMITED
METHANE
MINING
NATURAL
OIL
PETROLEUM
PLANTS
POLICY
POLLUTION
POWER
PROCESS
PRODUCTION
PUMP
RESOURCE
RIG
SEDIMENT
TRANSPORTATION
TRUCK
VOLATILE
WELL

Solution on page 379

Grownups

S	R	K	M	T	D	L	I	N	D	E	P	E	N	D	E	N	T	N	D
I	E	B	B	O	E	M	R	E	G	E	K	H	K	H	S	X	H	K	O
T	W	O	R	K	E	R	L	R	C	L	I	N	W	O	R	L	D	L	Y
W	O	Z	A	E	A	X	A	U	P	B	S	R	C	H	O	I	C	E	S
T	P	Y	N	Q	F	H	W	T	H	I	U	C	R	Y	G	A	N	A	N
M	O	L	D	V	C	I	I	A	V	S	R	S	E	A	S	O	N	E	D
U	S	J	Y	N	N	P	N	M	R	N	U	K	U	O	M	L	A	P	U
V	O	R	I	W	F	R	E	E	D	O	M	M	M	E	E	T	L	N	H
S	E	D	O	Z	N	R	E	D	D	P	F	I	V	G	E	A	E	I	Z
E	U	R	E	L	Y	R	E	A	L	S	M	A	A	T	N	C	E	G	B
T	G	P	U	T	A	R	A	Y	A	E	H	L	Z	E	N	L	X	H	N
T	T	W	E	C	A	U	T	H	O	R	I	T	Y	A	M	I	P	T	D
L	Z	M	U	R	E	C	R	E	L	L	A	T	M	C	R	A	E	C	U
E	W	C	O	S	V	S	U	B	Z	X	P	O	J	H	E	T	R	L	I
D	C	F	V	V	P	I	R	D	S	S	R	M	A	E	G	K	I	U	J
J	M	O	T	H	E	R	S	R	E	G	I	X	E	R	G	C	E	B	W
C	T	X	E	P	E	O	A	O	B	L	I	G	A	T	I	O	N	S	A
E	L	J	B	E	F	G	U	A	R	D	I	A	N	Q	B	C	C	G	M
S	H	W	B	I	I	F	V	T	S	D	E	V	E	L	O	P	E	D	Q
N	Z	N	U	C	X	C	G	U	P	V	L	A	W	S	D	F	V	U	M

AGE
AUTHORITY
BEER
BIGGER
BILLS
BRANDY
CAREER
CHOICES
CIGARS
COCKTAIL
DEVELOPED
EDUCATED
EMPLOYER
EXPERIENCE
FREEDOM
GET MARRIED
GROWN
GUARDIAN
HAVE MONEY
IN CHARGE
INDEPENDENT
LEGAL
MATURE
MIMOSA
MOTHER
MOVE OUT
NIGHT CLUBS
OBLIGATIONS
OLD
PLAN
POWER
REFINED
RESPONSIBLE
ROMANCE
RUM
SEASONED
SECURE
SETTLED
SUPERVISOR
TALLER
TEACHER
VOTE
WINE
WORKER
WORLDLY

Solution on page 380

Water Company

F Z V K K W A L X P C M V P N R I V E R
Y U P O R F G O P Y E L T Q C T O W E R
Z Z U C J K A A Z T L N E U G F R G R O
E P M G D D R I S S E W V A R U U F E P
J V P U N E G Y B M G K F L N L Z L M Z
U C H O T I S P T E G E Y I A Y T U E J
D Z I A L F R A Y T I L I T U T N W T Y
R L W L O I E P L F Q Z I Y O I E A E G
M K A A B R C C S I E O X B C N Q M R K
K H Y K T U P I O S N G O I O U O D K W
E U F N E P P L E N P A P I E M J N W V
F C I T Y D R N U S S A T D E M E U I Q
A P R M L N I M D M L U U I B O V O C Y
S R O U A R O R B Q B C M Q O C R R Q U
X O G N O E V I O I T I N P Z N E G Y D
T T R L D S R C R U L P N X T F S R I P
K E H W Z E E T V A L V E G I I N E N R
H C E F R E S H S U E F Y U T I O D I T
T T A C Y I E P I P W Y Q A B P C N A N
M Z M A D D R I N K G A P R E S S U R E

AQUEDUCT
AQUIFER
BOTTLE
CHLORINE
CITY
CLEAN
COMMUNITY
CONSERVE
CONSUMPTION
DAM
DESALINATION
DISTRIBUTION
DRINK
FLUORIDE
FRESH
LAKE
METER
MUNICIPAL
PIPE
PLUMBING
POLICIES
POND
PRESSURE
PROTECT
PUBLIC
PUMP
PURIFIED
QUALITY
RAIN
REGULATION
RESERVOIR
RIVER
SAFE
SOURCE
SPRING
STREAM
SYSTEM
TAP
TOWER
TREATMENT
UNDERGROUND
UTILITY
VALVE
WATER
WELL

Solution on page 380

Looms

O F Q E D U S K R T L B R L V X C N W U
X Q V I A A Z J P L A I R E T A M B M M
H U I W S J Z O L D A E R H T N I A A N
Z B C C M A N U F A C T U R I N G C D C
Z Y F L O G N I K C I P G I T F H K A R
M O T I O N M T C C B N Z E A I K S M D
S X S R L T A Y A M I A R V N X X T O C
K X H C R P H L F R D L T E O Y D R O M
G F U Y E N L L T R A D I T I O N A L N
G A T S W O P S A C A V G E E P U P D O
Y B T N O T C W I K R M E C E N I I N R
M R L M P T L N S E R E E H G E I I A N
Y I E V V O G G E L T E K N A L B N H M
W C C T O C U S L I U Q I I G D U D G N
F R I M R R Z I D T D D K Q O A P U N P
Y A V C B S K J D X D E G U X E Z S T N
B F E Y H S P W E E C S V E D R D T I J
J T D T E Q O I H T D I P A T T E R N M
V M W B N O I S N E T G L W E F T Y K T
E L I M D J R I B B O N X K R W O V E N

ART
BACKSTRAP
BATTENING
BLANKET
CLOTH
COTTON
CRAFT
DESIGN
DEVICE
DRAWLOOM
FABRIC
FRAME
HANDLOOM
HEDDLES
INDUSTRY
INTERLACING
KNIT
MACHINE
MANUFACTURING
MATERIAL
MOTION
OLD
PATTERN
PEDAL
PICKING
POWER LOOMS
RIBBON
RUGS
SHEDDING
SHUTTLE
SKILL
SPIN
STRING
TAPESTRY
TECHNIQUE
TENSION
TEXTILE
THREAD
TRADITIONAL
TREADLE
VERTICAL LOOM
WEAVE
WEFT
WOOD
WOVEN

Solution on page 380

Well Done

O M E J N A D V A N C E R V X R B E S T
J P R M Y J L C T H V D N R C S A Q K D
D H U K O G V H I E P B O I R O T C I V
V M C L G N R R I U S U O M A F D D L Q
S U E D E I E H H W T F R U I T F U L N
L O S F V N C Y H T L A E W Y N T A E O
K E V I T A T I R O H T U A D X A A D T
S J N N H U J Q L A I T N E U L F N I E
H G R A D U A T I O N R E J R M X J T W
S P P F S T R O N G N I D N A T S T U O
G P E L U F R E W O P E D C N E R R S R
Y D T R E P X E I E T F C R P L E P S T
K T E C O Q N T T C P O N N O B W R F H
H A L G V H I O E N M R O R P A A E M Y
M L P Q R N W P I P E T O X H R R S U Z
A E M B G E S R L P A U U U N O D T H O
S N O O R E E I X B M N L V D V I I X L
T T C J R B S T L D C A W F N A N G G E
E E J O E H J E A T H T H P F F G E K U
R D P R B Y A D M I R E D C B A W A R D

ACCOMPLISH
ACHIEVE
ADMIRED
ADVANCE
AFFLUENT
ATTAIN
AUTHORITATIVE
AWARD
BEST
CHAMPION
COMPLETE
DEGREE
DOMINANT
EXPERT
EXTRAORDINARY
FAMOUS
FAVORABLE
FORTUNATE
FRUITFUL
GRADUATION
HAPPY
HIRE
INFLUENTIAL
JOB
LUCKY
MASTER
MONEY
NOTABLE
NOTEWORTHY
OPULENT
OUTSTANDING
POWERFUL
PRESTIGE
PROUD
RECOGNITION
RESPECTED
REWARDING
SECURE
SKILLED
STRONG
TALENTED
THRIVING
VICTOR
WEALTHY
WIN

Solution on page 380

Quick

F J L P D R O L L E R C O A S T E R D O
A S R A P I D S D N O C E S O N A N D L
L P S Z W S U P E R M A N U J T I L J I
C H E E T A H W X V L T J S S O R A C G
O O P D E U C C P N T U J G G S P C R H
N T H Q N Y Y E L K Z E N F S A L O R T
E O E D R O C N O C S I N D P I A M K W
L N W V E J L E S L T Q N A A L N P K Z
P S C U T L O S I O L U F D C F E U T S
L S B H N B N A O A O Y R P E I F T T R
M I S S I L E H N H B I E T C S R E P R
T K M T Z N S C Y F B D N O R H J R E G
E S D R A P O E L G Q R N R A S D P U E
K N R F S C R C N R S A U N F O O T C H
C O E P F G D I A C E G R A T U Q N B S
O Y F R E T M L E R K S D D L N A Q I E
R H F E G M D O I Y S T A O B D E E P S
C C C U U Y I P P W E E O L P Z K V U R
P A K H Q E B T Q F E R R A R I N F R O
R T I B B A R S P R I N T E R I D V B H

AIRPLANE
CARS
CHEETAH
COMPUTER
CONCORDE
CYCLONE
DRAGSTER
ELK
ENERGY
EXPLOSION
FALCON
FERRARI
GREYHOUNDS
HORSES
HUMMINGBIRD
HURRICANE
INTERNET
JETS
LASER
LEOPARDS
LIGHT
MISSILE
NANOSECONDS
PHOTONS
POLICE CHASE
RABBIT
RACE
RAPIDS
ROADRUNNER
ROCKET
ROLLERCOASTER
SAILFISH
SHOOTING STAR
SOUND
SPACECRAFT
SPEEDBOAT
SPRINTER
SUPERMAN
TACHYONS
TAP DANCE
TIME
TORNADO
TRAINS
WILDCATS

Solution on page 380

Flowers

F G C V X Y K D L K B F D A Y E D F X M
H J T Z D F I T S I R O L F M S B N D R
Y N O U E H N S N H L P E T U N I A B E
R R V Y C N G O D E Y I Y J M K E A R T
I Z F R O D I Y A V M A E Z E G K E D A
G D O B R T S G X M Z E C S H S I N R W
Q L B M A K E W O U A S G I T N O F E G
W I D N T P D S T Z G M V N N G V H T E
R P R W E E S L R N R Q A O A T L G F S
M A R I G O L D I E H N T R S R H E L A
C G A R L A N D E D Z U D A Y H R R O V
S D W B S C D G C R O P Q N R L G A W H
B X J W R E A T H B A F O N H U L N E W
N C B Q W S P L A N T E F S C F A I R K
M T P U R C H A S E P W P A B I S U S G
P T L O O A R Y R E V I L E D T T M S X
I U C E S D L K T N L B O U Q U E T I U
Q R X I E K B A C U Y A E G N A R D Y H
A I R H S V L B T E L O I V D E K C I P
Y I O S D S M E L L S W O B M B H A A L

AMARYLLIS
ARRANGEMENT
ASTER
BEAUTIFUL
BLOSSOM
BOUQUET
BOUTONNIERE
BOWS
CARNATION
CHRYSANTHEMUM
CORSAGE
CUT
DAFFODIL
DAISY
DECORATE
DELIVERY
DESIGN
FLORIST
FLOWERS
GARLAND
GERANIUM
GIFTS
GREEN
HYACINTH
HYDRANGEA
IRIS
LILIES
MARIGOLD
ORCHID
PEONY
PETALS
PETUNIA
PICKED
PLANT
PURCHASE
RIBBON
ROSES
SMELLS
SNAPDRAGON
TULIPS
VASE
VIOLET
WATER
WEDDINGS
WREATH

Solution on page 380

Lil Wayne

E R E G N I S Y T G M C E P E L M L E Y
R E L E A S E S R U E N E R P E R T N E
G Z M M U N I T A L P O H P I H H Y Y N
J A I L O L L I P O P M I X T A P E A O
Y Y S M G N I M R O F R E P B A E R W M
D E T C I V N O C M I U V L G U D E D H
Q O I N L Y G O L D R A O B L L I B R S
G U U Y E T S I T R A C R R A N W I E A
G H S S P M B K E K K N G I B S D R I C
Y P W O H O E T E I X F Y O E O L T D Q
Z G A T O P R R S S N N L M L N R H L Q
U W L K H A R H I N V E L E D G O A O B
H J S K C A O I T T P W O M F W W U S Y
E L M A D T R S V N E O H Y A R C T E H
Y C H I L D R E N A A R N C T I I H R O
V T K F C O N C E R T L I G H T S O U T
C E S E V I T U C E X E I M E E U R Z B
L V D U N A C I R E M A J H R R M E I O
G X O D R E C O R D I N G E P A T M E Y
A F K S B L L I W E H S G P T T P R S S

AMERICAN
ARTIST
AUTHOR
BILLBOARD
BOOKS
CASH MONEY
CHILDREN
CONCERT
CONVICTED
DWAYNE
ENTREPRENEUR
EXECUTIVE
FATHER
FEUDS
GOLD
GOT MONEY
HIP HOP
HOLLYGROVE
HOT BOYS
JAIL
LABEL
LAWSUITS
LIGHTS OUT
LOLLIPOP
MEMOIR
MIXTAPE
MUSIC
NEW ORLEANS
PERFORMING
PHILANTHROPY
PLATINUM
PRIVATE JET
RAP
REBIRTH
RECORDING
RELEASE
RETIREMENT
SEIZURES
SHE WILL
SINGER
SOLDIER
SONGWRITER
THA BLOCK IS HOT
THA CARTER
WORLDWIDE

Solution on page 381

Enjoyable Activities

P E T S K O O B P V Y O J N E H E U F X
A Z R N J C G A E T G B T C K S G F P F
V Z I Z J N M K T Y K D N Y I R H K B A
K T G J I D M I M L M A G H H J F E M P
G V N T E U G N E E D L E P O I N T F H
I G I K S W A G G G G N I K A M Y L F P
S R L I O S E N O I T C A R T S I D E U
W C C M T Q I L J E O S Q P D H N I L Z
A Y Y I J H Z P R L E U E X A K T V S Z
P Z C G S J B T L Y I K P M M D E E T L
U S I I N S A E M L C A R Y A I R R A E
E G F G K I C G T O I A I O E G E S M S
K W N N N T K I N N D N K K W O S I P Q
T W V I I X N R T I V E R O S D T O S V
K E N N G G P B O E T K L E O S A N U F
B G G N C G A R N W L N E S A C H E S S
M D P U J L O T S J D H I P E D R Z B S
T I L R L I I J P U L O T A T W I A V T
I R G Z G N I D L I U B O A P X J N F W
I B A K G N I P M A C S S W O M R W G T

ART
ATHLETICS
BAKING
BEADWORK
BOOKS
BRIDGE
BUILDING
CAMPING
CHESS
COLLECTING
COOK
CRAFT
CYCLING
DANCE
DISTRACTION
DIVERSION
ENJOY
ENTERTAINING
FISHING
FLY MAKING
FUN
GAMES
GYMNASTICS
HAM RADIO
HIKE
INTEREST
INVENTING
JEWELRY
JOGGING
KNIT
MODELS
MUSIC
NEEDLEPOINT
PAINTBALL
PAINTING
PASTIME
PETS
PUZZLES
QUILTING
READING
RUNNING
SEW
STAMPS
WOODWORKING
WRITING

Solution on page 381

Marching Bands

C Q C U S E V O L G B W S V U G T Q F K
U X X L N T E P M U R T N F T A P Y L P
S Z R S A E N C C S B V F V L B E B U D
U N I F O R M E A E J B T U D O N G T E
O S W U H N I A M D P T R O M B O N E R
R A K Y M M G N G U E D A R A P H H Y A
M S T X U I M S E E R N F F N X P I C N
T H M H I L A T O T F T C U O Z O W O S
M E Y Z D I R E C T O R S E I V X T S P
U S E O A T C R D E R C Z N T V A P D K
S O G F T A H O S R M K A J I B S R C Y
I O E I S R E T P O A M P P T R O E N Y
C F L E S Y S C E J N U R O E A U C A O
I O L L I P N U T A C R G Z P S S I I B
W O O D W I N D S M E D A R M S A S W V
P T C P Q T I N S T R U C T O R P I S R
E B P O U T D O O R S T H T C L H O H M
B A A B D O G C I F O R M A T I O N V Y
F L A G U R R M W V F K C O T F N C S X
H L K M D P L G P U W X R E D A E L S G

BATON
BRASS
CADENCE
CAPES
CLARINET
COLLEGE
COLOR GUARD
COMPETITION
CONDUCTOR
DIRECTOR
DRUM
FIELD
FLAG
FLUTE
FOOTBALL
FORMATION
GAME
GLOVES
GROUP
HAT
INSTRUCTOR
INSTRUMENTS
LEADER
MAJORETTE
MARCH
MILITARY
MUSIC
OUTDOORS
PARADE
PERFORMANCE
PRECISION
RHYTHM
SASHES
SAXOPHONE
SCHOOL
SNARE
SONG
SOUSAPHONE
STADIUM
STEPS
TROMBONE
TRUMPET
TUBA
UNIFORM
WOODWINDS

Solution on page 381

Lake Michigan

P I Q N I Z J Z C S E R O S I O N I J F
N D N W T O I J S E K A L T A E R G L W
W Y A B L O T G K U W I S C O N S I N T
D R G L Q S N U C A G S W G W J U M R T
F A I G A I A S T H I L A S E I R R E F
H E H O P W W E T O A R L A N O S A E S
T L C P L O R H N K Y T N U O C R O O D
Y C I I T Y O I E S S N I F L P E R C H
Y H M K N U L T M E I H H N O A C C Z A
S I E U S L R Y N C S Z O B D R R B F R
S C Q E I O J B O G F L E R O I E G G B
V A S E U Y O L R W W I C Z E A A S E O
P G N T T W E C I R O T S I H L T N T R
S O N I F T C H V W V O S H B N I S A S
E A P I R Z E I N Y G L D E I T O N M S
L R N A L A O U E C A N A L S N N C E A
Q B E D J I M Z Q N P C G G A A G R R B
O F C Y B B A T D R H T C D U N E S I I
C E N I N P H S T E A M S H I P D V C L
J C W T O U R I S M Q M O T J M D T A Y

AMERICA
BASS
BEACHES
BOATS
BOWFIN
CANALS
CHICAGO
CLEAR
COAST
DOOR COUNTY
DUNES
ENVIRONMENT
EROSION
FERRIES
FISHING
FORESTS
GARY
GREAT LAKE
HARBORS
HISTORIC
ILLINOIS
INDIANA
ISLANDS
JEAN NICOLET
JOLLIET
LAKE TROUT
LARGE
LIGHTHOUSES
MARINAS
MARQUETTE
MICHIGAN
MILWAUKEE
PERCH
RECREATION
SAILING
SAND
SEASONAL
SHIPPING
SHORELINE
SIZE
STEAMSHIP
TOURISM
WATER
WISCONSIN
WOODLAND

Solution on page 381

International Business Machines

G L O M U W Q G R I L Y A R M O N K E S
U W L A B O L G N E Q L E N O V O C E Y
H F P C P B A T G S R E X E K K N M R A
M Z R H U R E N X U N U M L S E M V U N
T Y O I Y R I R Y I V O T E I K C O T S
D N F N N T E N G G J I I C T P R G C N
A A I E S S B N T F O N S T A S Y I U A
P P T O E S E M V E W L M R U F Y J R C
K M H A X Y E I O B R S O O J L U S T I
N O R S R C O N S U L T I N G T O N S R
I C P W C E D L I W N U O I H C Y S A E
H X Q O O H V C P S I E E C P C E R R M
T S G D M R U R A M U B W S G B E M F A
S V K N P F L G E M E B I Y A P Q T N R
Q I C I U S A D E S K T O P O M L A I F
P M X W T E R A W D R A H L Z R G E R N
F T Z L E P G N O I T N E V N I K Z M I
O D O F R N E T Q W D V N N B G G V C A
F G U S O F T W A R E E C I F F O F P M
M U L V L H P R O D U C T S S E C C U S

AMERICAN
ARMONK
ATM
BIG
BLUE
BUSINESS
COMPANY
COMPUTER
CONSULTING
DESKTOP
DEVELOPER
ELECTRONICS
EMPLOYEE
ENGINEER
GLOBAL
HARDWARE
HOSTING
HUGE
INFRASTRUCTURE
INTERNET
INVENTION
LARGE
LENOVO
MACHINE
MAINFRAME
MANUFACTURER
NEW YORK
OFFICE
PRINTER
PRODUCTS
PROFIT
RESEARCH
SCIENCE
SERVER
SOFTWARE
SOLUTIONS
STOCK
SUCCESS
SYSTEM
TECHNOLOGY
THINKPAD
WINDOWS
WORLDWIDE

Solution on page 381

Pump It

K A C Z L Y L K P I S T O N X T T L Z H
F P M E L S N C W R E V E L F K N H N Q
N N N W L V B U C K E T A L F N I V G N
L D D L A U N A M G W S O O O Z W M W Z
P U M P B T V B N W N W S K R O W P Y E
U Y E W L I E I N O I T C U S Q T C X K
M K E V T U K R O C I L U A R D Y H W U
M T H Y I N N N U F T T T L D E S A N V
O T L U I S M G A R H P A I D K N M L U
Y C N R Y B S G E T O I Z G R O T B W S
V W D E V I C E M R R T Q R I E J E B T
P M V E M C A I R T V P A T U R H R S Q
I K F A O P P U S G T F C R M R R R I U
M V A I L B O U S Q O A L X E A A I P V
E I Q E N V D L Q L T R R U M P R L H O
P F U E T N E M E C A L P S I D O I O V
G F V E I S B T E V W B S S N D Z Q N Q
Z O W R O T A R Y R E W O P N A M U H E
M E C H A N I C A L L D R R Z T F I L B
V F K O C D H W W K L H T N M N Q D F F

AIR
BALL
BUCKET
CAVITY
CHAMBER
DEVELOPMENT
DEVICE
DIAPHRAGM
DIRECT ACTION
DISPLACEMENT
DRINKING
FLOW
FLUID
FUEL
HOSE
HUMAN POWER
HYDRAULIC
INDUSTRIAL
INFLATE
IRRIGATION
LABOR
LEVER
LIFT
LIQUID
MANUAL
MARINE
MECHANICAL
MOVE
OPERATOR
PISTON
PLUNGER
PRESSURE
PROGRESSIVE
PUMP
ROTARY
RURAL
SIPHON
SUCTION
TANK
TIRE
TOOL
VALVE
WATER
WELL
WORK

Solution on page 381

Deaths in 2016

F A C G E O R G E M A R T I N Z X Z J P
U L L A L V I N T O F F L E R I H F O R
Q A O R G E O R G E K E N N E D Y N E I
J N X R O R T S A C L E D I F I X I G N
L R S Y E P N Y R E H S I F E I R R A C
C I U M V N Q T R N S T D K K N L O R E
P C A A R H C R Y A E E E E C H E B A O
U K R R E L Y E S G R D B I I G O A G R
M M E S K L E G H A E W B T H U N G I E
E A F H N E R G A E P A I H T A A A O M
R N A A I S F A N R N R E E N V R S L L
L O S L T S N H D Y O D R M A T D Z A A
E N Y L T U N N L C M A E E L R C A L P
H E E I N R E A I N I L Y R A E O S A D
A R L K A N L D N A H B N S S B H Z N L
G T R E R O G B G N S E O O C O E B Y O
G E O R G E M I C H A E L N P R N Z O N
A N M G A L R I C H A R D A D A M S U R
R A Q C H Y N A I L A C S N I N O T N A
D J Q I L A D A M M A H U M Y T W G G Z

ALAN RICKMAN
ALAN THICKE
ALAN YOUNG
ALVIN TOFFLER
ANTONIN SCALIA
ARNOLD PALMER
CARRIE FISHER
CHYNA
DAN HAGGERTY
DEBBIE REYNOLDS
EDWARD ALBEE
FIDEL CASTRO
FLORENCE HENDERSON
GARRY MARSHALL
GARRY SHANDLING
GEORGE KENNEDY
GEORGE MARTIN
GEORGE MICHAEL
GLENN FREY
GRANT TINKER
JANET RENO
JOE GARAGIOLA
KEITH EMERSON
LEON RUSSELL
LEONARD COHEN
MERLE HAGGARD
MORLEY SAFER
MUHAMMAD ALI
NANCY REAGAN
PRINCE
RICHARD ADAMS
ROBERT VAUGHN
SHIMON PERES
ZSA ZSA GABOR

Solution on page 382

Adulations

W M Z Q P O L I T E E E Y T O M A X O K
V I V G R L O K P H W J V T M M L T W T
E U I B A Y V T R H Q M R A W I Q A C V
N A D N I K E X K W O N D E R F U L L G
O P D U S P L E A S A N T R I B U T E K
S E M M E Y Y N O I T A D N E M M O C J
S R G N I Z A M A N N O C H E E R F U L
R F V G T R A M S O O A T U S U P E R S
D E T N E L A T I G Y N N U F V H Y M U
F C T E Q X P T G N A C A W E S O M E T
F T A T B T C U I B T L I E C I N D N Y
P E C U A E Y E N O P E L T G F O A D L
E E C L F L A Z L P N J L N S Y R G O D
R W L F E M F U A L D E I L P A E T R N
J S A V U V T D T E E M R G I N T P S E
X M I Y T T E R P I R N B E E G T N E I
H O M A G E I R N A F K T R C N E Y A R
U E M O S D N A H G J U O M E N I N Q F
F N H F G Y V C F A B U L O U S I U T B
F D A G O R G E O U S T R O N G S S S N

ACCLAIM
ADMIRATION
AFFECTIONATE
AMAZING
APPLAUSE
AWESOME
BEAUTIFUL
BRILLIANT
CHARMING
CHEERFUL
CLEVER
COMMENDATION
ENDORSE
EXCELLENT
FABULOUS
FANTASTIC
FLATTER
FRIENDLY
FUNNY
GENEROUS
GENIUS
GOOD
GORGEOUS
HANDSOME
HOMAGE
HONOR
INTELLIGENT
KIND
LOVELY
NICE
PERFECT
PLEASANT
POLITE
PRAISE
PRETTY
RAVE
SINCERE
SMART
STRONG
SUPER
SWEET
TALENTED
TRIBUTE
WARM
WONDERFUL

Solution on page 382

Airplane Traveler

J O A T I M U J R A T E S T U N A E P T
D U E T H M K B S C M S I S T A N D B Y
A E N E T F O U R I A N J D L R O W G D
P C B K M Q T S I P E P O E B M I L E S
V O I C E L H I G R T T L I L O S H R E
X M P I M T G N Q R N B N K T F R X A J
N F O T B A I E E D A R G P U A U I F G
N O T G E D L S B T D I O P W M C V D R
G R S O R V F S Y L N J J X O K X A P E
O T N A S E G A S B E V E R A G E S V G
X A O A H N R G L R T V D K C X H X Z N
T B N E I T Y H E L T E L H P O I N O I
W L N V P U C I Z G A F R L O Y A L T Y
V E A E X R S J T R Y U O U U P R C M L
Y S Y C N E U Q E R F R T Z S G Z G H F
B A L R N R Z W R G E E N I Z A G A M Z
L U L A T S A V P R N O X L B D E A L S
O I L E U R A O S J U U V I P A O L G V
D P B M D D I V S T N I O P T M H P P E
H C C Z S C X P T R A V E L W F Q G Q X

ADVENTURERS
AIR
ATTENDANT
BEVERAGES
BOARDING PASS
BUSINESS
COACH
COMFORTABLE
DEALS
DELAY
EXCURSION
EXIT
EXPLORERS
FARE
FLIGHT
FLYING
FREQUENCY
HABITUAL
HOP
JUNKET
LOUNGE
LOYALTY
LUGGAGE
MAGAZINE
MEMBERSHIP
MILES
NONSTOP
OFTEN
PEANUTS
PLANES
PLEASURE
POINTS
PRETZELS
RATES
REWARD
RIDE
SAVINGS
STANDBY
TICKET
TRAVEL
TRAY TABLE
TRIP
UPGRADE
VACATION
WORLD

Solution on page 382

Popular TV Shows

R E W T A R E D N A L T U O M I R W J G
E Z H R D A R E D E V I L A I E O L L S
T N I O T R V S O M R U H H V R I D C D
O O L L S R I I Z T K T T I R M V C O E
O I U L U O K G Q E O R T O P T A K E N
H P A H P W I N C G A C M F E S H K T J
S R S U E T N A D E E O D U A R E R S V
N O L N R H G T T T T L N L K E B O P A
E C L T G E S E E F F O A L Y L D R E N
E S A E I O N D O J S N L E B E O R L H
U Z C R R A E S R O Y Y E R L V O I A E
Q J R S L U D U C A Q R M H I A G M D L
M P E P R N Y R W O C U O O N R R K R S
A V T T E R A V T F Y F H U D T A C E I
E O T G S N O I L L I B O S E R F A V N
R M E D I C I V S L R I G E R O M L I G
C L B G D L R O W T S E W K S G E B R Q
S T R A N G E R T H I N G S A U O K B J
C D L U C I F E R I C K A N D M O R T Y
H G V E R S A I L L E S U S I S I H T A

ARROW
BETTER CALL SAUL
BILLIONS
BLACK MIRROR
COLONY
DAREDEVIL
DESIGNATED SURVIVOR
FARGO
FULLER HOUSE
GILMORE GIRLS
GOOD BEHAVIOR
GOTHAM
HOMELAND
HOUSE OF CARDS
LEGENDS OF TOMORROW
LUCIFER
LUKE CAGE
MEDICI
NARCOS
OUTLANDER
PEAKY BLINDERS
PLANET EARTH II
RICK AND MORTY
RIVERDALE
SCORPION
SCREAM QUEENS
SHOOTER
SKAM
STRANGER THINGS
SUPERGIRL
TAKEN
THE OA
THIS IS US
TRAVELERS
TROLLHUNTERS
TRUE DETECTIVE
VAN HELSING
VERSAILLES
VIKINGS
WESTWORLD

Solution on page 382

ANSWERS

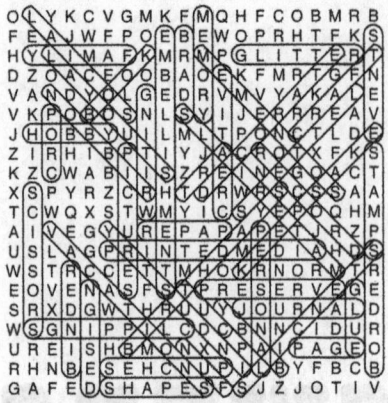

Creative Scrapbooking

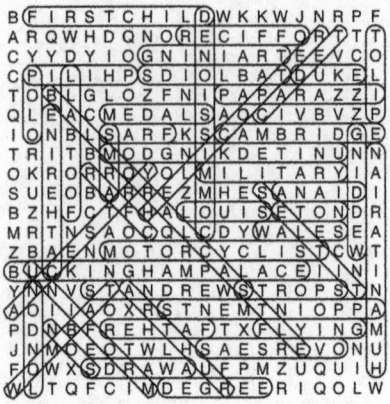

Prince William

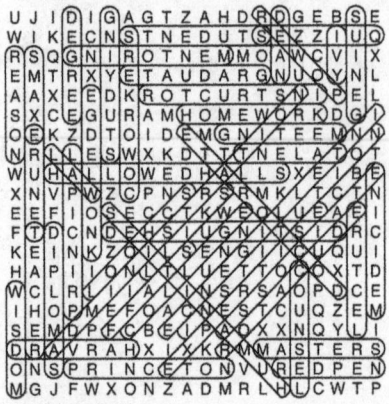

Professors

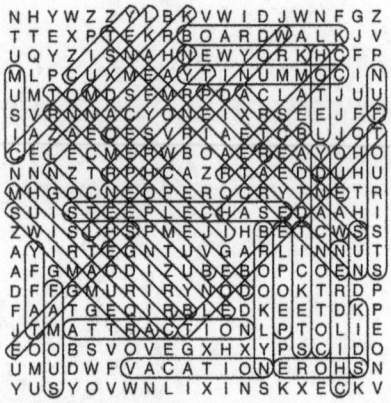

Coney Island

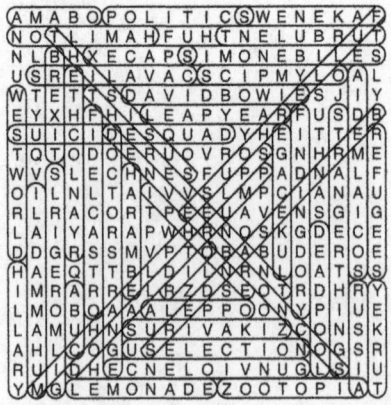

2016 in Review

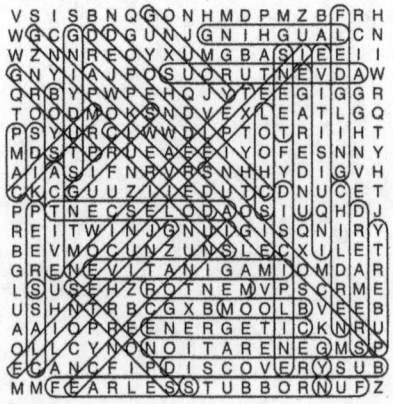

Youthful

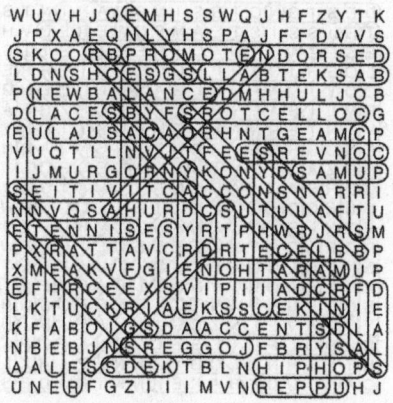

Athletic Shoes

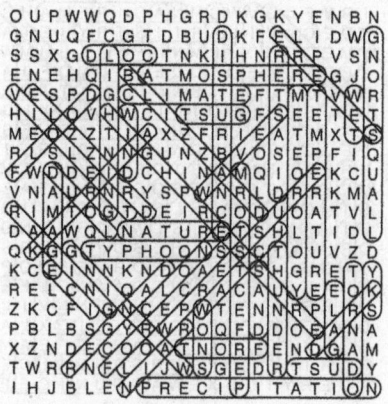

Caught in a Storm

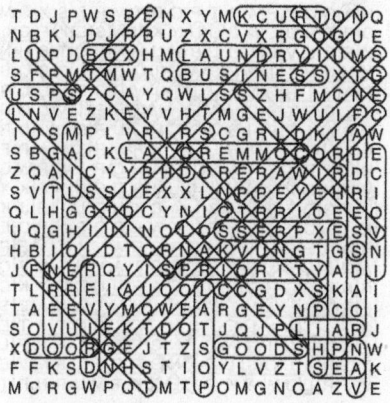

Shipped

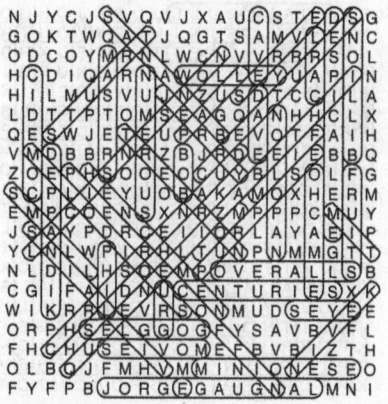

Minions

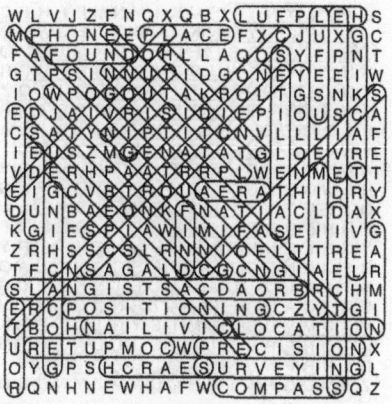

Global Positioning System

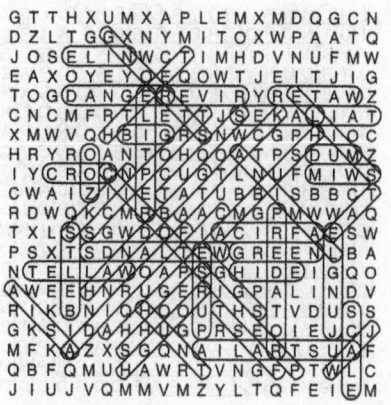

Crocodiles

```
I R Y F D G V W C M N A C I R E M A H S
K O E C L V I L A R T I S T R Y J E T A
Y M E O Q H D J P M N D F N A L B U M W
X P B N B W E Q I U Q E A S O W D F J A
N A O T D U O Z T S N M C T W X T T E R
L T C R F R S R O I P L T N O D L X L D
G X J A H W U I L C H A R I T A B L E S
L E J C R T I S N D W I E A O R L G I I
N R K T E E N K S E T C S Y K K N Y C M
M E K A E T E A I E S O S Z R H C T A S
G T M O W C T R L S I S U O R O H L I G
J I V F Y A E O I S L W B O R U R N O
Q R N E O N E O F T H E B O Y S D R R S
S W O G C T T O V R B P D R M E S U O P
K G T R E N R B I I U C O A A A O L F E
H N E R C R A A E W F M Y O G N N V I L
D O I O A P Z D P Y O C S I D I D X L A
C S L X R O C K T E E N A G E D R E A M
E D H I N P R O P S U P E R B O W L C E
T D E F Y I G U X E W A O D U N I C E F
```

Katy Perry

```
D E S I G N O I S S I M S N A R T N T B
T G J S S I S T E A M P O W E R E D V H
E S E Z W E T N A C I R E M A Z S T T S
L O E R J O S E P H C U G N O T B R R E
O O Y I M A F U E L G A S D L O O F N G
R M L I B A E Y R U D P S L C P Z G S A
V I N T E R N A L C O M B U S T I O N T
E N C G R B E Y B R H Z N N G N J A R N
H D Z A O E Z V T N B R A K E S P O L I
C U H S A D W A D M O R V S M A T G W V
F S E O D I I O Z N T I G J J O O S H W
F T N L S I N C P N A N T C W R D S E J
R R R I O R Y V A E E N E C L I O E E W
E Y Y N L G O M E R S B I T U A B L L T
L E F E A G U Q P N R B L D A D S E S T
S O O P U H V W N T T I O R R P O S G R
Y T R A V E L N Z C G I A H A E A R I U
R U D O L F D L E S E L O G N K F O P C
H T E C H N O L O G Y Z K N E P L H K K
C A S T U D E B A K E R N K Y N A D E S
```

Historic Autos

```
N U G O A L S B U L C J D R A J Q H G O
N B N O P E C S J N I M E R X Y O U T H
S M F G R E H C A E T T L C Y E D X H D
K E A E E G N Y B L S I U O T N U R G I
E M K N D X A W B N C R S V M R E Q I K
E O D I I S M N A Z E I P E O U G U L B
P R R L C T E P I S H P A R G O T O H P
S I O E T A S G G Z V S C A N J X T G M
A E C M I R N G A C A K E I G O N E I O
K S E I O L N E R P G T M N E K A S H S
E E R T N H Q U C A C H E E V E M E N T
A G R G S P P F W D D M T O R S H R H L
T E I O T X F O D A O U J W N J S U C I
R S J I T C W S C S T A Z S S E T O K
Q T G B A C A D E M I C E T M S R A L E
M R O V R Y M M X W M L O S I N F N L L
J O U I T N O I T I B M A T L O Z G E Y
K P R B R H K J W F L Y O D E U N I G N
C S T P O S T N E D U T S E G A S S E M
K P E O P L E M E H T G P D A C W T Q R
```

Yearbooks

```
H A G U Y H A J T P Q D T V H Z S X S M
D R T B U E N G O U Y K U W S E K E B L
Z E C L V L I U L R N U H R P C T S U N
N M N H T I R P S A B K G B A N G B O B
D A S T R O N A U T T I V B C E N O D R
J C C O T S G M A E A M T E E I M C O N
Q P A I T P H S D P C B O U R C O C U R
P C N S C H T W L O V K P S R S V A P F
U O T B T E A A S T R A H O P L E R W G
M M H R R H N M J T L J R O G H M E K X
D E G O E E O A B L A C K H O L E E J K
E T I C T S L P E L K W L G D E N R O E
R O N E P U T T H E R G R A V I T Y E P
A Q S I B L S E B Y R O T A V R E S B O
R K K E G R O Q U A S A R U U C G Y K C
F R N S E A V T P G N I Z Y L A N A Z S
N O I T A L L E T S N O C I R O T A T E
U S N I U I G A Z I N G P S H T A P P L
T I R A L O S I X A N S R O E T E M V E
V J R U J W W K S Y E G K T M U R N R T
```

Astronomy

```
L H E O W B Z W Q V S L G B R Y C L F Z
I O T N O R O T H E A T E R T L R I P C
F Y A I I S I R T Y G N I N E E R C S
L T R D U N V T N S E I H T N E O P A E
G A E I V O M E E D I B E G I D H S X N
W X J I L M M H V R E R W N U C R O E N
W P L N V I T V I L S P B C C O K C P A
R B R T R N F V E N U E E P S A N E T C
O Q E E U A M C W J U R R N U A S P T S
T K P R S T Z A I K O E O D O T C N R S
C X A N L E R S N U M P I N O E E O I D
E D C A J I N G G I S E U O P P N I B W
R Z T T K A N T E O N S P D M R E T E O
I K O I F A R R A C C O L A D E S O C R
D K R O Y W E N E X T G O P R R V E M A C
T Q M N K R E L T S I H W O A I W O T N
O D R A W A H X R D V O B L M E O R T B
P U B L I C V A U P R B N O A W H P E D
I T Y S F F T T V U L A I C E P S P N M
W U G X G S S U M M E R E O D S D D D D
```

Film Festivals

```
J W Y L Y N I V S U K I M N M P F H F C
J L I R C S Y O N K J O D O I E J W U P
T E L C A T S B O E O G E D X S I E M O
U N Y X V R E W J S D I G O D R A U G R
T D I L I A O E Y T I R U C E S J T Q Z
S W S A R P G P Y T E F A S C T C Z W R
P L O M P D P M N I P N R G O I S I O A
V W J W E L N P R E D A T O R S N B O I
A W Y P D H O U S E D I C T A B H R D V
H L W O P L G C O G V L S P T G A F K G
Q J E U T A X V K R L E S F I S K P L L
F H R O P B R L I A E P E V B E P Y F
Y G N L L N K B W W R U N N E K T T R Y
R S Q K N E C Z B T N P S C C N R L A G
S P F E L O I O A O I L L L N K B F C G
E O J Q A D R E R J A T P N O C P J Y M
M S D M V D B J R M T S Y G I O T E E K
S T O N E P B T I G N S J L L A T S T M
D L K B P W U N E S O L C E T I H W V I
Z W M Q G F A T R B C D N M Z Y N C U O
```

Good Fences

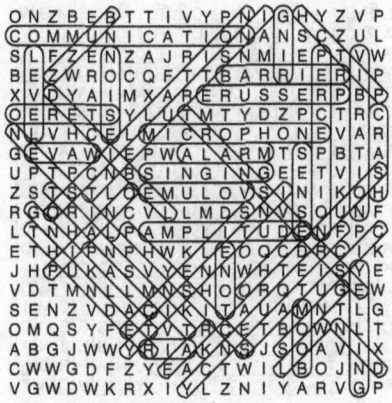

Hear the Sound

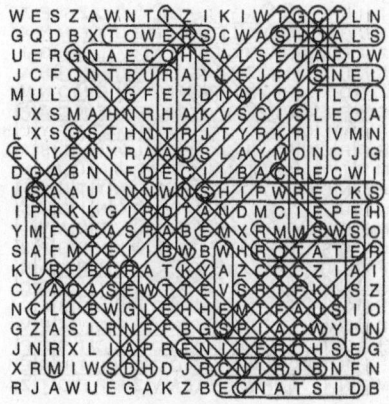

Lovely Lighthouses

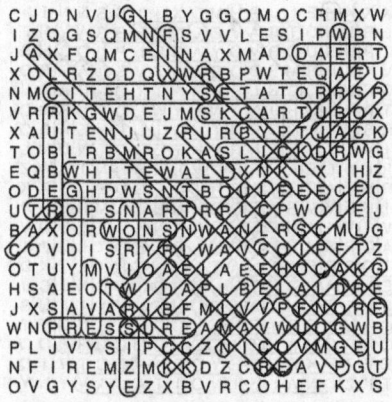

Rubber on the Road

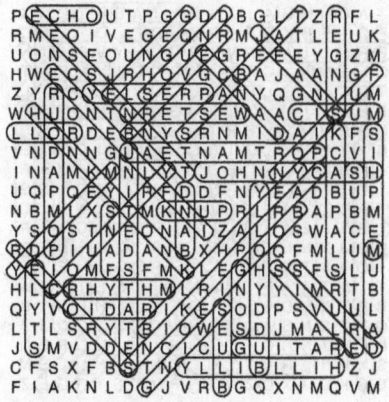

Rockabilly Music

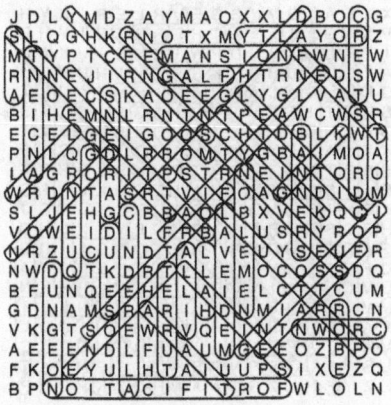

Living in a Castle

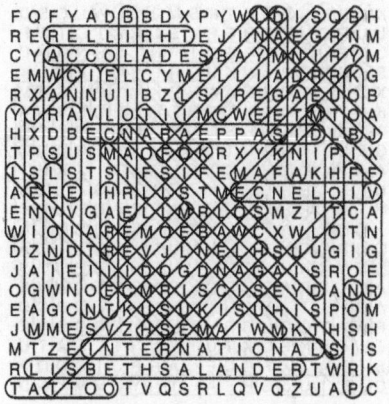

The Girl with the Dragon Tattoo

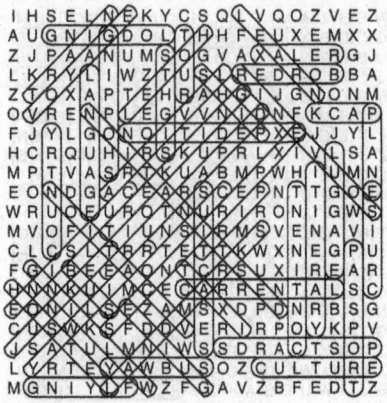

Journeys

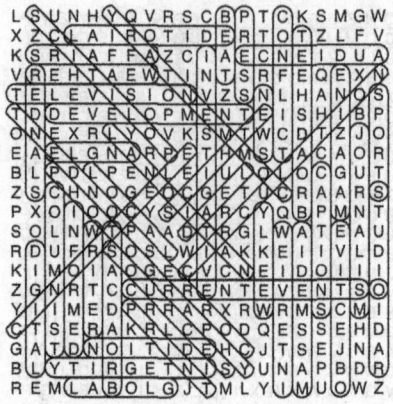

The Media

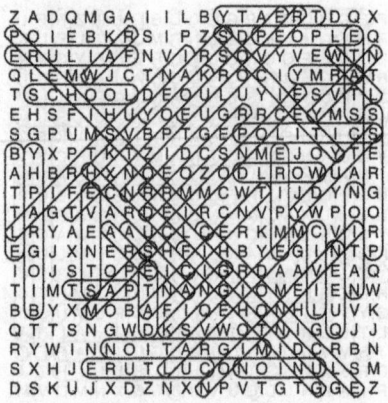

History Texts

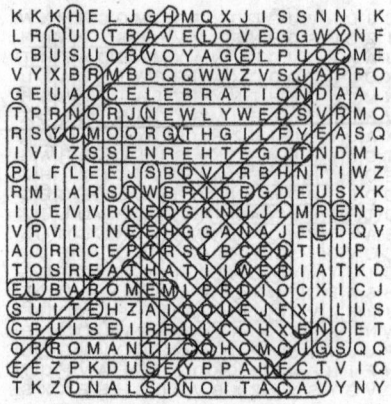

Honeymoons

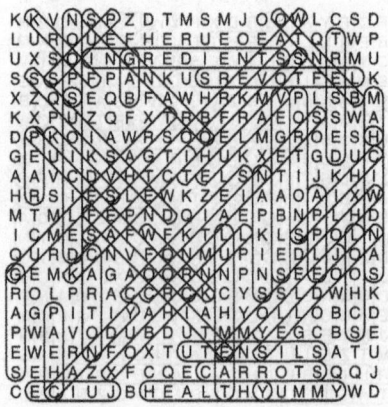

Bring a Lunch

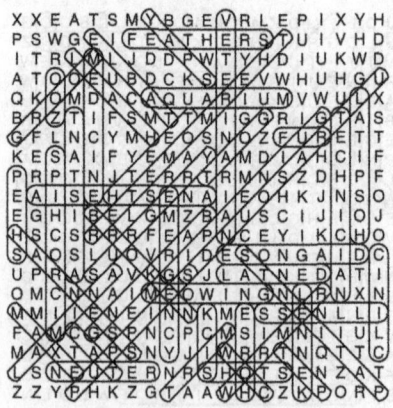

Animal Doctor

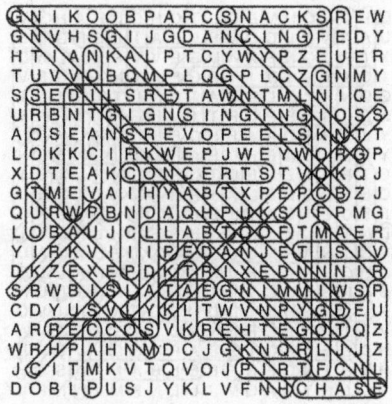

Fun Times

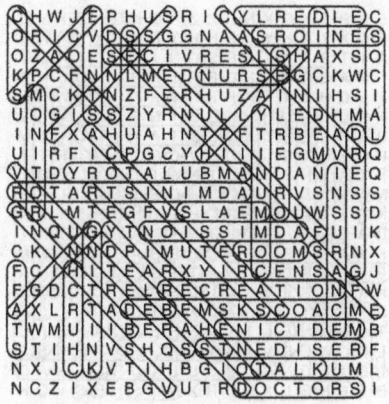

Nursing Homes

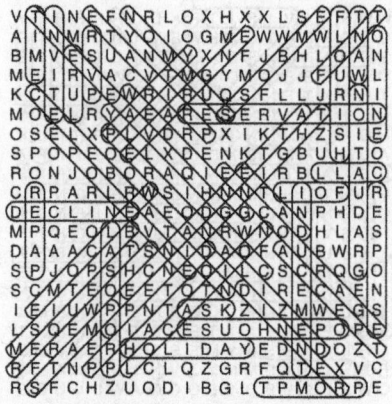

Invitation Received

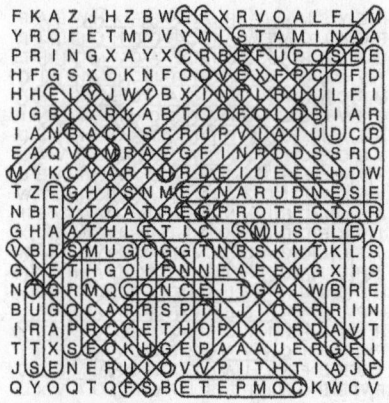

Very Manly

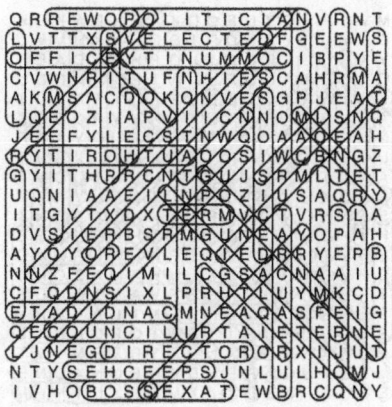

Mayors

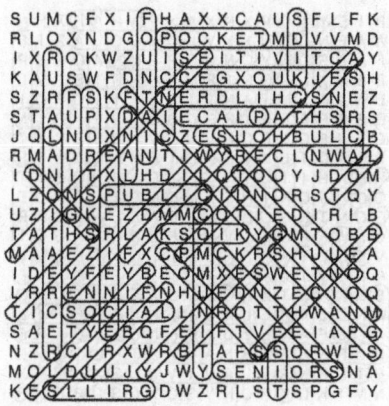

Neighborhood Parks

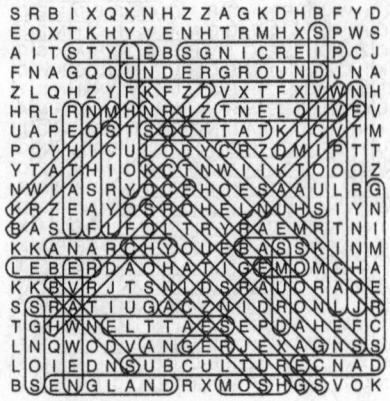

Punk Rock

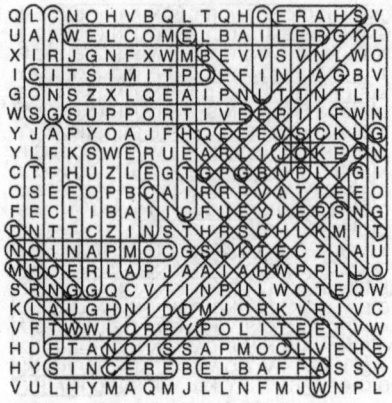

Nice People

Birds

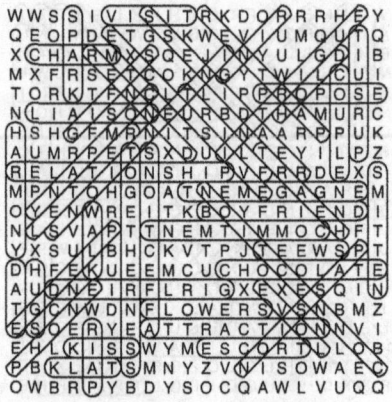

Going Steady

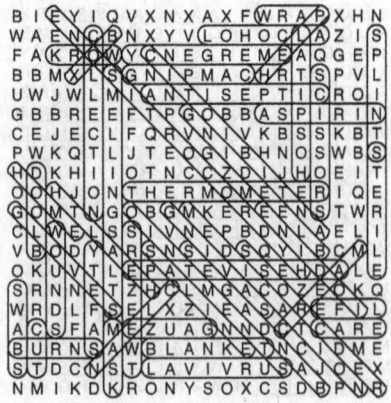

First-Aid Kit

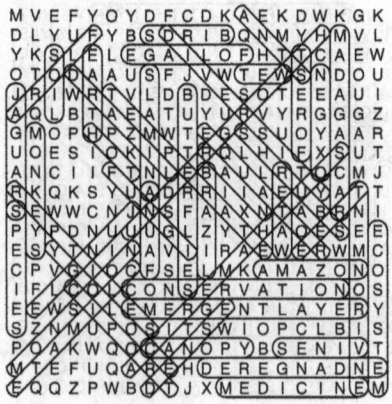

Rainforests

Tennis Fan

Habits: Good and Bad

Sleight of Hand

Pitch a Tent

Movie Projectors

Domiciles

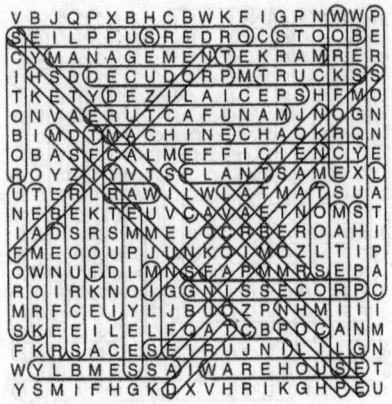

Build a Factory

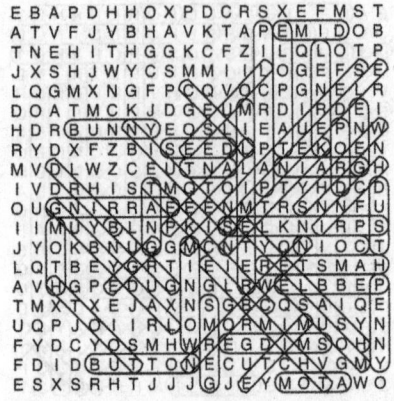

A Collection of Little Things

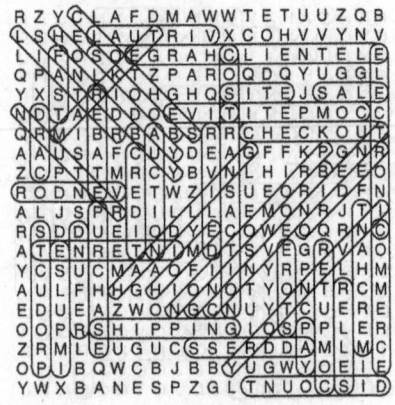

Buying on the Internet

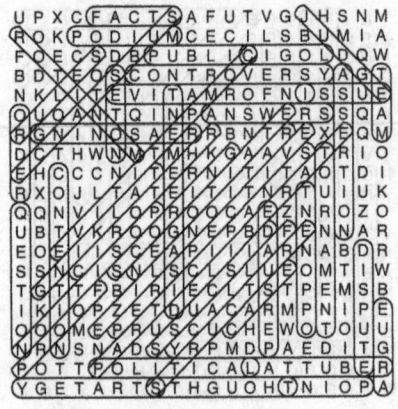

Formal Debates

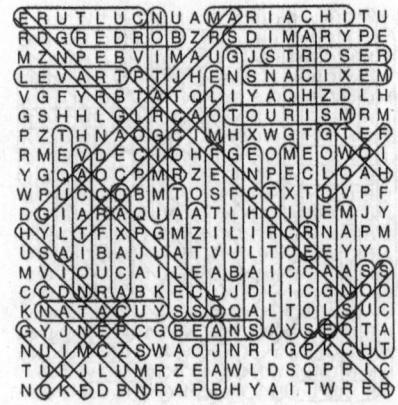

See Mexico

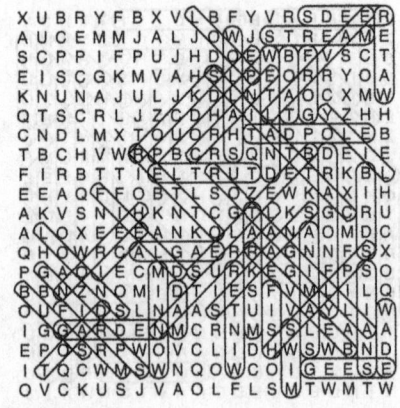

Ponds

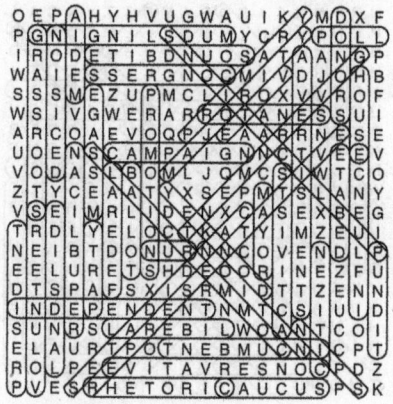

Running for Office

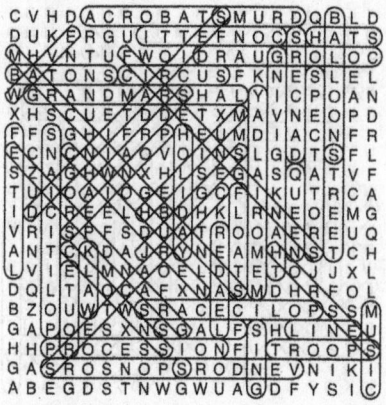

Parades

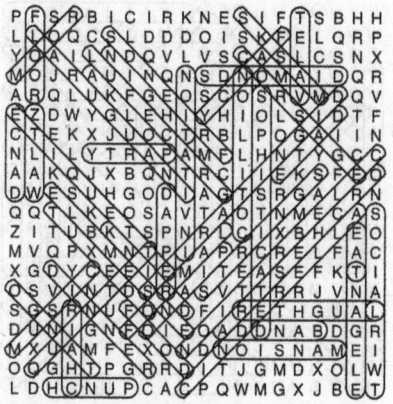

Going to the Dance

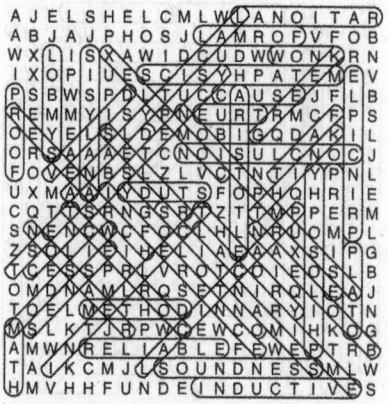

Use Some Logic

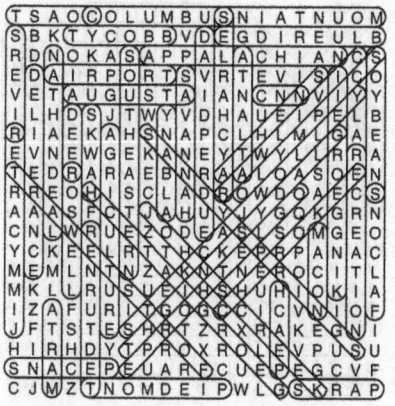

Georgia

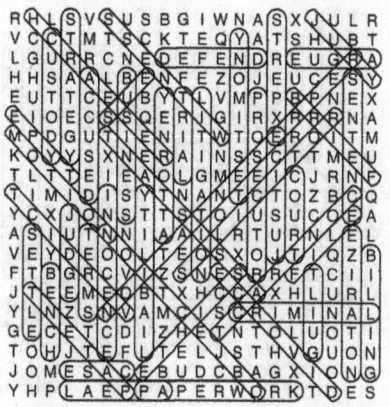

See a Lawyer

Smartphones

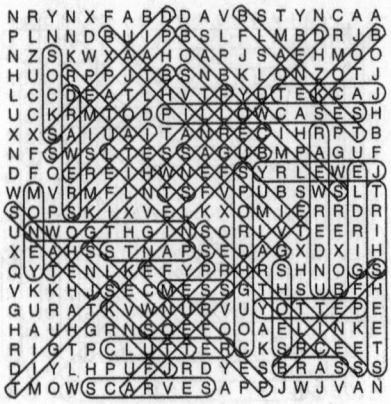

Drawer Contents

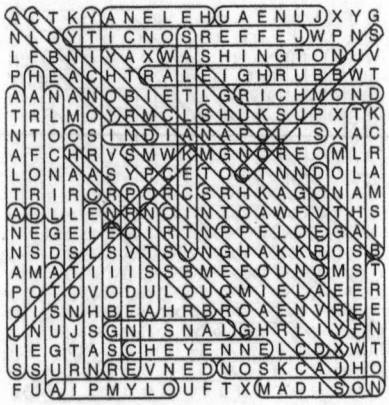

Tour of the Capitals

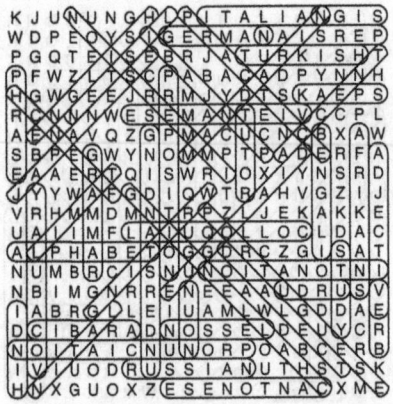

Learn a Language

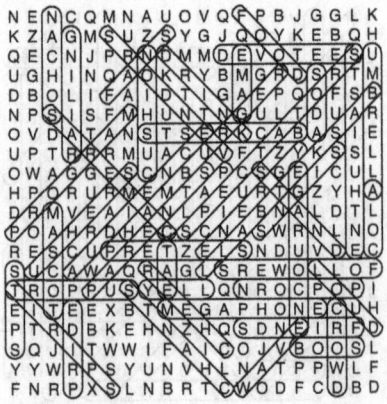

At the Stadium

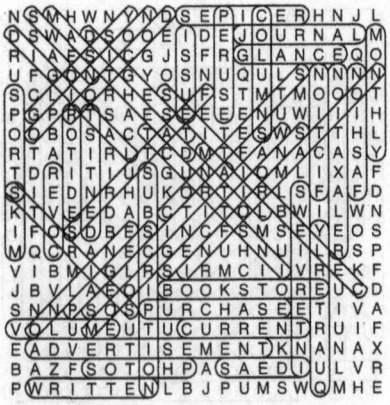

Magazines

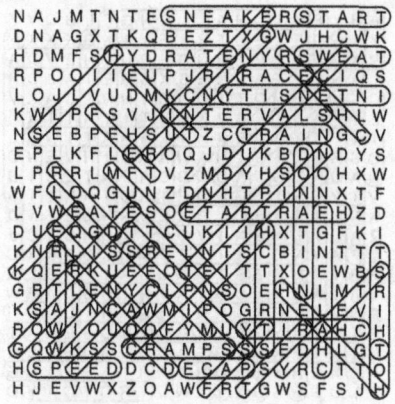

Fun Run

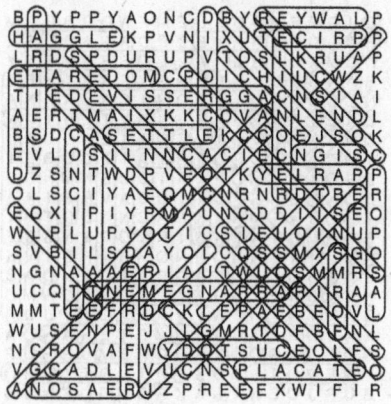

Give and Take

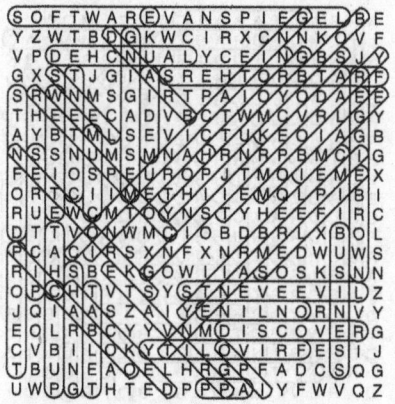

Snapchat

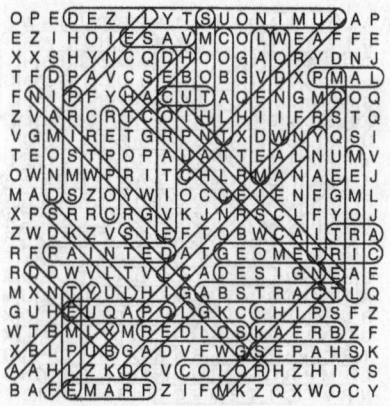

Stained Glass Art

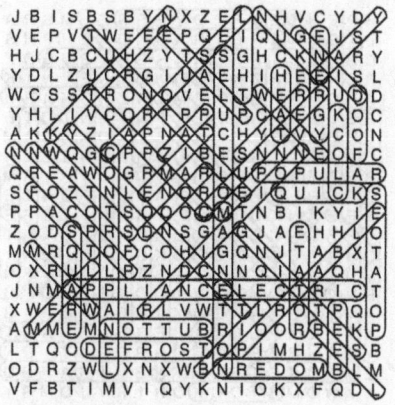

Microwave It

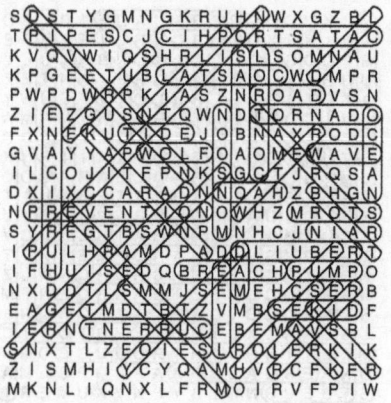

Big Flood

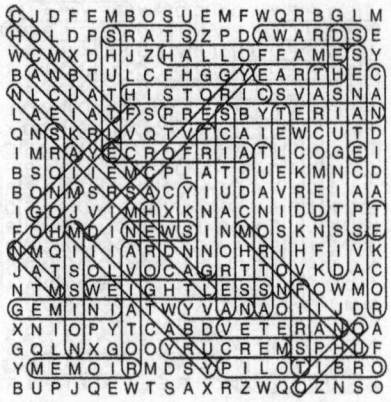

Remembering John Glenn

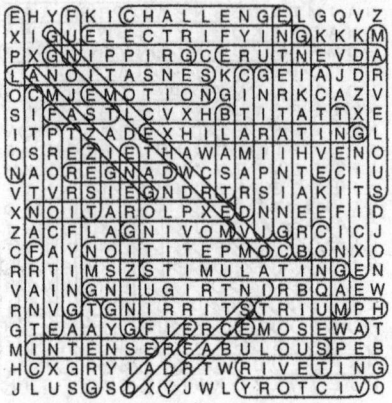

Stunning

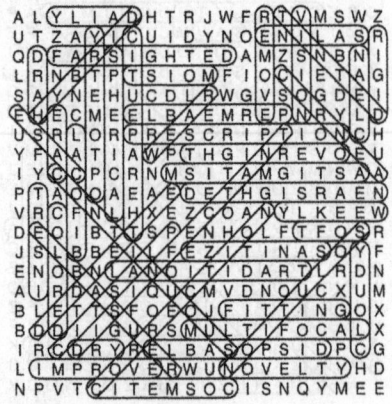

Wearing Contacts

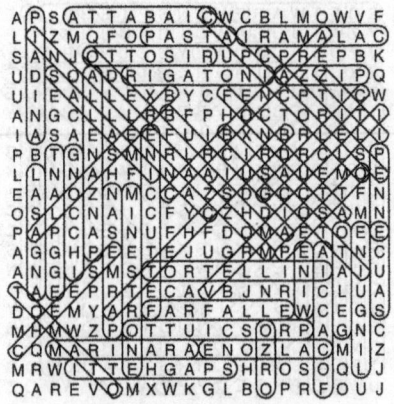

Magnificent Italian Food

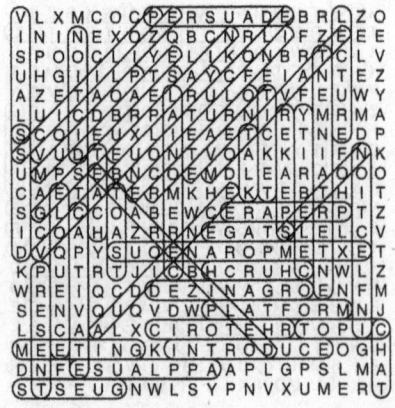

Interesting Talk

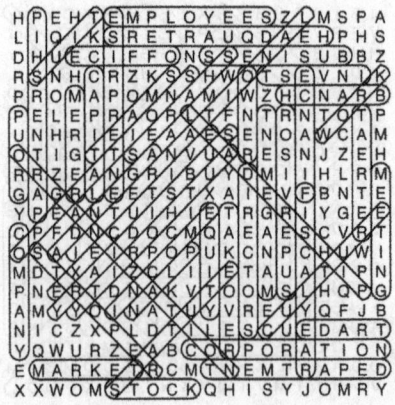

Corporate

Y U T F R B Y X A L A G N W A G Q Z P Z
J K B G S L J S B D S C I E N C E R B I
E I F R F Y J N V R E G A Y O V O A Y F
Y R F I I A G E N E R A T I O N K C H L
T K U O C D N O E K C O P S S O F T E D
T C T T Y T G S L P I C A R D I I O S O
O X P N U D I E A O E R C P C T N R I H
C N X R P E A O S O N H G O R A A S H C
S T E N A L P T N I E H N W R R L Y C F
L E V A R T B E A M R V C D O O F E N I
L L X W O R M H O L E P M E C L R I A R
F E D E R A T I O N I I R O T P O K R H
Q V A I Z K S B T S M E M E W X N K F M
U I I V U L N I X O K Y N N T E T E B Z
T S J O L I O N Y C V U L C A N I R H F
S I S M U N O I T A T R O P E L E T C U
G O V C S G F R O D D E N B E R R Y B V
M N S K O O B G J P I H S R A T S T Z
S J U R E N T A H S E N O B E C A P S T
U Y M A V L T J Q W Z J A N Q Q K D K M

Star Trek

L M H T G G B C G K O O P E R A T I O N
V I B R X N U F K E F L O C G U R O E O
W W E O H I I O O M H S I F R G A C A I
T E E F U L L R A E N V I R O N M E N T
E C K M M O D C E R U T C E T I H C R A
A X A O I O I E I E C N A I L P M O C R
H Q T C D C N D T N N R H C A D H A P E
N S N S I G G S L A T I P S O H P Y X G
Y K U T T L H R X M C E G C S A C G O I
J Y X E Y G I O E M L L R N C N O R S R
T S T A P A R T M E N T O I E L S E E F
H C C M U D E S I G N I T I O A T N U E
E R U T A R E P M E T Y C T Z R S E D R
R A D X I H B B V C S I G N I T A E H S
M P J N O H O M E S F D O D A N G E R S
A E G T R R Z P L F W W U U W E N D O L
L R E I B W S F E R M I T S W C O J O L
G L A I T N E D I S E R L T B M R V D E
S Z N O I T A R T L I F E O X Y G E N M
F N B H Y U V A C I X H T W A L S L U S

HVAC

T H S Z L K G V W L P R A Y S P Y G P M
D N M U N E I L A W T I G E R N H B L A
L P U O P X G Z O M B I E T N I A P V H
G Y O R X E K N Z V P N L P D H A T S D
M P T K S T R O A M I I F E E R E F E R
F L Z H C E Y M M U M B R O O M V S S I
F W D D S L Z N A M O W R E D N O W S E
Z V U M I H Y G S N O P O L I C E M A N
S J O V E T I C T U I I I G E S T A L Q
S S E R D A O M R M P G G L F S A S G I
Y D S K E L E T O N D E E P L E R K C Y
Q S S V Z Q X R N I D B R J O C I Y V A
I U I A R M Y M A N R F V H W N P C J O
F P M V A U E M U I T L I S E I Q B L T
T M W K L A R B T G A A X R R R D A C M
D O E D T E W Y O H O P W B E P O T W M
L U P U M P K I N O V P E N W M G M P X
P S D S E A L O G S S E V O L G A A Y Y
T E E T H M O N S T E R Q M Q N I N J A
V T V H Z A R U X X D Y F B U M W V Y H

Costumes

R M S Q N H G E E G T Y K L Q X P U Q W
B T E E H S R B X O A L P N C I A S O M
V S W V H D D C H E I R L O O M B V Z T
K J W A O P F L O S O Z C Z M U E L R W
Q Q P N N P C A Y V F C H Q F N D A F N
R E L U R T F R B J E M B R O I D E R Y
S M M W I E I K A R V B X B R I N G R S
Y F G K T L F Q B F I J P A T C H O C L
N A T Z V T V W U I C P I E H M I D E
B R P Y I E T H R E A D O S R E S N P N
C G F D N K J O X L R N T L M S S I O A
L G I F T N C T N D O U T G O Y T P M P
I R U F A A I H H E C O N R U R U A L A
H N I A G L B C E E E I S B A W F V Y V
C M Y A E B L H A N D M A D E F F U A E
F T U S P O O A C N A T O D N Z I Z L N
T W R Q T M C B I T T J D T B J N I P W
I B L H O F K B O I X I D K I U G U S Q
X P L Y P O B U N E N T E O B E V V I A
F P F R W D T G L G R S S S R X P Z D L

Make a Quilt

T Y U W A H Y R U J R E P R I S O N J T
D P N M C L L E Y J O S T E A L I N G M
G A R O J S D S C C N V M W A R R A N T
A F V O L A P N S N A B N T J R V I N F
M M B F M E I Q E N E R R O F M I E Y C
B V T A E H F U D Z M G I E I W M B T T
L O G D T C B A Z T E N I P O S U F L R
I E I K Y T L L E M D V Q I S H A T A E
N N H O W I E L O S S V O A G N U V N S
G G G R S M O R A I I P R L G E O M E P
L N N M E R S V Y R M A A Q N T N C P A
I I I N A Y U G W O H O B B E R Y N S
A L O P Y C W N U R Y A G N I K L A T S
B G F T P E R A D R Y C N A U R T C V D
N G I L E A B Z L E D U I U C C O U R T
R U L U I R N O I T R O T X E J T O D H
B M P A Y S I D S G O A H O M I C I D E
O S O S U O G N I I Q Q G V B E V L O M
H C H S W N F W G K O L I E R S K C A B
B A S A R R E S T V Q I F O R G E R Y X

It's a Crime

Z T W N M J B B E F I L D L I W A E S N
T Q J A L V E P E A C E F U L G U N W V
E B N I I T G T V S K A I K L H H I B
H D V U U T B D Y T E G O C E A N E M U
C B U G P E I B L S S M N M B X W U A D
S J A C S V G N E Y P I H I D I V E V R
V P R R A I A A G A E R T C N T O U R B
E I O M N T M Z E G C A A G R R M O L J
Z E U R I A N V E T H Z V C J O U V A
Z B Q O Z M C O C S A V I A A R E M A C
G T N I W R N L N R C I G N I G N U L K
Z W N V D O B L E A U S L G G F R K A E
X G K A E F J H I L L C H S A L P S B T
D Q Y H E N T V T U A R K I L L E R E K
Y R R E F U G B A C B E S E V A W C A E
V G L B D T G L P O F S K C A B P M U H
Z V O Y Y I Z S G N I I T H G I S A O T I
W A E R P M U J D I V I D E O G P B Y L
T G H R R E I G Z B I N R V R A P J Y C
C C S C T Z S P U O R G D G Q D V T Y J

Whale Watching

R O U T E R I F I W I W G P O C L T X W
T J B C E N O H P T U B R O A D B A N D
D M P O G L H N A N K C O R D L E S S R
C M O M N K E O D I O R U Y U P J E Q A
S G R P A X A C T N P I O E E M T R D O
M E T U R P D E O S J P T W R O C V G B
T E A T T O S G L M P O W A T O E I N Y
U P B E C S E A R E O O L I M E N C L E
F O L B E W T R L T S U T M T R N E Z K
X T E C O I H E H L L A U B O M O D E M
Y P C R G A C V Y L E N T Z E B C F Y L
S A D I G T D O E N I V K E J T I G N M
E L D H R S L O T C Z F A Y L N O L A I
Y O K I S R E K A E P S W W T L O M E N
H I C J N O I T A S R E V N O C I J E F
L D R E C E I V E R T D E N T R O T W R
D A T A R O A M I N G O H V J X C D E A
Y R E T N I R P D B G C M L A N G I S R
T X L E V A R T E L E V I S I O N S M E
X T W I J Z B I N T E R N E T M O H X D

Wireless Communication

J C S Z L A A N Y A C H T K V D B Y S S
D S L D Q Z I E L G R H S N O I S N A M
P C U O N E N T H B G O T G L D E E L Z
O I X N F O S C F E C K L L M Y G G A R
V J U A M E B A N I K T I R T A A I T M
S H R T R T S E A C C O U N T S F E I B
E F Y D C A R L B A N K E N T A F L P O
L B T R T O E V U S E L A O M U L B A U
C N O U U P M C S D P V C I M I U A C N
I F Y S Z H O F N X D K L R O W E U H T
H T N A P I B C O A S Y Z N D U N L H Y
E S R E H R G C I R D F G O X Y C A S T
V D Z R T Q O E S L T N E M T S E V N I
E N U T R O F P S D E A U U B V J I R R
G U A D O Z D G E S J H B B E C N E G U
G F S A W D N V S R S C R L A H V X R C
X Z S H Q I A R S G T E C N E L U P O E
C M E I V R B B O R E Y M R I P Y G W S
N X T A T N D L P L J Q I S H E A L T H
H B S A V O D E S T A T E S E S U O H V

Lots of Money

P J R Y X C R H M F F E S B N Y Q Z D H
L S C O D E S E L U R K E T H I C A L J
O A B E P S Y C H O L O G Y K L E G A Z
M E V O L C O N S C I E N C E R Y R N V
E T R U T H T B E H A V I O R T I R O N
J P F Y M U A K V T D S D J I S S T S L
O B S E T A R C O S R X N L T N K N R J
V W R D E I L P P A P L A O I H O E E C
Z J T F O C R K D R I R T F V I I M P A
J A I H R O M G V F O L S P T K X G V M
G V R T E N N C E M E T R S Q L Y D I M
U F M A L D S W G T C I E C U L T U R E
B L U E I U O D H F N U D S M K B J T L
Y A T D G C M N R C O I N M S U R Z U I
D C N O I T C A I A X X U T S I F L E D
U I D O O G X P E S D E C I S I O N S M
T D Z X N L L H K E M N N W G V L N L Y
S E I R O E H T O P L E A S U R E S A K
V M R E S P E C T F S C I T I L O P W L
C G S S V A L U E S L Q J U S T I C E D

Ethics

P S S M F N K X H L W N E G O R T I N Y
U I P G E M N C H R I I R Q R E L O H G
S X Y R R J L G S D R F C R A E L G S X
M K L O A I D N T E M P E R A T U R E G
U O R B M N V Y R T N E E R U U L A L O
P U D A O P E N A H T E M L C G T V I Z
E T T L L H N D T E T P O L P T R I W R
J E Y W K O U R I R K V H E W M A T E S
W R W A W T S A F M E L Y R Q U V Y A D
R C A R B O N D I O X I D E M I I G T X
V Z V M O S E I C S O G R H J L O I H K
M C E I Z Y G A A P S H O P S E L O E P
S G L N O N Y T T H P T G S D H E N R W
O L E G N T X I I E H E E O U T T O U L
R D N O E H O O O R E A N T O A T S U D
J E G L S E S N N E R E Y A L E S P K N
L R T W C S P E F F E C T R C R W H F Y
A D H A N I M A L S E K T T B B P E W X
J T P A W S P M E R E H P S O P O R T W
S S E I R R O X C E R E H P S O S E M R

Atmospheric

N L R O O S P R O T E C T C U D O R P H
C K F J S J K I N V E N T G K O X I P E
J W F Z F C N U M B E R R X J F X G R Y
C D T U O E I C O M P A N Y F F N U O G
E K S K X J S E P B N H D N U I T G P E
L G R P P E P O N T J N Y H I C Q N E P
U G I N T E L L E C T U A L A E T J R T
F R E G N E E D H E D C E F O N V O T S
E A E D V G T E R C E S U I P P C O Y O
S W I E A W E X T P L N N M F E O I N C
U N D L Q T A R E X A F N E S S P N R M
G N C S A T A R C M R R V S A P E E O E
V A E D D M U H I E I Z C A Q A L S W
Q K V O E I E M N V S V L O D T H G I R
I A N M S Q U G O U W T O U O R H A K P
A A A S L Y E G L J L A I R T S U D N I
L R I E A W N C O X P L L T P P N G R O
K O W K N E X O G T P L A C I M E H C U
N A U O E E F P Y V A M D R A W I N G S
C P H A N F Q Y T H Y R Y A S W P X Z M

Patent Protection

Q S Q O P D D O A S N B D W K G V D F H
T H A I C I B S K O Y A A C T U N D R A
M G Y L L K P K M E Z W W E S V U H S H
D C L I M A T E N M N O K U Y L S E F B
G R F P H O N I L A P H A R A S T X X A
W S S T A C N E J I N E N R E A H X C W
D G E K O A C G D K N R G N T N G O N H
L I A M N N L Q R U E E R S M C I N R H
O D N G P A A T J H S E D O U H N V T J
C I M N C D B L T T D E U M E O D A C Q
R T N I O A T B S L T N F I L R I L N W
U A E T W U O T I X T W L K O A M D H M
I R Z N T N A W N A K D G S R G L E S K
S O O U F T H U I R E A N E T E L Z T Q
E D R H E Y L N E W C O I B E V S I B U
R R F M F I S H I N G R Z D P N A C A Y
F A I N U I D N E M N R E V O G M E R R
Y W E R R A T U M O O S E W N K O A R O
Y E Q B E E H G U O B I R A C N I R O F
N S X W R V K K X E D E F I L D L I W F

Alaska Trip

SSELERIWEQUIPMENTBLY
ANTENNADTECHNOLOGYEW
EVINDUSTRYESNECILDLH
WFLANGISMYVIHKOTKMEV
SPLFJMSREIFLPMARICW
ZBEGINNERVWAVEMEOCTK
AATOWERBVOTIXZURPRRG
RSATRANSMISSIONCEOOC
MESSAGESRCAIYIIERPNO
IMTNEDNEPEDNIDCRAHIM
FEOTODDHAGVMBUARTOCP
RNVDIORGANIZATIONSU
ETCNDMTCREVIECERRETT
QLMAJCSAEMURTCEPSTWE
UBRBLWKNLSTRANSISTOR
EDUTILPMAURKUOUNYQYN
NOITATSALRGORNPHAGUH
CTBROADCASTEMWLWXRPL
YQNHOBBYCNEGREMEBOTV
YPFQFLJPRIVATEJACCPN

Ham Radio

QNQDNOYLYMUBUDCLDWVK
DLYEETODOGPNNBDURHYP
XLTSSODLWYLDISTINCTN
IUJILBWJPUETNSSKJVTY
CDMOUFPOEGROTESQUEEM
ZCVPFAGLRMSSELTOPSRL
HAGPEATNECIFINGAMQPA
YXLLCUGTIUKSUOICERPU
LHVEXLACRLXRAILUCEPS
GBTERMOJIAKYLTHGISNU
UGBLGTOUHZCRXOTOSMKN
GJQBIMTRDAGTAWFRMFPU
PKRADFJDOYNOIPIGYENR
LUFROLOCCUIQCVSEMXLR
CITOXESFLPSGYYEOOCOY
MJXDPHAVERAGEFSUFIVD
JPLAINTNAGELEDASATED
SXDNCZGYRJLCNIFLIELU
HWYYYXXBFVPANUBARDYM
AKRNIWBRIGHTWIUVFCOB

Appearances

BSIUHBWWRJNDICAPRIOD
YPHAJWVKLAPPDCVUKTHA
WOYVQSUMWDCLEEAKXEXY
HTTEHCNALBETACERPEQO
ILOMCYRGSAOIRSERONAN
NIMAONASILAMONAFCLVE
SGHRAOEBRIDGEOFSPIES
IHAILPBRGCCTBBQMBDXH
DTRALUMZWIUVEMSARKMO
EDDIEREDMAYNEUTRIFAK
OEYWRCZWCVLOHREKEACT
UVFNELSCUIORTTLRLSHQ
TNYVDUIRPKCCEDSYASIE
NOTSNARCNAYRBENLRBNZ
JCHRISTIANBALEIASEAP
KHIBCFXAMDAMWOWNONMJ
STALLONEEEQJRDECNDLYM
MUSTANGXWRSTUTTERERM
UZNFQOMARKRUFFALORUG
EYROTSRAEBYVTVKTWNDA

2016 Oscar Nominees and Winners

QNQDNOYLYMUBUDCLDWVK
DLYEETODOGPNNBDURHYP
XLTSSODLWYLDISTINCTN
IUJILBWJPUETNSSKJVTY
CDMOUFPOEGROTESQUEEM
ZCVPFAGLRMSSELTOPSRL
HAGPEATNECIFINGAMQPA
YXLLCUGTIUKSUOICERPU
LHVEXLACRLXRAILUCEPS
GBTERMOJIAKYLTHGISNU
UGBLGTOUHZCRXOTOSMKN
GJQBIMTRDAGTAWFRMFPU
PKRADFJDOYNOIPIGYENR
LUFROLOCCUIQCVSEMXLR
CITOXESFLPSGYYEOOCOY
MJXDPHAVERAGEFSUFIVD
JPLAINTNAGELEDASATED
SXDNCZGYRJLCNIFLIELU
HWYYYXXBFVPANUBARDYM
AKRNIWBRIGHTWIUVFCOB

Parts of Life

BDZXCEDBVGTIMCYPPJQY
HFAWUBAEBBEINGUBYVGM
YOOGVWDAALHLVRAYRBUE
URMVNIARITORPBRCYJIN
KCXENIPTUNHOYOIQFTAU
CEGROWTHNWSGDYERHZVT
MSFDISAAZEEEURHPTIME
XIOKGHTFEBRTCOHTLURT
PFHUIOIAVEENPTHUAUEQ
SKSFLROMSGHNOSSTEEPZ
RUVUETNIGIPALIVEHORV
FLTLHEELKNSTEHTPLCOB
MRCEJVBYONOUVPHCNEDQ
LYTFRRILRIIROLJHELUL
CAALCQDVGNBELIGNOLCB
WYAEKDLTAGEPROCESSES
LSGGRBORNLECOSYSTEMS
WACUJMQWIAVMEANINGQT
YRNBNYUACXLPYTEICOSZ
OEPDUNFXYBQPKUREZNCC

2016 Oscar Nominees and Winners

DGTCBECXETSOYWTRAINS
LLCKROWIRBMOLVJNYQDA
ABIONICSTSETPMODELXV
GBTVCOFXGNTSPEKKEVIE
JXEWITWSIUSPAYASCTNL
IMNRMCTLKTYRTMMRUGOI
TKEGGYPUEISOEDESIGNX
RZGICTGRZDLBNATNIRXC
DZLTCNNHOWGLTNECRSMM
HEASGNITRFRETUPMOCEG
UGICHORCEGEMPSESAINA
QDRIAVUHXLNSOYCMDSGV
EETEQATEGULISITLJYNX
ZVSNGTCETLUINIDODHIX
KIUCEIAEBTOAGECUTPWM
JCDEDOFVLXHOGETNIOAX
FENLKNUOTCURTSNOCMRR
FSLPLANWEGELLOCCIODP
PUIVJSAMXEDTSTYCEFAS
BLATNEMNORIVNESFXCEC

Engineering

HUPHZGWDEARKDLHOCCEE
OXALERNMEGNIVOMSJALX
LEZIIBCINREETNULOVEE
WLFTNORWCUMMFDFSBIR
YLITZVMMACTIVITIESC
UNWOIEEANCRPNSBSSAUI
GXHADXRSFCTDRESTACRS
WRNRLUERTOHDGXEVHIHEE
ZOAOSIEAFMFHHDODRAWA
IGCNIECRRPECOCKTAILS
RNIGDSMPZLCNEIFAMILY
WIKOSCNOZIYSTIFENEBG
BHMLLTHEHSAZRONESHO
MSAFEANIPHOTOGRAPHYI
LIQIVFCELEBRATEIXGBN
MFTNAAPMMDPLANNINGBG
VYIGBYEAVURSAILINGOZ
QOMETKPORFCEBKGSGBHY
UPEUWVACATIONASVNGOY
ORSYTEJYZAYEDISLOOPY

Retirement

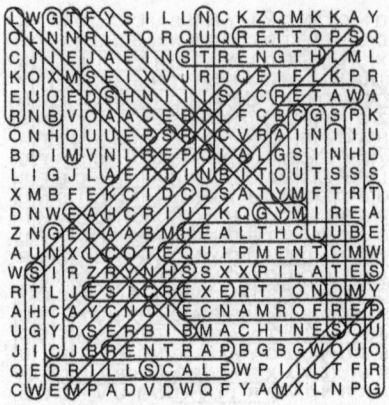

Fitness Club

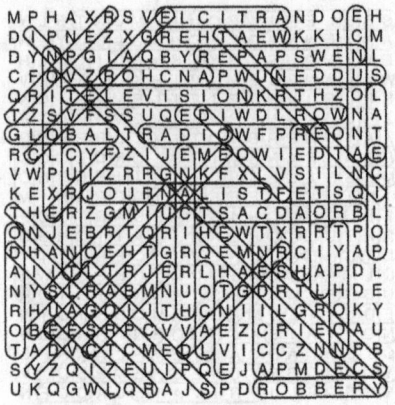

Newsmakers

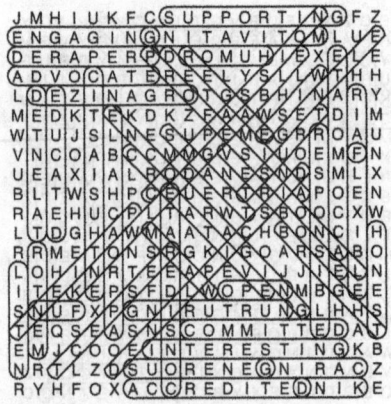

Favorite Teachers

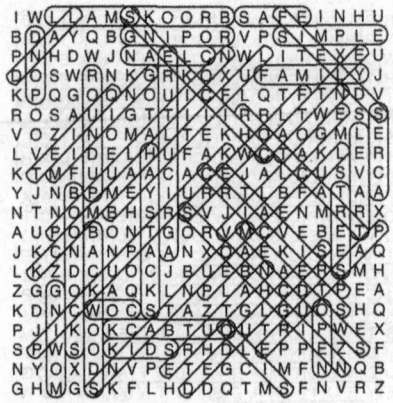

In the Country

The Rolling Stones

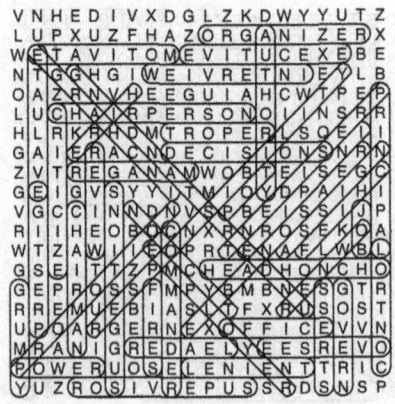

Bossy

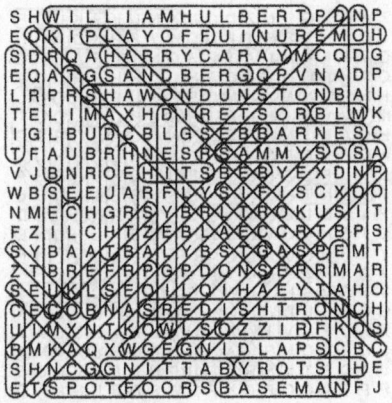

Chicago Cubs

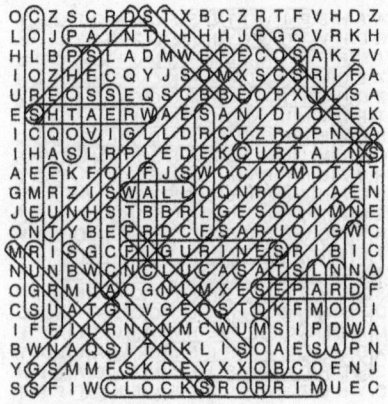

Interior Decorating

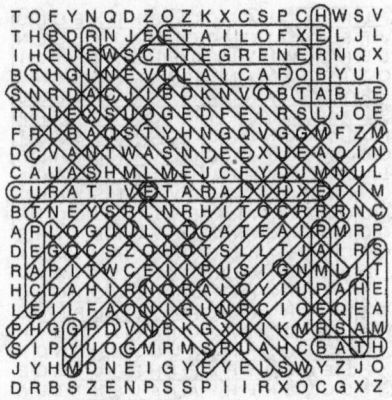

Spa Resort

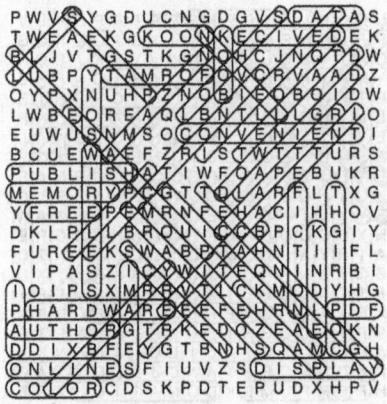

Electronic Books

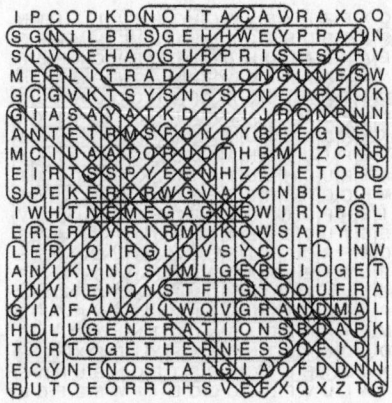

Family Time

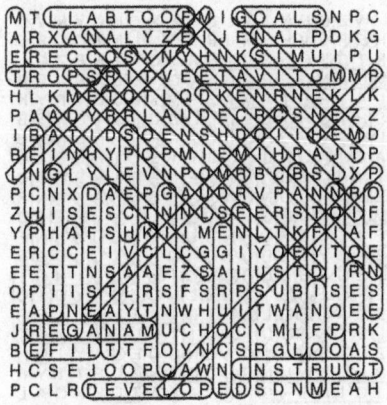

Coaching

A A H S P I V O T D S F D D M O F Q F T
G D H V Z Q U X Y K A E M Z N J Y L L K
I C R E N T A L B M S N M J H U X C O L
X E O M D O S D R A W K C A B M P R E H
Z Q N O I T I T E P M O C E G P A R T Y
T P O V N U J T D O W N H I L L S N B E
B K E L R S C R A P E D K N E E S P Q
Q Y L M I N W T E E K C I S Y M E O F F
R V A E N R R X L L X D R E N S L C Z T
B G W N E R E L L E S E K I L L N L A V
E M E T G R E T O A G C A L E S W A D P
N K D O C D S C R T O T R R G N O C W Y
I N I I X A T E R H R B S S N G D E E V
T E S L E I G U R E S K A T I N G S Y U
S E C H E L M E T B A H F O D I N E L F
D P X N W Z L N R T L T C O I T I D P O
M A I O A L E L E E H W I B L S L A P F
X D L N O L P G P E E D S O G A L L A T
E S D B C H A S S I S J U Z N O A B B N
O Y H B Z V O B L Z C R M E K C F F P P

Roller Skating

Z W G F G J N Z D Q N K N U K S K C O R
J Q P U F S S T F U C W Y F P K D M H H
O V P E E M L A T P S G N I L P A S H U
O A X E G N V A C S H O D H H E R M O V
K H R R N N B K M O F E S U B F K O W L
M T M V A I E U E I R N E H C I I L O Q I
H C A B I N P O S S N N G U A L O R E O
W Q P F E F G L E H E A S N C O E H U S
E Y L F S S C E I E E H E D P L E S G A
Z T E N T N G A R K R S H E E I K U J U
F L J D L B R Y M U G P C R R W B W I D
U T O H S O V E P P R K S B I L N O N E
Y Z F H P G E S E O E E S R E U G P H P
A A X R Z A N O I G Y R T U F S N O F H
V Y R V S H T U W L E I N S T C E S N I
G C I J P D W H O K B G A H W G P S C K
F A U F S V I W A B U K L R I S S U A E
S O S E C N G N A S L G P M S J A M M R
J A Q F T K S R A E B P N L F L V R O B
P F T V P O F F K P U W S D B L S P W Q

Found in the Forest

U C C H L A I C E P S P R F P P B V L V
P F L O W E R S B D U J X Q I G E K Q G
O A T I S S U E U R Q W V V T K I E O N
Y M R Y K R S N S O C C A S I O N F X S
R I F W P E L E C T R O N I C S S B T E
L L V B N V S A C E L E B R A T I O N R
E Y I T I C D X Y V R Z N N O L B W A L
W S M D Y E O C E J M T N E G A I I G P
E T E J Z B N N H P G I I N G C R N A R
J O I H Q Z A D C O V H I F L I T S V R
S Y Y U T W S G E E C M O V I T H I A W
H X G O C O E A B X R O O W H C D G R E
A I R Y A L L S M A C T L C E A A H T D
E Q A K N F A C W T D H T A K B Y T X D
P T T N D R B E I X S U A I T P M F E I
X B I A Y R S A P P L I A N C E O U R N
V P T H O U G H T F U L R T G K N L T G
W D U T O X B Y A D I L O H I E E N K X
K K D H S C P B T A W C J D C O V T A G
H P E R F U M E K D O N A T I O N Z B E

Thanks for the Gift

P U B L I C L A L Q O C B H H X E Q D G
J F F X I Q I O M C F U R S T Y L E S N
S B P T Q W N Y U E I E U E L Z F T J I
O Z I C C A Y I N L R M B M A A N F N G
K E Y Q B V A N D A L I S M C T D U N G
S L A R U M Y I E Y P R C L T S I T R A
R Y U A S C N L R D O C N A M E S V S T
O D A W B G Y I G G L G V M N G M H E R
L U A W S B W R R U I L L E G A L D D G A
O N P D B S G Y O D C V D V R S X R D I
C D O A A U U A U T E V D K L S G C I N
O C P I T M S P N S I E E O P E N I R S
O P C K S V A I D G T R B J A M I M B X
L W U L Y S A G G T S W R F I Y T A V J
I F L Z P P E H E N Y D E E N O I G Z U
T A T P Y R Y R G S A P I C T U R E S E
W Y U A K J S P X D T K K I T W S Y K
W O R D S U S P N X K U U V N H G W O H
X P E E G E S T R E E T H R G U T M Q B
S F G G D E N P H P A T A L E N T T U A

Urban Graffiti

M W Z G R N I T L D F P X F H C V M Y G
H E F S V H M H J B J Q N I N T O Q B C
K T C S O H G U T M A Y O A I N P Z Q L
M D A N G E R O U S V O I M G A R J E B
L A I R E T A M X Z P M S E Q D V R Y K
S H T S H I E L D D O S U S E I G W T B
L E O L M U R J L L X K F J F N G N R U
A L V W U K J E T J Y I S L I N E E A C
T M R O Z G W E P V F L E R I M S O I D
E E M R L O N R W X U L E D P A X P N F
M T L K B G G I O T E D L I L B R E I D
E J S G R G C E N C L E U Z E O X A N F
S N G Y I L B D T O W O R A T U U C G B
T Z O P G E U R S C E T M E L T I N G T
E F G I H S I T R X L N C E O Z Y O I O
E C A I T C L A G T D T R T H G I L R R
L B T R A C D P N O I T C U R T S N O C
Z U Y R O S I O A O N G O E B A Y I N H
B L C E W U N R N C G Z N G C E T T Y F
J O I N I N G K E T A E A T O H K O A L

Welding

O X F Z L Y B Y W Q R T H W L L I I I N
M F F R D R T C A R E C S M O M M M V F O
E A K J A U D H T E L O W B V C A P E F
N M M A F R P C W E P M A T E R N A L S
D I T A K I Q S A T E E N C O U R A G E
C L P E A R U N V R R R G Y C D N I K N
K Y A D G E Q U M X O U Y N N O B L E S
V G P I U D P N A C G T S E I R O T S I
A R R U C N S D T R T N S T S R T V A T
M F O G R E R E R E B C I E W Y O J Y I
I S N P O T P R I A P D H V C O I D B V
S S T U T D L S A T M A Y J I N R A A E
Q E F R C E H T R O G U T T L G A T B E
B L B K E V W A C R B E P I R D R O H F
E F V H T O C N H O M E N U E O R O H Y
P L L C O T U D N N P Z H T Z N P E P E
M E T A R E D I S N O C T N L X D P N D
D S U E P D T N E R A P Y I D E X H U G
K U J T E L G G U N S T R O N G U N W S
Y A L U V F N T O O O E I P W S D F G D

My Mom

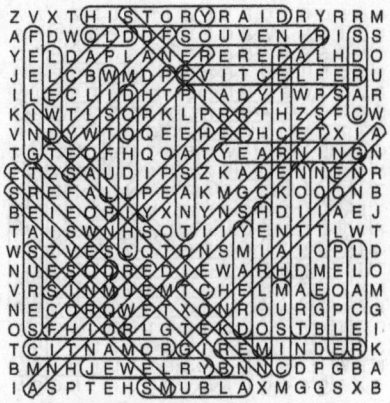

Do You Remember?

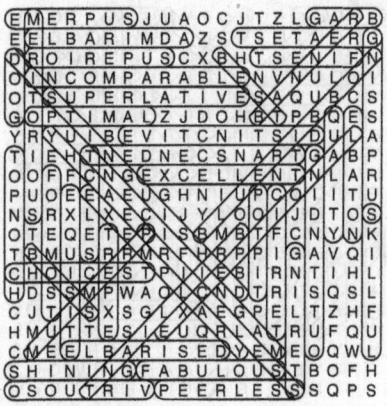

Just Great

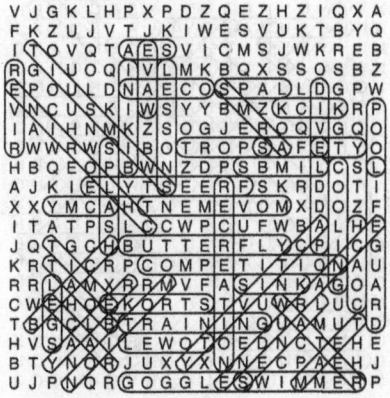

Swimming

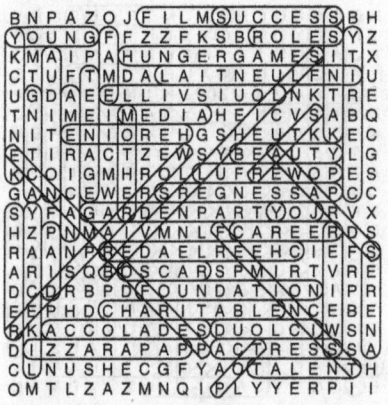

Jennifer Lawrence

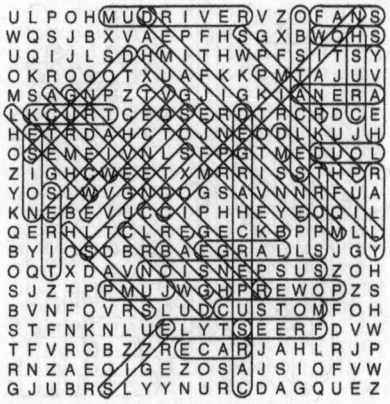

Monster Truck Show

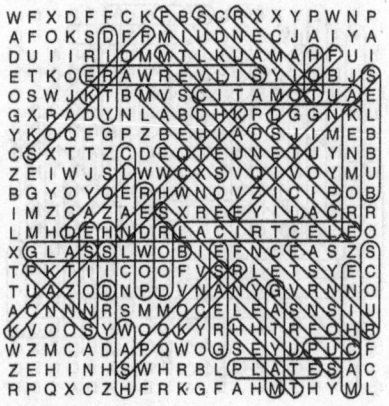

Dishwashing

D N U O S F G N O P Y N M U S I C C T D
V D U B I R X V G K O S W W E O R B A F
W Y S L B D I X L I G H T I N G C P O J
M A C B E W U F T R S J R S O P T C F W
V L T T U C L A N I F E L N H O U O E I
A P O C V B R N Z N D A D B P S O P P B
W L O P H B M N O J T R S R D T T R N B
Y O K A E G A I J I O N E H A E I V O M
D O E L L N L V C C T S C G E N T U E M
F H E C A I C E E G E A E L H O U D D J
L C I N U D B B V N M M U F I H I Y I M
E S C S C D G S T I T E T D Z P L Z V N
S Q D H A E O A Y M R I M E A O Y G D K
U E I O M W T R E A A W D O T R I P O D
A S I T C I D I P E V E H E R C G S C V
P A K T O U E E A R E C E P T I O N S X
S E X M R T M S T T L S H C A M E R A B
H L V N D A U E K S O F T W A R E S G S
S E B Y E W P G N I M A R F I L M O O Z
K R C P R O I R A T N E V E S P T N L M

Making Your Own Movies

H L L O S X Q B L L Z J F O L P Z A P A
F J I H M J W B O F L J S X P D F W R P
Q N G S R W X O K A P E T S Q B L H T C
F Z O E I V D Y R H P P N Y R A N G E B O
B J N J Q P O M O K S I G O A T S A I W
O R E B P L A R U R C V T F E C F T A Y
A T Z U H H S E R H T O C I M T T N L F
C G I S E E D S W H E B T L U Z U O M M
Y N R K V S D B F X K K A S D R H V R H
T I B I L S G I P F R V J N E D E E A U
T L H O C N P B B D A I M V I V D R F S
H L P O U P O U E M L K L I M I A E B
G I P D M T L O R S E P L O O W A L D A
T T D O M E S T I C A T I O N K B L V N
K H E R T F S D U S M S S D W A E S S D
P W N G X A W T I R R I G A T I O N E R
O O I A F P T O E W E P T E F J W O C Y
S D M N S I L O L A X J G O K D R N N R
P P W I A S H E E P D E X T M S N A E J
A X R C F Q G D S S V N K J N I K G F M

Down on the Farm

M G P B E U E H P A L M T R E E S S R Y
T P Y E X O T I C Y X L P I P E E T C S
E J A A G N I K I H B E R M U D A O G Q
Y F W C V A D E M A U R I T I U S N Z Q
T B A H A M A S Z B I K I N D T I B N P
N M T E C G N I O G Y S A E A E D A S D
K F E S A B O R J I T H K R E C E R E M
A P G S T E A V E T P J I S I B D B R H
A Z K S I B P N H I T C T P B C I A E K
G V T T O H E O T R A H G I U M N D N L
E K H R N V M G O I G X R B K E I O I S
D G A O A A T P N I G A A H I X N S T E
V X I S S R I X S U C U X T Q I G U Y V
B R L E I C U Y C C O B A L I C N I P I
M C A R A A S B G N I L E K R O N S E D
S O N L H K M Q A S N E E R C S N U S L
F M D U M C I A C M K V T O U R I S M A
Y M I V H K W U I W M A C D N A L S I M
P A R A D I S E L C C R I T I H A T J K
E H C Q F Y V A N U A T U Z J V B V J Q

Hot Vacations

X J F Y P V N P A K T V X S E C A R B K
A H D E S U M A S E Y E L A I C O S X J
N K V Y E F G I E P X D E R E M X J F D
K S H G J U U K R L O V E X A T G H F G
L Q O Y A B I E B O H N P N P H L M M Z
S C E D A F T N G H A R T I F I C I A L
T E H O H T U T G H E I C A M E R A N D
T S P X Y F R U N S C V O P N O R U P F
S C Z J I I A Y S E E L L P K E U H B R
I F H U L L D I Y R T A R R T E O T U O
T M L F X O O P U Z Y N V O O T Z U H Y
N N Y O B U H T E E T L O A O F L A S H
E C N L K H C O M M U N I C A T E V G E
D V H R D I O A E P X C H H G R I N W P
Q F I E P N E C L A T T R A C T I V E U
N M D T E R E E Y H I I B P T Y O J A
S M D N I K A I Y C I U D L E P P Y X J
O T N E M S S A R R A B W E O L Y L C X
C F A K E U O Z N P F P R O E M Z H O K
S E F O V I S P I L E G H K R H I Q C G

Smiling

Z F V L Y Z X R N M U E S U M P F K S H
J K T I H Y E N O E D R I V I N G Z L E
H I S B E A T O N T W H I N S G F A V D
E N E R G L E I P E N L T E S T O C O X
S D N A R R E T R A Z E A H I L U O V C
L N I R A N I C A A B I N C O O H O D B
A E O Y T F I U T N H K T T N C D M C S
L S R S I Q X R A I O C S I S A O R G S
H S S E F S E T N Q O D N K C L E T N T
O R X R Y L I S C L U N K P N H B I I C
S E B V I O G N A E L C S U T I G F R I
P T E E N F O O D B A N K O G N D E O L
I S F A G M H C A O C I R S I E E N T H
C A L L I N G M R Y S B I D R T T E U T
E S A T L S F Y I N G S R A N L O B T U
N I E V L L A N O I T A C U D E V T V O
S D P L E H A H B E W Y L T E N E R G Y
E M I T X M L A G E A O G B O B D Z X G
X K Z U O Y F Q B O V G D H X B O Q R D
S E X H O P U J D I M L E E W D A S D E

Volunteer Work

Q D F O N M U Y O H F X J L S O T J T I
H R L H C U O P N S F P Q N E M C W O O
J R H P R I Q N S I V L Y O C A A S T X
J G L B H U P N E L Q P W R I S T L E T
Y U K J E O C G O Y T E H O R O G H L E
F L N N E A N T F T L N H B R E T S E K
G S I A Y M U E E S T S Q A I O B T Y B
R H A W K N C K A B S I G T L C G B H X
T Y L U L X H C C S L E U C Z W Q A U M
U N P K U K E U B A T R M V X S S P Z B
H S U L B L C B N T P E F R S I H D H Q
N S E K D H K O L C Z K O E E I O R C S
P S K N M S S U L H F S C C O H U N T N
Q D A R U R K A J E C C I A O V L O U F
B H M E E K S J R L A I T W B P D V L C
F N D P L P G O Z C C A S N E P E S C I
G E C P S A V N A C O M P A C T R N E I
B M Z I Y G R B U B U V I C I R B A F T
I O T Z E Q R G R Q T E L L A W A P F K
I W J X K Y S D E H L C D E S I G N E R

Purses

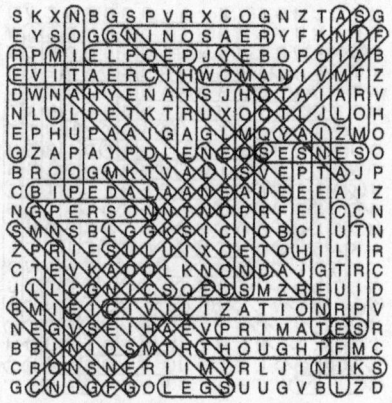

Human Being

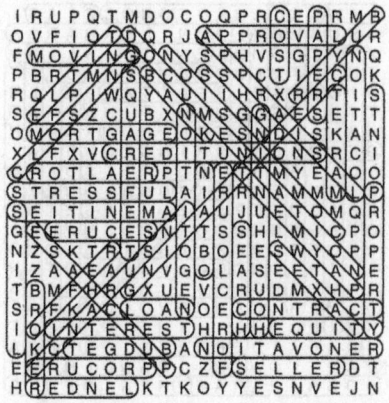

Buy a House

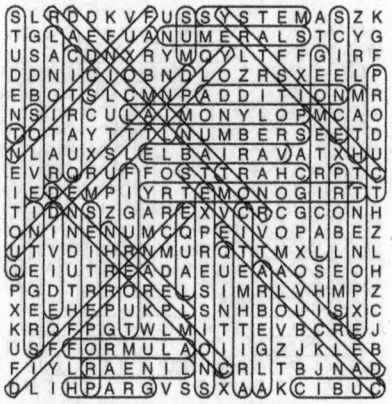

Higher Math

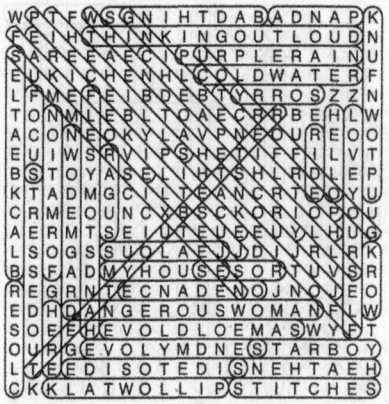

Popular Songs

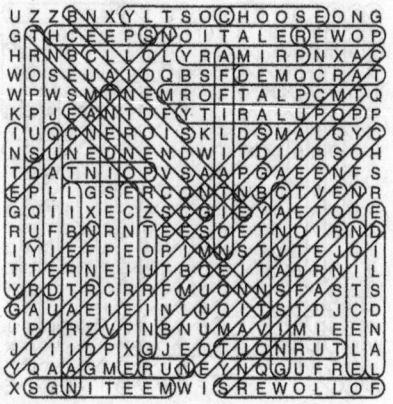

Presidential Election

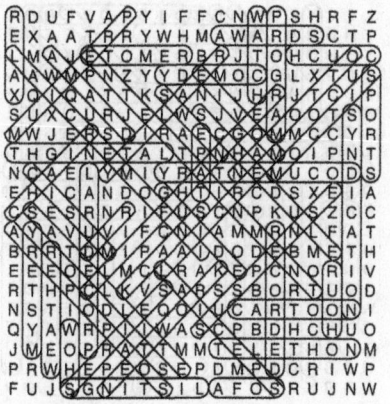

TV Viewing

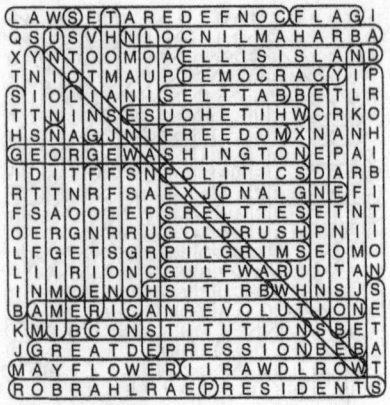

U.S. History

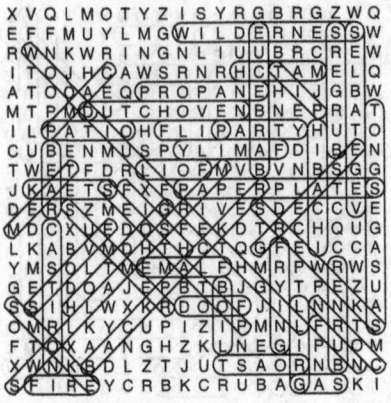

Delicious Cookouts

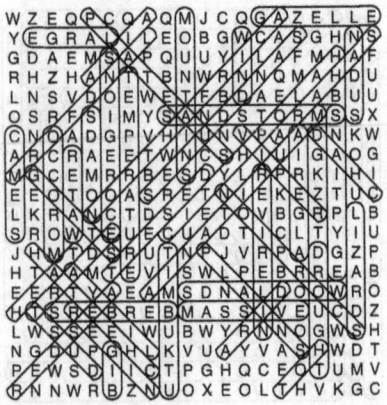

Sahara Desert

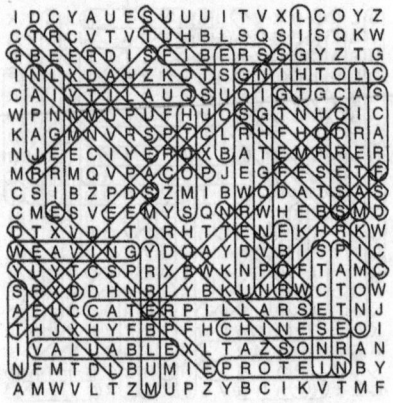

Made of Silk

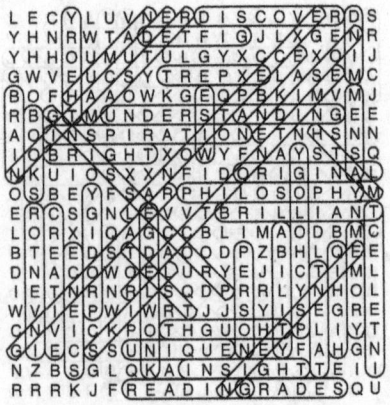

Really Smart

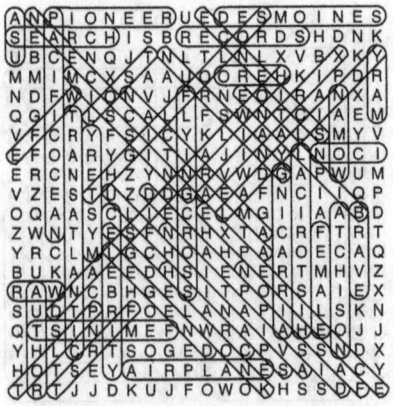

Amazing Amelia Earhart

T N U B L X K I N W V Q O G U N R G J V
X M X N S B D V T N E M T N I O O X I K
H A M A S C O M B G N B U P R O F E N H
C K I I C E A E T S A P H T O O T V E S
O E R L I N W L L E O S Y R U P K V H R
T U R F S I T S A W Y N J T L R A E E O
T P O I S O T E D W A E A M E H L T E E
O E R L O O L E X X I O D C S E E H L H
N A N E R I R S I B E N U R R W A U T D
A Z N I S P U C I S A D E P O E S S T M
I E D T C C L T A N E D I M E P A T O S
L I Z B I R A Y R E G R X A R S M B R
P L K P P S D I R A O E A C O U F E B E
O E R P I L E E P K H F C D R R Z U D Z
L G E X R L V P M T J Q L T N U E S M E
I R L O N E L Y T D I D T O A A M P S E
S I Z W E O N S X I L O G G S N B R P W
H A X N W Z X Q D E C O N G E S T A N T
R H V I T A M I N S D I C A T N A Y P G
L G F B R J R A X J R C C D A I X E D F

Bathroom Cabinet

D E P C F Y E D P O P U L A T I O N I A
H T M K D R I P I C T U R E S Q U E Z Z
E O S S X L E A S E C N E F Z O N I N G
A M U O T M L D N A Z E P N B Q W G H W
F E Y S D R Y A R D S Q I L D V O H E I
M R T T E N O P M O S C O N Y S R B C B
R U I R O S O L D P B C W H S E S O N S
F Q M I G O B C L P K A A I G U O R E Q
A F R K L Q W A C E L E P P B K U H D M
M U O S P P Y Y O T B O D U I O D O I L
I S F T M G T L N C U S R E I N D O S O
L L I U R R L O V I Y B C G X H G D E Z
I X N O E F R W E R A U K S N A B B R N
E C U P B F L T I N N T S H A P I L M S T
S N O G A W N O I T A T S F V N V E N T
D R M M A E K T E P B I K E S M D I B K
P J C R M A E B N A Y G W Y B A A E R I
S C P O L U A R C R H A T O N U E E L D
G G H R K E T O E K Y I E G O S R I R S
Q B Z S K U H E M S C H O O L S V U S D

Suburbs

C D L A N L V W D Y P E Y A L L I E D L
C C N I G W O V C L O N H T X H K C Z H
R H U A U O G V K I O D G N M A H N X I
U O E D B W T N E M T N E T N O C A N M
B T N R D S V R E A W X R N A U C M C T
D T H O I L U R N F Z U I T F P O O Z Y
L J L M H S E U T V S V H R I M R X K
O Y J X A C H V H T E N T O M P S B K
D P E E P S F I U R Y O M T U G A H D C
U E R S B H D E S U F I V N M H S A X D
U T T I I D A A I M S T I E Q D S R E H
N L R C N T R P A E P C D M E H I E X B
I I L X E Y A R S A A E E T S S O T W O
T K I D S N R S T T D F D I U R N H G X
E X A I S I N I I I I F D M O E N G D H
D H C T A M E O C V B A E M P N I U X V
Y U H G M N N A C N D S W O S T R A E H
G U E A C J T Z E V G S I N C E R E L Y X
S W E E T E S D W I F E Q V S A T S Y R
D T P O D G V P K B G Q C O U P L E L H

Happily Married

L R K V Z A N B T N J A W H T P U Y V H
T W D G E D I X O R E P C A K B I H V H
B M E I P R E I H P T H R Y T E G D D S
A A K N E I T A C D L T S U C E R G E U
T F K G T N S H T L A E H E Z E R U N R
M S I I E S A A S H N O V V R M G M T B
V T I V N E P G D S T A E O O E P H A K
V K E I O G G X O B R K A O M N E C L C
H B C T I J S D Z T M E R O H E T H O C
P A F I T Z Y O V B T H E N J E R I O X
P D L S C N T P D S T U A G R K C L J O
R A G I E J L H A A O S S I M K G D R L
N I D D T U B T B A O U A A H A U R P O
S A E N O O A F I L O B E T T T M E I U
M M P R R Y S P C Z R R H E T N A N C K
Q G I O P E W I O A C L T E Z A O E A K
R D R L X S R S R D L U B C E F I R J
E V T D E T C I N N A M O N F L V G G B
R U S I N K V H C T U L M E V C D Y W H
U V R C L E M A N E Y S S O O T T H O X

Brush with Toothpaste

N U U X P U N C H R V P I I O C R Y B D
K H G K U C C A H G J T E K C V B D M U
S T R I K I N G R A P P L I N G K W O J
C P X H E D N A K O T O H S D S K C V Z
P D S O S M L I F U B I R E W K A D I X
L J P N J C I E C I X E M O N X R Z E K
K S T A N C E S X O G O R E O H A G S T
J K P B L F E D P W N H E T I R T O C R
W A T A K R L N P S C D T C T F E A H O
N V M L A P E K T A T T I I A R K W O P
J T C A L K O R P R R G Q T N H I W O S
C A G N A K A W A G U K A S I G D A L P
C B H C E T C L F N S J E Y D O O G S E
J M L E I F A E U Y K U Y R R M N N C E
N O S O J U H S O K A N U F O E U I O D
G C N S T N I A R T S E R J O T K T N C
G N I R R A P S O L Y M P I C S O S T G
P R A C T I C E T I M U K Z E Y J E A G
J W R F Q K I J N V G B E L T S O T C E
Z S F I B S Z H E N D I W O Q J D V T O

Karate

V B Z Q S S R P G A X S M O O R H S A W
K M G A K M G O V A R I E T Y X E C C F
B U G R O P I H T V D A Z S T I F T U O
H B F V O L S H R A U G I W R K D E S O
G V I C B W T N W S L D E E L P O E P D
W E S F N M S A Q D R A C T I D E R C Z
Y N O E C E E I N N E O C I S S C B I G
C P X G D I T S N T R S M S Z R N A T Y
Y R B A A K N E C G Q T I L E E E G B V
K A C G T S O S W I O H B T T K I S D D
C R M G N O C X Y D N E R T R A N P L D
A O M U A I K I N O O O R S B E E E L F
C J A L S K N A B G E S R O F N V N A X
K L H I L E V E L W E A U T D S N D F T
S H O E S L M S G S T T L J C P O M A E
I R X T N A J E S E I R O S S E D C A E
E P N D H S J E N O D E E W K A L I K N
K A X U M I R V U D N E M T R A P E D S
P W P G J D N E R D L I H C R O W D E D
B J J E A N S G L M Y X F Y T S N R N L

Shopping Trip

N J G Y C U Z P C P A M V J B R S S R O
P C R S B E L J P A U N O L O H L D N Q
T V A O M T V J J S S W G B A M I A E L
C Y M U H O D X I F I C U R C C I E N O
N A M O W T T C W T M P E E K L C A I U
M N Y O P E U H A E C A D T A N G D L R
V I D E O I I A E N T E R T A I N E R D
V D N R Y G Q D N B B A I O H D N C E E
M A O F A H V O O R C N B C E T O S O S
S U L I E T M P I Y J X I P R P I S R S
B E R V D I S T H C O M E E R G T P O P
G F X L R E Y I S V H N P E N T N Q B P
Y T S Y A S S O A D D R M E S E E K B D
A X A A O E I N F E F R R I Z A V C I Q
N R K G B M N T N N O H T R E C N O C F
P Y C O L U G T E F B R S T N T I R R A
H J H P L T E U R T A M L A I R E T A M
A Z L A I S R E V O R T N O C E R W D O
O R U R B O P S M U A P U R T S R U G U
C W T A H C I R T R V Q A O N S N A E S

Madonna Fan

U R X J J M H V Y S F F B K P F V Z L W
H I S T O R I C A L E V O H S G B U D O
Q Y M M U M A N A L Y S I S E V A R G F
E C R D S E R U T L U C N A M U H G X X
J T R E S E D P R E S E R V A T I O N S
D V V I V J A T A D R D N A S S C E Z E
A M U N C O V E R A L P A R N U C K G N
C L U C E R C A C S S O R M O D L Y T O
E A Q J A M X S H C T J O E I A P L U J
G N I K A T S N I A P C W N T T L B B A
A D R D W U D E T D P B A N A A N U T N
E S F M G I N B E V V N E F Z O T R E A
N C X U N T U T C W S M A O I B H I R I
O A O E I U O A T T N N L T L T C E O D
T P D S G G R M U O C M A N I S R D L N
S E T U G Z G D R I Z V D R V T A A P I
B S C M I F Y I E G A N O R I F E Y X J
B H Y I D V V N P C I M P K C T S O E I
F U V M T N T W X F E S N I A M E R A H
C Z M V E Y R E V O C E R F A C R A I Y

Archaeology

M H Y K U L D E V O T I O N X M O I W X
D O V Q D Y P G N I P R I H C Z L M S O
O V D X G R A D U A T I O N G E V D M R
D M K E E A W E D D I N G O N M E D V O
H R Z M E S C L C S S E N I Z O C I P M
G A M E S R N W O G R O W T H R I L I U
N U R Y J E P O M A P P L A U S E A E H
S A O M V V P N F N A W A R D S M A T A
I T H U O I U K O K W E T O N W P O A P
G Y W T U N D E R S T A N D I N G S I P
N N E O N N Y K T M W Y B A B E E A C Y
I L I K N A S C E L E B R A T I O N E T
K H U G S O R E W A R M T H K C J P R E
A S S I N X E E K C O V E O O A S X P F
B H E E D I S R B C C R O C S U I Z P A
X A I B S N S A M U N C H R I S T M A S
N R P G B R E E Z E X R M E O Z S F Y D
F I P S U C C E S S N E R D L I H C E R
B N U A E O Q S V I C T O R Y F Q I R I
G G P A R T Y Q Y P L Q P O M N Y F R B

Filled with Joy

R V X T U N A Y C H I P S A L A M D H Y
T C L W Y W H V C N A Z J L C P N K Y D
O E J B T S T T E N D E R L O I N R X C
M J K C M A H G G S O D R B N D D R S A
A I H C N U D M G L O P M A H H S I F P
T M B F G S G Y R O N R P N L C G Z W Z
O S G P W A Z X W P B O P A O N N S T D
J T E I A G N G J P I S W N X E I V S U
Z K S L K E A E D Y F C D A R R P B U D
Q A C I K O U N N J T I B B C F P F R Z
N M A E R C E C I O M U A I E U O A C G
D K F C H C I U E E R T S R U W T A R B
R T Y F A C E P N B N T P T C S N I E S
S S E R C R E T A W P O O U U P L V P C
I A K E U V G B N E S A C M H L X Y B I
R T R D O Y N M U O G U B I E C D L C D
A Q U I L B D B D I M F L D O S T E A K
N E T L U V E F E B O L E C U T T E L D
D W E S Z N C K E A Y G T E Y G R Y K J
E J I H A W Z R R F O Z N U B B U N T F

Eat a Sandwich

B F W X R W Y G R O C E R O T C O D H O
Y U A Y P E L S A L E S M A N L J R L B
L K I J L B H P N K Q S U T O E M E F J
A R N L A N D S C A P E R V I A U P R M
W A E R D E S J A K I U P N T N S E B E
Y B B G N E A U P W M C A I C E I E A I
E E I T A N B I A A O I L R U R C K B G
R R I W I N S T R U C T O R S I O Y U
J S V T G T A K H I L T E A T E A O S E
T C O P O N E W S G I K C S S A N Z I C
E R O R J T A Y X A A L I A N M I X T I
G N I V E T H I E B I N I P O S E D T L
S A G R B P S R C A O L R S C T L U E O
N P R I Q C N I M I O N A M E R I F R P
J A X D N W N U T R N R E T N E P R A C
A C B U E E A P R R E H G G L S C P S D
N T S I T N E I C S A P C W C S R S D K
C O F E H C E R T D E B Y E N R O T T A
Q R U V E F A R M E R T N A T S I S S A
M V W R E B M U L P R E T I R W Y E S A

Your Job

K O Q C Z H C M R A H C E S W W H W C X
D H D R X I C A E V O C A T I V E X A H
I I P W N E I R T A P A I N T I N G T O
V L I E P N T K O T E B O N A R G H H R
I L C X L G E E W P R I B B E A C H E S
V S O S E L H T A P N A M N G I S E D E
J B L Y A A T C S G I F C M Z M K H R S
W D O D S N S E R U T C E T L H C R A R
S J R Q A D E O I F B K T S I T X O L E
N B F R N M A W N F M I T O E V T U S V
M Q U A T D S I S L E Y I K R K E M T I
G E L I S X T S P B M E S M W I A V R R
L Z S N E H Q H I O T R A V E L A L I M
P E Y B R Y U I R Y K S E U L B R I K F
G Y Q O O R A N A S N I A T N U O M I E
Z T R W F T I G T L D P O W E D D I N G
R U N C R N N W I L H W Y N A M R E G A
F A X D G U T E O P N C R I P L A R U M
Y E N R U O J L N M D Q T T H A B L K I
U B C J S C V L L A F R E T A W A B V B

Pretty As a Picture

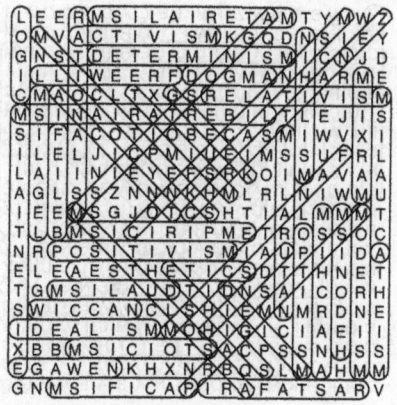

Philosophical

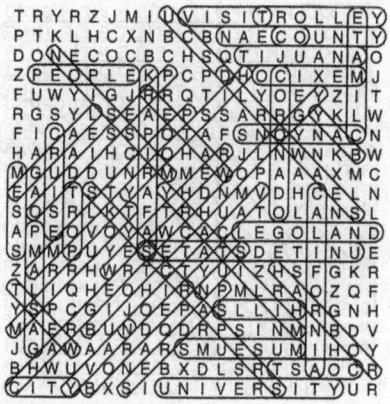

Visit San Diego

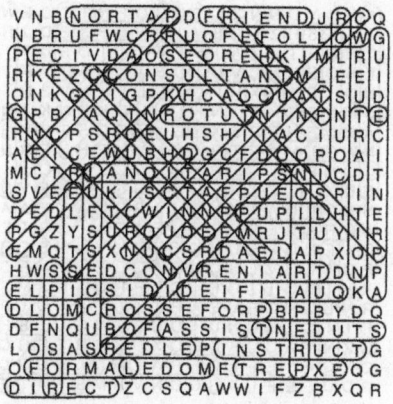

Mentoring

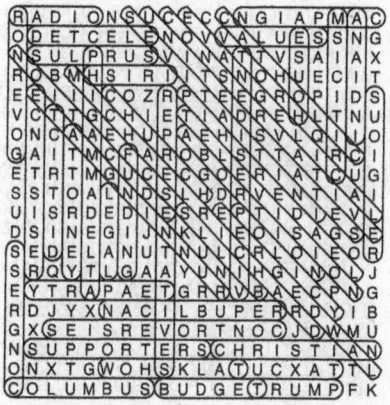

Mike Pence

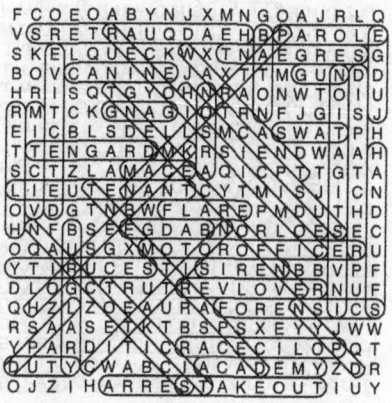

Police

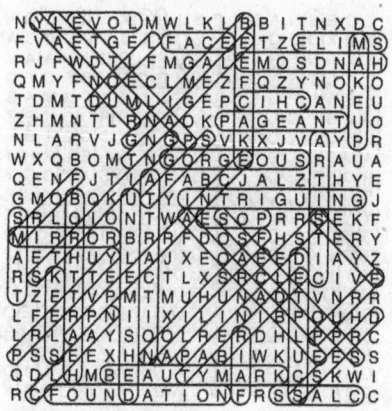

Beautiful People

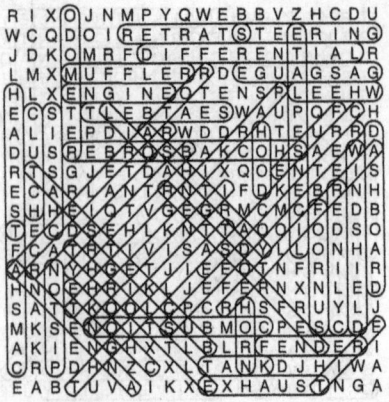

Know Your Car

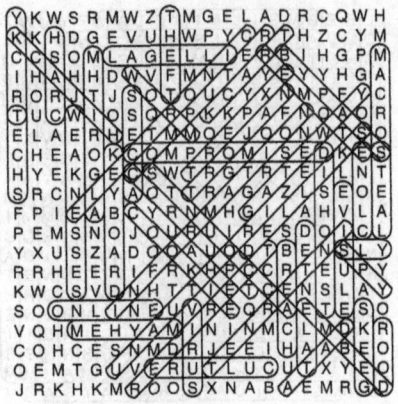

Computer Hacking

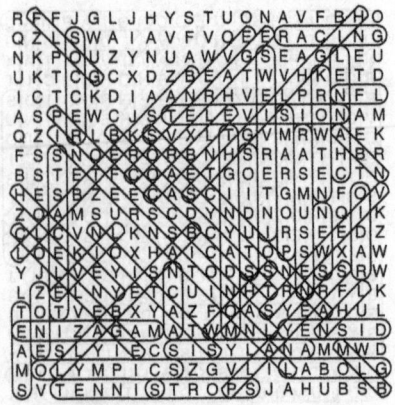

Watching ESPN

Education

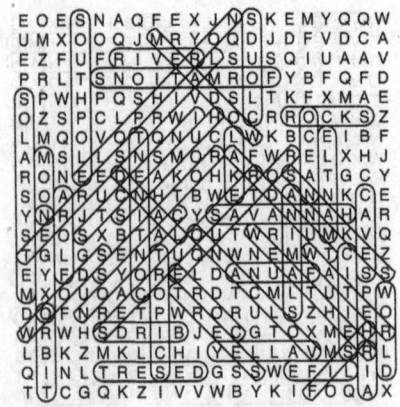

The Earth

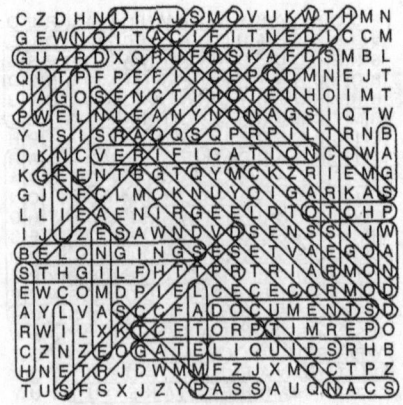

Going Through Security

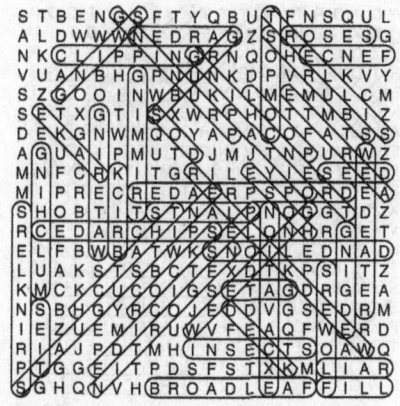

Yard Work

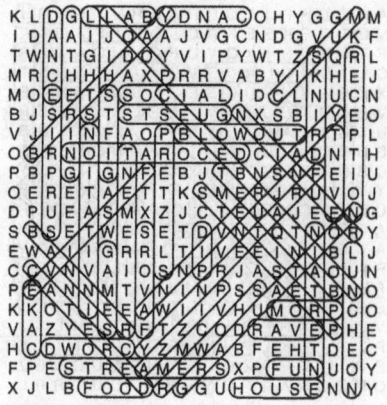

Huge Bash

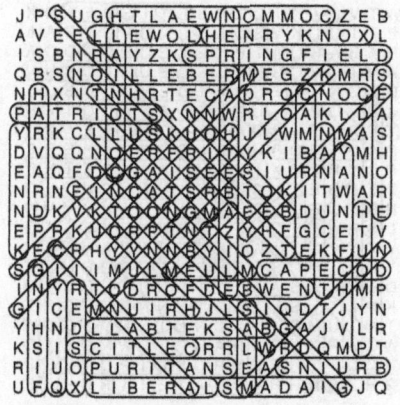

Massachusetts

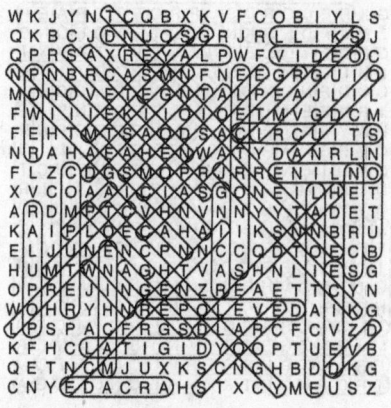

Computer Games

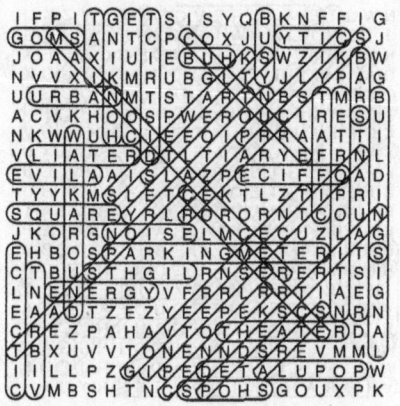

Go Downtown

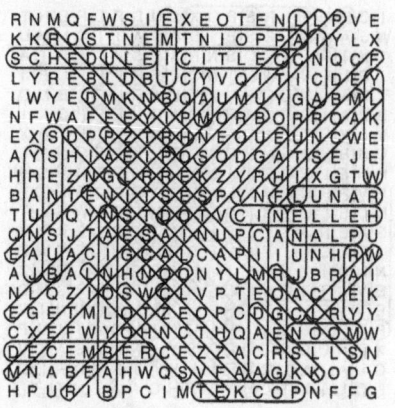

Calendars

AMZLRPJLOBRAJHUKEYGJ
MGTQEKSEFRCSDEIPJOKE
FTFNUSIXQYUPGMHOAXES
CLIDSOUNDSVQKITTENST
XZEWVUSUCSESNSWFJNNE
VROUTEOTLMYLELSNUREB
ULDXZALTOYSMOMOOKNSB
SHEOMJUIWBICPDUOFONF
QRNMSLDYNMYSONITPPOY
YYIAIVIMSEEDJMYBSVNB
UDADCNCYMIVNDKIAWOLR
AGRCIOREPOEUINQCTMCH
AKBATCOPARTYJAUERCOY
RNEPTPUZDFPEXRLRKLFM
FWRXIPSLAEMJGPXIZOAE
SGAGWHICOKDCMXDTLSCW
VDHNSHEPAUSIWGTAKLSJ
RTRICKLPUNSRCUUSTIKS
EPIIDEAZQLSTNGQUQNEZ
OMPORWDPDWFNHJOUQRRU

So Silly

WCIDRTMUTTTAADQVTGQR
OPXNENIKOWPKMUSPDTJM
SZCLUGZINWILPBSAYKAR
RTURIUDTEINAZOIRWTNB
EBCTNUFWSVPLNIMEREHT
KCAETHDANWEGOIPINDXU
ALGSFSPRMRROKANFBTUP
EUGWSFLPONCRTZOIGGEK
PBRFNREDOMUIMZYLTXOE
SSVESSPBGPSTSJMPIRTD
XYXBLRCAHOSHATEMGLAF
YANEPEXPERIMENTALTAG
UJVTCCAUWBOSOSNDFENZ
ETLLHNBSECNHETOCSLDC
SISEIEAAENPPORHYTHMN
SOMPCUTDHOCISUMIUODS
PKUOSQTIRFOJAMDUOLQK
TTRNYETCCCYCNEUQERFE
QDDBDSLYWTTLENIHCAMR
GWCXJMIDIZCIRTCELEYT

Music Made Electronically

GKRECORDSUPPORTTRAEH
ZNJPDESKNIGOTTXQEDNG
GSDRYGLEENFEFRTTAVXI
SHLOCNIBMFJCPRACTICE
CQUFNOXOCUHHNDSWSCLW
IRMEEIICCSULPNSANEIE
HWYSGTEWEINUNBETOFNR
OVFSRAHOPOMOTGSCILIU
QFQIENFESNILPTSHTUCT
DEPOMISXRTNAZSMSSILR
RVYNEMLZAAAOEUEIEDOU
WSVASAUVTGPMIRNBUSYN
EHJUSXRNUFCVOTTCQYOS
IOESLECIOSFIIATTEND
GTIMSMHRUZULRLSCMCQN
HSNBTETRTRANSFUSIONU
TLOACRACGNJTPROVIDEO
MJEKZGBADMINISTERMER
ERACERUSSERPDOOLBFDM
TROFMOCTKHNRECNOCOGA

Nurses

WTVBXKICTPBETISBEWNX
PZTOLKMSQFBCVOPEVBAA
HABASOATPYEXECEOADQA
AMTTMCGHPJSDEUOFORUM
DOOKDEEGBALDEMPJHSCE
JPPOPYSUEVEWEBLOGIFH
YEPIFIGOARTICLESEWZI
BAUTHORHZBLOGOSPHERE
PDYPPDXTNEMNIATRETNE
ZEPGETNARMSILANRUOJQ
RRCORIEPUBLISHINGMMW
LSRWSECNEIREPXEXESXQ
VTYPOTLMRKPESIVJNWTY
YNSINCSRGEPYTCSOBNSZ
DEYCASAITYTSHUISEEPQ
KMLTLSLTABTNNNPTOGHZ
TMIUMQIILONLDNNMIGOW
WOARXWFNDABPTOWMOLTO
NCDETHEGMROSCIPOTCOL
GHZSNHRUPDATEITROHSP

Blogs

ICRQFIREBOXWNRPLFOHT
WJAAWLESEIDBSWITCHMU
TXIRIWCOSNRALSKCARTA
IPLENLWOTNOLFREFFUBJ
IBWLMLCBMLTLARUPSBMQ
BBAIDCOAPMCADVEPPQXI
VLYOTEACRJUSNLIILXAX
URRBJGNBOWDDPKCSGGEL
HHELRUBIIMNUEURTRHCS
EVPHCAHXLNOSTROOBFDF
NCELOGKFDCCTHLSNWEIT
GAENASLEEHWAITSQERYX
ICLOLTTCMRSGGKVHLETWO
NUSIZUFVIAHADREMDRWZ
EVSTJQUOCTNWRBAMASHC
ETICKETSBSNAANUCNNIY
REGNESSAPMCAIUDATISP
XZNUDPIOGXSYLNHFEATV
CLAJNLRBOMHKATKURRLU
FCLIKTLBLMEHCAAZNTEF

All Aboard the Railroad

NWQTEMOCREVOEYZLYZKU
JIENTQWHWINMOHRLOVES
KMTEAPRSBNOOVECOASEX
DAIMTHLYMTMTIKSATUOK
OCNEIANNIXIDTTYIOCGA
FCSVDPNOHVLTNQUKRCNH
COPEEPNUIKTECRCLSEOV
SMIIMYOTTEKTCOFSOSXU
KPRHYGIBURAYNAEUPSEU
BLECOSTEOSOTBLRXTFHU
BINAOSALPTEETLCBIQAT
KSEPKWNIKNNRAAELMREP
DHRSDKRETYOEBTISIDBB
RMGAPAIFLEBGDNPNSYCH
IEYPTEFNFLEXCITEMENT
VNSIRPFEOPROUDFKCEDA
ETOPFOASLLJOSUNNYCNX
WNREEHOXJWYISQINOGAT
WGDNDCMOTIVATEXRJCQS
VIBRANTKINDNESSRYCIJ

Positive Attitudes

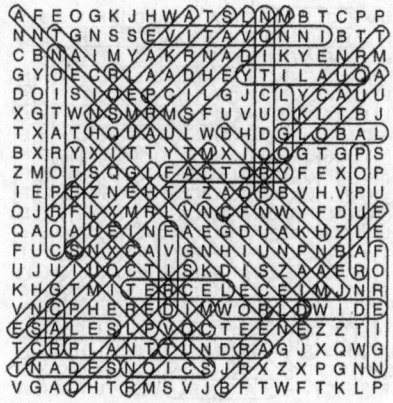

Drive a Toyota

Wildfire

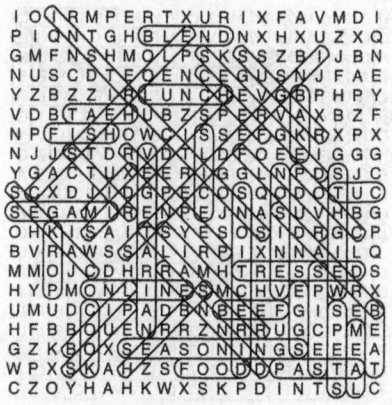

Follow the Recipe

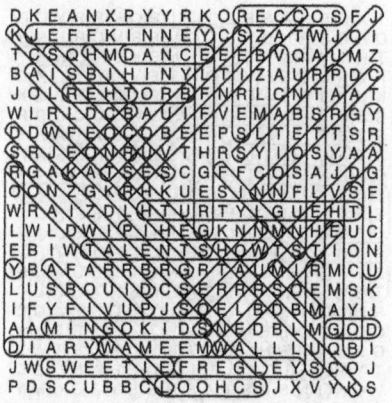

Diary of a Wimpy Kid

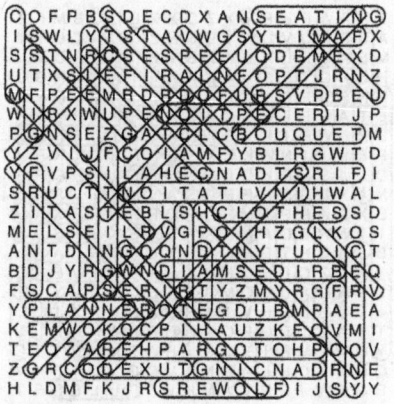

Weddings

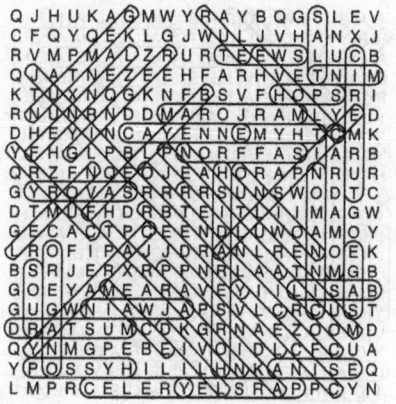

Herbs and Spices

P E V T D L E S C I M A N Y D A Y P P Z
I F T K A E B S C N V Y G F Z M H M I F
O S J Q N R E M Y I O M X O D C M L L S
I G P Z B I O P H Y S I C S M A X E U N
T T H N Q G S E S B T Y T K I N E T I C
A F N O I S N E M I D I H A B E H U E A
R E S E A R C H B U I O V P C E P N T S
V C D L M E R U S A E M I I O I T A C A
R N C S C I S Y H P O E G R T H O I A G
L E Y V C T R T Y M Y J C Y A I A T E M E
M I V I A H E E C R O F F C A L S D O
T C U E S T O N P R E T U P M O C E A M
O S H V L P T O O X Y G R E N E U E R E
Q W R T E U A U L L E X T H G I L T M M T
Y N E O M L A C O U S T I C S U Q I O R
P S T R E N O U E C A L C U L U S T T Y
T J T O T D O C U M E N T M A S S Y I A
P N A U C F H E I C D E N S I T Y K O C
M Q W E G R A V I T Y U H O N C I J N E
O Q C J N J B X S M Y Q N A W A V Z C D

Physics Class

U X E T I R W F K R H S U D P F T J S G
N S Y T G H Q A J E V M D E S C R I B E
J S D R A C T S O P S N O S S E L I N T
C B O Z E R E S O M D P S J F D F N A N
P K C K S V R T D R L M V L A O P F D S
L I U F T E O A O E X P E D I T I O N S
A D M G H L I C N R S C H W R E C R E E
N Y E R O V E T S E T T I X L O T M G N
S D N P U B O E L I E I L C S N U A A R
E N T J J G O R Y O U D G I N E W R T D E
R G O O H U T N O L C N O V A Y E I E D
U E I I T D S M I U O I E S R T S O S L
T Y M I S Q D F Q R T T E A L D I N H I
N L U I D S E H H A K S P F V E I O G W
E C X T N B E C V D B E U C I O T A N F
V V A O U D Z R L A N R U O J D A O R Z
D I T O O F E E P I M E M O R I E S H Y
A E R S S S I R T M S T H G I D H G I H
S W I C B E J I S W J N E S O A O C B B
F S P O V G S A F A R I L G F U F X R A

Travel Diary

T X D P S A B P Z J Q I R O K F P X O R
Q P E S R N D F E T O M E R M C R E N B
T H T V P K K F E C O I N S K G M O N E Y
P Z R S S E M V E Q Q T E V M L T L K O
K U X J O E A O W O N W R T D G E B Q X
S B O Z S W C R O W N S V W O D C C P P
S Z B E A C H T L R A A E B E X T A P S
J T A C Z D I G Y P B S K C N K R S A F
O K D N E G E L P G T E U S A T N H V I
S D T J T S G H E G T D S G I L S M E G
E B E P T I I D B R M A P F F S K N Q C
C F O D C R O L C W E I A U E C E C I S
R U B I E S Y U V W F C C L R J S Z E V
E I K S A W S L E E T N E I J E C W D N
T G H N H H A R S S B C M S N T E E L C
R H O Z I J A L O T I I I O O S Z A O C
C Q L J D L E M O R N E T A R I P L G Y
G Z S V D W H O P A T S V U R I B T W V
T Y M S E U C L R L E C P H W N H E Q
V Q A J N S P S T A S H S S Y Z C U M Y

Hidden Treasure Chest

U O P S M A E L V Z Q Z D R T E L T U O
C Q O B M V I A R V P A P P L I A N C E
A O X P O N B V E N T I U C R I C C G N
B A E P E T B R O T C U D N O Q U R R E
L R O S P R P S E R V I C E T P O W E R
E J M Y E L A R I A P E R L A U C S I G
O A N R Y C I T E A K A G T N G A L V Y
N P S E V A I E I Q A E L D R W P O Z O
B S M T G C A V R O L O B F E O A O T A
Z Z P T H A B X E S U E O C T U C T K Z
G S F A S G T U K D P O N V L T I U T L
L C W B R R I X T R A C C A A T O E O
J O X I A K L L V P N T B A Y G O K K C
C P A T L C K R E V I R D W E R C S P
O P N D E C C E T Y N H C X E W Z A S I
X E E O E I H N O I S S E F O R P L P L
D R U B Y T I C I R T C E L E C F B L U
P V S Z A A R P Q L T B E E G N I R I W
U E R E M R O F S N A R T N E R R U C I
T U W I R E L E S S T L O V W C O V E R

Electrical

A A B R U W L C E F B U N U C U P I T N
H R Y R H D A L L V T S A L E S M A N U
A T R O O S T E B A C T U A R Y G X E M
Q Y L E U K N V I L E S F I L E R D M B
P E Y A P R E A T U T C L A T O T E E R
V B L T E R M R C A O H O S D J N N L E
Z T A L R H E T U T R M O N B B E T T L
Y N L Y R E L S D I P E D T U F M A T L
H E O T Y M P Y E O O E V S I S Y L E A
S Y Z I U O P O D N M T I C E N A K S A
I X Q L S H U C R N T N I C O V P U M H
N M N I T S S G I D E A U I O E R A V E
J O R B P X I T D S R R T D F T E A R D
U R I A O O Y M S Y I A W I C Y M A T T
R T S S L D Y Y M T G U L A V Q I E M E
Y G K I I I J V R Y O O G R M I E U M H Q
U A B D C L N C R S C T S M C V W O O W
X G O P Y I L B Y T N A R R A W E G T T
D E A L E R U O Z O C E E U S Y Z R U E
I D E R U S N I C A T W H Q P A S L A C

Selling Insurance

Y R R W P E P Y X Z D X Z E D C B M F Z
A S P R Q V D W Y U N N Z G O N C U T M
M S W C S U A L K X B I B N R S G D M L
H E P O T S S Y A K A K E I W P I H G U
R N S S E B Y C L A S S E S A I B G Y W
E T A R E L E C C A L A W S H N P V N R
S R G W R I K V S W R W S O Y D E E P S
P E L I I N W K K V I E W R X T T X R V
O L J S N D K O E O N C P C L T E Q R S
N A X R G S P P E G S A V M K I V F O C
S X P A R P T M E O R O R R U F E X A M
I I W W E O A B A K F E W S K B F S D S
B L S Q H T E E U R P T E S T G E A R H
I N A Z C F S Q K C T S Y D R I V E R C
L C R D A U T O M A T I C Q Q A M Y L T
I D C U E X H V I I R O X G R X X L L U
T S A E T P G P Q T R B R E W H E E L L
Y Q W Y M P I Y O N I R A F M H G I Z C
Q H A X D S L A U N A M O G Y Q T F H V
B G R W J B H V A M K V P R U L E S S T

Learn to Drive

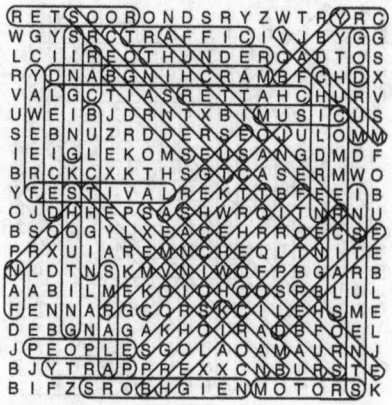

Too Loud!

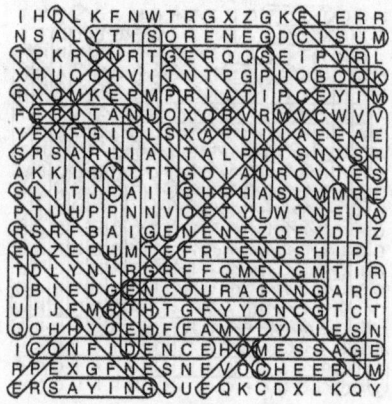

Enriching

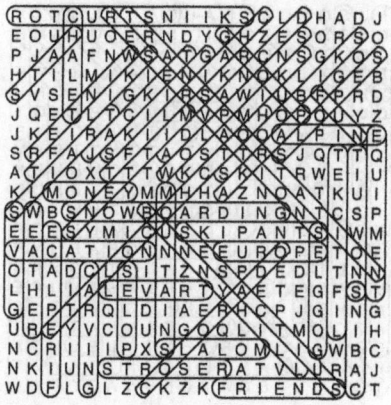

Ski Fun

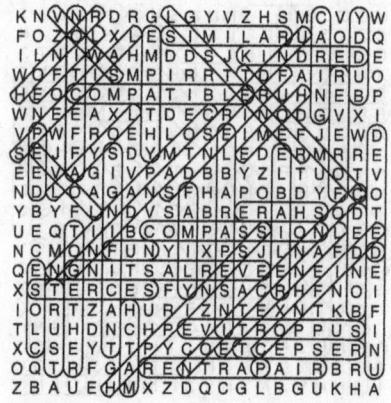

BFFs

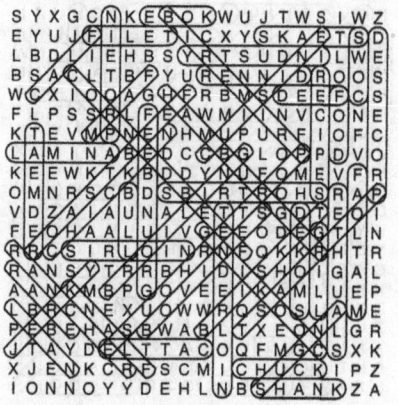

For Carnivores

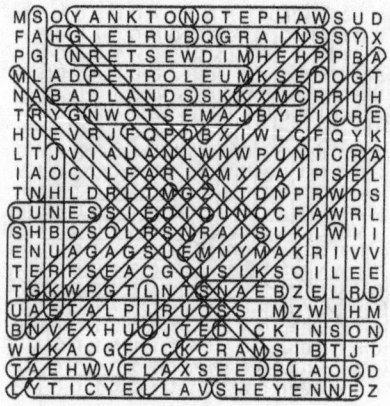

North Dakota

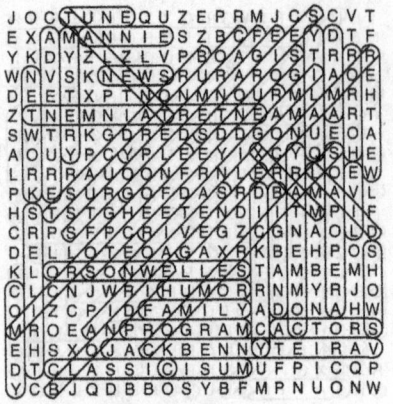

Radio in the Past

Nightclubs

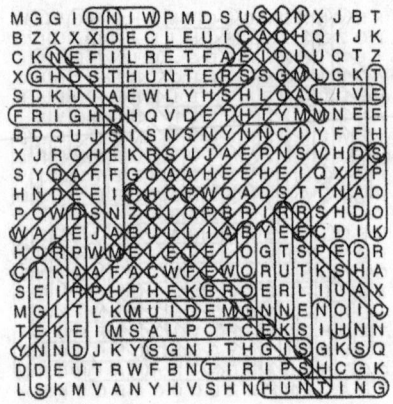

Ghostly

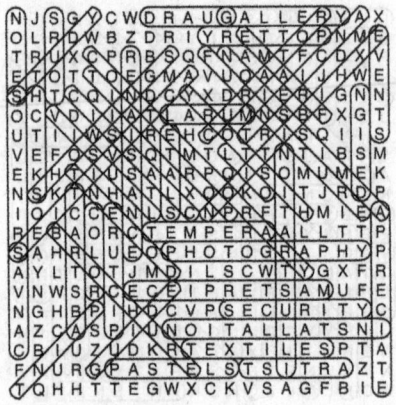

Art Museums

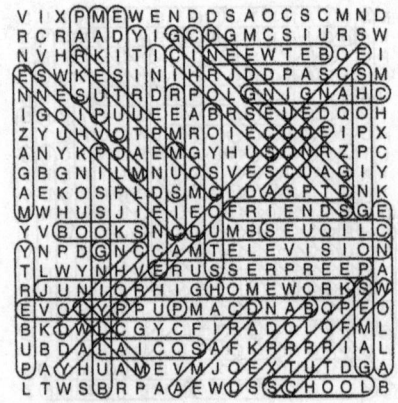

Tweenagers

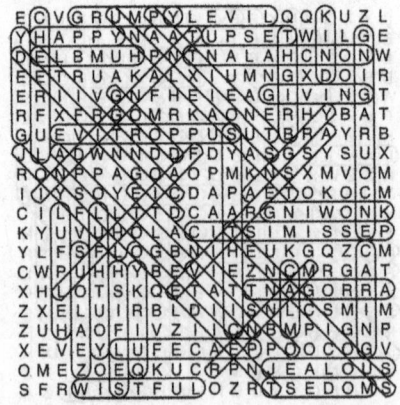

Demeanors

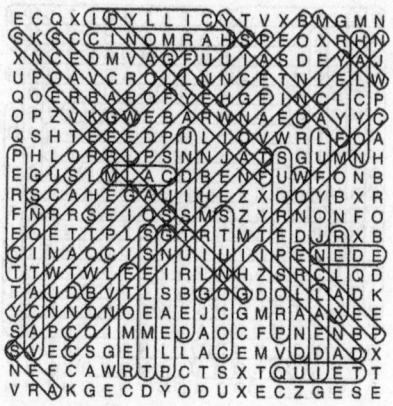

Perfect Places

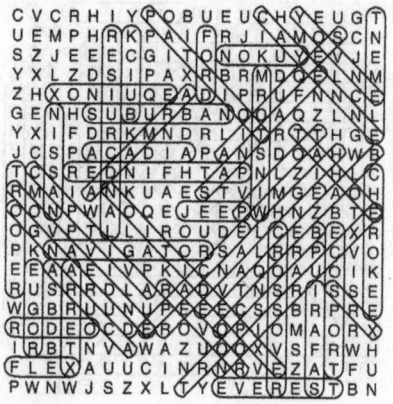

SUVs

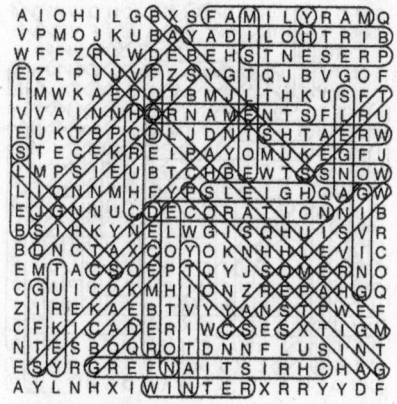

Christmas

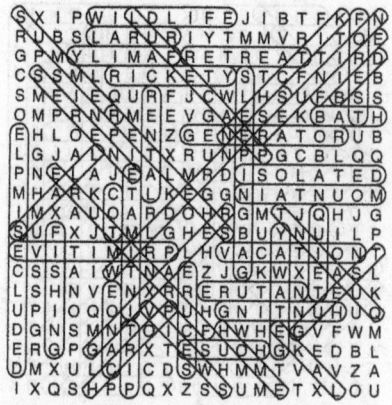

Rustic Cabins

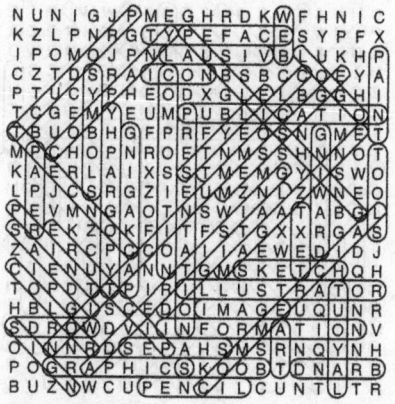

Illustration

iPhone 7

D T V K Q Y N X M W A M O L P I D J E W
W N E T T I R W M I S F A A X B V C C B
W A R R A N T L I E T T E R N M D N I C C
Y T R O P P U S M T T P C I K E S B S I
B R E C O R D S O T E P H G D L S E C A
G O V E R N M E N T H W I I Q A C G C G
U P N A D O P T I O N L Y R M E D A H R
O M B D S F D T T W I E E O C S E I A E
M U E Q I Y I O M E Q T S G N S T R R E
R B D L S O G Y S O C E U Q A A N R T M
G T E T N R Z P G S C H I T O L I A E E
Z S A L A R A Q E I I N N T I F R M B N
X M T P O S O L F R D E H S R T P X Q T
P O H G S W O F T F M E R S Q G S K A D
S O S P I C O M M U N I C A T I O N V O
P X O Z L A I R E T A M S Y N A P M O C
M B I F N O C B I R T H H S M X K Q R C
T R O P E R R C E V D E I F I T R E C U
B U A O X C O U R T C A R T N O C C N D
L Z F M E F O R M A T I Y L I C E N S E Z

Certificates

C A S C A D E S S E T A T S D E T I N U
X C E S A K S A L A T S A E H T U O S S
B I A E L T T A E S P M N O G E R O F Z
W R N O M L A S R E I N I A R T N U O M
N E D N M L B O E I N G N I H S I F R Y
A M O A O A D I A H Y Y E W O N S J E C
E A O C N A C I R E M A E V I T A N S O
C H H L T D E K A R D S I C N A R F T L
O T T O A T H E I N T E R I O R B Q S U
C R N V N S N I A T N U O M Y K C O R M
I O U P A I S L E Y C A V E S E K A L B
F N O R T H E R N C A L I F O R N I A I
I Q M L M B R I T I S H C O L U M B I A
C A N A D I A N P R O V I N C E V Q W R
A P O R T L A N D A C I S U M E I D N I
P K N O T G N I H S A W C A M P I N G V
Z Y R E V U O C N A V C O A S T L I N E
Q Y Y M S I R U O T L I N G I T F E L R
S E E R T A C O M A T I M B E R Z K V Z
B I G R E E N G Z M F U Y S X O H T H M

The Pacific Northwest

G S N S U N S E T N K I T E S I R N U S
A Q U I L T K G E M A C R N M S E I T R
T I U R F Z O F R A S L A M I N A R I E
T Z R A I N B O W A G E M S T O N E S K
I B R Z S G G E R E T S A E C O A V T C
U C U Y S R E M A E R T S G A L F N E I
C D O J A S F E P I F J E W E L R Y L T
Z T T S Z V O E P D V E G E T A B L E S
Y U P Z M K F R I O O D E M T B I L C Q
N L F U W S Y D N A O R T J S R N S A C
W D F I E C E F G M T S T N E M A N R O
Z P G R R K V V P S A R O R U A I E B N
I O G P E E A C A U R L J D E Y L P B F
S D R J E T W W P E S E L C I S P O P E
S D A E B C T O E H L N W R T E O I V T
A U R O S S T U R K S L O O J N L X Z T
J W C I I S N R B K M E L Y L X I A Z I
A Z O R B S E M U T S O C A A E S A X D
E E H O I G F S T M U L R L E R H D P M
H C J T J C L O W N B P E A C O C K R K

Colorful Stuff

S Q C B S I H E B S H Y E K H Q W W D M
K W T X H K H E M L E S A A X F V C A E
A X A N O I T A L U S N I C O O W M A G
S M U T R J L C B N H J O E L C M R H S
D V S V E L K Y A I A E X B X A E I W E
S Y S Z A B I E P L T L N K L Y M A F A
W G E H R O C K S J I A C I S U P S N Y
I H V D T A O L F K G F T T R C B I N E
M E I K T P O L Y G Y N O U S A A B M R
A G D S Y F D M S P R N F R S R M D E P
Z A U R K S L I P P E R Y F N N I K S R
M R O I N E A H E M U S T E L I D A E O
C O W A E D R N C F K P A T H V A Q E T
Z F F H U L A S I F F G I Y B O L U X E
Q B L D C O X H E M P P L P G R P A H C
H I E R U R E A S Y A L A S K A H R X T
E N D A N G E R E D X L P A C I F I C E
R E T U C L N K J P U U Z M Y F F U U D
X I C G I D Z W U B P I R J G I M M T V
C G O Y K L K J S E M A M Q E R T L E P

Sea Otters

P S I Q S D H G N I G N I S I N G E R S
J T N N T L Y P O G Y H A R M O N I C A
Y A R A N D M T W R R L S T U O H S G D
D F Z O E T N U Y T U Y O S S O U T H N
D E Y Z M L S M D M E M P H I S J K F E
Z C K E U B R R A D M U S I C N A N S S
H O X T R U O O E J Y A L P G N O T E S
Y U H C T I P N W L O W N R E D A S A T
O N E Z S A Z P E E L R A L N K H L T R
X T R R N X H T I V N O S T R C T A E U
S R A T U U G S S A B X H C E O I C N M
V Y Y H U C T R E C N O C D A B M O O P
L N C A N S C Z V N W O L S L I S V H E
J S H H I V Y L L E B D A E L E E R P T
J T A T N O I T A S I V O R P M I N O W
K N R H Y T H M K P B A L L A D S F X H
U A L O K S P I R I T U A L S G S B A N
V H E T O D W O R K S O N G S B E X S H
V C S D R O C E R T X D N A B G B C D H
U V C U H I M W P A R C A K F I L Z C B

Blues Singers

C H N C S S C O W F D S S S W M I P I E
P L J W Y C T I A S N L B W R M R O Z A
K D E B C P R W R S C O O I P E U R W O
M I T V R E E E E M N O X R E I I C S F
Z O W R E F T G W K D T O M S V C L C U
Y J N W A N H R S I V M Q P Y O X P S
I J E C I I R O S S E R P M O C B H D E
U V P F H V O E I R T N U S H E A R S S
V I O A P D F M U T A O Y U P P I R R S
O D S B L O S H T A A R A C L V E K M
M T C T S C A W O N O I T A L U H B X E
C D E E I E D S E T P G U C G S A M U N
T R T N M P U D T L N A G S A E I U N H
L Y U E O D R E W I S I T W N V P L A V
X W P B A A C R R I C K A C U D S M I H
G A I S G U E U E U O B U P H S M Y L F
T L P S S N S F T N A L A E S E L I T D
B L E A C A E Z U J T W W G B H D L O B
J U I H E W I T K L U A C F S D J C X R
K F O M H X Q Y U Z S Z L Q Z A K U Y Q

Home Improvement Store

Very Mysterious

Justin Timberlake

Have a Snack

Tell a Tale

Stay Organized

Therapy Session

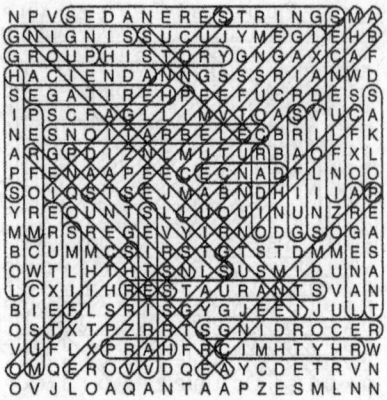

Mariachi Music

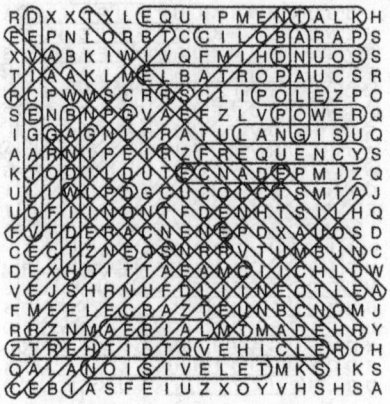

Antenna

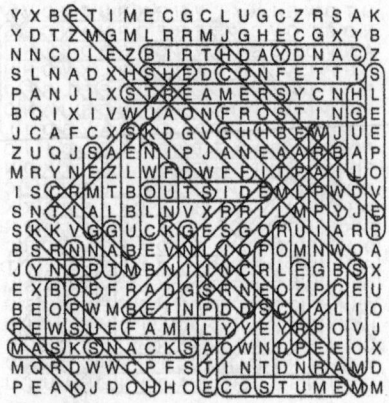

Children's Parties

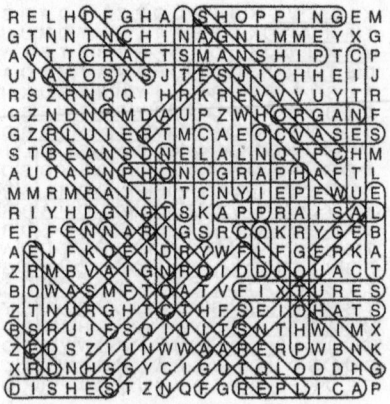

Antique Finds

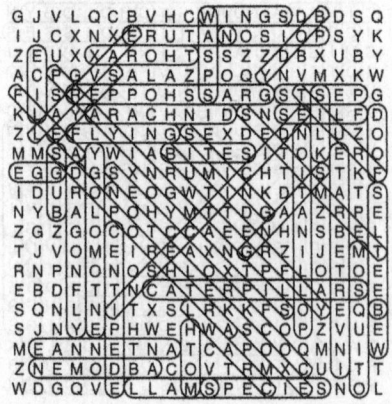

Interesting Insects

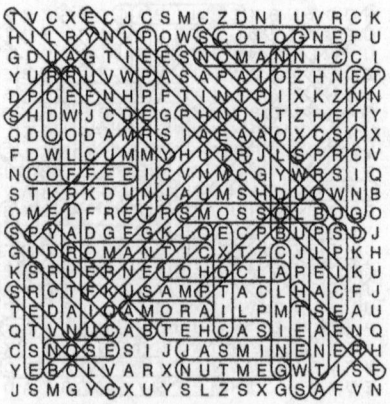

What's That Smell?

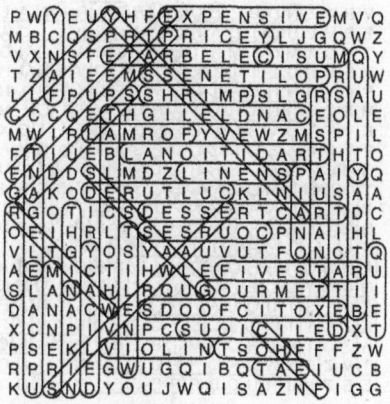

Fine Restaurants

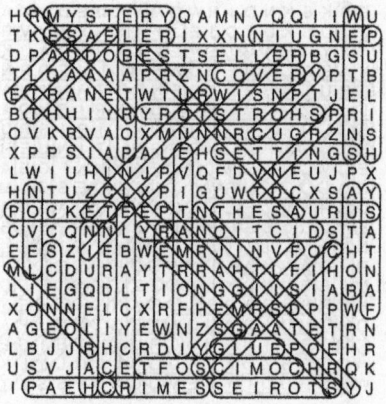

Paperbacks

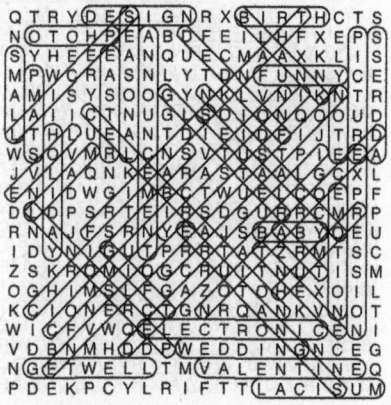

Send a Card

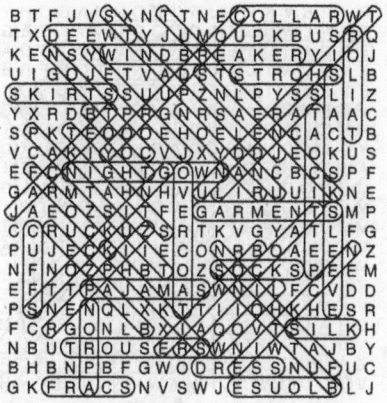

Wear It Well

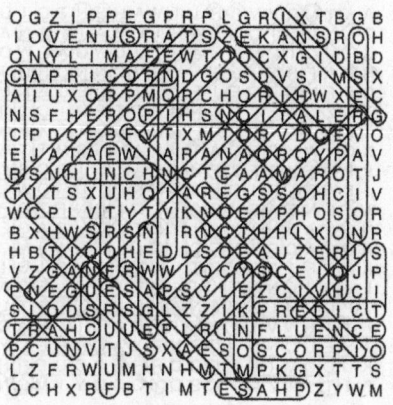

Horoscopes

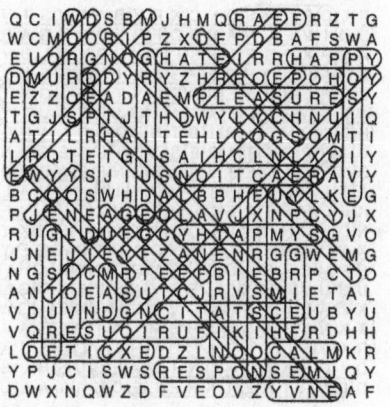

Emotional

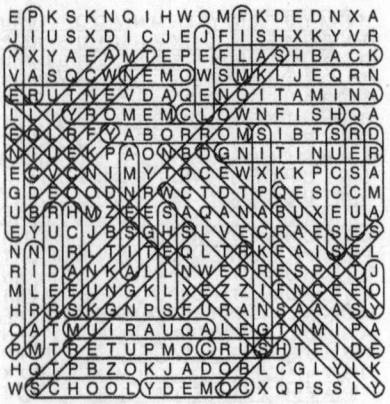

Finding Dory

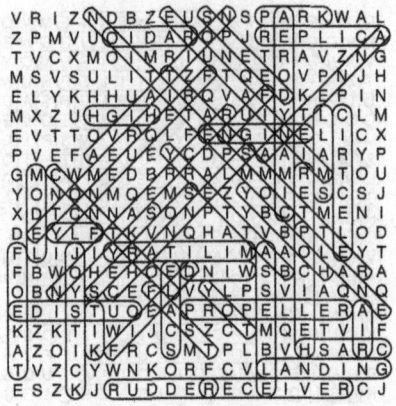

Remote-Controlled Airplanes

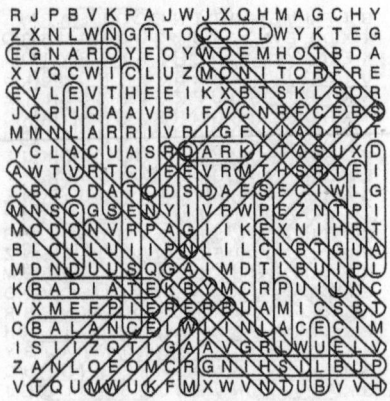

Color Measurement

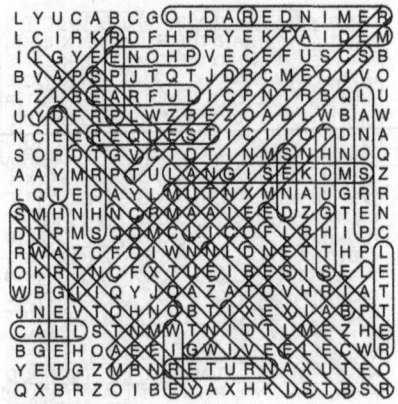

Communications

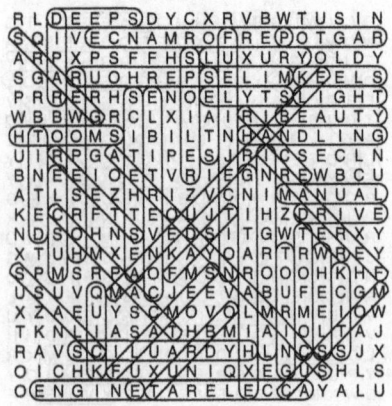

Fast Cars

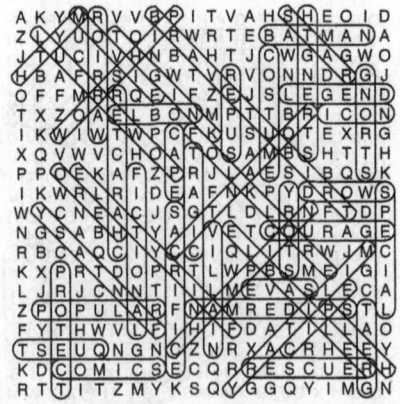

Heroes

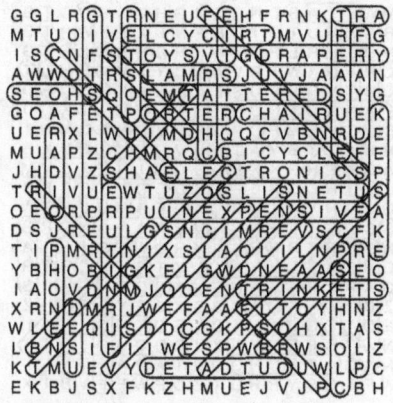

Junk Shop

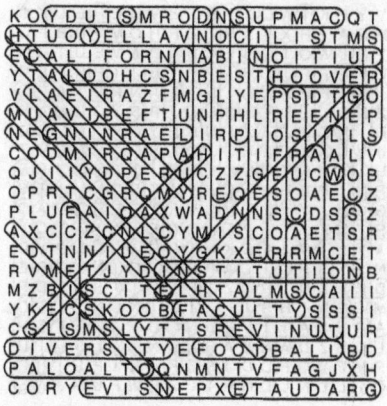

Stanford

It's the Economy

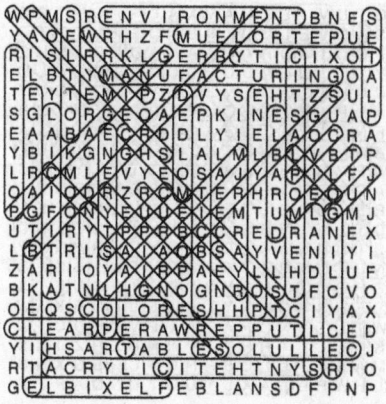

Plastics

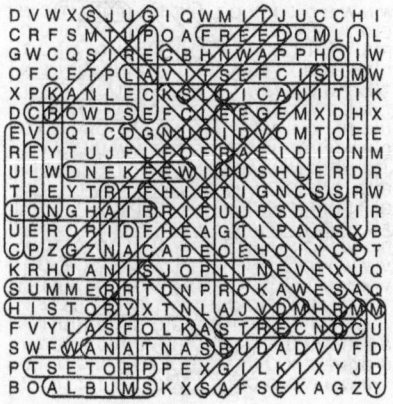

Woodstock 1969

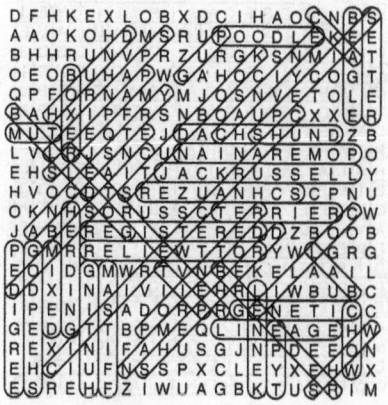

Types of Dogs

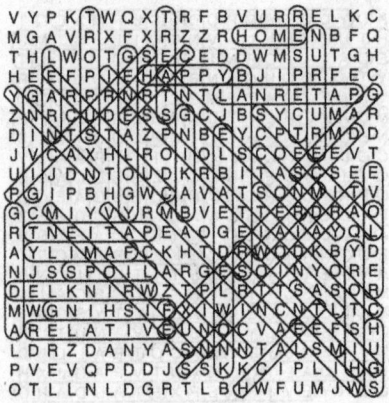

Grandparenting

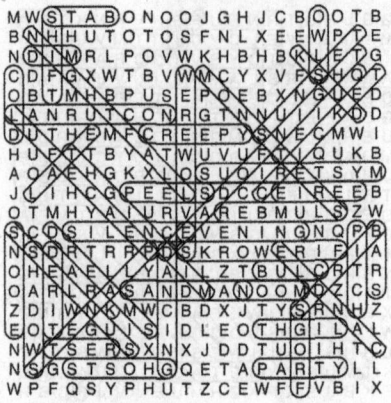

Out at Night

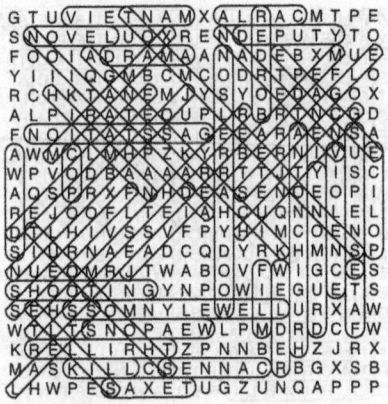

No Country for Old Men

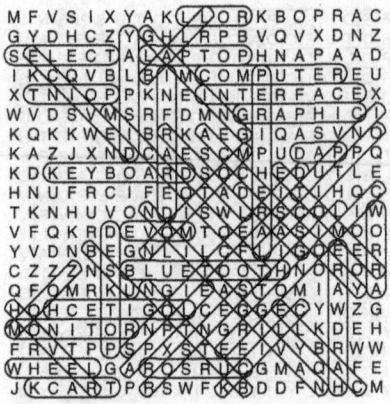

Move a Mouse

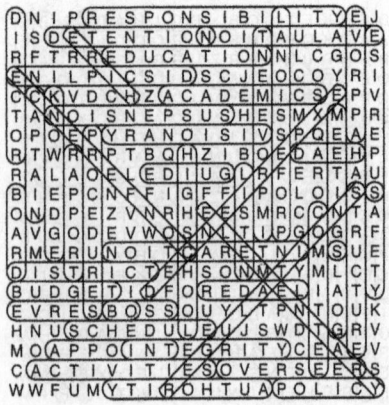

Principals

Growing Things

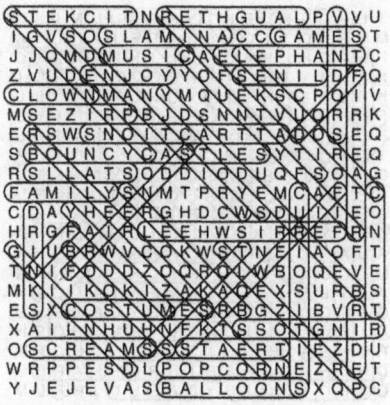

Carnivals

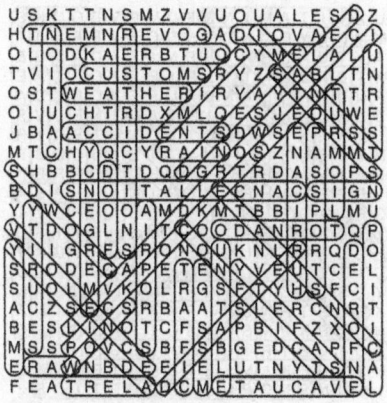

Travel Trouble

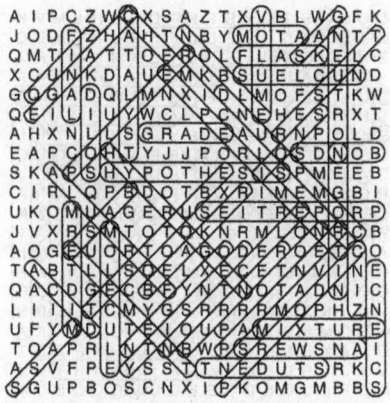

Chemistry Quiz

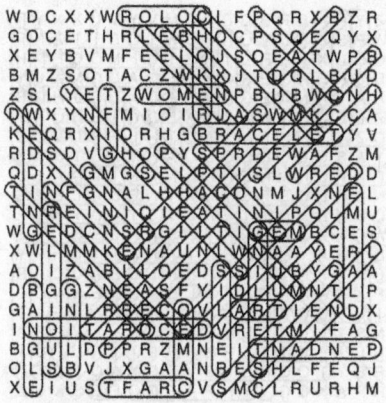

Jewelry

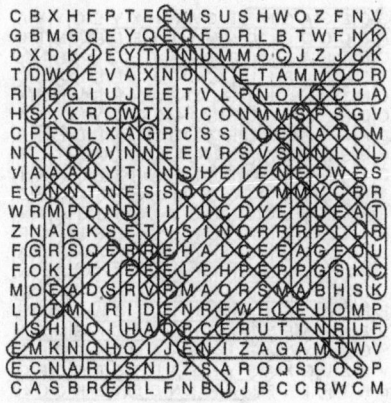

Classified Ad

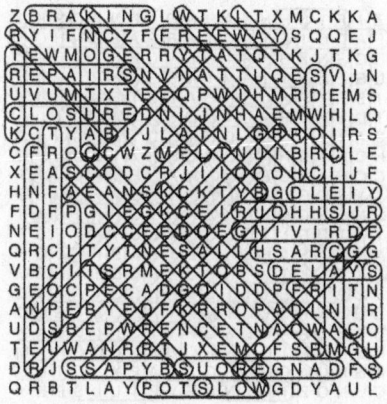

Stuck in Traffic

U X V I T A M I N S E D M R V B O O K S
M M D B Y C M K D F N D C Z J E F A J T
I Y T U A E B R L S E N I Z A G A M G E
W T B P D B A T T E R I E S Z Q P T A E
P N U R W C D A N D R U F F Y O R C D W
E E W O A N T I H I S T A M I N E U V S
E M W F X I H S Y S O T Z O N H T S D I R
N T D E O S R U T U N J T E A C O C E
E A I N W E B O W Y P M H M R O R R E P
I E E B N W H E E Z E P I N I R I P S A
G R T A D C L N L N Y N L D A N P D Z I
Y T E X B L H A T L O R M E H E T I S D
H L O K N E M L G P I S O E M R I G K Y
C I T E A A V L H V M K H T D E O E C D
Y F S L E C N E K I N E V N O C I N S A N
K S T R T R N C R E P K Z I P O C T N A
N H C B K P M S G A S C I S A B D I S C
T O I L E T R I E S G K L D U P N O N D
N Y P U E K A M S E T E B A I D M N T E
L G J N S N O P U O C O S M E T I C S J

Drugstores

T L M O V E M E N T Y R T S U D N I J N
M G S A C T I O N S Q A E F I L D L I W
P H Y C H L V A O N L L I K F S A J S C
K A N J Y T E D I L P O O Z E I M N D I
K R T F Z R H T T M X O R D R L E O B L
F M H Z I R N K A S R S I E A G R I V B
P U E F R E E X V I W C A I O D I T R U
T O T D M R E S R O I E S N A R C I O P
Q D I U I H E D E T C R I R X A A S T G
T P C S R C G S A E C U V B C N O R U
D O S E O E A E N V R T L P R H A P E T
D P L Y K N P U O A L C I U O E G P X A
A U A G Y X S R C U D H H G W L T O H K
M L C O N L T D C N R E C N O C I N N N
A A I L E N V I R O N M E N T A L C D H
G T M O O N R E C N A C D Y Q R X F Y U
E I E C F G N I C N E L I S K S G O B H
R O H E A H S N O I T C E N N O C O F X
D N C H U M A N S E I R R E B N A R C G
O S E D I C O I B Y C A G E L J H P D M

Silent Spring

Z Y R A E R B D B P R M V Y V U X X Y R
W P S E R D V O H P O W T Q E I T Z P P
Q O U X V B R L I R E T U P M O Q E M H
D C R E A I E S G Y E E G A U G N A L Y
R A V K N W E G H M S A D X D C J H G S
Z L E G S T W W L T A E D C I U U O X I
O Z Y Y W H F M I A D T H L F R L V D C
Y A S S E Q E O G E Q A H M F O T G A S
P A P E R M N E H W L N E N I L D A E D
N D H B O S F S O L X I W B C L L E P S
Q S M R W R I T E K B T S T U D Y X Y F
W O I Z S N S N R T C S R R L S O L V E
D Z W A I M G E R U T A R E T I L H P Y
E N F F H I E C S F E R L C S A U C R R
F X N W N N O L A I L C V C B E X N O O
I U V G G Z M F B P C O N U U W A E J T
N S T L U S E R M O R R S E H L V R E S
E L I E K T T E R Z R P E T I R U E C I
P S Y T O G R O F S V P O X W C T S T H
H P A K Q G Y Y H P A R G O E G S K R Z

Do Your Homework

C O Q G S T Q Y S R K T D U D H L M V K
G T M R I C N L E U Q E S R U H F M D O
Z P I M O T D I S N E Y E K N O M T R Z
S D C G A P N M R T N U O M A R A P X A
S C S N E S I A A F R E F A W E S O M E
S H Z U M R T E M F N A C I R E M A N I
G I F L A H E E H S S V L I Y R O T S L
O N K I E N J I R O U B E A R G E G U O
B A I A I G E V X F S U O M U F D J
R C T I I M K M I O R F M A T X I M R A
D E K Y H A E Y A Y M L M A N H R E E N
R P C U N G C I C L O V I A S J T A A I
A P A S N U I K T W I N S Q N C B R M L
G U L N L G F C I A M P D C A N O H W E
O O B Y D P F X O E W A R R I O R Z O G
N C N K Z A O U N R C H A A C O E K R N
W M O M K G X T P A E H W N O T H T K A
O L A X E E O V O C C P A E M R P Z S T
U A J V R U B K S W G N I N I A R T U J
M F F J J G S D D E E G B V C C O E U M

Kung Fu Panda

Z I F I S H N K A R S Q I R N B D S K B
F A D D I E T S N I A R G A S D N U O P
R Q S N Z B T R I G L Y C E R I D E A C
U R E U V I T A M I N S G S K P E P A H
I B R T P X C E R E A L S T E N S L R Y
T D V R T P M U I D O S A S A H D I L S
S A I I Q C L F C O Y S U I D R C N S S
H C N T D H H E S R C H R Z I Z U N M C
C C G I H O E O M A M A O E M A L M U T
I X S O G C A C L E T I S B A F G M L I
S N O N G O L E E L E N N Y C R A I G K K
T W T U D L T Q G G S T B D Y A T F S Z
A H O A S A H E N G E T S A P F C D G P
F K Y I K T V I N S S S E E D T I E B M
J I A P P E T I T E E R H R O V A S J L
Z O B N P S V U T M E T A B O L I S M C
G J B E A A R L X G H Y T O F L D E K H
R S N E R T C I N F C H S P R O G R A M
K G R C W C M U S C L E A P X J C T U G
C U N O Z T H I N K B V P I L L S P E Y

Watch What You Eat

S D E G A G N E B C W H H X V E Q Y X A
R E C C O S C O M M I T T E D O E M T L
O P T S A E M O T I V A T E D L N R N Y
T G H E L P F U C D C I J E S U A L C
C N T U L G H I G L O S A X P S V D B P
O D N U H H S O N S A M I P T V N T T A
D A F Z B T T U H Z U B P W T E G E L R
H B S D E I R A N U L L O E I A L T L T
G L O N M S B R F E N P A R T B I A A I
T E E Z E I E T C D T I E B A I H N B C
S G L S N L C E N H G E T H T T O T I
E I L G I E R R Y O W B C Y R E I O P
L V A A P U F B N H C A O C W E K S O A
F R B S L L O A K R O W M A E T G S E N
L L O E V I T C U R T S N O C B Z A A T
E G S G Q E J K P G N I L L I W L P E B
S L A R A E M P A T H E T I C K G M D A
S G B O Y N A P I H S N A M S T R O P S
V S Z U G X A E Y H Z A R T S E H C R O
B K T P I R P M A R I N E S Y E K C O H

Part of a Team

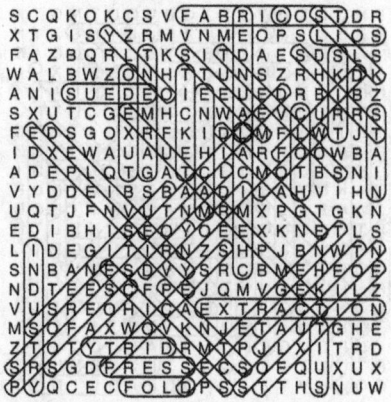

Dry Cleaners

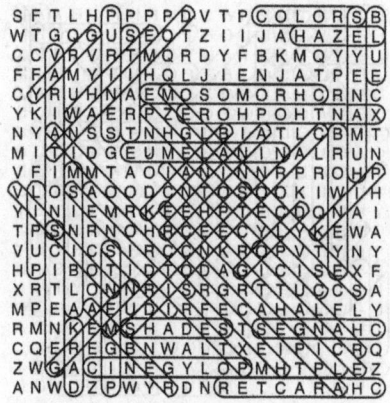

The Eyes Have It

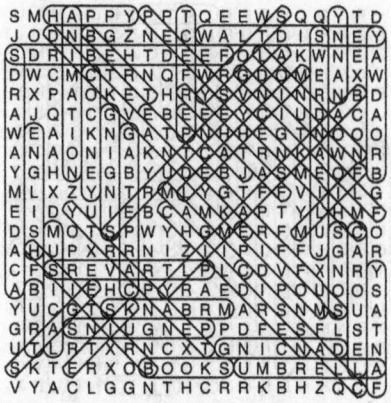

Magical Mary Poppins

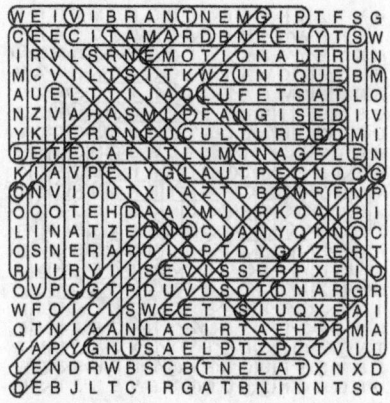

Making Art

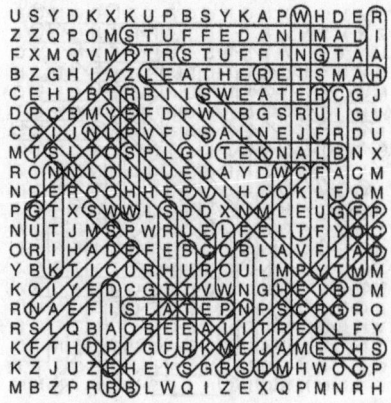

Nice and Soft

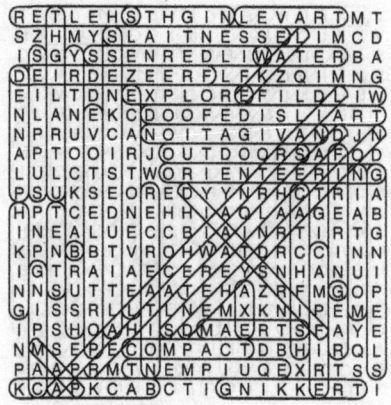

Wilderness Adventure

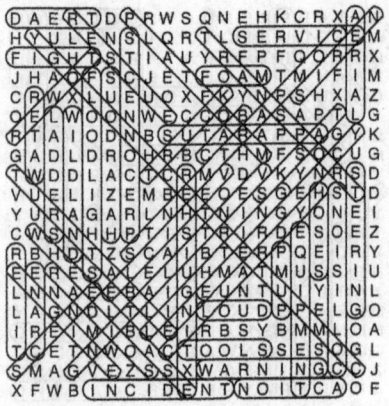

Fire Department Vehicles

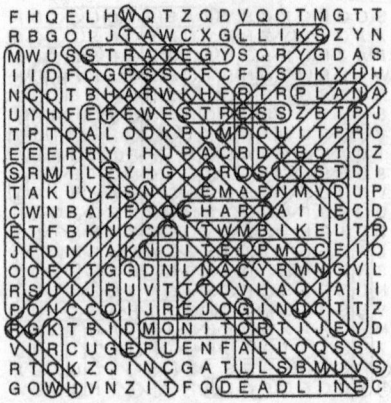

On a Schedule

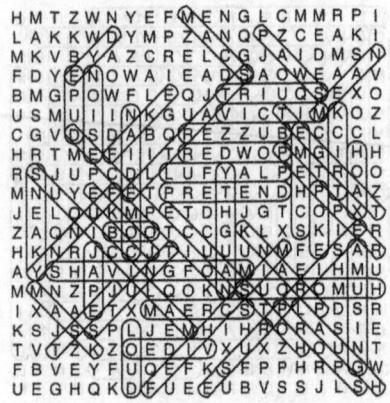

Gags

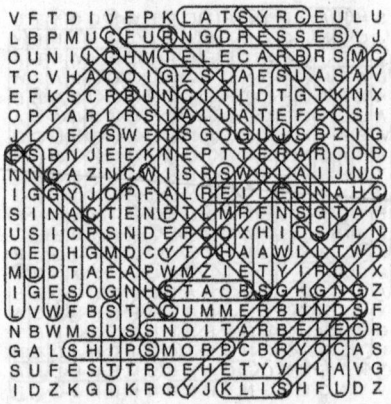

Fancy Stuff

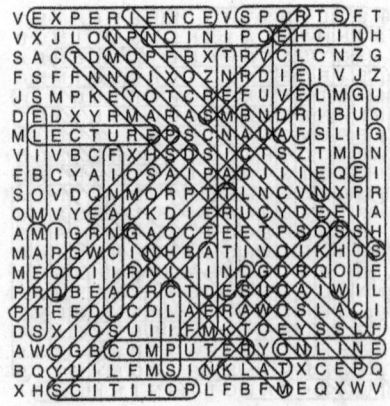

Podcasts

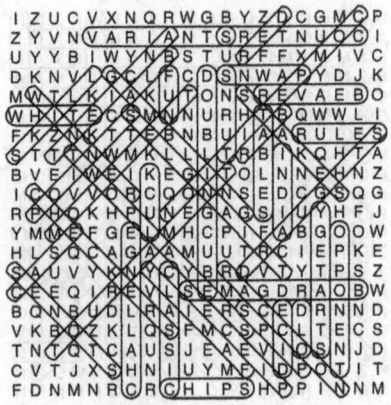

Backgammon

P J T E A G R A I N B O W B K K P M U Z
Y J L R I H E U U F R E W O P I X S I O
R E C U I L A F Z S E G E X O T I C S K
L U J S V C O F U V A R T G U V A D V W
I M O H I I K O P V T P I N E E W I G E
J L O D P S R I P D D H B M I B C W Q H V
V W R Z H E U G E N T S E P V D T H X G
Y E M E O N N Y X I A L S A S P R A Y E
V X L N G I Q A C N K V O C U J O J C B
I F U E W R T O A C I G Y S A T P L E A
H H X O A N O T M C N A P D N S I Y W R
T W L N U R U G T I G K F N G S C F Z R
S F S O R R N O H N S S A E U A A U E
O Z M I E H R S I E T T F L L M L H D L
P B V S G I U R M C E R S J F L O U D E
O E X Y A G A C P S E E X P A N S I V E
B C A N Y O N C A T P A B E L B B U B A
D K C O R X P C C V S M S P L I A S H R T
G N H X N K C J T M E V I D S W I M I P
K E L H H G B H C Y F O Y G N Y R Z Y Y

See the Falls

B G N Q Z D F C H H K D W Q D W L M N
A I L D B I J N E Q H O O Y D B C N O T
S R E K C U S A W E Y V O K M Y N I K D
J E U N Z G T T Y Q A I B R I T T L E E
N J X M O N K T J C O S R O V A L F C U
Q V A N I L L A E E H J Q A F W S I M M
H O L I D A Y S L R R O A U I N R R T J
L I P F I K N I L W S R C N R O M E B E
X S R C T R C G Y K E C W O C H E W Y V
M F E O V I F U B T O C O N W U S Z T
M P U I O R V M E S I L I T S A B T Z A
S U I U K C M M A N H U L C C O T A A S
T Q S I Y N O Y N N V S A E S H U E K T
W R J C Z M I A S R D T M F L U N R X E
K X A R R F M B E I T E H N N F G T S E
M Q H E L O W G P T R R S O Y F F A T F
Q N H A N I D V I S D S R C Y T I U R F
H T E M R U O G T F E T A R O C E D R O
I F I Y E R Y B N U T S M D L O M E L T
A X Q H M J S U H R B S R A B U F W H X

Candy Store

U P A R S L E Y I P S N E I L A E P F Z
Q Z U E E U T N G B M U H T V A X Y G X
A W E B S W I Y A E F S G S V Y V N E F
I R E M D H O W M V E H Y A K M I N T S
T G O U C N A L L I G A T O R H N R R S
A V O C A D O N L L C M R R T A A L X F
Z A U U O V C C Y O Z R J O H C P O S N
B Z N C V L I L H C S O L G T X S S N D
I C H N P E L O P N C C L O V E R G A G
J T E R D I J A O G K K R R P L C A E Q
E K O R J N C T R V P S P E L A E L B Q
L M P L O A N K O D U P R J E K D E F U
R S A A O O D N L E G A B B A C A M Q I
R L W W K M E H H E M R S R F M L O I Z
I G K N E N T C O P T E E A G L A E P O
H O K S R D A Q O N A T R E L P P A E K
I S S O M N L O H W I I U A N O Y A R C
I T Q W I S X I E I F R N C L S A L A D
C Y K P T J Q E E W F K L G T E D W S T U
T S S T B A D N R A J M W D J C E U A U

Green Things

G C W R K M P H A B G R N D M F X I X M
M F L T E E D C W A O L M Y P E W G S P
Q J J O T B D L R T S L I S N E T U P E
R G M A T H D L A G C B L E N D E R R E
U B R S L Y I R N Q H C Y Q K C A R E L
G G S T E C E O S Y D D A C K N I S Z E
B Z Q E P A T P S A L A D S P I N N E R
D S A R E K A M O S S E R P S E F A E E
D Y E N S T K F S R A E A R D R U R R K
I S I I U R N C S L Y U O O M E S E F O
S W H L E D I C E R O I B L I C E N H O
H W A V Z S F U F T I H G L C I R I W C
W R R R S P E P P U C G N I R U S A E M
A E K O R N E V O Z T R I N O J I R R O
S T R E T E M O M R E H T G W W F T C P
H S L T D Z M I H P L Z T P A A C S S E
E G D I R F X A P B L X U I V R W O K N
R H Z M P E W O E Z I B C N E M S D R E
V C Z E R G H G W T K P R O C E S S O R
G X U R C C P A M A S H E R P R D Z C X

Culinary Tools

Q O D Y W J K M N M S L Q Z P L R F N X
X T D L Q G S Y E K N O M A S L I F L S
U U G N I K L A W A T E R X S G E T S H
M C O R K W G P L S U K U Q F Y F M E S
J R O G F K S S E L E P H A N T S O A P
B O G N N K N Q A T I G S D R I B N L C
A H R U S O A O G Q T R A C D V D E S N
R A E H E I I I G U I O C E I O R H N
S B P L Q M R T T N C N G E T E U O N
J I T X R A A V A A A S H G M P E S W K
H T I L E S N G A M T C O I E A W O S V
G A L F F E I Y T T R N U E L C F L N I
Q T E N A K R P T I I O K O L D A C S S
H S S H M A E J R K G O F Z E M R N R I
O E S P I N T P A S O E N N M X I E F T
E I P V L S E Q C Z N P R A D U N M N O
F C A Q Y U V M T K A A M S G I G U K R
P E N E X H I B I T S S B N A R F U Q S
L P D Y G O L O O Z S E E X T I A O H H
Q S A V H W J C N H T P T U U Y Z L E A

Zoos

N Z C L E R A O T W V P U Q K M B G G G
K A I R J L T X B V G Q G C A S H A R O
G S S M B V S C O N T R A C T I E R A H
X L U U S P C O N C E R T Y B N L C M C
W B M N I B I L L B O A R D G G L K M U
V X H I M R U D E B U T F L S E Q I Y P
R U O T O J E S O U L R I V E R L E A N
O U M A N Y S H A D E S O F B L A C K K
F E E L K T T O T Y H M Q P I T C K S X
P X T P O I U U N O D F A O A O I V S X
I F O Z N R D L A G M E N S L R N U A A
G U W E E A I D K B W Y M U Y A T L L C
H I N L C H O E A W E R M E A M L I E W
A H G A K C L R E A O B I B R I T I S H
V C L M U L T U R N I N G T A B L E S T
X I O E A Z B S B A G N O S E V O L N S
N H R E A W A R D S R P K S D R O C E R
U V Y E H G N I M R O F R E P A R E N T
K K N L O N D O N P B V W Q B C H N H K
S U C C E S S C H O O L C V E Y U F I A

Adele

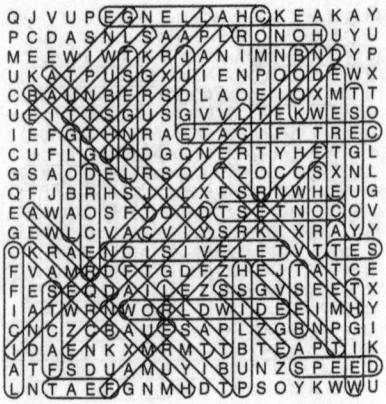

World Records

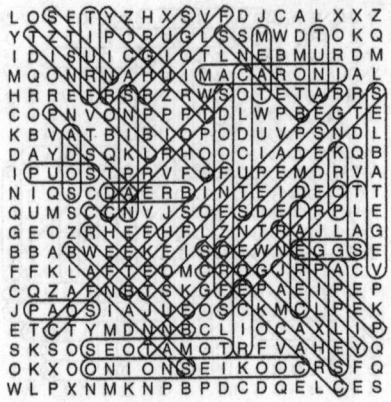

Grocery List

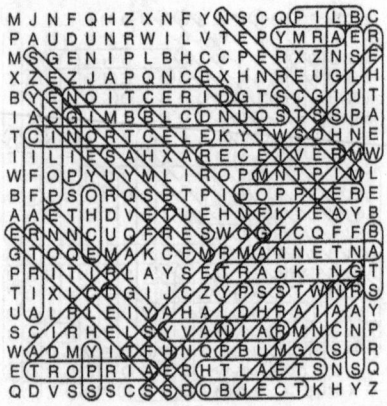

On the Radar

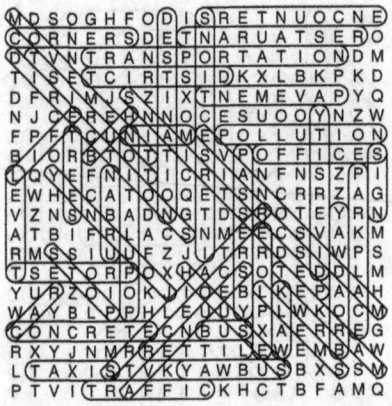

Street Life

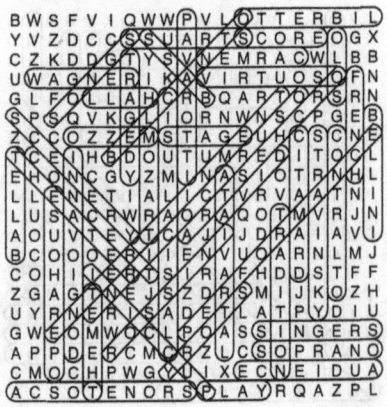

Opera Fan

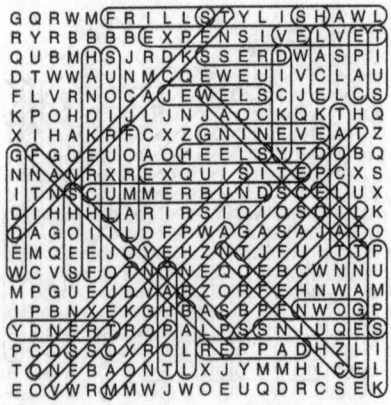

Dressy

Ocean Stroll

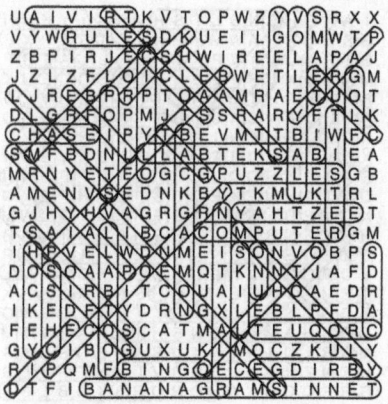

Play Games

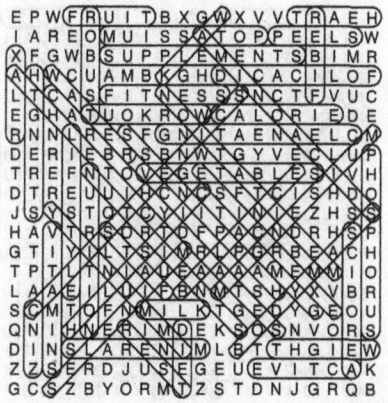

Be Well

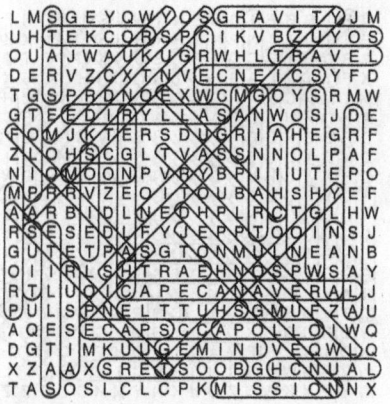

Space Travel

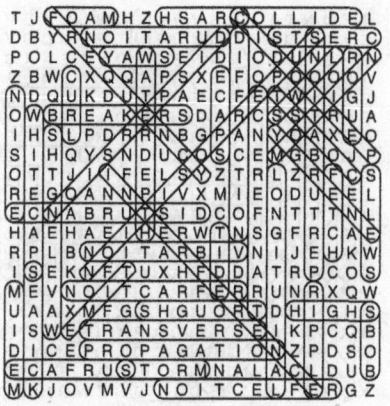

Waves

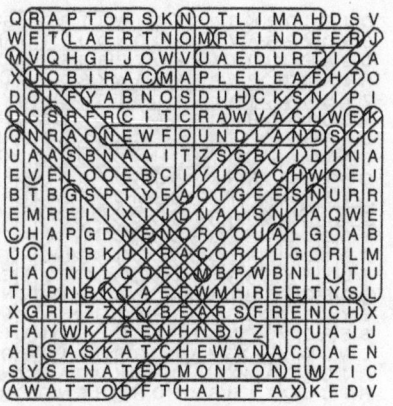

Canada

Horseback Riding Lessons

At Auction

Holiday Lights

Ecological

Cabling

Take a Picture

Down the Mississippi

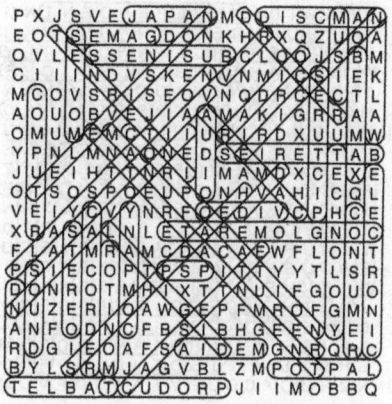

Sony Corporation

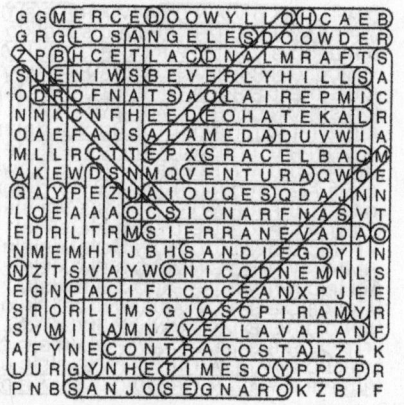

Around California

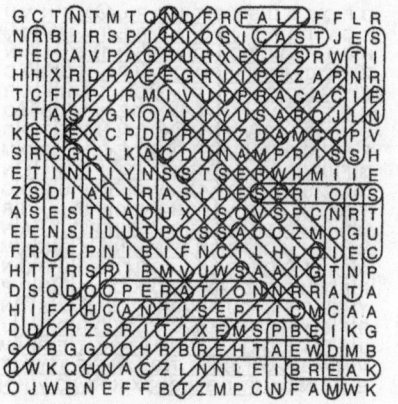

Call for Help

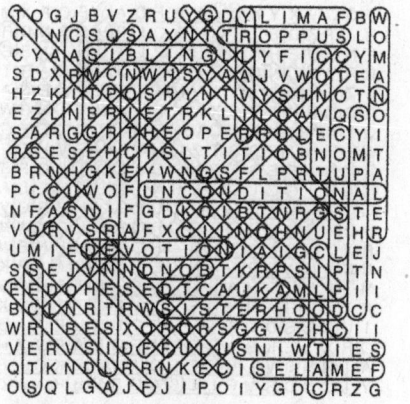

Sisters Are Special

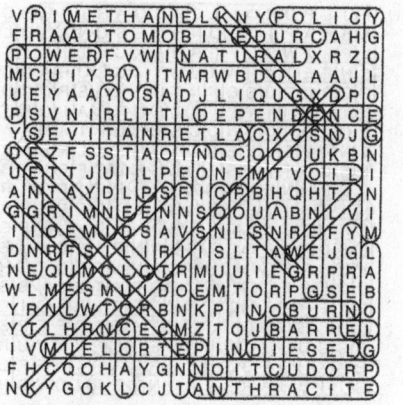

Fossil Fuels

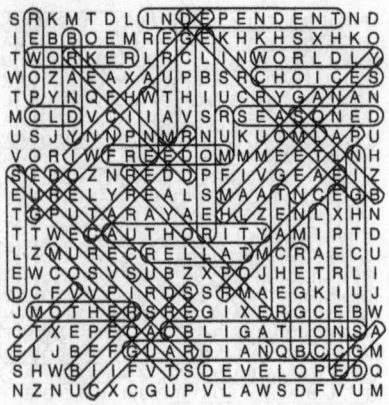

Grownups

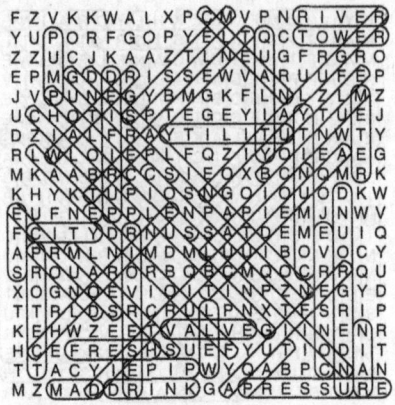

Water Company

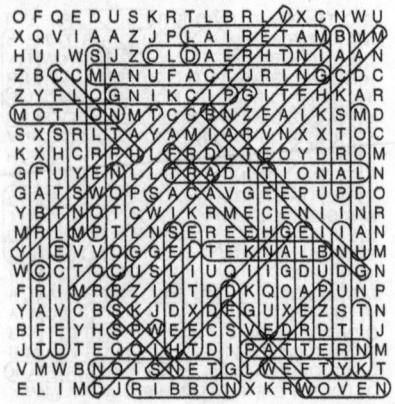

Looms

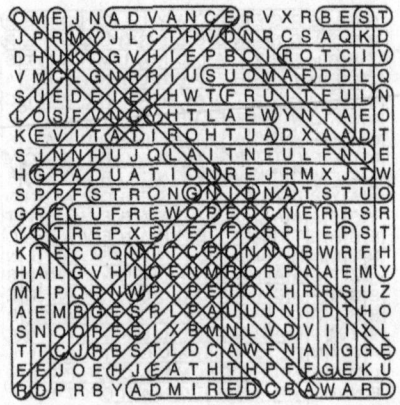

Well Done

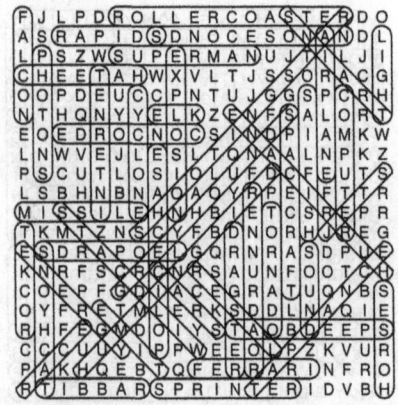

Quick

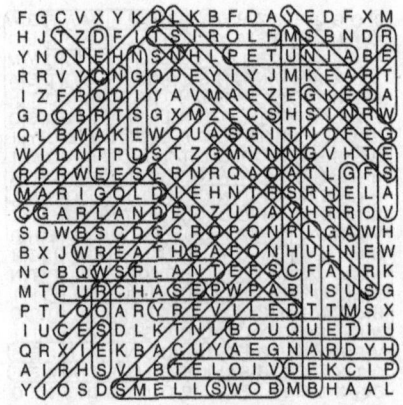

Flowers

E R E G N I S Y T G M C E P E L M L E Y
R E L E A S E S R U E N E R P E R T N E
G Z M M U N I T A L P O H P I H H Y Y N
J A I L O L L I P O P M I X T A P E A O
Y Y S M G N I M R O F R E P B A E R W M
D E D C I V N O C M I U V L G U D E D H
O O N N L Y G O L D R A O B L L I B R S
G U U Y E T S I T R A C R R A N W I E A
G H S S P M B K E K K N G I B S D R I C
Y P W O H O E T E I X F Y O E O L T D Q
Z G A T O P R R S S N N L M L N R H L Q
U W L K H A R H I N V E L E D G O A O B
H J S K C A O I T T P W O M F W W U S Y
E L M A D T R S Y N E O H Y A R C T E H
Y C H I L D R E N A A R N C T I I H R O
V T K F C O N C E R T L N G H T S O U T
C E S E V I T U C E X E I M E E U R Z B
L V D U N A C I R E M A J H R R M E I O
G X O D R E C O R D I N G E P A T M E Y
A F K S B L L I W E H S G P T T P R S S

Lil Wayne

P E T S K O O B P V Y O J N E H E U F X
A Z R N J C G A E T G B T C K S G F P F
V Z I Z J N M K T Y K D N Y I R H K B A
K T G I I D M U M L M A G H U J F E M P
G V N T E U G N E E D L E P O I N T F H
I G L K S W A G G G G N I K A M Y L F P
S R L I O S E N O I T C A R T S I D E U
W C C M T O I L I E O S O P D H N I L Z
A Y Y I J H Z P B L E U E X A K T V S Z
P Z C G S J B T L D I R P M M D E E T L
U S I N S A E M L C A R Y A I R R A E
E G E G K I C G T O I A D O E G E S M S
K W N N N T K I N N O N K K W O S I P Q
T W V I I X N B T I V E R O S D T O S V
K E N N G G P B O E T K L E O S A N U F
B G G N C G A R N W L N E S A C H E S S
M D P U J L O T S J D H I P E D R Z B S
T I L R L I I D P U L O T A T W I A V T
I R G Z G N I D L I U B O A P X J N F W
I B A K G N I P M A C S S W O M R W G T

Enjoyable Activities

C Q C U S E V O L G B W S V U G T Q F K
U X X L N T E P M U R T N F T A P Y L P
S Z R S A E N C C S B V F V L B E B U D
U N I F O R M E A E J B T U D O N G T E
O S W U H N I A M D P T R O M B O N E R
R A K Y M M G N G U E D A R A P H H Y A
M S T X U I M S E E R N F F N X P I C N
T H M H I L A T O T F T C U O Z O W O S
M E Y Z D I R E C T O R S E I V X T S P
U S E O A T C R D E R C Z N T V A P D K
S O G F T A H O S R M K A J L B S R C Y
I O E I S R E T P O A M P P T R O E N Y
C F L E S Y S C E J N U R O E A U C A O
I O L L I P N U T A C R G Z P S S I I B
W O O D W I N D S M E D A R M S A S W V
P T C P O T I N S T R U C T O R P I S R
E B P O U T D O O R S T H T C L H O H M
B A A B D O G C I F O R M A T I O N V Y
F L A G U R R M W V F K C O T F N O S X
H L K M D P L G P U W X R E D A E L S G

Marching Bands

P I Q N I Z J Z C S E R O S I O N I J F
N D N W T O I J S E K A D T A E R G L W
W Y A B L O D G K U W I S C O N S I N T
D R G L O S N U C A G S W G W J U M R T
F A I G A I A S T H I A S E I R R E F
H E H O P W W E T O A R L A N O S A E S
T L C P L O R H N K Y T N U O C R O O D
Y C I I T Y O I E S G N I F L P E R C H
Y H M K N U L T M E I H H N O A C C Z A
G I E U S L R Y N C S Z O B D R R B F R
S C O E I O J B O G F L E R O I E G G B
V A S E U Y O L R W W I C Z E A A S E O
P G N T T W E C I R O T S D H L T N T R
S O N I F T C H V W V O S H E N I S A S
E A P I R Z E I N Y G L D E I T O N M S
L R N A L A O U E C A N A L S N N C E A
Q B E D J I W Z O N P C G G A A G R R B
O F C Y B B A T D R H T C D U N E S I I
C E N I N P H S T E A M S H I P D V C L
J C W T O U R I S M O M O T J M D T A Y

Lake Michigan

G L O M U W Q G R D L Y A P M O N K E S
U W L A B O L G N E Q L E N O V O C E Y
H F P C P B A T G S R E X E K K N M R A
M Z R H U R E N X U N U M L S E M V U N
T Y O I Y R I R Y I V O T E I K C O T S
D N F N N T E N G G J I D C T P R G C N
A A I E S S B N T F O N G T A S Y I U A
P P T O E S E M V E W L M R U F Y J R C
K M H A X Y E I O G R S O O J L U S T I
N O R S R C O N S U L T I N G T O N S R
I C P W C E D L I W N U O I H C Y S A E
H X Q O O H V C P S I E P C P C E R R M
T S G D M R U R A M U B W S G B E M F A
S V K N P F L G E M E B I Y A P Q T N R
Q I C I U S A D E S K T O P O M L A U F
P M X W T E R A W D R A H L Z R G E R N
F T Z L E P G N O I T N E V N D K Z M I
O D O F R N E T Q W D V N N B G G V C A
F G U S O F T W A R E E C I F F O F P M
M U L V L H P R O D U C T S E C C U S

International Business Machines

K A C Z L Y L K P I S T O N X T T L Z H
F P M E L S N C W R E V E L F K N H N Q
N N N W L V B U C K E T A L F N D V G N
L D D L A U N A M G W S O O O Z W M W Z
P U M P B T V B N W N W S K R O W P Y E
U Y E W I E I N O I T C U S O T C X K
M K E V T U K R O C I L U A R D Y H W U
M T H Y I N N N U F T T T D E S A N V
O T L U I S M G A R H P A I D K N M L U
Y C N R Y B S G E T O I Z G R O T B W S
V W D E V I C E M B R T O R I E J E B T
P M V E M C A I B T V P A T U R H R S Q
I K F A O P P U S G T E C H M R R I U
M V A I D B O U S O O A L X E A A J P V
E I O E N V D L O I T R R U M P R D H O
P F U E T N E M E C A L P S I D O I O V
G F V E I S B T E V W B S S N D Z O N Q
Z O W R O T A R Y R E W O P N A M U H E
M E C H A N I C A L L D R R Z T F I I L B
V F K O C O H W W K U H T N M N Q D F F

Pump It

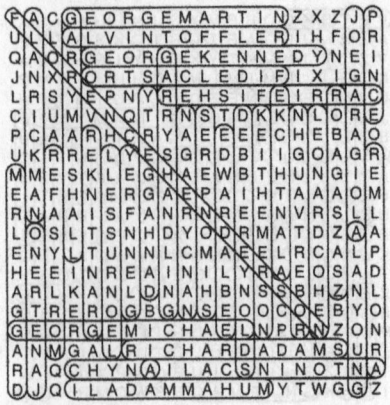

Deaths in 2016

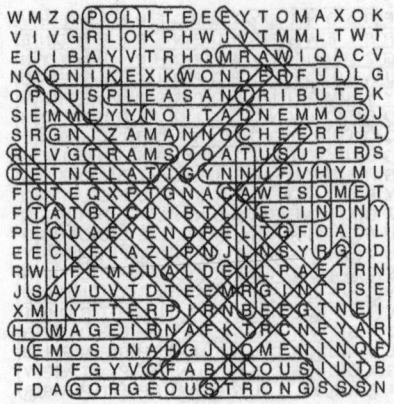

Adulations

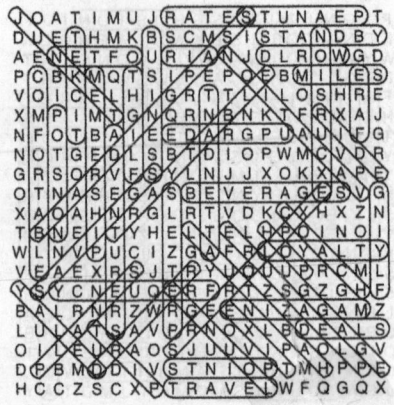

Airplane Traveler

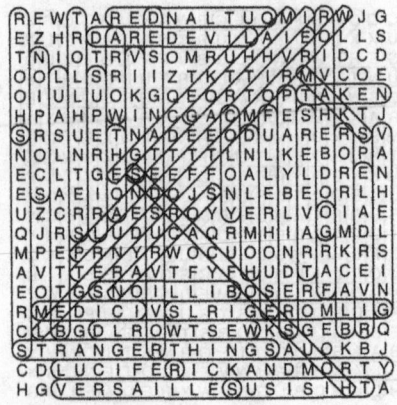

Popular TV Shows